U0751048

应用型本科经管系列教材　金融投资类

金融学

主　　编　谢丽华

副 主 编　谢伟杰　李丽华

参编人员　李　乐　龚书雯　黄夏云

　　　　　陈新艺　陈长潘　吴华梅

　　　　　潘为欣

扫码获取本书数字资源

厦门大学出版社
XIAMEN UNIVERSITY PRESS

国家一级出版社
全国百佳图书出版单位

图书在版编目（CIP）数据

金融学 / 谢丽华主编. -- 厦门 ：厦门大学出版社，2025.9. --（应用型本科经管系列教材）. -- ISBN 978-7-5615-9675-3

Ⅰ. F830

中国国家版本馆 CIP 数据核字第 20256FJ981 号

策划编辑　张佐群
责任编辑　张　洁
美术编辑　张雨秋
技术编辑　朱　楷

出版发行　厦门大学出版社

社　　　址　厦门市软件园二期望海路 39 号
邮政编码　361008
总　　　机　0592-2181111　0592-2181406(传真)
营销中心　0592-2184458　0592-2181365
网　　　址　http://www.xmupress.com
邮　　　箱　xmup@xmupress.com
印　　　刷　厦门金凯龙包装科技有限公司

开本　787 mm×1 092 mm　1/16
印张　22.75
字数　434 千字
版次　2025 年 9 月第 1 版
印次　2025 年 9 月第 1 次印刷
定价　69.00 元

厦门大学出版社
微信二维码

厦门大学出版社
微博二维码

应用型本科经管系列教材
编委会名单

（按姓氏笔画排序）

总 序

教育是强国建设、民族复兴之基。习近平总书记在 2024 年 9 月召开的全国教育大会上强调,紧紧围绕立德树人根本任务,朝着建成教育强国战略目标扎实迈进。《墨子·尚贤》有言:"国有贤良之士众,则国家之治厚;贤良之士寡,则国家之治薄。"培养什么人,是教育的首要问题。随着国家对高等教育质量提升和创新型人才培养的日益重视,应用型本科教育以其鲜明的职业导向和实践特色,成为培养未来经济社会所需高素质、高技能人才的关键阵地。作为连接理论与实践、促进经济社会发展的重要桥梁,经管学科始终站在时代的前沿,不断创新教育模式、更新教材建设。在快速变化的全球经济版图中,全国各地积极探索地方特色鲜明的应用型人才培养体系,努力为区域经济发展输送高质量的经管类人才。鉴于此,我们精心策划并编写了"应用型本科经管系列教材",旨在响应国家教材建设要求,为推进建设中国特色、世界一流的教育提供坚强保障。

一、回应时代呼唤:抓住新机遇,迎接新挑战

习近平总书记指出,教育数字化是我国开辟教育发展新赛道和塑造教育发展新优势的重要突破口。教书育人既要体现时代精神,又要回答时代之问。当前,全球经济一体化加速推进,信息技术日新月异,新兴产业层出不穷,这些变化不仅深刻改变了经济社会的运行逻辑,也对经管教育提出了新的挑战。如何回应信息技术的发展,推进教育数字化,是我们面临的重大课题。为紧跟时代脉搏,牢牢把握当前时代特征赋予经管教育的新使命和新任务,本系列教材在形式上不再局限于纸质书本的内容,通过提供丰富的数字化教学资源来满足新时代的教学需求,包括在线学

习资源、微课视频、电子课件、题库测试等,探索数字技术赋能教材建设之路,持续推动经管教育数字化改革创新。

二、创新人才培养:锻造"新商科"人才,支撑新质生产力发展

新质生产力以科技创新为驱动力,以高水平人才为支撑。传统经管教育体系非常关注管理和营销、金融与投资、会计等维度的素养培训和提升,但容易形成学科领地和专业边界固化的"知识孤岛"。新质生产力的要素构成转变,对经管专业人才的素质和技能提出了新的要求。面向未来,经管教育的发展必须适应科技的变革和社会的真实需求。教材建设是育人育才的重要依托,我们邀请了来自高校、企业、行业协会等多方专家共同参与编写,确保教材内容既紧跟学术前沿,又有足够宽广的视野,助力培养和锻造一批具有多学科知识背景、多方面实践技能的"新商科"高水平复合型人才,直接服务现代化产业建设与中国高质量发展,着力打造中国经济的升级版。

三、定位教材特质:强化应用导向,注重实践能力

传统的经管类专业教材通常侧重于理论体系的完整性和逻辑性,而应用型本科教育更关注理论的实际应用性和可操作性。为了更好地体现应用型本科教育的实践导向,本系列教材紧密围绕应用型本科教育的人才培养目标,坚持"理论够用、重在实践"的原则,力求在内容安排上实现理论性与实践性的有机结合。本系列教材在编写过程中不仅重视基础理论的系统性讲解,还特别注重理论在实际经济管理活动中的应用场景和操作方法。教材中不仅涵盖了经管领域的基础理论和核心知识,还融入了国内外优秀的经典教学案例,精选了大量真实企业的管理案例,分析了行业热点问题并研究了典型经济现象,旨在通过模拟真实的工作场景和解决实际问题,提升学生的综合素质和实践能力。

四、开阔教学视野:服务国家经济,面向国际合作

在全球经济一体化的背景下,企业的经营和管理已经超越了单一国

家的范围。这就需要应用型本科经管教育围绕服务国家战略需求,促进中国经济和管理教育事业发展,培养既深刻理解中国国情和特色又具备全球视野的经济管理人才。因此,本系列教材在内容设置上,既注重结合我国经济背景和产业特点,展开如关于数字贸易发展、绿色经济转型、海洋经济发展等系列专题内容的深入分析,又引入了国际经贸理论、跨国企业管理、国际投资分析等内容,培养学生的国际化视野和跨文化管理能力。如此规划,既能提升学生在就业过程中的适应性和竞争力,又能为学生未来参与国际合作打下基础。

五、整合编写资源:确保内容科学性,增强教材适用性

采他山之石以攻玉,纳百家之长以厚己。本系列教材在策划之初,就先下好作者队伍的"先手棋",得到了众多经管院校的大力支持。各院校注重发挥自身学科优势,联合一线教师共同将教学经验融入教材之中。诸位编者在编撰过程中仔细打磨、反复论证,力求在内容的科学性、先进性和适用性上达到最佳平衡,用心打造培根铸魂、启智增慧的精品教材。同时,我们广泛征求教师和学生的意见,不断改进教材的内容结构,使其更加符合应用型本科教育的实际需要。

应用型本科教育已然驶入了提质培优、增值赋能的快车道。教材建设是推动教育创新的重要引擎,应用型本科经管系列教材的出版是对应用型本科教育改革和发展的一次积极探索。它不仅反映了高等教育服务国家经济的理念,也体现了教育界对应用型人才培养的深入思考和实践。我们期冀本系列教材能够在应用型本科教育中发挥重要作用,让更多院校和师生受益于优质教育资源,为学生提供更好的学习方向和成长机会。

2024 年 11 月

前　言

　　"金融学"是本科高等院校经济管理类专业的核心课程,也是支撑应用经济学学科体系的重要核心骨干课程之一。金融学在社会经济发展中扮演着重要的角色,对我们的日常生活和社会经济发展具有重要影响,无论是个人、企业还是国家,都离不开金融的支持与引导。金融市场的稳定与发展,对整个经济体系的运行和发展都有着深远的影响。金融学的研究和实践,不仅可以帮助我们更好地理解和把握经济运行规律,还可以为政府决策、企业管理提供重要的参考依据。同时,金融学也在金融创新、金融监管等方面发挥着重要的作用,为社会经济的可持续发展提供了有力支持。

　　当今世界,金融领域的快速发展使得金融学教育和学习变得尤为重要。通过"金融学"课程的教育和学习,能够了解货币与货币制度、信用和信用工具、利息和利息率、商业银行、中央银行、其他金融机构、金融市场、货币供求与均衡、货币政策、金融创新和金融发展、金融风险和金融监管等金融学基础理论知识和基本业务实践,了解和熟悉金融体系的运行机制和原理,了解国内外经济和金融热点及动态,掌握国际国内宏观政策调控的机制和原理,实现理论与实践的有机结合,切实提高学生提出问题、分析问题和解决问题的能力,为后续专业课程的学习奠定坚实的基础。

　　随着金融市场日益复杂化和全球化,培养具备应用型和创新型思维的经济类专业人才显得尤为迫切。本教材根据应用型本科教学的新特点,关注新形态教材的新要求,在内容、跨学科融合和编写方法等方面都具有一定的创新,为金融学教育的发展注入了新的活力和动力。本教材有如下几个特点。

　　第一,针对经管类学生的认知特点,突出新颖性和趣味性。金融学作为一门综合性学科,与经济学、数学、统计学等学科密切相关,本教材将跨学科的知识融入其中,通过关注学科的最新发展,吸收最新的研究成果和实例,增强教材的新颖性。同时,本教材注重学生的个性化学习需求,提供了更多的选择空间和个性化的学习路径,通过"纸质教材＋数字资源"的形式,教材的知识模块得到进一步优化,激发学生的学习兴趣和主动性。这不仅有利于理论联系实际,强化思维训练,还有助于丰富教学内容,活跃课堂气氛,将学生应用能力的培养融入生动有趣的学习情境中。

第二,重视案例的编写和选用,突出务实性和适用性。金融学教学注重理论与实践的结合,突出应用型人才培养的特色,增加实例在教材中的比重,以便学生能够更好地理解和应用金融学的理论知识。为了紧跟国内外教材案例化的发展趋势,本教材加大了案例化的程度,各章开篇有课前导读,章内有延伸案例和思考题,章后有小结、习题等内容,能够增强学生理论与实践相结合的能力。

第三,扩大教材所涉及的知识范围,突出系统性和先进性。本书系统介绍金融学基础理论,知识涵盖面广,结构体系完整。每章都设计思维导图,使学生能够更全面地理解金融现象和金融市场的运行规律。本教材不仅立足于现在,也对过去进行了回顾,既体现历史观,也注重对未来的前瞻性;既介绍已经达成共识的观点和研究成果,又介绍各类学者的差异化观点;既介绍中国现有的金融政策,也引导学生思考新时代中国金融改革的可选路径,力求体现开放和创新的理念。

第四,以培养应用型经济与金融人才为原则,突出针对性。在保证基础理论知识系统性的基础上进一步提升教材的实用性和针对性,减少内容上的交叉和重复,添加金融改革的最新内容,以及国际金融业监督管理机构对银行业、证券业、保险业监管的最新要求,使教材更具实用性和针对性。

第五,教材注重育人与育才相统一的价值引领,突出教育性和责任性。本教材明确知识、能力、素养等目标,帮助学生形成正确的金融思维和良好行为习惯,不仅为学生提供了理财知识和投资技巧,而且培养了学生的财商和创业精神,让学生学会合理地规划理财和投资,帮助学生在日常生活中做出明智的金融决策。本教材注重培养学生的大局观、系统观,让学生能够从多维度思考问题,具有自我管理能力、终身学习理念和职业道德。

本教材由多位高校老师和金融机构管理人员共同合作编写,是集体劳动的成果。编写组成员在高校从事"金融学""货币金融学""保险学""金融市场学"等课程的一线教学工作,本书是团队多年教学经验的结晶。本教材共十一章,具体分工如下:福建技术师范学院谢丽华教授担任主编,负责编制本书大纲,进行本书的整体策划、组织和统稿工作,并组织微课拍摄;福建技术师范学院谢伟杰副教授担任副主编,负责编写第二章、第十章,以及文字校对工作;福州理工学院李丽华老师担任副主编,负责编写第一章、第七章;武夷学院李乐副教授负责编写第四章、第六章,并负责课件制作;厦门理工学院龚书雯老师负责编写第八章、第九章;闽南理工学院黄夏云老师负责编写第三章、第十一章;福建商学院陈新艺老师负责编写第五章。广发银行、渤海银行、光大证券的陈长潘、吴华梅、潘为欣为本教材的编写提供材料、提出修改意见。

　　一部教材的编写需要很多精力投入和人员帮助,感谢编写组成员的辛勤付出和通力合作! 另外,本教材在编写过程中引用了大量的参考文献,在此谨向所有文献的作者致谢!

　　虽然我们尽了很大的努力,但由于水平有限,时间仓促,仍有不尽如人意之处,甚至可能还有尚未发现的错误之处,诚挚地希望各位专家、使用本书的学子及其他读者能够给予批评指正,不胜感激!

编者

2025 年 6 月

目 录

第一章 货币与货币制度

学习目标

知识目标

1.了解货币的起源及其形式的演变；

2.掌握货币的本质和职能；

3.理解和熟记各种货币制度的特征和主要内容；

4.了解国际货币体系的演进。

能力目标

1.能确定货币在不同场合中所承担的职能；

2.能辨析不同货币制度的特征和差异。

素养目标

1.引导学生全面认识货币；

2.理解货币在国民经济中所扮演的重要角色；

3.帮助学生塑造正确的金钱观念；

4.加深对数字人民币的应用理解；

5.了解人民币国际化的重大意义。

本章重点

1.货币的形态演变；

2.货币的本质和职能；

3.各种货币制度的特征和主要内容；

4.国际货币体系的内容。

📑 **本章难点**

不同货币制度的特征和差异。

📑 **思维导图**

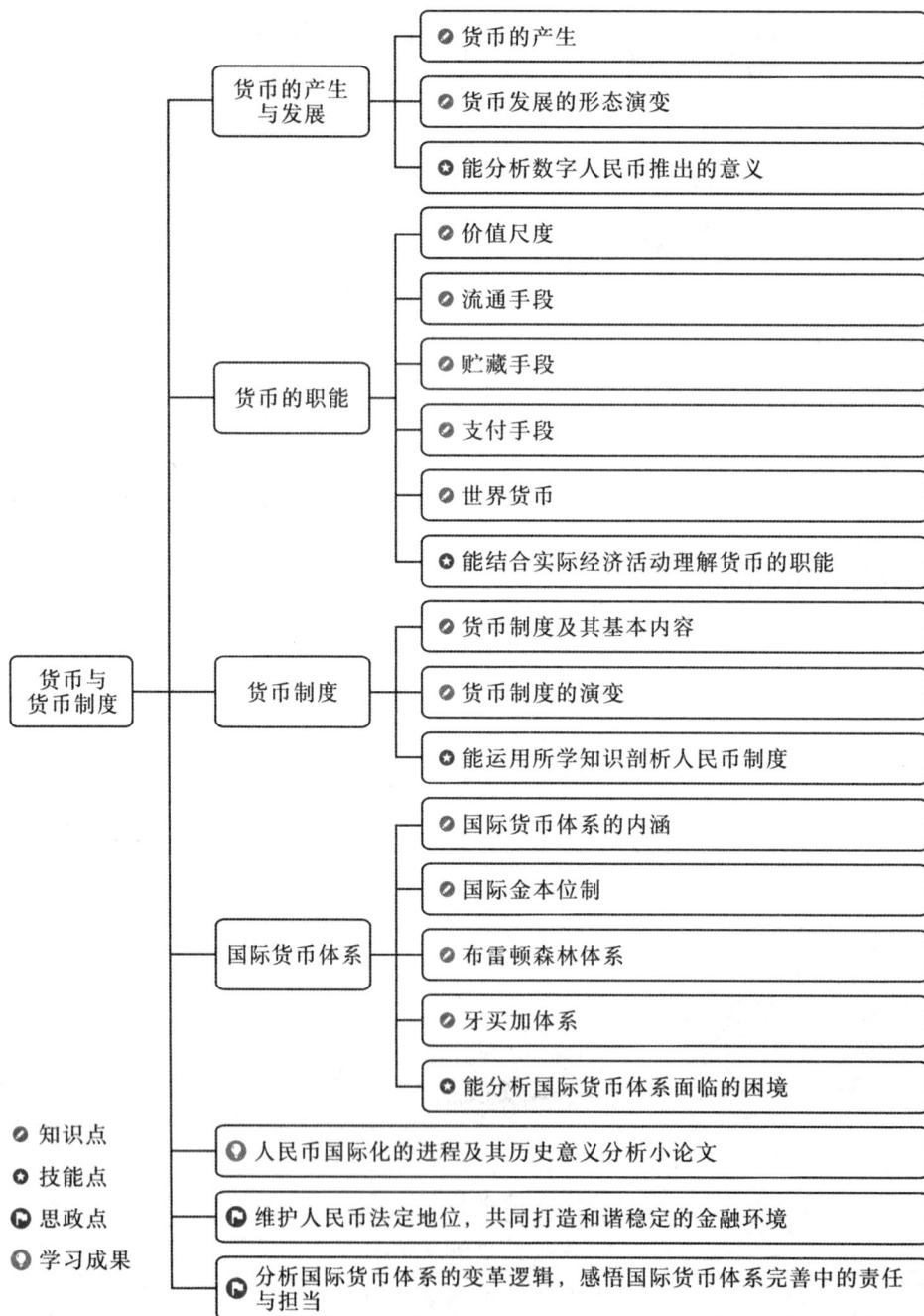

- ◎ 知识点
- ✪ 技能点
- ▶ 思政点
- ◉ 学习成果

货币与货币制度
- 货币的产生与发展
  - ◎ 货币的产生
  - ◎ 货币发展的形态演变
  - ✪ 能分析数字人民币推出的意义
- 货币的职能
  - ◎ 价值尺度
  - ◎ 流通手段
  - ◎ 贮藏手段
  - ◎ 支付手段
  - ◎ 世界货币
  - ✪ 能结合实际经济活动理解货币的职能
- 货币制度
  - ◎ 货币制度及其基本内容
  - ◎ 货币制度的演变
  - ✪ 能运用所学知识剖析人民币制度
- 国际货币体系
  - ◎ 国际货币体系的内涵
  - ◎ 国际金本位制
  - ◎ 布雷顿森林体系
  - ◎ 牙买加体系
  - ✪ 能分析国际货币体系面临的困境
- ◉ 人民币国际化的进程及其历史意义分析小论文
- ▶ 维护人民币法定地位，共同打造和谐稳定的金融环境
- ▶ 分析国际货币体系的变革逻辑，感悟国际货币体系完善中的责任与担当

📚 **课前导读**

1999年10月,根据中华人民共和国国务院令第268号,中国人民银行发行了第五套人民币。2005年8月,为提升防伪技术和印制质量,中国人民银行发行了2005年版第五套人民币部分纸硬币。2015年11月,中国人民银行发行了新版100元纸币,其防伪能力和印制质量明显提升,受到社会广泛好评。迄今为止,50元、20元、10元、1元纸币和1元、5角、1角硬币已发行流通十多年。在此期间,现金流通情况发生巨大变化,现金自动处理设备快速发展,假币伪造形式多样化,货币防伪技术更新换代加快,这些都对人民币的设计水平、防伪技术和印制质量提出了更高要求。为适应人民币流通使用的发展变化,更好维护人民币信誉和持有人利益,提升人民币整体防伪能力,保持第五套人民币系列化,中国人民银行决定发行2019年版第五套人民币50元、20元、10元、1元纸币和1元、5角、1角硬币,在保持原有第五套人民币主图案等相关要素不变的前提下,对票(币)面效果、防伪特征及其布局等进行了调整,采用先进的防伪技术,提高防伪能力和印制质量,使公众和自助设备易于识别。2019年版第五套人民币50元、20元、10元、1元纸币和1元、5角、1角硬币发行后,与同面额流通人民币等值流通。

(资料来源:中国人民银行就发行2019年版第五套人民币事宜答记者问[EB/OL].(2019-04-29)

[2024-09-06].https://www.gov.cn/xinwen/2019-04/29/content_5387366.htm.)

第五套人民币从1999年10月第一版到现在经过了多次改版,现在大家除了使用第五套人民币,平常还使用什么货币?究竟什么是货币?货币在人类生活中扮演着什么样的角色?货币有哪些与众不同的功能和作用?作为基础的货币制度又是由哪些要素组成的?本章主要从货币的产生和发展、货币的职能、货币制度等方面讨论货币的基本问题。通过对本章内容的学习,可以了解货币是怎样产生的,货币是如何发展演变的,进而认识货币的基本功能,掌握各种货币制度等内容。

第一节　货币的产生与发展

货币是商品交换的产物,是指在商品交换过程中从商品世界分离出来的固定地充当一般等价物的特殊商品。货币是价值的一般代表,可以购买任何商品。货币究竟是如何产生的呢?

一、货币的产生

人类社会起初并无货币。货币是商品交换在长期发展过程中分离出来的特殊商品,是商品交换发展的自然结果。

(一)中国古代与西方早期的货币起源说

中国古代的货币起源学说主要从两个角度解释了货币的产生:一个是先王制币说,认为货币是圣王先贤为解决民间交换困难而创造出来的;另一个是司马迁的交换需要说,司马迁认为货币是沟通产品交换的媒介,是为适应商品交换的需要而自然产生的。

西方早期关于货币起源的学说大致有三种:一是创造发明说,认为货币是由国家或先哲创造出来的,主要代表人物如2—3世纪的古罗马法学家鲍鲁斯;二是便于交换说,认为货币是为解决直接物物交换的困难而产生的,主要代表人物如英国经济学家斯密;三是财富保存说,认为货币是为保存财富而产生的,主要代表人物如法国经济学家西斯蒙第。

(二)马克思的货币起源说

事实上,货币是客观经济生活发展到一定阶段的产物,马克思用劳动价值论对货币问题作了系统的理论阐述,并在此基础上清晰地指出,货币起源于商品本身,是商品的使用价值与价值这一对内在矛盾发展的必然产物,是商品交换的必然结果。货币的价值形式发展经历了四个阶段,分别为简单的或偶然的价值形式、总和的或扩大的价值形式、一般价值形式、货币形式。

1.简单的或偶然的价值形式

简单的或偶然的价值形式是指一种商品的价值简单地、偶然地通过另一种商品表现出来。如图1-1所示,1只绵羊的价值通过2把斧子表现出来。之所以说它是简单的价值形式,是因为在这种价值形式中,一种商品的价值只简单地表现在另一种商品上;之所以说它是偶然的价值形式,是因为这只羊并不是为了交换而特地生产的,只是偶然多余的1只绵羊被拿去和2把斧子进行了交换。

1只绵羊　　　　　　2把斧子

图1-1　简单的或偶然的价值形式

简单的或偶然的价值形式是商品交换处于萌芽阶段的价值表现形式。商品交换最初是在原始公社之间发生的。原始部落都处于自给自足的自然经济,由于自然环境不同,生产条件不同,偶尔会发生互相交换余缺产品的行为。

2.总和的或扩大的价值形式

随着生产力和社会分工的发展,可以用来交换的产品已较之前增多。交换成为比较频繁的活动,交换的范围也扩大了。一种产品已经不是只能偶然地同另一种产品相交换,而是可以同多种产品相交换了。例如,1只绵羊的价值可由2把斧子、1件上衣、20斤粮食、1块布或若干其他商品表现出来,这2把斧子、1件上衣、20斤粮食、1块布或若干其他商品都可以成为1只绵羊的等价物。这种价值的表现形式被称为"总和的或扩大的价值形式",如图1-2所示。

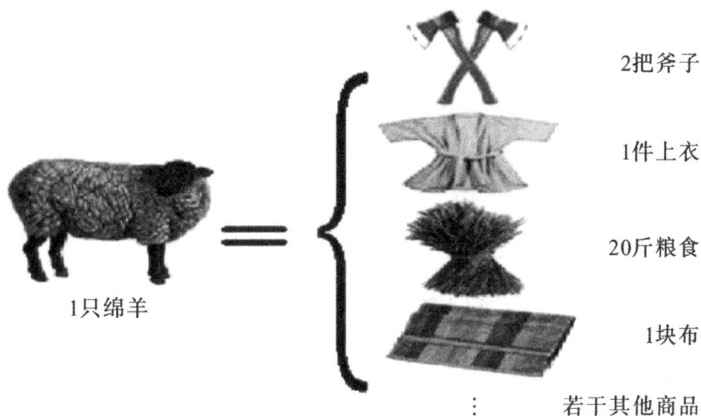

图1-2 总和的或扩大的价值形式

在总和的或扩大的价值形式中,绵羊的价值真正表现为无差别的人类劳动的凝结。总和的或扩大的价值形式虽然比简单的或偶然的价值形式有了进一步的发展,但仅仅是规模和量上的进步,并没有质的飞跃。因为就商品的总体而言,它们的价值仍然没有一种共同的、统一的表现形式,仍然是物物交换,交换形式有局限性。例如,甲拥有斧子但需要绵羊,乙拥有绵羊但不需要斧子,此时交换便难以进行。因此,总和的或扩大的价值形式仍然难以满足交换需要。

3.一般价值形式

为了克服总和的或扩大的价值形式的缺点,人们首先把自己的商品换成一种大家都愿意接受的商品,然后再去交换自己所需要的其他商品,其结果就是一般等价物的出现。商品交换的发展,迫切需要冲破物物交换的制约。在长期、频繁的交换过程中,人们自发地从无数的商品中,分离出一种共同喜欢的、经常在交换中出现的商品。人们先用自己的商品同它进行交换,然后再用它换取自己需要的商品。于是,许多商品的价值都由这种特殊的起媒介作用的商品来表现了(如图 1-3 所示)。这种特殊商品,由于用来表现其他一切商品的价值,起着一般等价形式的作用,被称为"一般等价物"。此时,"总和的或扩大的价值形式"也就演变为"一般价值形式"。

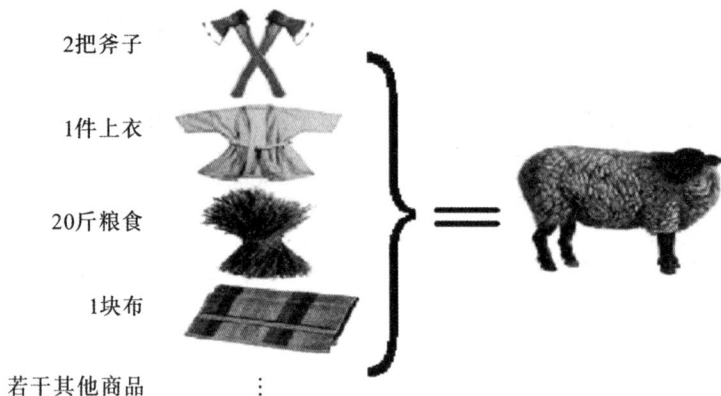

图 1-3 一般价值形式

这一阶段商品交换的特点,就是出现了表现一切商品价值的一般等价物。一般等价物是适应商品交换发展的需要,为了克服直接物物交换的困难而产生的。它的出现,经历了一个漫长的历史过程,标志着商品交换的巨大发展。

一般等价物实质上就是货币的雏形,与货币只有一步之遥。一般价值形式下的一般等价物,并不是固定地由某一种商品充当。比如在一个时期,一般等价物可以由布来充当,而在另一个时期,又可能由绵羊来充当;在一个地区,可以由贝壳作为一般等价物,而在另一个地区,又可能是由布帛作为一般等价物。一般等价物的不固定,阻碍了商品经济的进一步发展。因此,人们自然地要求把不同的一般等价物统一起来,固定为某一种特殊商品,这种商品就成为货币商品。

4.货币形式

一般等价物的地域性和不稳定性,限制了商品交换的发展。商品生产和商品交换的发展,必然要突破一般价值形式的这种局限性。在一段很长的历史过程中,随着商品数量的增加和商品交换的发展,一般等价物的职能逐渐固定在贵金属金、银身上(如图 1-4 所示)。这种稳定地充当一般等价物的金(或银),便是货币。这种用货币来表现商品价值的形式,称为"货币形式",货币在这个阶段才具备产生的条件。自从出现了货币,一切商品首先同货币相交换,用货币表现自己的价值,从而就出现了价值的货币形式。它是价值形式发展的最高阶段。

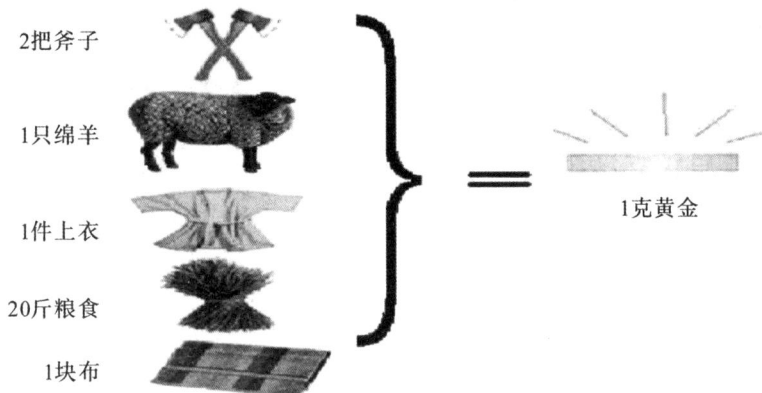

图1-4　货币形式

由此可以看出,货币是随着商品交换的产生和发展而出现的,是商品内在矛盾的产物,是价值表现形式发展的必然结果。综上所述,货币的产生过程如表1-1所示。

表1-1　货币的产生过程

价值形式	简单的或偶然的价值形式	总和的或扩大的价值形式	一般价值形式	货币形式
表现形式举例	1只绵羊 = 2把斧头	1只绵羊=$\begin{cases}2把斧头\\1件上衣\\20斤粮食\\1块布\end{cases}$ ……	$\begin{cases}2把斧头\\1件上衣\\20斤粮食\\1块布\end{cases}$=1只绵羊 ……	$W=G=W$ ↓ 固定
特点	价值量不稳,交换困难	一＝多 $W—W$ 价值基本相同,价值量相对稳定	多＝一 $W—$等价物$—W$ 不固定	金银天然不是货币,货币天然是金银

战俘营里的货币——香烟

第二次世界大战期间,在纳粹的战俘集中营中流通着一种特殊的货币——香烟。当时的红十字会设法向战俘营提供了各种人道主义物品,如食物、衣服、香烟等。由于数量有限,这些物品只能根据某种平均主义原则在战俘之间进行分配,而无法顾及每个战俘的偏好。有人喜欢巧克力,有人喜欢奶酪,还有人则可能更想得到一包香烟。而这种分配显然无针对性,因此,战俘就有进行交换的需要。即便是在战俘营这样一个狭小的范围内,物物交换也显得非常不方便,因为它要求交易双方恰巧都想要对方的东西,也就是所谓需求的双重巧合。为了使交换更加顺利地进行,需要有一种充当交易媒介的商品,即货币。那么,在战俘营中,究竟哪种物品适合充当交易媒介呢?许多战俘营都不约而同地选择香烟来充当这一角色。战俘用香烟来进行计价和交易,如一根香肠值10根香烟,一件衬衣值80根香烟,替别人洗一件衣服则可以换得2根香烟。有了这样一种记账单位和交易媒介之后,战俘之间的交换就方便多了。

(资料来源:蒋缨,徐玟.金融学[M].北京:经济科学出版社,2012.)

思考题:

(1)香烟为什么会成为战俘营中流行的货币?在这个故事中,香烟充当了什么角色?

(2)为什么香烟从普通消费品变成了具有特殊功能的物品?

(二)货币的本质

关于货币本质的观点,马克思从货币的起源揭示了货币的本质,认为货币无非是从商品中分离出来的,固定充当一般等价物的特殊商品,并能反映一定的生产关系。具体而言,货币的本质包含以下三个方面。

第一,货币是商品,具有商品的两个基本属性——价值和使用价值。价值形式发展的历史表明,货币是在商品交换过程中,从普通商品中分离出来的。比如黄金,一方面和其他商品一样,是用来交换的劳动产品,都是价值的凝结体;另一方面也能满足人们某些方面的需要,如做装饰品等,具有使用价值。

第二,货币不是普通商品,而是特殊商品。它之所以特殊,是因为它在商品交换中取得了一般等价物的独占权,只有它才能起到一般等价物的作用。具体的表现有以下两点:①货币能够表现一切商品的价值。在交换中,普通商品是以各种各样的使用价值出现的。②货币对于一切商品具有直接交换的能力。用它可以购买一切商品,从而货币就获得了一般的、社会的使用价值,即拥有货币就可以得到任何一种使用价值。

第三,货币在充当一般等价物的过程中,体现了一定的社会生产关系。商品生产者互相交换商品,实际上是互相交换各自的劳动,只不过因为他们之间的劳动不能直接表现出来,所以才采取了商品的形式来进行交换。因此,货币作为商品的一般等价物,也就使商品的不同所有者,通过等价交换,实现了他们之间的社会联系。这种联系就是人和人之间一定的社会生产关系。

拓展阅读
一般等价物

二、货币发展的形态演变

货币自产生以来已有几千年的历史,其具体形态随着生产力和商品经济的发展不断地变化,这主要体现在货币材料的变化上。从货币的发展过程来看,货币的形态可以划分为:实物货币、金属货币、代用货币、信用货币、存款货币、电子货币和数字货币(如图 1-5 所示)。

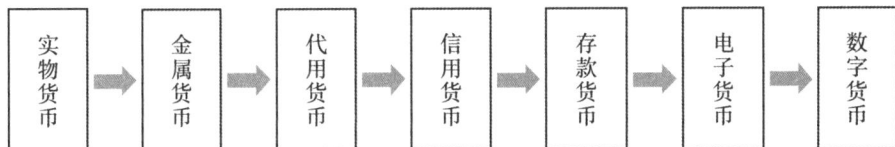

实物货币 → 金属货币 → 代用货币 → 信用货币 → 存款货币 → 电子货币 → 数字货币

图 1-5 货币形态的演变

(一)实物货币

实物货币指以自然界存在的某种物品或人们生产的某种物品充当的货币。如在中国历史上,龟壳、海贝、蚌珠、皮革、齿角、米粟、布帛、农具等都曾作为实物货币被使用过(如图 1-6 所示)。其中,时间较长、影响较大的有两类:一类是贝类,另一类是谷帛。实物货币作为货币用途的价值与其非货币用途的商品价值相等,但这些以实物形态存在的货币,在交换过程中具有一定的局限性。由于充当货币的物体,一般须具备普遍接受性、价值稳定性、统一性、可分性、耐久性、轻便性等特点,因此,随着商品经济的发展,实物货币逐渐为金属货币所取代。

(a)贝币　　　　　(b)可可豆　　　　　(c)烟草　　　　　(d)谷物

图 1-6 实物货币

(二)金属货币

金属货币指以金属作为货币材料,充当一般等价物的货币。金属货币具有价值比较稳定、易于分割和保存、便于携带等特点,这种优势是实物货币不可替代的,它是商品经济发展到一定阶段的产物。金属货币的发展经历了由贱金属到贵金属的演变,由称量货币到铸币的演变。中国是最早使用金属货币的国家之一,早在殷商时代,金属货币就已成为货币的主要形式。由于金属货币在流通过程中会磨损减重,加上人为实行的铸币贬值政策,以及商品交换规模不断扩大,金属货币特别是贵金属货币流通量的增长已远远不能满足生产、贸易、金融等交易量增长巨大的需要,于是金属货币逐渐被纸币或信用货币所取代。

(三)代用货币

代用货币是代表金属货币进行流通的货币。代用货币的特征是其本身价值低于其代表的货币价值,但持有人可以和其所代表的货币自由兑换,并同时与金属货币参加流通。其作用在于节约制造、运输、保管等方面的流通费用。代用货币的典型形式是银行券,人们之所以接受银行券,是因为人们相信它能随时在发行银行兑换成金属货币。

中世纪的欧洲,代用货币最早出现在金匠的金铺,金匠们为人们保管金银货币并开出收据,这种收据可以在市场上流通,当人们需要金银币时又可以随时凭收据兑换。在中国也出现了钱庄、票号开出的具有异地汇兑功能的银票。这就是最早的代用货币。代用货币代替金属货币在市场上流通,由于具有携带方便、印制成本低廉的特点,出现后极大地推动了商品经济的发展。后来的代用货币一般以银行券的形式出现,由银行或政府发行,是一种可兑换的纸币,可兑换银行券的出现表明货币作为商品交换媒介的职能与其作为价值贮藏手段的职能正式分离。

(四)信用货币

信用货币是由国家法律规定的、强制流通的,不以任何贵金属为基础却能独立发挥货币职能的货币。目前世界各国发行的货币,基本都属于信用货币。信用货币是由银行提供的信用流通工具。其本身价值远远低于其货币价值,而且与代用货币不同,它与贵金属完全脱钩,不再直接代表任何贵金属。20 世纪 30 年代的世界性的经济危机,引起经济的恐慌和金融混乱,迫使主要资本主义国家先后脱离金本位和银本位,国家所发行的纸币不能再兑换金属货币,因此,信用货币便应运而生。当今世界各国几乎都采用这一货币形态。

纸币是国家发行和强制流通的价值符号,其本身的价值大大低于它作为价值符号所表示的货币价值,所以习惯上认为纸币本身没有价值。纸币产生于货币的流通手段职能。而作为媒介物的铸币,在流通过程中会发生磨损,成为不足值的铸币。但这种不足值的铸币在一定限度内仍然可以像足值铸币一样充当流通手段,从而使铸币有了可用其他材料制成符号或象征来代替的可能性。由于

统治者有意识地利用这种特点,降低铸币成色或重量,甚至用贱金属取代原来的铸币,进而利用国家政权发行并强制流通没有内在价值的纸币来代替铸币,所以纸币作为货币象征或符号得到了社会的公认。中国是世界上最早使用纸币的国家。公元 11 世纪,北宋的交子是典型的纸币,是由国家印制、强制行使的不兑现的货币符号。其后元、明、清发行的宝钞,也属于典型的纸币。

(五)存款货币

存款货币是一种特殊类型的信用货币,以发行该存款的储蓄机构的信用状况作为担保。这种货币能够发挥货币作用,主要通过存款人签发支票办理转账结算来实现。存款货币的主要特点是可以通过签发支票进行转账结算,这种活期存款在市场上可以流通转让。由于存款人可以根据银行活期存款或支票存款开出支票,支票又可以在市场上转让流通,具有流通手段和支付手段职能,因此使银行存款起到了货币作用,故在西方国家一般将银行活期存款和支票存款称为存款货币或存款通货。但支票本身并不是货币,只是出票人向银行发出并要求银行付款的票据(如图 1-7 所示)。活期存款才是真正的货币,只要存款人在银行活期账户上仍有余额,就可随时提取,开出支票即可当现金使用,是成本最低的交易媒介和支付手段。西方国家在计算货币供应量时,根据资产流动性的标准,都把商业银行活期存款视同现金,并将两者加在一起计算,称为 M1,作为狭义的货币供应量。

拓展阅读
货币发展的必然形态——纸币

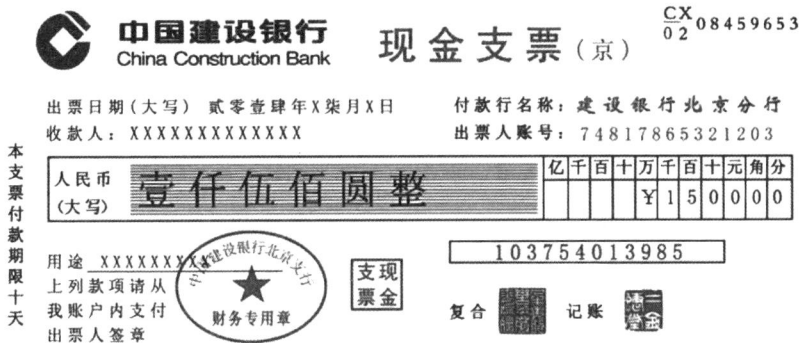

图 1-7　支票

(资料来源:财经知识观.哪些人有资格开支票?支票是爱写多少就写多少吗?[EB/OL].(2021-10-14)[2024-10-03]. https://baijiahao. baidu. com/s? id ＝ 17135472221264475651&wfr ＝ spider&for＝pc.)

(六)电子货币

随着现代信用制度和电子技术的发展,货币形式从实体形态向虚拟形态演进,逐步产生了电子货币。根据巴塞尔银行监管委员会的定义,广义的电子货币是指通过硬件设备或者电脑网络完成支付的储存价值或预先支付机制,即依靠电子设备网络实现储存和支付功能的货币,因此虚拟货币和数字货币也包含在电子货币的范畴中。而我们现在经常提及的电子货币,实质上是狭义的电子货币,即国家银行系统支持的法定货币的电子化形式,与我们所拥有的现钞以及银行存款具有同样法律效力。可以理解为我们的信用卡、储蓄卡所关联的银行账户以及第三方支付平台账户余额上的数据就是我们所拥有的电子货币,我们通过转移一部分自己账户内的电子货币数据到对方的账户来完成交易。

学 而 思

电子货币有什么神通呢?

画面1:汉代。人们到市场上购物,常常要背一大包沉重的五铢钱。要是想把数量很大的黄金运到外地,还要花钱雇镖师沿途护卫。

画面2:唐代。如果人们要把大量的金属货币从外地运到京城,需要把钱存到当地政府的进奏院(各地政府在京城的办事机构),由进奏院开出凭据——"飞钱",到了京城,就可以凭"飞钱"到政府的相应部门取回货币了。

画面3:十几年前。人们到商场购物消费时,只需要带一沓纸币就可以了。在支付时,一手交钱、一手交货,方便易行。如果到外地旅行,不愿随身携带大量现金,也可以通过转账汇款轻松解决。

画面4:今天。人们足不出户,坐在家里就可以在网上商店购买商品,鼠标一点就可以完成支付。不用随身带卡,用手机绑定微信、支付宝、云闪付,消费的时候,手机扫码就能完成支付。消费者从"东奔西走取现金"到"一张卡片走天下",从"便捷的网上快捷支付"到"轻松的二维码付款",不经意间,属于服务业供给侧的支付创新,正在改变着我们的生活方式和消费习惯。

电子货币的产生是货币史上的一次飞跃。现在,电子货币已经广泛地渗透到生活中,它在完成交易支付时比纸币更加便捷。电子货币的广泛使用大大省去了印制纸币必须花费的昂贵成本。此外,电子货币比纸币更不易伪造,使用起来更安全。

(资料来源:金融基础知识普及之一:金融常识八问八答[EB/OL].(2022-05-13)[2024-09-13].
http://www.tiane.gov.cn/xxgk/zdlyxxgk/shgysy/jrzsxczl/t11887861.shtml.)

思考题:

电子货币有什么神通呢?

（七）数字货币

数字货币是一种以数字形式存在的货币，它通常使用区块链技术来记录交易，并在全球范围内进行传输和支付。数字货币的工作原理与传统的纸质货币或硬币不同，它不需要中央机构来管理或控制，而是依靠分布式账本技术来实现去中心化的交易记录和管理。

数字货币是指基于节点网络和数字加密算法的虚拟形态货币，相比传统实物货币具有不可伪造、点对点快捷交易、流动方便的特点。根据其是否由各国央行发行，数字货币可分为以央行数字货币为代表的法定数字货币，和以比特币、Libra 币为代表的非法定加密数字货币。

世界各国中央银行发行的法定数字货币，是中央银行基于清算方式的改进而发行的现钞之外的"记账货币"。我国发行的央行数字货币（Digital Currency/Electronic Payment，DC/EP）是人民币的数字化形态，是经国务院批准计划发行的法定数字货币。

学而思

生活中的种种货币

货币以现金、银行卡、"支付宝"等不同的形式出现，发挥着标价、购买、支付等不同的重要作用。

假设以下是某公司职员钱多多日常生活的几个片段：早上 6 时 40 分，下楼购买早点，采用零钱支付；7 时 10 分，开车上班，不小心发生交通事故，保险公司到现场勘察定损后，表示将于两个工作日之内支付赔款；13 时 20 分，接到银行的短信通知，本月房贷已经扣款成功；18 时 08 分，路经超市购买当日晚饭食材，听说下个月牛奶又将涨价，便拿出公司发的购物卡囤货两箱；20 时 35 分，查看自己在证券公司的户头，发现去年购入的几只股票今天全体涨停，随即在某网上商城的"海外购"拍下一双心仪已久的法国品牌的鞋子以示庆祝。

思考题：
在这些活动中，货币分别以什么形式出现？

微课视频 1-1
数字人民币

13

第二节 货币的职能

货币的职能是指货币本质的具体体现。在发达的商品经济条件下,货币具有价值尺度、流通手段、贮藏手段、支付手段和世界货币五大职能。货币的这五大职能是随着商品经济的发展而逐渐形成的。其中,价值尺度和流通手段是货币最基本的职能。货币首先作为价值尺度,衡量商品是否具有价值、有多少价值,然后作为流通手段实现商品价值。

一、价值尺度

价值尺度,是指货币表现商品价值并衡量商品价值量大小的职能。这是货币最基本、最重要的职能。货币在执行价值尺度职能时,并不需要现实的货币,而只是观念上的或想象的货币。

为了用货币来衡量商品价值量的大小,必须给货币本身确定一种计量单位,如人民币的"元",英镑的"镑"等。通过一定数量的货币表现出来的商品价值,叫作价格。货币执行价值尺度职能,就是把商品的价值表现为一定的价格。

货币的价值尺度职能是货币本质的体现。其表现为价格标签。商品价值的大小就表现为货币的多少,如:1斤大米=1元;1件上衣=200元。

二、流通手段

流通手段,是指货币在商品流通过程中起媒介作用时所发挥的职能。在商品交换过程中,商品出卖者把商品转化为货币,然后再用货币去购买商品,一手交钱一手交货。货币发挥交换媒介作用只存在于买卖商品的瞬间,人们关心的是它的购买力,即是否能够买到等值的商品,而并不关心货币本身有无价值,所以就产生了不足值铸币以及仅是货币符号的纸币代替贵金属执行流通手段职能的可能性。

作为流通手段的货币,不能是观念上的货币,而必须是现实的货币。在货币执行流通手段这一作用的情况下,商品与商品不再是互相直接交换,而是以货币为媒介来进行交换。商品所有者先把自己的商品换成货币,然后再用货币去交换其他的商品。这种有货币作媒介的商品交换,叫作商品流通。由物物交换过渡到商品流通,意味着商品经济的内在矛盾有了进一步的发展。因为,在这种条件下卖和买被分成了两个独立的过程,如果出卖了商品的人不立刻去买,就会使另一些人的商品卖不出去。也就是说,货币作为流通手段职能,本身已经包含了经济危机在形式上的可能性。

三、贮藏手段

贮藏手段,是指货币退出流通领域,当作独立的价值形式和社会财富的一般代表而保存起来。只要商品的流通一中断,商品所有者在出卖商品以后不立即购买他们所需要的商品,货币就退出流通领域而成为贮藏货币。

货币能够成为贮藏手段,是因为货币是社会财富的一般代表,随时可以换取任何一种商品,从而引起了人们贮藏的欲望。执行贮藏手段职能的货币,必须是足值的金属货币或金属条块。

在足值的金属货币流通的情况下,货币作为贮藏手段,具有自发调节货币流通的作用。当流通中的货币量大于商品流通所需要的货币量时,多余的货币会退出流通领域;相反,贮藏的货币会重新加入流通。

现代经济中的信用货币是价值符号,其本身没有内在的价值,也不能兑换金银,因此,它不具有典型意义上的贮藏手段职能。在纸币币值稳定的前提下,货币所有者无论是手持沉淀货币,还是把它存入银行变成存款,都发挥了积累和储蓄的作用。

四、支付手段

支付手段,是指货币作为独立的价值形式进行单方面运动时执行的职能。这一职能是为适应商品生产和商品交换发展的需要应运而生的。由于商品生产和商品交换在时空上的差异,就产生了商品使用价值的让渡与商品价值的实现在时间上分离开来的客观必然性。某些商品消费者在需要购买时没有货币,只有到将来某一时间才有支付能力,同时,某些商品生产者又急需出售其商品,于是就产生了赊购赊销。

货币作为交换价值独立存在,其运动不伴随商品运动而发生单方面转移,其执行支付手段职能时,体现为价值的单方面转移。支付手段职能实际上是随着赊账这一现象出现的,在这一现象中,最初货币主要用于偿还债务,后来才逐渐发展到用于支付工资、利息、税款等领域。支付手段的特点是在进行交易时,钱货并不是同时两清的。两者存在一个时间差,分为预先支付和延期支付两种手段。支付手段中的"支付"二字具体含义是单方面的付出或者让渡,也就代表着在进行支付时价值是单向流动的,并不是流通手段中的双向流动,这也是区分支付手段和流通手段的重要依据。因此,支付手段本质上是指货币所代表的价值进行单向流动的过程。

五、世界货币

随着国际交往的产生和发展,货币在世界市场上流通,便具有了世界货币的职能。世界货币除具有价值尺度职能外,还执行如下职能:作为购买手段,在国际上用以购买外国商品;作为一般支付手段,用以偿付国际债务、支付利息和其他非生产性支付等,以平衡国家间的收支差额;作为社会财富的代表,用以支付战争赔款、输出货币资本等,从一国转移到另一国。

一般而言,在贵金属货币流通的条件下,充当世界货币的是足值的金和银,而不是具有地域外衣的铸币。因此,它主要是金块、银块的形式。在现代信用货币制度下,主要由那些在国际上可以自由兑换成其他国家货币的硬通货来充当世界货币。但在这种情况下,各国仍必须贮藏一定量的黄金,作为世界货币的准备金,用于平衡国际收支。

货币的五种职能如图 1-8 所示,它们并不是各自独立的,而是具有内在联系的。价值尺度和流通手段是货币的两个基本职能,其他职能均在此基础上产生。所有商品首先要借助货币的价值尺度表现为价格,然后才能通过流通手段实现其商品价值。正是由于货币具有流通手段,可随时购买商品,且能作为交换价值独立存在,可用于各种支付,才能执行贮藏手段职能。支付手段又以贮藏手段职能为前提。世界货币职能则是各个职能在国际市场上的延伸和发展。五种职能的对比如表 1-2 所示。

拓展阅读
全球第四大最活跃货币

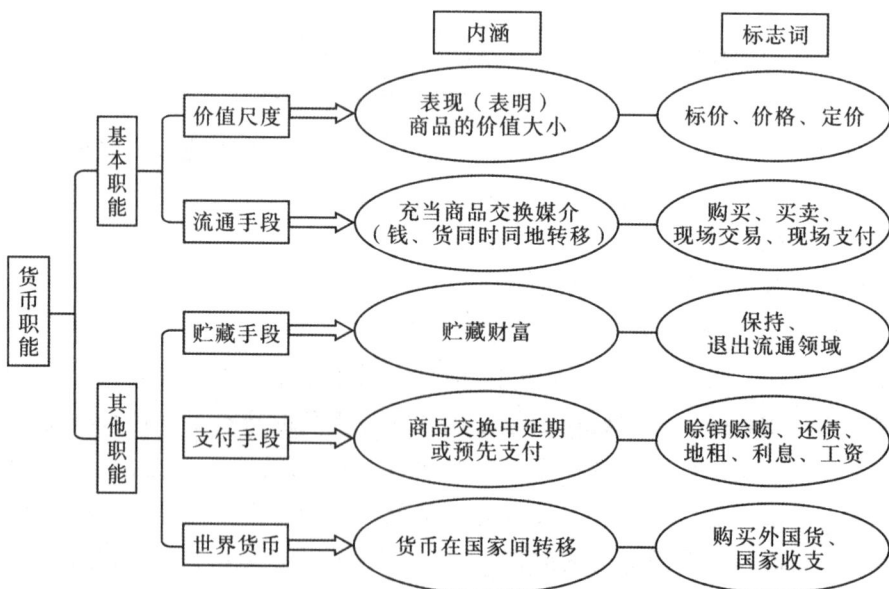

图 1-8 货币五种职能理解导图

表 1-2 货币五种职能对比

货币职能	判别标志	货币特点	生活案例
价值尺度	标价	观念上的货币	超市货架的标价、商品价目表
流通手段	一手交钱,一手交货(钱货交易同时进行)	现实的货币,但不一定足值(磨损不影响交易)	超市买东西付款
支付手段	延期支付,赊购赊销(钱货交易存在时间差)	现实货币,包括各种形式的电子货币	偿还欠款(花呗)、税款、工资、租金、定金、利息
贮藏手段	退出流通领域,作为财富贮藏	现实且足值的货币	黄金、白银等贵金属
世界货币	国际上充当一般等价物(支付结算等)	现实货币	美元、人民币、英镑、欧元、日元

课内
练习

1.(单选题)小明去超市购物,在结账时使用微信付款,这反映货币充当（　　）职能。

A.价值尺度　　　　B.流通手段　　　　C.支付手段　　　　D.贮藏手段

【答案】B。

解析:小明去超市购物,用微信付款其实就是在使用电子货币购物,也就是一手交钱一手交货,体现了货币充当流通手段职能。故本题答案选 B。

2.(多选题)老王这个月发了工资,他从工资中拿出一部分钱去商场给自己的老婆买了一件标价 800 元的衣服,然后他又拿出部分工资还了"蚂蚁花呗",在这个过程中货币充当（　　）职能。

A.流通手段　　　　B.价值尺度　　　　C.支付手段　　　　D.贮藏手段

【答案】ABC。

解析:老王这个月发了工资,工资就体现了货币在充当支付手段。而老王去商场买了一件标价 800 元的衣服,在这当中货币既充当了价值尺度也体现了流通手段,标价 800 元体现了价值尺度职能,购买衣服即一手交钱一手交货,体现了流通手段职能。用工资还"蚂蚁花呗"其实就是偿还欠款,体现了货币充当支付手段职能。贮藏手段是指货币退出流通领域,作为财富贮藏,题干中没有体现。故本题答案选 ABC。

微课视频 1-2
人民币国际化

第三节　货币制度

一、货币制度及其基本内容

货币制度又称币制,是一国政府以法律形式确定的有关货币流通结构和组织形式的系列规定。货币制度的基本内容包括以下几个方面:

1.确定货币材料

货币材料简称"币材",是指用来充当货币的物质,不同的货币材料构成不同的货币本位,如黄金充当货币材料就构成金本位。现在各国实行的是信用货币,确定币材已经没有什么经济意义,只是技术上的一种选择。

2.规定货币单位

货币单位的规定主要有两个方面:一是规定货币单位的名称,目前世界上用元、镑、法郎作为货币单位名称的较多;二是确定货币单位的"值",在1973年之前是通过规定单位货币含金量来表示该货币单位的价值,1973年以后各国相继取消了货币含金量。

3.规定流通中的货币种类

主要是指规定主币和辅币。主币就是本位币,是一个国家流通的基本货币。辅币是主币单位以下的小面额货币,是本位币的等分。

4.规定货币法定支付偿还能力

货币法定支付偿还能力分为无限法偿和有限法偿。无限法偿指不论用于何种支付,不论支付数额有多大,对方均不得拒绝接受;有限法偿即在一次支付中有法定支付限额的限制,若超过限额,对方可以拒绝接受。在金属货币制度下,一般而言主币具有无限法偿,辅币则具有限法偿。在信用货币制度条件下,国家对各种货币形式支付能力的规定不是十分明确和绝对。

5.规定货币铸造发行的流通程序

在金属货币流通条件下,辅币都是由国家铸造发行的,但本位币基本上实行自由铸造;信用货币出现以后,各国逐渐通过法律把银行券的发行权收归中央银行。

6.货币发行准备制度的规定

货币发行准备制度的规定是指中央银行在货币发行时以某几种形式的资产作为其发行货币的准备,从而使货币的发行与某种金属或某几种资产建立起联系和制约关系。

二、货币制度的演变

在货币制度发展史上曾存在四种不同的货币制度,依次为银本位制、金银复本位制、金本位制(包括金币本位制、金块本位制和金汇兑本位制)、不兑现信用货币制度(纸币制度)(如图 1-9 所示)。

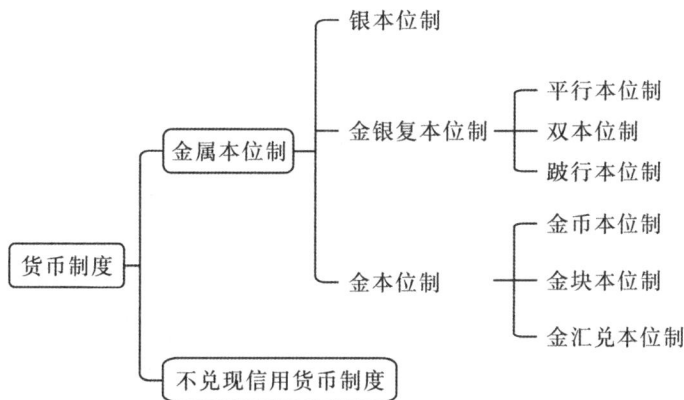

图 1-9 货币制度的分类

(一)银本位制

银本位制是历史上最早出现的,也是实施时间最长的一种货币制度。它是以白银为货币金属,以银币为本位币的一种货币制度。

1816 年,银本位制逐渐被金本位制所代替,主要原因如下:

一是银本位制最大的缺点是白银价值不稳定。

二是随着资本主义经济的发展,商品交易规模日益扩大,大宗商品交易日益增多,用白银这种价值相对较低的货币进行支付,就产生许多不便,如一笔大宗交易往往需要支付大量的白银,对交易商来说,在参与交易时,要携带大量的白银。

三是在交通不发达、信用制度比较落后的条件下,携带大量白银既不方便,也不安全。

(二)金银复本位制

在金银复本位制下,法律规定金、银两种贵金属都是铸造本位币的材料。金币和银币可同时流通,都可以自由铸造,都具有无限法偿。金、银都可以自由地输出和输入。

金银复本位制前后经历了如下三种形态：

1.平行本位制

平行本位制即金币和银币是按照它们所包含的金银实际价值进行流通的，也即金币和银币是按市场比价进行交换的。例如，英国1663年铸造的金基尼和原来流通的银先令并用，两者按它们所含有的生金、生银的市场比价进行交换。这种货币制度的缺点是显而易见的。因为在金银复本位制下，商品具有货币表示的双重价格。金银市场比价波动必然会引起商品双重价格比例波动，使商品交易遇到很多麻烦。

2.双本位制

为克服平行本位制带来的问题，国家便以法律规定金币和银币之间的固定比价，即金币和银币是按法定比价进行流通和交换的。在双本位制下，金币和银币按法定比价流通，这就克服了平行本位制下混乱的局面。但在双本位制下，当市场上金、银的比价发生变化时，会引起金币或银币的实际价值与名义价值的背离。这时实际价值高于名义价值的货币（良币）就会被人熔化，退出流通领域，而实际价值低于名义价值的货币（劣币）则会充斥市场。这就是"劣币驱逐良币规律"的格雷欣法则现象。例如，金银法定比价为1∶15，而市场比价则为1∶16，此时黄金的市价较高，金币持有者就会熔化金币到市场上去兑换白银，一经熔化，即可赚取1两白银差价，这样市场上持有金币的人越来越少，而白银的流通越来越多，最终金币会退出流通领域。反过来，若市场金银比价为1∶15，而法定比价为1∶16，白银市价高于法定比价，市场上的银币将退出流通领域。

3.跛行本位制

为了解决"劣币驱逐良币"现象，资本主义国家又采用跛行本位制，即金、银币都是本位币，但国家规定金币能自由铸造，而银币不能自由铸造，并限制每次支付银币的最高额度。金币和银币按法定比价交换。这种货币制度中的银币实际上已成了辅币。这种跛行本位制是金银复本位制向金本位制过渡的形式。

拓展阅读
格雷欣法则

（三）金本位制

1.金币本位制

金币本位制有以下几个特征：①法律规定货币本位具有一定的黄金含量；②黄金可以自由铸造和熔化；③金币可以自由流通，黄金在各国之间可以自由地输出和输入；④一切价值符号（辅币和银行券）可以自由兑换为金币。

金币本位制是一种相对稳定的货币制度。这种相对稳定性在实行该制度的国家主要表现为两个方面：一是货币数量调控适当；二是其货币的对外汇率维持相对稳定。相对稳定的汇率有利于发展国际贸易，也有利于资本输出，使国际经济关系相对稳定。

2.金块本位制和金汇兑本位制

金块本位制又称生金本位制,是没有金币流通的金本位制。它废除了金币可以自由铸造、自由流通的规定。在这种本位制下,银行券代替金币流通。虽然在金块本位制下,规定了银行券的含金量,可以将银行券兑换为金块,但这种兑换的起点通常很高。例如,英国在 1925 年实行金块本位制时宣布,居民用银行券兑换黄金的最低起点是 1 700 英镑;法国在 1928 年实行金块本位制时规定,用银行券兑现黄金的起点是 21 500 法郎。如此高的兑换起点,等于剥夺了绝大多数人的兑现权利。实行金块本位制可以节省黄金的使用,减少对黄金发行准备量的要求,暂时缓解黄金短缺与商品经济发展之间的矛盾,但并未从根本上解决问题。

金汇兑本位制又称虚金本位制。在这种货币制度下,规定银行券不能直接兑换黄金,只能与外汇兑换,然后用外汇在外国兑换黄金。实行这种制度的国家的货币同另一个实行金本位制国家的货币保持固定比价,并在国内保持大量的外汇,以备随时出售外汇。实行这种制度的国家对外贸易和财政金融必然受到与其相联系的国家的控制,所以金汇兑本位制实质上是一种附庸的货币制度,一般为殖民地和附属国所采用。第一次世界大战之前,殖民地国家如印度、菲律宾等实行这种制度。第一次世界大战以后,法国、意大利、奥地利、中国、波兰等都实行这种制度。第二次世界大战结束前夕,在美国的新罕布什尔州布雷顿森林召开的国际货币会议上确立的布雷顿森林体系,实际上是一种全球范围的金汇兑本位制。这一体系规定的"各国货币与美元挂钩,美元与黄金挂钩",以美元为中心的货币制度,把各国货币都变成美国货币的依附货币。直到 1973 年,美国宣布美元与黄金脱钩,金汇兑本位制才正式停止。

金本位制、金块本位制以及金汇兑本位制都属于金本位制,但金块本位制和金汇兑本位制是残缺的金本位制。为了能进一步摆脱黄金对商品经济的束缚,各国在 20 世纪 30 年代大危机以后均实行了不兑现的纸币制度。

(四)不兑现信用货币制度

发展到现代,各国由其中央银行垄断货币发行,通过信用程序进入流通;由银行对货币流通实施管理,货币制度演变为典型的不兑现信用货币制度。无论是国家政权曾发行的纸币,还是不能兑现的银行券,以及现代信用的货币都是纸制本位的货币制度,它们的共同特点是与黄金完全脱离,国内既不流通金币,也不兑现黄金,也无须黄金准备。货币本身没有实际价值,而是作为一种价值的符号来充当商品交换的媒介,发挥货币的基本职能。纸制本位条件下,货币流通必须遵循纸币流通的客观规律。纸币的发行和回流,由国家授权中央银行来进行,因而,货币政策日益成为国家干预经济、调控宏观目标的重要手段。

第四节　国际货币体系

一、国际货币体系的内涵

国际货币体系是各国政府为适应国际贸易与国际结算的需要,对货币的兑换、国际收支的调节等所做的安排或确定的原则,以及为此而建立的组织形式等的总称。国际货币体系的主要内容是:①各国货币比价的确定,包括汇率确定的原则、波动的界限、调整的幅度等;②各国货币的兑换性与对国际收支所采取的措施,如本国货币能否对外兑换以及是否限制对外支付等;③国际储备资产的确定以及储备资产的供应方式;④国际收支的调节方法,包括逆差国和顺差国承担的责任;⑤国际金融事务的协调、磋商和有关的管理工作。

国际货币体系的发展经历了以下几个阶段:

1880 年至 1914 年,国际金本位制度;

1918 年至 1939 年,国际金本位制度的恢复时期;

1944 年至 1973 年,布雷顿森林体系;

1973 年至 1976 年,向浮动汇率制度过渡时期;

1976 年至今,牙买加体系。

二、国际金本位制

第一次世界大战前,资本主义国家普遍实行金本位制。当时,黄金在各国之间的支付原则、结算制度与运动规律都是统一的,从而形成了国际金本位制。

国际金本位制的主要内容包括:黄金是国际货币体系的基础,可以自由输出、输入国境,是国际储备资产和结算货币;金铸币可以自由流通和贮藏,也可以按法定含金量自由铸造,各种银行券可以自由兑换成黄金。

国际金本位制是一种较为稳定的货币制度,表现为该体系下各国货币之间的比价、黄金及其他代表黄金流通的铸币和银行券之间的比价,以及各国物价水平相对稳定。因而对汇率稳定、国际贸易、国际资本流动和各国经济发展发挥了积极作用。

该货币制度过于依赖黄金,而现实中黄金产量的增长远远无法满足世界经济贸易增长对黄金的需求,简而言之,黄金不够用了。再加上各国经济实力的巨大差距造成黄金储备分布的极端不平衡。于是,银行券的发行日益增多,黄金的兑换日益困难。一战爆发后,各国便中止黄金输出,停止银行券和黄金的自由兑换,国际金本位制度宣告解体。

三、布雷顿森林体系

布雷顿森林体系(bretton woods system)是指二战后以美元为中心的国际货币体系。1944 年 7 月 1 日到 22 日,美、苏、中、法等 44 个国家的 730 名代表在美国新罕布什尔州布雷顿森林的华盛顿大旅社举行联合国家货币金融会议(united nations monetary and financial conference),通过了《联合国货币金融会议最后决议书》《国际货币基金组织协定》《国际复兴开发银行协定》等文件,总称为"布雷顿森林体系"。

《国际货币基金组织协定》确立了美元与黄金挂钩、各国货币与美元挂钩,并建立固定比价关系,形成以美元为基准的国际金汇兑本位制。"双挂钩"的具体内容是:①美元与黄金挂钩:1 盎司黄金＝35 美元;美国准许各国政府或中央银行随时按官价向美国兑换黄金;其他国家的货币不能兑换黄金。②其他货币与美元挂钩:各国货币与美元保持固定比价,通过黄金平价决定固定汇率;各国货币汇率的波动幅度不得超过金平价的上下 1%,否则各国政府必须进行干预。

布雷顿森林体系建立了国际货币基金组织(International Monetary Fund,IMF)和世界银行(World Bank)两大国际金融机构。前者负责向成员国提供短期资金借贷,目的为保障国际货币体系的稳定;后者提供中长期信贷来促进成员国经济复苏。布雷顿森林体系的建立,促进了战后资本主义世界经济的恢复和发展。因美元危机与美国经济危机的频繁爆发,以及制度本身不可解脱的矛盾性,该体系于 1971 年 8 月 15 日被尼克松政府宣告结束。

四、牙买加体系

IMF 于 1972 年 7 月成立了一个专门委员会,具体研究国际货币制度的改革问题。委员会于 1974 的 6 月提出一份"国际货币体系改革纲要",对黄金、汇率、储备资产、国际收支调节等问题提出了一些原则性的建议,为以后的货币改革奠定了基础。直至 1976 年 1 月,IMF 理事会"国际货币制度临时委员会"在牙买加首都金斯敦举行会议,讨论国际货币基金协定的条款,经过激烈的争论,签订了"牙买加协议",同年 4 月,IMF 理事会通过了《IMF 协定第二修正案》,从而形成了新的国际货币体系。其主要特征如下:

拓展阅读
国际虚金本位制

1.黄金非货币化

即黄金与货币彻底脱钩,取消国家之间必须用黄金清偿债权债务的义务,降低黄金的货币作用,使黄金在国际储备中的地位下降,促成多元化国际储备体系的建立。

2.多样化的汇率制度安排

国际经济合作的基本目标是维持经济稳定而不是汇率稳定。牙买加体系允许汇率制度安排多样化,并试图在世界范围内逐步用更具弹性的浮动汇率制度取代固定汇率制度。IMF把多样化的汇率制度安排分为以下三种:硬钉住汇率(hard pegs),如货币局制度、货币联盟制等;软钉住汇率(soft pegs),包括传统的固定钉住制、爬行钉住制、带内浮动制和爬行带内浮动制;浮动汇率群(the floating group),包括完全浮动汇率制以及各种实施不同程度管制的浮动汇率制。

3.以美元为主导的多元化国际储备体系

牙买加体系中,可供一国选择的国际储备不单只是美元,还可以是黄金储备、欧元、日元、英镑和人民币等国际性货币、国际货币基金组织的储备头寸、特别提款权。尽管如此,美元仍是各国外汇储备的主要组成部分。由此可见,原有货币体系的根本矛盾仍然没有得到根本解决。

4.国际收支调节机制多样化

IMF允许国际收支不平衡国家通过汇率机制、利率机制、资金融通机制等多种国际收支调节手段对国际收支不平衡进行相机抉择。

如果说在布雷顿森林体系下,国际金融危机是偶然的、局部的,那么,在牙买加体系下,国际金融危机就成为经常的、全面的和影响深远的。1973年浮动汇率普遍实行后,西方外汇市场货币汇价的波动、金价的起伏经常发生,小危机不断,大危机时有发生。1978年10月,美元对其他主要西方货币汇价跌至历史最低点,引起整个西方货币金融市场的动荡。这就是著名的1977—1978年西方国家货币危机。由于金本位与金汇兑本位制的瓦解,信用货币无论在种类上、金额上都大大增加。信用货币占西方各国通货流通量的90%以上,各种形式的支票、支付凭证、信用卡等种类繁多,现金在某些国家的通货中只占百分之几。货币供应量和存放款的增长远远高于工业生产增长速度,而且国民经济的发展对信用的依赖程度越来越深。总之,现有的国际货币体系被人们普遍认为是一种过渡性的、不健全的体系,需要进行彻底的改革。

拓展阅读
超主权货币的提出

本章小结

本章围绕货币相关知识展开。货币的本质是固定充当一般等价物的特殊商品,这一本质决定了它在经济活动中的独特地位。从形态演变来看,货币经历了从实物货币、金属货币、代用货币、信用货币、存款货币,到电子货币乃至数字货币的发展过程,每一次形态的转变都与经济社会的发展紧密相连。在职能方面,货币具备价值尺度、流通手段、支付手段、贮藏手段和世界货币等职能,其中价值尺度和流通手段是其基本职能,这些职能共同支撑着货币在商品交换等经济活动中发挥作用。

货币制度作为国家以法律形式规定的货币流通组织形式,其构成要素包括货币材料的确定、货币单位的确定、流通中货币种类的确定、对不同种类货币支付能力的规定以及发行准备制度,这些要素共同保障了货币流通的有序进行。而在特定货币制度下,格雷欣法则阐述了在金银双本位制中,当金银的市场比价与法定比价不一致时,会出现良币退藏、劣币充斥的现象。此外,国际货币体系是各国为适应国际贸易与结算需求,对货币兑换、国际收支调节等作出的安排、确定的原则及建立的组织形式,其发展至今经历了国际金本位制度、布雷顿森林体系、牙买加体系等阶段,见证了全球经济与金融格局的变迁。

基本概念

一般等价物　金属货币　信用货币　存款货币　电子货币　数字货币　价值尺度　流通手段　支付手段　贮藏手段　世界货币　货币制度　银本位制　金银复本位制　金本位制　格雷欣法则　布雷顿森林体系　牙买加体系

课后练习

一、单项选择题

1.贝币和谷帛是我国历史上的(　　　)。
A.信用货币　　　　B.实物货币　　　　C.纸币　　　　D.信用货币

2.一件衣服标价 100 元,这里货币体现的职能是( )。

A.贮藏手段　　　B.价值尺度　　　C.流通手段　　　D.支付手段

3.郭老师在书店用 20 元购买了一本图书,此时货币发挥的职能是( )。

A.支付手段　　　B.价值尺度　　　C.贮藏手段　　　D.流通手段

4.货币发挥流通手段职能时必须是( )。

A.现实的货币　　B.足值的货币　　C.退出流通领域　　D.本国货币

5.一国用黄金从国外购买商品时,此时"黄金"发挥了货币的( )职能。

A.支付手段　　　B.价值尺度　　　C.贮藏手段　　　D.世界货币

6.货币执行支付手段职能的特点是( )。

A.货币是商品交换的媒介

B.货币运动伴随商品运动

C.货币是一般等价物

D.货币作为价值的独立形式进行单方面转移

7.通常,在一国货币制度中,( )具有无限法偿。

A.本位币　　　　B.辅币　　　　　C.黄金　　　　　D.本国货币

8.目前世界各国实行的是( )。

A.银本位制　　　　　　　　B.金本位制

C.金银复本位制　　　　　　D.不兑现信用货币制度

9.如果金银的法定比价是 1∶13,而市场比价是 1∶15,这时充斥市场的将是( )。

A.金币　　　　　B.银币　　　　　C.金币和银币　　D.都不是

10.( )是一种相对稳定的货币制度,对资本主义的发展曾起到了积极的作用。

A.金币本位制　　B.金汇兑本位制　　C.金块本位制　　D.金银双本位制

二、多项选择题

1.实物货币的缺点有( )。

A.体积大,携带运输不方便　　　B.不易分割

C.不足值　　　　　　　　　　　D.不能充当一般等价物

E.容易腐烂,不易保管

2.以下属于信用货币的是( )。

A.人民币　　　　　　　　　　　B.活期存款

C.封建钱庄的银票　　　　　　　D.贝币

E.银行券

3.关于货币的说法正确的是( )。

A.马克思认为,货币是固定充当一般等价物的特殊商品

B.货币是商品交换长期发展的必然结果

C.只有金银是货币,因为其自身具有使用价值

D.银行券是纸币,属于信用货币的一种

E.现钞是货币,但银行的活期存款不是货币

4.体现了货币的支付手段职能的是( )。

A.单位支付职工工资 　　　　　　B.租户支付房屋租金

C.甲公司向乙公司偿还欠款 　　　D.银行向储户支付利息

E.在超市为一瓶矿泉水支付 2 元

5.下列关于人民币正确的说法有( )。

A.可以自由兑换外币 　　　　　　B.是中华人民共和国的法定货币

C.由中国人民银行统一发行 　　　D.人民币的单位为元

E.1948 年 12 月 1 日开始统一发行

三、判断题

1.不论采取何种形式,货币都是一种信用。( )

2.马克思的货币本质观认为,货币是固定充当一般等价物的特殊商品。( )

3.作为价值尺度,货币解决了在商品和劳务之间进行价值比较的难题。( )

4.支付手段下,商品让渡和货币回流之间不存在时间间隔。( )

5.价值尺度和流通手段是货币的两个最基本的职能。( )

6.在金币本位制、金汇兑本位制和金块本位制条件下,金铸币都是流通中的货币。( )

7.格雷欣法则是指实际价值高于名义价值的通货最终充斥市场。( )

8.用本位币支付的金额不管有多大,债权人都必须接受。( )

9.我国货币的发行量取决于中央银行拥有的黄金外汇储备量。( )

10.目前,人民币在资本项目下可自由兑换。( )

四、思考题

1.马克思说:"金银天然不是货币,货币天然是金银。"金银为什么能脱颖而出代替其他林林总总的一般等价物成为货币?

2.货币职能的基本含义和主要内容?

3.什么是货币制度?其基本内容是什么?

第二章 信用和信用工具

学习目标

知识目标

1. 了解信用的概念、产生、发展及其主要形式；
2. 了解中国社会征信体系的建设历程；
3. 理解信用工具的概念、特点及其分类；
4. 了解商业信用、银行信用、国家信用、消费信用、国际信用的概念、特征和优缺点。

能力目标

1. 理解并掌握股票和债券等传统信用工具的运行机制；
2. 理解并掌握商业信用、银行信用的运行机制。

素养目标

1. 理解信用制度建设对社会主义市场经济的重要性；
2. 理解中国社会征信体系的特殊性和重要性；
3. 理解发展消费信用对实现金融强国战略的重要性。

本章重点

1. 信用的主要形式及其形成原因；
2. 信用工具的分类及其功能。

本章难点

1.股票和债券等传统信用工具的运行机制；
2.商业信用、银行信用的优缺点。

思维导图

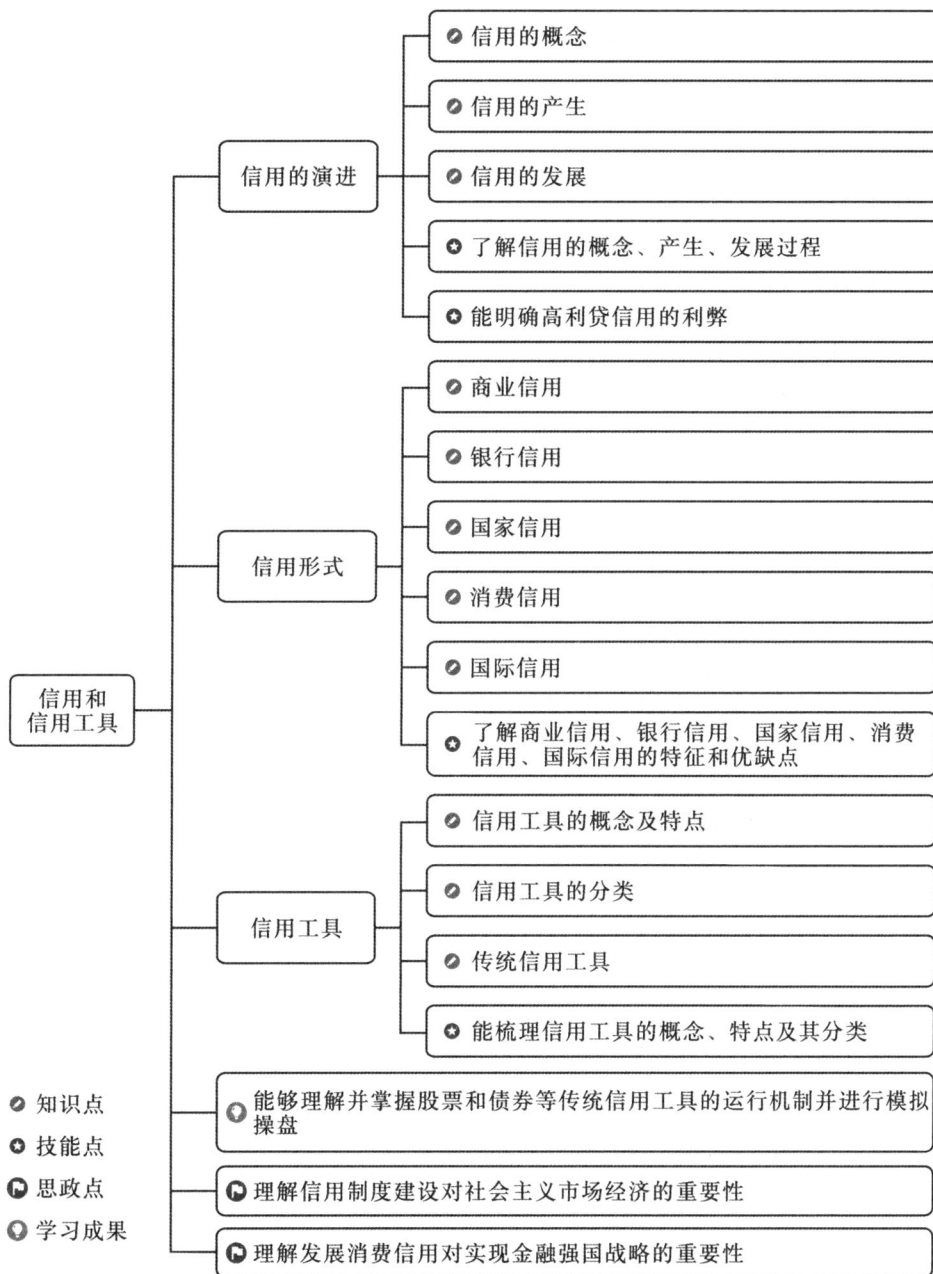

📚 课前导读

2023年，以服务国家战略、突出信用应用、坚持目标导向为主线，社会信用体系建设取得一系列进展。随着2024年全国"两会时间"正式开启，源点信用系统梳理了全国人大代表、政协委员将带来的信用方面建议提案。

全国政协委员、民革中央经济委员会副主任、深圳市人大常委会副秘书长何杰认为，应推动粤港澳大湾区跨境征信互认，在粤港澳大湾区内试点开展跨境征信合作，加快推进粤港澳三地信用报告标准互认、征信产品互认，研究设立专门渠道服务于征信报告跨境传输，提升跨境融资信用服务能力，解决跨境融资难题。

全国政协委员、新希望集团董事长刘永好认为，应给予民营企业征信保护机制。对符合条件企业给予特殊时期的金融和资金支持，不在特殊困难时期抽贷，在新增贷款和发债担保增信方面给予支持。支持和鼓励金融机构提升民营企业在信贷投放中的比重；支持和鼓励民营企业在各银行贷款总额不减少，增幅比例不低于各银行企业贷款增幅平均比例；给予民营企业征信保护机制，如发生展期，在不超过企业总融资额比例和期限的情况下，不在征信上体现；支持和鼓励民营企业在公开市场发行债券，鼓励大型国有银行、股份制银行以及国有大型增信公司等加大民营企业债券发行担保；成立专门针对民营企业债券的投资基金，在各级市场引导投资，发挥积极的推动和支持作用。

全国人大代表，海尔集团党委书记、董事局主席、首席执行官周云杰提出，促进二手车规范化、提高行业诚信度。一是建设全国性汽车全生命周期数据平台。汇聚从生产制造到循环再利用等全流程信息，促进二手车规范化，提高行业诚信度。二是支持二手车再制造行业的发展。在税收、财政等政策方面给予支持，建立标准体系和监管机制，打造二手车再制造产业体系，提升用户认可度和信誉度。三是出台促进二手车消费的专项政策。鼓励各省市扩大汽车消费补贴范围，将合规二手车企业销售的车辆纳入购车优惠政策范畴，与新车享受同等补贴，加快二手车流通。

（资料来源：2024全国两会代表委员"信用之声"［EB/OL］.（2024-03-06）［2024-10-26］.http://www.yk.gov.cn/art/2024/3/11/art_1229698286_59036274.html.）

通过阅读以上新闻资料，我们能了解到信用在一国经济金融中的重要作用。本章我们将学习有关信用的理论知识。通过学习，我们会对信用的功能有清晰的认识，并逐步了解新闻资料中提到的"跨境征信互认"和"征信保护机制"等金融领域的热门词语。

第一节 信用的演进

一、信用的概念

(一)信用的由来

信用在英语中是"credit"一词,源自拉丁语动词"Credo",它的意思是"我相信"。而拉丁语的"Credo"一词,又源于"Crad"和"Do"。"Crad"这一名词的梵文解释为"信任",而"Do"是拉丁动词"我给予"的意思。因此,"信用"一词的原始意思是"我给予信任"。在中国,"信用"一词最早见于《左传·宣公十二年》,"其君能下人,必能信用其民矣"。古人又云:人之道德,有诚笃不欺,有约必践,凤为人所信任者,为之信用。

学 而 思

一诺千金

秦朝末年的季布从小就决心做一个讲信用的人,他答应别人的事一定要做到。长大后,他身材魁梧,武艺精良,说一不二,为老百姓主持正义,凡是他答应的事情他一定做到,在长江中游一带很有名声。老百姓都说,"得黄金百斤,不如得季布一诺"。

楚汉战争中,季布做过项羽的大将。汉王刘邦当了皇帝后,下令通缉季布,"胆敢藏匿季布者,罪及三族"。但那些敬慕季布的人仍在暗中帮助他。不久,季布经过化装后到山东一家姓朱的人家当佣工。朱家明知他是季布,仍收留了他。后来,朱家又到洛阳去找刘邦的老朋友汝阴侯夏侯婴说情。刘邦在夏侯婴的劝说下撤销了对季布的通缉令,还封季布做了郎中,不久又改做河东太守。

(资料来源:一诺千金的故事[EB/OL].(2024-09-29)[2024-10-26].https://www.bp.gov.cn/html/BPSZF/202409/0172757009039284.html.)

思考题:

你认为信用是否有价值?

(二)信用的经济学含义及特征

信用在经济学中是信贷行为的总称,是以偿还和付息为条件的价值单方面的让渡或转移,是价值运动的一种特殊形式。其本质就是一种债权债务关系。借贷行为发生后,借方是债务人,有付款的法定义务;贷方是债权人,有要求付款的权利。信用具有以下三个本质特征:

1.信用是以偿还本金和支付利息为条件的

信用这种经济行为是以收回本金为条件的付出,或以偿还为义务的取得;是以取得利息为条件的贷出,或以支付利息为前提的借入。在这一经济行为中,货币或商品的所有者将其暂时转让给别人使用,借贷双方约定期限,借方按期归还,并由借方支付给贷方一定利息。

2.信用关系是债权债务关系

信用关系,从本质上讲,是一种借贷行为,表现为债权人与债务人之间的债权债务关系。这种关系建立在双方的信任基础上,即债权人对债务人所具有的经济能力和道德品质有信心。信用不仅仅是简单的借贷活动,还涉及偿还的条件,是价值运动的特殊形式。在商品交换和货币流通普遍存在的情况下,债权人以有条件让渡形式贷出或赊销商品;债务人则按约定的日期偿还借贷或偿还货款,并支付利息。

3.信用是价值运动的特殊形式

在一般的商品与货币相交换的过程中,卖方卖出商品取得货币,买方让出货币取得商品,一手交钱一手交货,双方是对等交换的。当这一行为完成时,双方不存在任何经济上的权利与义务。在信用活动中,一定数量的商品和货币从贷方手中转移到借方手中,并没有同等价值的对立运动,只是商品或货币的使用权让渡,而没有改变所有权。

二、信用的产生

(一)私有制和社会分工的存在

信用产生的最基本前提条件是私有制下社会分工和大量剩余产品的出现。因为社会分工,生产者各自生产不同的产品,而他们对产品的需求又是多样的,于是就必须用自己生产出来的某种产品去换取他人生产的其他种类的产品,以满足各自对多种消费的需要。在交换过程中出现延期支付、货币执行支付手段职能时,信用就产生了。

(二)商品货币占有的不均衡

信用不是从来就有的。它的产生同商品生产、货币经济,特别是货币的支付手段职能有着密切的关系,信用是商品货币经济发展到一定阶段的产物。信用产生的总根源是商品货币经济及其发展。随着商品生产和交换的发展,商品货币关系逐渐确立。随着商品货币关系的发展,人们也通过借贷的方式调节生产资料与生活资料的余缺,于是出现了货币借贷。

三、信用的发展

人类社会在生产力的推动下,从低级的、简单的商品经济朝社会化、市场化方向发展,主要经历了奴隶社会、封建社会、资本主义社会和社会主义社会四个阶段。在此发展过程中,信用形式相适应地经历了高利贷信用、资本主义信用和社会主义信用三个发展阶段。

(一)高利贷信用

1.高利贷的产生

高利贷信用是最古老的信用形态,是通过贷放货币或实物以收取高额利息为目的的一种信用关系,是信用的最初形式。它产生于原始社会末期,在奴隶社会和封建社会是占主导地位的信用形式。当时的生产力水平低下,经济非常不稳定,人们稍遇天灾人祸就不得不告贷,这是高利贷存在的基础。高利贷最初以实物形式出现,随着商品货币关系的发展,货币借贷逐渐成为主要形式。由于高利贷信用一般用于生活消费,因此具有明显的非生产性和高风险性,其主要特点是利息极高。

学 而 思

债 台 高 筑

春秋战国后期,周朝最后一位君主周赧王听信楚考烈王之言,用天子的名义召集六国出兵六千人伐秦,但由于没有军费,只好向富商地主借钱并许以高息。结果伐秦失败,周赧王无力还钱,被逼躲到宫内高台上逃避债主。由此,"债台高筑"成为中国历史上首个因高利贷破产而生的成语典故,流传至今。

(资料来源:汉·班固《汉书·诸侯王表序》。)

思考题:

为什么周赧王会破产?

2.高利贷的作用

一是高利贷信用促进了自给自足的自然经济的解体和商品货币关系的变化。一方面,由于高利贷的利率很高,小生产者只有提高劳动产品的交换比率,把劳动生产的产品拿到市场上去卖,才能按时归还高利贷,从而加速了自给自足的自然经济解体。另一方面,高利贷的残酷剥削,大量小生产者被迫出卖原有的生产资料,无法维持原有的生产规模,导致自然经济的生产规模缩小。

二是高利贷信用为资本主义生产方式的到来提供了两个前提条件:出现大批有人身自由但没有生产资料的劳动者,以及大量货币财富集中在少数人手中。一方面,高利贷的盘剥,使得高利贷发放者手中集中了大量的资本。另一方面,高利贷的盘剥使得大量的小生产者破产、失业,成为无业游民。这些人在法律上是自由的,而在财产上是一无所有的,他们不得不出卖自己的劳动力来维持生活,这就为资本主义生产方式提供了充足的雇佣工人。

3.高利贷的危害性

一是由于高利贷利率奇高,经常出现借款人的收入增长不足以支付贷款利息的情况。很多人因高利贷而家破人亡。二是当贷款拖期或者还不上时,出借方经常会采用不合法的收债渠道,如雇用讨债公司进行暴力催讨等,这也是社会不安定的因素。三是由于民间"高利贷"多为私人之间的协议,大多没有信贷担保和抵押,而且对借款人的资信评估仅凭个人的主观判断,主观性和随意性很强,对风险的产生也无从控制,因此隐藏了极大的风险。如果借款人不能归还贷款,对贷款人的打击是巨大的,因而极易冲击正常的金融秩序。

拓展阅读
关于进一步规范大学生互联网消费贷款监督管理工作的通知

学 而 思

高利贷的法律界定

高利贷是指索取特别高额利息的民间贷款。

《中华人民共和国民法典》第六百八十条明确规定:禁止高利放贷,借款的利率不得违反国家有关规定。借款合同对支付利息没有约定的,视为没有利息。借款合同对支付利息约定不明确,当事人不能达成补充协议的,按照当地或者当事人的交易方式、交易习惯、市场利率等因素确定利息;自然人之间借款的,视为没有利息。

民间贷款利率通常由借贷双方协商确定,但双方协商的利率不得超过中国人民银行公布的金融机构同期、同档次贷款利率(不含浮动)的4倍。超过上述标准的,应界定为高利借贷行为。

(资料来源:中华人民共和国民法典[M].北京:中国法治出版社,2020.)

思考题:

你认为哪些借贷是不受法律保护的?

(二)资本主义信用

资本主义生产关系确立以后,为了发展资本主义经济,以资本主义再生产为基础的资本主义信用便取代了高利贷信用,取得了垄断地位。资本主义信用是借贷资本的运动,是货币资本家为了获取利息(剩余价值的一部分)而将货币暂时贷给职能资本家使用,是生息资本的一种形式。贷方把闲置的货币作为资本贷放出去,借方借入货币则用以扩大资本规模,生产更多的剩余价值,贷方和借方共同瓜分剩余价值。资本主义信用具有特殊的历史作用。

一方面,信用促进了资本主义经济的发展。这表现为:①信用促进了利润率的平均化。信用的发展为职能资本家提供了大量的货币资本,为实现资本转移提供了条件,从而促进了利润率的平均化。②信用能够节省流通费用,缩短流通时间。由于信用的发展,商品买卖可以采用赊账方式,这大大加快了商品流通速度并节省流通费用。③信用可以促进资本集中。一是信用是股份公司发展的前提,而股份公司是资本集中和生产集中的重要形式;二是大资本利用信用机构的有力支持不断增强其竞争能力,从而加速了吞并中小资本的资本集中进程。

另一方面,资本主义信用的发展又会加剧资本主义基本矛盾,促使经济危机的爆发。这是因为:①信用制度的发展,使资本主义的生产规模可以不受资本家自有资本的限制而不断扩大,促进了生产的社会化;②信用加速资本集中,使生产资料和产品日益集中到少数大资本家手里,这就使资本主义社会的内在矛盾进一步尖锐化;③信用造成了对商品的虚假需求,加剧了各生产部门之间发展的不平衡性,从而加快资本主义经济危机的形成。

(三)社会主义信用

社会主义信用是国家动员和分配闲散资金,用于满足国民经济发展需要的一种形式,主要集中于银行信用。即银行以吸收存款和储蓄形式,集中社会闲置资金,以贷款形式发放给生产企业,满足其生产周转和扩大流通的需要。

社会主义信用也是一种借贷行为,其运动形式同资本主义信用有许多共同之处,其基本特征仍然是有借有还和支付利息。但两者也存在较大差异。首先,社会主义信用出于对民众和社会的关怀,其目的是使资源的配置更加有序且更有效率,从而支持实体经济发展。其次,社会主义信用是平等的,重视每个个体以及每个社会团体的需求和权益,体现了平等互助、民主配合的社会主义思想。最后,社会主义信用是有监管的,依据一定法律法规和执行机制加以规范,以确保信用体系的可持续发展。

党的二十届三中全会对深化社会信用建设做出了前瞻性、系统性的顶层设计,推动社会信用体系建设高质量发展,促进形成新发展格局。强调"健全社会信用体系和监管制度",多次提及"信用",就加快建立信用状况综合评价体系、构建环境信用监管体系作出了部署。

学而思

地方融资信用服务平台完成优化整合

按照《统筹融资信用服务平台建设 提升中小微企业融资便利水平实施方案》(国办发〔2024〕15 号)部署要求,国家发展改革委大力推动地方融资信用服务平台整合,指导有关方面做好资产划转、数据移交、人员安置等工作。截至2024 年末,31 个省(区、市)和新疆生产建设兵团已全部完成辖区内平台整合。整合后,各省(区、市)只保留一个省级平台,各市县不超过一个平台,保留的平台纳入全国一体化平台网络管理,并在全国融资信用服务平台进行公示。截至2024 年末,银行机构通过全国一体化平台网络累计发放贷款 35.1 万亿元,其中信用贷款 8.7 万亿元。

下一步,国家发展改革委将着力提升融资信用服务平台的金融综合服务能力水平,深化信用信息开发利用,加强与金融机构开展联合建模和信贷产品开发合作,提升"信易贷"工作服务质效,大力汇聚金融便民惠企政策,推动各项服务的在线办理和直达快享。

(资料来源:地方融资信用服务平台完成优化整合〔EB/OL〕.(2025-02-11)〔2025-05-30〕.
https://www.gov.cn/lianbo/bumen/202502/content_7003362.htm.)

思考题:

(1)推动地方融资信用服务平台优化整合的原因有哪些?

(2)你认为中国应怎样利用地方融资信用服务平台提高金融服务实体经济的水平?

拓展阅读
为什么要健全社会信用体系和监管制度

第二节 信用形式

随着商品货币经济的发展,信用的具体形式日趋多样化和复杂化。对社会主义市场经济发展比较重要的信用形式包括商业信用、银行信用、国家信用、消费信用和国际信用等。

一、商业信用

(一)商业信用的本质

商业信用,是指企业之间相互提供的、与商品交易直接相联系的信用形式。包括企业之间以赊销、代销、预付货款和分期付款等形式提供的信用。此外,企业之间相互提供的预付款也可算作一种商业信用。

微课视频 2-1
商业信用的理论与实践

(二)商业信用的特点

1.主体是企业

商业信用的债权人和债务人都是从事商品生产或流通活动的企业,这是商业信用与其他信用形式最根本的区别。只有发生在企业之间的赊销赊购等行为才能称为商业信用。

2.客体是商品资本

商业信用的客体不是货币,而是商品资本。商业信用是企业之间在商品交易中因延期付款或预收货款所形成的借贷关系,其客体主要是商品资本。

3.是一种直接信用

商业信用是企业之间以商品形态提供的信用,借贷双方都是商品的生产者或经营者,其信用关系由双方直接建立,无信用中介参与。

4.与产业资本变动是一致的

在经济繁荣时期,商品需求量较大,商品生产与流通速度会加快,商业信用发生的机会较多,商业信用规模就会较大;在经济萧条时期,商品需求量较小,商品生产与流通速度会降低,商品信用发生的机会较少,商业信用规模就会相对较小。

5.比较方便和及时

商业信用是以商品形态提供的信用形式。销货企业和购货企业进行商品买卖时,同步完成资金融通。换而言之,商品买卖行为和借贷行为是同时进行的。因此,商业信用与银行信用相比,就具有方便和及时的优点。

(三)商业信用的局限性

1.规模受限

从整个社会来看,商业信用只能在企业之间相互提供,因此,其只能在企业之间对现有资本总额进行再分配,而不能在这一总额之外获得追加资本。所以,商业信用的上限仅仅是企业现有资本规模。而且,企业不可能将全部资本用于

拓展阅读
八部门联合发文23 项措施信用赋能破解小微企业融资难题

提供商业信用,仅限于其生产经营过程中暂时闲置的那部分资本。

2.范围和方向受限

商业信用一般只能由生产或销售生产资料的部门提供给需要该种生产资料的部门,而不能进行相反的过程。例如,钢铁厂可以向汽车制造厂出售钢材,并向其提供商业信用;但是汽车制造厂却不能向钢铁厂提供商业信用。又如,农业机械制造厂可以向农业生产者(农场)出售农业机械,并向其提供商业信用;但是农业生产者却不能向农业机械制造厂提供商业信用。

3.期限较短

商业信用的发展依赖于商品的生产和流通,受生产和商品流转周期的限制,其信用期限受到较大限制,只能提供短期信用。这意味着商业信用主要用于满足企业的短期资金需求,并不是长期融资工具。这种短期性限制了商业信用在满足企业长期融资需求方面的能力,也会影响其在企业财务管理中的广泛应用。

4.自发性和盲目性

由于商业信用是商业主体分散独立的决策行为,因此具有明显的自发性、分散性和盲目性,因此企业之间需要了解对方的信用能力。

商业信用由于存在上述的局限性,无法完全满足市场经济的需求。因此,客观上需要一种能从社会上广泛吸收货币资本以满足生产和流通对信用的需求的信用形式,即银行信用。

学 而 思

市场监管总局:第一季度中国企业信用水平增势良好

近日,市场监管总局公布今年新一批中国企业信用指数。第一季度中国企业信用指数为160.81,企业信用水平增势良好,高质量发展向新向好。其中,3月中国企业信用指数为161.22。

全国企业信用水平稳定增长。第一季度中国企业信用指数较2024年第四季度提高0.97个百分点,企业信用指数总体增势良好。3月中国企业信用指数较2月上升0.49个百分点。

区域企业信用水平稳中有升。第一季度信用指数排名前五的省(区、市)分别为安徽、浙江、江苏、北京、陕西。各省(区、市)第一季度信用指数较上年第四季度环比普遍提升,其中,新疆环比增幅较大,排名回升,信用状况积极改善。3月信用指数排名前五的省(区、市)分别为安徽、陕西、浙江、江苏、北京。各省(区、市)3月企业信用水平普遍高于2月。

行业企业信用建设稳步推进。第一季度信用指数排名前五的行业分别为金融业,电力热力燃气及水生产和供应业,教育,水利、环境和公共设施管理业及建筑业。与2024年第四季度相比,农、林、牧、渔业指数涨幅最大,连续5个月保持稳步增长,指数上升约1.6个百分点。3月大部分行业指数较上月有所升高。

(资料来源:第一季度中国企业信用水平增势良好[EB/OL].(2025-05-28)[2025-05-30].htps://www.gov.cn/lianbo/bumen/202505/content_7025604.htm.)

思考题:

(1)企业信用水平提高对中国经济有何影响?

(2)你认为中国应如何进一步提高企业信用水平?

二、银行信用

银行信用是银行或其他金融机构以货币形态提供的信用。银行信用是伴随着现代银行的产生,在商业信用的基础上发展起来的。银行信用与商业信用共同构成现代经济社会信用关系的主体。与商业信用不同,银行信用属于间接信用。

银行信用与商业信用相比,具有以下五个特点:①银行信用是以货币形态提供的。它贷放出去的已不是产业资本循环过程中的商品资本,而是从产业资本循环过程中分离出来的暂时闲置的货币资本。这克服了商业信用在数量规模上的局限性。②银行信用有一方是金融机构和职能资本家。由于提供信用的形式是货币,这就克服了商业信用在使用方向上的局限性。③银行信用的动态与产业资本的动态往往不一致,在期限上相对灵活,可长可短。④银行信用有可能突破商业信用的局限,扩大信用的范围和规模。⑤银行信用是一种以银行为信用中介的间接信用。

银行信用与商业信用之间存在密切的关系。第一,商业信用始终是一切信用的基础。第二,只有商业信用发展到一定阶段后才出现银行信用。银行信用是在商业信用的基础上产生和发展的。第三,银行信用的产生又反过来促使商业信用进一步发展与完善。二者之间是相互促进的关系,并不存在相互替代的问题。

学而思

截至2024年一季度我国银行账户总体情况

2024年一季度支付业务统计数据显示,我国支付体系运行平稳,银行账户数量、非现金支付业务量、支付系统业务量等总体保持增长。截至2024年一季度末,全国共开立银行账户 2 145.77 亿户,环比增长 0.77％。

(一)单位银行账户

截至 2024 年一季度末,全国共开立单位银行账户 1.05 亿户,环比增长2.62％。其中,基本存款账户 7 362.28 万户,一般存款账户 2 613.19 万户,专用存款账户 505.79 万户,临时存款账户 20.65 万户,分别占单位银行账户总量的 70.10％、24.88％、4.82％和 0.20％。

(二)个人银行账户

截至 2024 年一季度末,全国共开立个人银行账户 144.72 亿户,环比增长 0.76％。
(资料来源:2024 年第一季度支付体系运行总体情况［EB/OL］.(2024-06-28)［2024-10-30］.
 https://www.gov.cn/lianbo/bumen/202406/content_6960065.htm.)

思考题:

银行信用规模越来越大,银行信用能完全替代商业信用吗?

三、国家信用

(一)国家信用的概念

国家信用是指国家或其附属机构向社会公众和国外政府机构发行债券或借入资金的一种信用形式,主要用于弥补财政开支不足和进行生产性投资。其基本形式是发行政府债券,包括发行国内公债、国外公债、国库券等。国家信用由国家的法律予以保障,具有安全性较高、信用风险较小、交易性和流动性较强等特点。

(二)国家信用的作用

1.弥补财政赤字

政府通过发行债券等方式筹集资金,弥补财政收入不足。无论国家财政预算是否有赤字,在预算执行过程中,往往会由于种种原因出现财政支出大于财政收入的状况,因而产生赤字。

2.促进经济发展

政府在宏观经济中的调控地位举足轻重,其通过调整投资规模能改善一国的产业结构,弥补市场经济的缺陷,在经济低迷时促进经济增长,在经济过热时抑制经济的快速增长。随着国家信用的发展,中央银行可以通过买卖政府债券来调节货币供应量,影响金融市场的资金供求关系,从而达到调节经济的目的。

3.维护政治稳定

国家信用对于维护金融稳定和创造良好的投资环境至关重要,良好的国家信用能够吸引更多的投资者投入资金。一个国家通过加强政府信用建设,往往可以推动政府职能的转变和优化,从而提高政府的公信力和执行力,进而促进其实现政治稳定。

4.推动信用体系建设

政府信用对整个社会信用体系建立具有示范作用。通过政府的信用行为,可以引导和影响社会其他主体的行为,从而推动整个社会信用体系的建设和发展。

5.转变政府职能

国家为获得国内外金融机构、企业和个人的支持,增进政府和公众之间的信任和理解,必须加强政府信用建设,提高透明度和民主化程度,实现与公众的良性互动,这有利于提升政府的美誉度,促进社会的稳定和发展,并构建和谐社会。

四、消费信用

(一)消费信用的概念

消费信用是指银行或企业为消费者个人提供的信用,主要形式包括分期付款和消费贷款。消费信用是消费者为了达到某种消费目的,在个人资金不足的情况下,凭借个人信用,不立即付款即获取资金、物资或者服务的交易方式。许多人将其俗称"用明天的钱,圆今天的梦"。目前,消费信贷在世界范围内快速发展。美国的消费信贷出现较早,始于 20 世纪 40 年代。中国的消费信贷始于 20 世纪 80 年代,具体来说,最早可以追溯到 1985 年,以商业银行提供的信用卡、住房按揭、汽车按揭等为主要形式。经过几十年的发展,中国的消费信贷体系已基本健全,法律体系也越来越完善。

微课视频 2-2
消费信用的理论
与福建实践

(二)消费信用的形式

1.分期付款

分期付款是资本家推销商品的一种手段,其业务内容是消费者在购买大额商品时,不付款或只付一部分款就可取货,以后再分期偿还所欠货款。如果消费者不能按时偿还欠款,其所购商品将被收回,且不再退回已付款项。

2.消费信贷

消费信贷是由银行通过信用放款或抵押放款以及信用卡、支票保证卡等向消费者提供的贷款。消费信贷是消费信用的主要形式。消费信用按贷款支付方式分为直接消费信用和间接消费信用,按还款方式分为一次性还款消费信用、分期还款消费信用、循环额度消费信用等,按期限分为短期消费信用和中长期消费

信用。从各国消费信用的构成来看,住房信贷、汽车信贷和信用卡消费所占比例在 90% 以上,是消费信用的主体部分。

住房信贷是消费信贷的一个主要品种,在促进住宅消费发展方面发挥了重要作用,通常称为按揭贷款。按揭贷款是指商业银行为解决开发商售房难和用户购房难的问题,通过开发商向借款人提供购房资金的一种融资方式。这种贷款通常要求开发商为购房者(借款人)作担保,或以借款人所(将要或已经)购置的住房产权作为抵押。住房信贷的期限较长,通常在 10～30 年。

汽车消费信贷,即对申请购买轿车的借款人发放的人民币担保贷款;是银行与汽车销售商为购车者一次性支付车款所需的资金提供担保贷款,并联合保险、公证机构为购车者提供保险和公证。在主要发达国家的汽车消费信贷市场,竞争者主要有三类:银行和其他金融机构、专做汽车贷款的财务公司以及汽车制造商。

信用卡消费是当今流行的消费信贷方式之一。信用卡由银行或非银行信用卡公司发行,持卡人因各自资信状况不同而获得不同资信级别的授信额度。在授信额度内,持卡人可以在任何接受此卡的零售商处购买商品或劳务及进行转账支付等。接受信用卡的零售商定期与发卡机构进行结算。信用卡属于无担保贷款,贷款额度的确定主要根据持卡人以往的信用记录。

3.其他类型

消费信贷还可从不同的角度来分类。按照资金的用途分类,除了上面提到的住房消费信贷、汽车消费信贷,还包括教育贷款、旅游贷款、家用电器贷款、房屋修缮贷款、小额消费贷款等。按照贷款的方式可分为直接贷款和间接贷款。按贷款的偿还方式可分为到期一次性还款和分期付款,前者多为短期贷款,后者多为长期贷款。

(三)消费信用的特点

1.先消费,后付款

消费信用的核心特点是先消费,后付款,商品买卖和资金借贷相结合。这种信用形式允许消费者在购买商品或服务时不必立即支付全部款项,而是可以在一定期限内分期付款。

2.非生产性

与商业信用和银行信用不同,消费信用是为了刺激个人消费需求,特别是针对那些现实支付能力不足的消费者,主要用于购买生活所需的耐用消费品,促进个人消费。

3.风险较大

消费信用风险较大的原因主要包括多头借贷、过度消费和欺诈风险。多头借贷指的是同一借贷人在两家或两家以上的金融机构提出借贷需求的行为。过度消费是指一些消费者,尤其是大学生,因金融意识薄弱和还款能力有限而无法还款,从而引发违规催收甚至暴力催收事件。另外,消费金融产品的申请门槛相对较低,不需要抵押或担保,增加了欺诈风险。

4.以自然人为贷款对象

消费信用的主要对象是个人消费者,而不是企业或其他组织。消费者的信用记录和还款能力是能够获得消费信用的关键因素。

5.银行资金支持

消费信用是指企业、银行和其他金融机构向消费者个人提供的信用形式。由于企业自身的资金规模有限,消费信用通常由银行或其他金融机构提供资金支持。

(四)消费信用的作用

1.刺激消费需求

消费信用通过提供分期付款等信用方式,允许消费者以较少的资金投入实现同等或更大的商品购进额或消费额,将潜在需求转化为现实需求,产生资金使用上的乘数效应,从而实现消费规模的扩张。

2.拉动经济增长

消费信用的普及可以提升居民的消费水平。通过消费信用,消费者可以在没有足够现金的情况下提前购买商品或服务,这增加了即期的消费需求,进而刺激了生产者的生产积极性,卖方企业可以提前实现销售、锁定目标市场,而买方企业则可以利用等量的资金发挥更大的作用,降低资金成本,提高资金周转速度,进而提高整个国民经济的运行效率和质量。

3.促进银行信用和商业信用协调发展

消费信用通过提供多样化的消费信贷产品,一方面,可以优化企业信用等级,改善融资条件,为中小企业提供贸易融资渠道,缓解融资困难。另一方面,银行可以优化其信贷结构,提高盈利能力。因此,消费信用有助于促进银行信用和商业信用的协调发展。

4.提升消费者生活质量

消费信用使消费者能够实现跨时消费选择,即用未来的收入支付现在的消费,这有助于提升消费者的生活质量及其效用总水平。消费信用的出现,使消费者在衣食住行等方面都能享受到更多的便利,能有更多的选择,例如免押金使用共享单车、免押金预订酒店等。

5.推广新技术、新产品

消费信用的正常发展有利于促进新技术、新产品的推销以及产品的更新换

拓展阅读
《中国消费金融公司发展报告(2024)》发布

代。通过提供分期付款或贷款,消费者可以超越现实收入水平提前购买更高质量、更多技术含量的产品,从而推动技术的普及和应用。

消费信用除具有上述积极作用外,在一定情况下也会对经济发展产生消极作用。它的过度发展会增加经济的不稳定性,从而导致通货膨胀和债务危机。

五、国际信用

（一）国际信用的概念

国际信用是指一个国家的政府、银行及其他自然人或法人对别国的政府、银行及其他自然人或法人所提供的信用。国际信用同国际金融市场关系密切。国际金融市场是国际信用赖以发展的重要条件,国际信用的扩大反过来又推动国际金融市场的发展。

（二）国际信用的主要形式

国际信用包括国际银行信用、国际商业信用、国际政府信用、国际金融机构信用和国际租赁信用等。

国际银行信用是指银行或其他金融机构以货币形态向另一国借款人提供的信用。分为出口信贷、进口信贷和市场信贷。这些信用形式通常用于支持本国进出口贸易或直接对国外提供贷款活动。

国际商业信用是指在国际商品交易过程中,由卖方以延期支付方式提供的信用。这种信用形式主要发生在国际贸易中,出口商通过延期付款的方式向进口商提供信用,从而促进国际贸易的顺利进行,其主要形式有补偿贸易和来料加工贸易。

国际政府信用是指一国政府向另一国政府通过财政部门进行的借贷活动,具有对外援助性质,通常由国家财政预算支出,并由财政部门办理。这种信用形式主要用于弥补借款国暂时性的国际收支不平衡,通常带有援助性质,利率较低,期限较长。

国际金融机构信用是指由联合国国际货币基金组织、世界银行、国际开发协会、国际金融公司对联合国会员国提供的信用。

国际租赁信用是国际租赁公司以实物租赁方式向他国企业提供的信用,一般由大银行财团、大保险公司设立。

上述形式共同构成了国际信用体系,促进了国家间的经济交流与合作。

第三节　信用工具

一、信用工具的概念及特点

(一)信用工具的概念

信用工具,亦称融资工具,是资金供应者和资金需求者之间进行资金融通时所签发的证明债权或所有权的各种具有法律效用的凭证。例如信用卡、票据、股票、债券等。这些工具是建立和优化个人与企业信用评价的必要途径。无论是个人还是企业,都可以通过正确使用信用工具来展现自己的价值和信誉,并获得更多的信任和支持。

(二)信用工具的特点

1.收益性

信用工具的收益性源自债权人转让资金使用权的回报。债权人通过转让资金使用权,期望获得收益,这是信用工具收益性的根本原因。收益性主要体现在两个方面:一是利息、股息收入,二是资本利得。收益量的大小通常通过收益率来反映,包括名义收益率、即期收益率和实际收益率等。名义收益率是票面规定的利息与票面金额的比率,即期收益率是票面规定的利息与证券市场价格的比率,而实际收益率是指剔除通货膨胀因素影响后的收益率。

2.流动性

流动性是指信用工具迅速变现而不致亏损的能力。这一特性主要体现在两个方面:一是变现的速度,二是变现过程中的交易成本。具体来说,信用工具的流动性与其偿还期成反比,即偿还期越短,流动性通常越强。同时,交易成本也是衡量流动性强弱的重要标准。

3.风险性

风险是相对于收益而言的,任何信用工具都有风险,只是程度不同而已,其风险主要包括违约风险、市场风险、政治风险和流动性风险。违约风险是指债务人可能不履行合约,即不按期偿还本金。市场风险涉及市场价格波动,可能导致金融资产贬值。政治风险与国家政策或政治事件有关,可能影响信用工具的价值。流动性风险则是指投资者可能难以在需要时以合理价格将资产快速转换为现金的风险。

二、信用工具的分类

（一）按期限分类

按期限划分，可分为长期信用工具、短期信用工具和不定期信用工具。长期信用工具与短期信用工具的划分没有一个绝对的标准，一般以 1 年为界，1 年以上的为长期信用工具，1 年以下则为短期信用工具。

（二）按发行者的性质分类

信用工具按发行者的性质可划分为直接信用工具与间接信用工具。直接信用工具是指由工商企业、政府或个人所发行或签署的股票、债券、国库券、公债、抵押契约、借款合同等凭证。这些证券通常是由资金需求方直接向资金供应方发行的，不经过金融中介机构。间接信用工具则是由金融中介机构发行的钞票、存款、大额可转让存单、人寿保险单等。这些信用工具通常是通过银行或其他金融机构发行的，在资金供应方和资金需求方之间起到了桥梁作用。

（三）按信用工具的付款方式分类

信用工具按付款方式分类，可以分为即期信用工具和远期信用工具两大类。即期信用工具要求立即清偿，具有较高的流动性和较低的风险，但通常收益率较低。常见的即期信用工具包括国库券、商业票据等。而远期信用工具则是在未来的某个时间点进行支付或清偿的信用工具。

（四）按信用工具的使用目的分类

信用工具可以按使用目的分为商业信用工具、银行信用工具、国家信用工具和证券投资信用工具。商业信用工具主要包括各种商业票据，如汇票、本票等，主要用于企业之间的商品交易和资金借贷，体现了企业之间的商业信用。银行信用工具，如银行券和银行票据，是银行为了满足客户的资金需求而发行的，通常与银行的存款和贷款业务相关，体现了银行信用。国家信用工具，主要是指国家发行的债券，包括国库券、政府债券等，用于筹集国家财政资金，体现了国家信用。证券投资信用工具，如债券、股票等，主要用于证券市场的投资活动。投资者通过购买这些证券来获取收益。

（五）按是否与实际信用活动直接相关分类

按是否与实际信用活动直接相关分类，信用工具分为基础信用工具和衍生信用工具。基础信用工具是指在实际信用活动中出具的能证明信用关系的合法凭证,如商业票据、债券、股票等,其价值不依赖于其他金融工具,而是直接反映其内在价值和市场条件。衍生信用工具是在基础信用工具之上派生出来的可交易凭证,如各种金融期货合约、期权合约、掉期合约等,其价值依赖于标的资产(如股票、债券、货币等)的价格变化。基础信用工具和衍生信用工具的主要区别在于它们的价值和风险特征。

三、传统信用工具

(一)短期信用工具

1.票据

票据是指出票人依法签发的,约定自己或委托他人无条件支付确定金额给收款人或持票人的有价证券。广义的票据泛指各种有价证券和凭证,如债券、股票、提单、国库券、发票等。狭义的票据仅指以支付金钱为目的的有价证券,即出票人根据票据法签发的,由自己或委托他人无条件支付确定金额给收款人或持票人的有价证券。在我国,票据即汇票、支票及本票的统称。

票据有六个基本特征:第一,它是债权证券。票据权利人对票据义务人可行使付款请求权和追索权。第二,它是流通证券。票据通过背书或交付而转让,在市场上自由流通。第三,它是无因证券。票据权利的成立,不必以债权人与债务人的原因关系的成立为前提。第四,它是要式证券。票据必须依照法定形式制作才能具有法律效力。第五,它是占有证券。任何人想要主张票据权利,就必须实际占有票据。第六,它是返还证券。票据权利人在实现票据权利后,必须将票据返还给义务人。

延伸案例
历史中的票据

(1)汇票

汇票是常见的票据类型之一,《中华人民共和国票据法》(简称《票据法》)第十九条规定:"汇票是出票人签发的,委托付款人在见票时或者在指定日期无条件支付确定的金额给收款人或者持票人的票据。"汇票必须经过承兑才能生效,是国际结算中使用最广泛的一种信用工具。汇票的分类方法很多,常见的有三种。

一是按签发人的不同可以分为银行汇票和商业汇票。银行汇票是签发人为银行,付款人为其他银行的汇票。商业汇票则是签发人为商号或者个人,付款人为其他商号、个人或银行的汇票。

二是按付款时间可以分为即期汇票和远期汇票。即期汇票指持票人向付款人提示后对方立即付款的汇票,又称见票或即付汇票。远期汇票是在出票一定期限后或特定日期付款的汇票。在远期汇票中,记载一定的日期为到期日,于到

期日付款的,为定期汇票;记载于出票日后一定期限间付款的,为计期汇票;记载于见票后一定期限间付款的,为注期汇票;将票面金额划为几份,并分别指定到期日的,为分期付款汇票。

三是按承兑人可以分为商业承兑汇票、银行承兑汇票。商业承兑汇票是以银行以外的任何商号或个人为承兑人的汇票。银行承兑汇票的承兑人是银行。

（2）本票

本票,是指出票人签发,承诺自己在到期日无条件支付确定金额给收款人或持票人的票据。这种票据涉及出票人、持票人和收款人。出票人签发本票并自负付款义务。本票有两方基本当事人,即出票人和收款人。出票人和付款人是同一个人,其信用是建立在收款人对出票人信任的基础上,没有第三方作为担保人。

（3）支票

支票是出票人签发的,委托办理支票存款业务的银行或者其他金融机构在见票时无条件支付确定金额给收款人或持票人的票据。支票具有三个关键特征:一是出票人是签发支票的单位或个人,付款人则是出票人的开户银行。二是支票可以用于现金提取或转账,具体取决于支票的类型(如现金支票、转账支票等)。三是支票的基本当事人包括出票人、付款人和收款人。另外,我国的支票均为见票即付,不适用承兑制度。

学而思

票据行为

汇票使用过程中的各种行为,都由票据法加以规范,主要有出票、提示、承兑、付款、背书、贴现、转贴现、再贴现、拒付和追索等。

1.出票

出票是出票人签发汇票并将其交付给收款人的行为。出票后,出票人即承担保证汇票获得承兑和付款的责任。如汇票遭到拒付,出票人应接受持票人的追索,清偿汇票金额、利息和有关费用。

2.提示

提示是持票人将汇票提交付款人要求承兑或付款的行为,是行使票据权利的必要程序。提示分为付款提示和承兑提示。

3.承兑

承兑是指付款人在持票人向其提示远期汇票时,在汇票上签名,承诺于汇票到期时付款的行为。具体做法是,付款人在汇票正面写明"承兑"字样,注明承兑日期,于签章后交还持票人。付款人对汇票作承兑后即成为承兑人,作为主债务人承担汇票到期时付款的法律责任。

4.付款

付款是指付款人在汇票到期日,向提示汇票的合法持票人足额付款。持票人将汇票注销后交给付款人作为收款证明。汇票所代表的债务债权关系终止。

5.背书

背书是票据(包括汇票)的可流通转让行为。我国《票据法》规定,除非出票人在汇票上记载"不得转让",收款人可通过记名背书转让汇票权利:在汇票背面签章、记载被背书人名称,将汇票交给被背书人即受让人。受让人成为持票人,是票据的债权人,有权再背书转让。汇票多次转让时,背书必须连续,即被背书人名字前后一致。对受让人来说,所有以前的背书人和出票人都是他的"前手";对背书人来说,所有他转让以后的受让人都是他的"后手"。前手对后手承担汇票获得承兑和付款的责任。

6.贴现

贴现是指持票人在汇票到期前于贴现市场上转让汇票,受让人扣除贴现息后支付票款的行为。或指银行购入未到期票据的业务。从票面金额中扣减按贴现率结算的贴息后,将余款付给持票人。贴现后余额(即贴现金额)的计算公式是:

贴现金额=票面金额-(票面金额×贴现率×剩余天数/360)-有关费用。

7.转贴现

转贴现指商业银行在资金临时不足时,将已经贴现但仍未到期的票据,再向其他商业银行或贴现机构进行贴现的行为,以取得资金融通。

8.再贴现

再贴现指中央银行通过买进商业银行持有的已贴现,但尚未到期的商业汇票,向商业银行提供融资支持的行为。

9.拒付

拒付指持票人向付款人提示汇票时,付款人拒绝付款或拒绝承兑的行为。另外,付款人逃匿、死亡或宣告破产,以致持票人无法实现提示,也称拒付。

10.追索

出现拒付时,持票人可行使追索权,即向其前手(背书人、出票人)要求偿付汇票金额、利息和其他费用的权利。在追索前必须按规定作成拒绝证书并发出拒付通知。(拒绝证书:用以证明持票人提示未果,由付款地公证机构出具,也可由付款人自行出具退票理由书或相关司法文书;拒付通知:用以通知前手关于拒付的事实,使其准备偿付并进行再追索)

思考题:

请你分析一下银行承兑汇票的风险水平。

2.大额可转让定期存单

（1）概念

大额可转让定期存单亦称大额可转让存款证，是银行印发的一种定期存款凭证，凭证上印有一定的票面金额、存入和到期日以及利率，到期后可按票面金额和规定利率提取全部本利，逾期不计息。大额可转让定期存单可流通转让，自由买卖。

（2）大额可转让定期存单与普通定期存款的差异

第一，金额要求差异。大额可转让定期存单有规定的面额，面额一般很大；而普通的定期存款数额由存款人决定。

第二，流动性差异。大额可转让定期存单可以在二级市场上转让，具有较高流动性；而普通定期存款只能在到期后提款，若提前支取要支付一定的罚息。

第三，利率差异。大额可转让定期存单的利率通常高于同期限的定期存款利率，并且有的大额可转让定期存单按照浮动利率计息。

第四，发行机构差异。通常只有规模较大的货币中心银行才能发行大额可转让定期存单。

3.信用卡

信用卡是一种非现金交易付款方式，同时也是银行提供的金融支付工具。

（1）信用卡的主要特点

①无担保和抵押。信用卡允许用户在不使用现金的情况下进行购买或服务消费，不需要担保和抵押，持卡人可以先消费后还款。

②电子货币。信用卡是一种电子货币，可以在一定范围内替代传统现金流通。信用卡是由银行或其他金融机构发行，具有消费支付、信用贷款、转账结算、存取现金等全部或部分功能的电子支付卡。

③具有授信额度。信用卡通常具有银行授予的信用额度，用户可以在此额度内进行消费，并在规定的还款期限内偿还所借款项。持卡人在到期还款日前全额还款，可以享受免息期。

④提供便利和优惠。信用卡通常附带一些权益和优惠功能，如积分、保险业务等，以提高用户的使用便利和满意度。

（2）信用卡的用途

①购物和消费。用户可以使用信用卡在商店、餐厅、服务提供商等地方进行消费，无须携带大量现金。

②紧急资金支持。在遇到紧急情况时，信用卡可以作为临时资金支持的来源，尤其是在需要快速支付但手头没有足够现金的情况下。

③建立信用记录。长期、负责任地使用信用卡可以帮助用户建立良好的信用记录，这对于未来的贷款申请或其他金融服务非常有帮助。

④旅行和住宿。在旅行时,信用卡是常用的支付工具,可以用于预订酒店、购买机票等。

⑤积分和奖励计划。许多信用卡提供积分或奖励计划,用户可以通过使用信用卡进行消费来积分,这些积分可以用于兑换商品、服务或享受其他优惠。

总之,信用卡作为一种便捷的支付工具,不仅简化了交易过程,还为用户提供了额外的服务和便利。然而,使用信用卡时应注意理性使用和财务规划,避免不必要的债务和利息支出。

4.信用证

(1)信用证的概念

信用证,是指银行根据进口人(买方)的请求,向出口人(卖方)开立的一种有条件承担付款责任的书面凭证。在信用证内,银行授权出口人在符合信用证条款的条件下,以该行或其指定的银行为付款人,开具不得超过规定金额的汇票,凭规定单据在指定地点获得付款。

(2)信用证的作用

在国际贸易活动中,买卖双方可能互不信任,买方担心预付款后,卖方不按合同要求发货;卖方也担心在发货或提交货运单据后,买方不付款。因此,需要两家银行作为买卖双方的保证人,代为收款交单,以银行信用代替商业信用。银行在这一活动中所使用的工具就是信用证。

(3)信用证支付的一般程序

第一,进出口双方当事人应在买卖合同中,明确规定采用信用证方式付款。第二,进口人向其所在地银行提出开证申请,填具开证申请书,并缴纳一定的开证押金或提供其他保证,请银行(开证银行)向出口人开出信用证。第三,开证银行按申请书的内容开立以出口人为受益人的信用证,并通过其在出口人所在地的代理行或往来行(统称通知行)将信用证通知出口人。第四,出口人在发运货物、取得信用证所要求的装运单据后,按信用证规定向其所在地行(可以是通知行,也可以是其他银行)议付货款。第五,议付行议付货款后即在信用证背面注明议付金额。

5.国库券

国库券是政府为满足其对短期资金的需要而发行的一种政府债券,其债务人是国家,其还款保证是国家财政收入,因此几乎不存在信用违约风险,被视为金融市场中风险最小的信用工具。

国库券的发行和使用,不仅有助于政府调节财政收支,还为投资者提供了一种低风险的投资选择。由于信用等级高、风险低,国库券往往受到投资者的青睐,成为金融市场上的重要信用工具。

6.回购协议

（1）回购协议的概念

回购协议是卖出一种证券,并约定于未来某一时间以约定的价格再购回该证券的交易协议。回购协议的用途主要是为了实现短期资金融通。当一方需要资金但又不愿放弃手中的有价证券时,可以通过签订回购协议,在保留证券回购权的前提下满足资金需求。这种协议在金融市场中应用广泛,尤其是在需要短期资金周转的情况下,回购协议提供了一种灵活且有效的融资手段。根据该协议所进行的交易称回购交易。回购交易是中央银行调节全社会流动性的手段之一。当中央银行购入商业银行或证券经纪商持有的证券时,全社会的流动性便增加了;反之,当商业银行或证券经纪商再购回该证券时,全社会的流动性将恢复到原先的水平。

（2）回购协议的类型

回购协议有两种:一种是正回购协议,是指在出售证券的同时,和证券的购买商签订协议,协议在一定期限后按照约定价格回购所出售的证券,从而及时获取资金的行为;另一种是逆回购协议,是指买入证券的一方同意按照约定期限和价格再卖出证券的协议。

（3）回购协议的特点

回购协议主要具有以下四个特点:①将资金的收益与流动性融为一体,增大了投资者的兴趣。投资者完全可以根据自己的资金安排,与借款者签订"隔日"或"连续合同"的回购协议,在保证资金可以随时收回移作他用的前提下,增加资金的收益。②增强了长期债券的变现性,避免了证券持有者因出售长期资产以变现而可能带来的损失。③具有较强的安全性。回购协议一般期限较短,并且又有100%的债券作抵押,所以投资者可以根据资金市场行情变化,及时抽回资金,避免长期投资的风险。④较长期的回购协议可以用来套利。如银行以较低的利率以回购协议的方式取得资金,再以较高利率贷出,可以获得利差。

（二)长期信用工具

1.债券

债券是政府、企业、银行等债务人为筹集资金,按照法定程序发行并向债权人承诺于指定日期还本付息的有价证券。债券是一种金融契约,是政府、金融机构、工商企业等直接向社会借债筹措资金时,向投资者发行,承诺按一定利率支付利息并按约定条件偿还本金的债权债务凭证。债券的本质是债的证明书,具有法律效力。债券购买者或投资者与发行者之间是一种债权债务关系,债券发行人即债务人,投资者(债券购买者)即债权人。

（1）债券的基本要素

债券尽管种类多种多样，但是在内容上都要包含一些基本的要素。这些要素是指发行的债券上必须载明的基本内容，这是明确债权人和债务人权利与义务的主要约定，具体包括债券面值、偿还期、付息期、票面利率、发行人名称等基本要素。

（2）债券的特征

债券作为一种重要的融资手段和金融工具，具有四个特征：①偿还性。偿还性是指债券有规定的偿还期限，债务人必须按期向债权人支付利息和偿还本金。②流动性。流动性是指债券持有人可按需要和市场的实际状况，灵活地转让债券，以提前收回本金和实现投资收益。③安全性。安全性是指债券持有人的利益相对稳定，不随发行者经营收益的变动而变动，并且可按期收回本金。④收益性。收益性是指债券能为投资者带来一定的收入，即债券投资的报酬。在实际经济活动中，债券收益可以表现为三种形式：一是投资债券可以为投资者定期或不定期地带来利息收入；二是投资者可以利用债券价格的变动，买卖债券赚取差价；三是投资债券所获现金流量再投资的利息收入。

（3）按发行主体划分

①政府债券。政府债券是政府为筹集资金而发行的债券。主要包括国债、地方政府债券等，其中最主要的是国债。国债因其信誉好、利率优、风险小而又被称为"金边债券"。除了政府部门直接发行的债券，有些国家把政府担保的债券也划归政府债券体系，称为政府保证债券。这种债券由一些与政府有直接关系的公司或金融机构发行，并由政府提供担保。

拓展阅读
30 年 期 超 长 期
特别国债首发

学而思

我国政府债务基本情况

截至 2023 年末，全国政府法定债务余额 70.77 万亿元。其中，国债余额 30.03 万亿元，地方政府法定债务余额 40.74 万亿元。

(一)国债情况

从债务规模看，2023 年，经全国人大批准的国债限额 30.86 万亿元。年末国债余额约 30.03 万亿元，控制在全国人大批准的限额内。其中，内债余额 29.70 万亿元，外债余额 3 346 亿元。

从发行情况看，2023 年全年发行国债 11.14 万亿元，其中用于弥补中央财政赤字 4.16 万亿元，偿还以前年度发行并于 2023 年到期的国债本金 5.22 万亿元，年内发行年内到期的短期国债 1.76 万亿元。发行内债约 11.09 万亿元，其中，发行记账式国债 10.81 万亿元,发行储蓄国债 2 746 亿元。发行外债 555 亿元,其中,发行境外主权债券 547 亿元、外国政府贷款和国际金融组织贷款 8 亿元。

从还本付息情况看,2023 年,财政部进一步强化国债资金预算管理,认真制定国债偿还计划,持续优化国债偿还机制,确保国债偿还万无一失,切实维护中央政府信誉和投资者利益。

(二)地方政府法定债务情况

从债务规模看,2023 年,经全国人大批准的全国地方政府债务限额 42.17 万亿元,其中一般债务限额 16.55 万亿元、专项债务限额 25.62 万亿元。年末地方政府债务余额 40.74 万亿元,其中一般债务余额 15.87 万亿元、专项债务余额 24.87 万亿元,均控制在全国人大批准的限额内。

从发行情况看,2023 年,31 个省(自治区、直辖市)、5 个计划单列市和新疆生产建设兵团共发行新增地方政府债券约 4.66 万亿元,其中新增一般债券 7 016 亿元、新增专项债券 3.96 万亿元;发行再融资债券 4.68 万亿元。全年合计发行地方政府债券 9.34 万亿元。

从还本付息情况看,地方政府法定债务还本付息均有明确的政策和预算安排,到期本金一部分安排发行再融资债券接续,一部分安排财政资金和项目专项收入偿还,财政部按照有关制度规定对各地再融资债券发行规模上限进行把关;到期利息安排财政资金偿还。

从投向领域看,地方政府债券主要投向公益性基础设施、市政设施、保障性住房、交通基础设施建设和社会事业等领域,积极发挥政府投资撬动作用,支持地方经济社会发展。

(三)政府债务风险水平

截至 2023 年末,全国政府法定债务余额 70.77 万亿元,按照国家统计局公布的 2023 年国内生产总值(Gross Domestic Product,GDP)初步核算数 126.06 万亿元计算,全国政府法定负债率(政府债务余额与 GDP 之比)为 56.1%。

(资料来源:国务院关于 2023 年度政府债务管理情况的报告[EB/OL].(2024-09-04)[2024-10-30].http://www.npc.gov.cn/npc/c2/c30834/202409/t20240913_439617.html.)

思考题:
试分析我国政府债券规模的合理性。

②金融债券。金融债券是由银行和非银行金融机构发行的债券。在英、美等欧美国家,金融机构发行的债券归类于公司债券。在中国及日本等国家,金融机构发行的债券称为金融债券。金融债券能够较有效地解决银行等金融机构的资金来源不足和期限不匹配问题。一般来说,银行等金融机构的资金有三个来源,即吸收存款、向其他机构借款和发行债券。金融机构一般有雄厚的资金实力,信用度较高,因此金融债券往往有良好的信誉。

学而思

2023 年债券市场情况

据中国人民银行网站消息,2024 年 1 月 29 日,央行公布 2023 年金融市场运行情况。

2023 年,债券市场共发行各类债券 71.0 万亿元,同比增长 14.8％。其中,银行间债券市场发行债券 61.4 万亿元,交易所市场发行债券 9.6 万亿元。2023 年,国债发行 11.0 万亿元,地方政府债券发行 9.3 万亿元,金融债券发行 10.2 万亿元,公司信用类债券发行 14.0 万亿元,信贷资产支持证券发行 3 485.2 亿元,同业存单发行 25.8 万亿元。

截至 2023 年末,债券市场托管余额 157.9 万亿元,同比增长 9.1％,其中银行间债券市场托管余额 137.0 万亿元,交易所市场托管余额 20.9 万亿元。商业银行柜台债券托管余额 577.5 亿元。

(资料来源:央行:2023 年债券市场共发行各类债券 71.0 万亿元,同比增长 14.8％[EB/OL].(2024-01-29)[2024-10-30].https://baijiahao.baidu.com/s?id=17894225699460004808&wfr=spider&for=pc.)

思考题:

近几年政府和银行为什么增加债券发行量?

③公司(企业)债券。公司(企业)债券管理机构为中国证券监督管理委员会,发债主体为按照《中华人民共和国公司法》设立的公司法人,在实践中,其发行主体为上市公司,其信用保障是发债公司的资产质量、经营状况、盈利水平和持续赢利能力等。公司债券在证券登记结算公司统一登记托管,可申请在证券交易所上市交易,其信用风险一般高于企业债券。

(4)按是否可转换划分

①可转换债券。可转换债券是指在特定时期内可以按某一固定的比例转换成普通股的债券,具有债务与权益的双重属性,属于一种混合性筹资方式。由于可转换债券赋予债券持有人将来成为公司股东的权利,因此其利率通常低于不可转换债券。若将来转换成功,在转换前发行企业达到了低成本筹资的目的,转换后又可节省股票的发行成本。根据《中华人民共和国公司法》的规定,发行可转换债券应由国务院证券管理部门批准,发行公司应同时具备发行公司债券和发行股票的条件。

②不可转换债券。不可转换债券是指不能转换为普通股的债券,又称为普通债券。由于其没有赋予债券持有人将来成为公司股东的权利,所以其利率一

般高于可转换债券。

（5）按是否可赎回划分

①可赎回债券。可赎回债券是指在债券到期前,发行人可以以事先约定的价格赎回的债券。公司发行可赎回债券主要是考虑到公司未来的投资机会和回避利率风险等问题,以增加公司资本结构调整的灵活性。发行可赎回债券最关键的问题是赎回期限和赎回价格的制定。

②不可赎回债券。不可赎回债券是指不能在债券到期前收回的债券。不可赎回债券的优点主要体现在其到期收益率较高。这是因为债券发行后,如果银行利率大幅上调,持券人可以选择将所持有的债券卖给相关发行机构,随后他们可以用这笔钱投资更高收益的产品。不可赎回债券的缺点则是其灵活性较低。这种类型的债券一旦发行,发行人便不能在债券到期前进行回购,这意味着发行人无法根据市场条件的变化调整其融资成本。

（6）债券筹资的优点

①资本成本低。债券利息可以税前扣除,具有抵税作用;另外,债券投资人的投资风险比股票投资人低,因此其要求的报酬率较低。故公司债券的资本成本低于普通股。

②具有财务杠杆作用。债券利息是固定费用,债券持有人除获取利息外,不能参与公司净利润分配,因而具有财务杠杆作用:息税前利润增加时,股东收益将以更快的速度增加。

③所筹集资金属于长期资金。发行债券所筹集的资金一般属于长期资金,可供企业使用一年以上,这为企业安排投资项目提供了有力的资金支持。

④债券筹资的范围广、金额大。债券筹资的对象十分广泛,既可以向各类银行或非银行金融机构筹资,也可以向其他法人单位、个人筹资,因此筹资效率高且金额较大。

2.股票

（1）股票的概念

股票是股份有限公司为筹集资金而发行的一种所有权凭证,证明股东对公司享有所有权及利润分配权。股票一经发行,购入股票的投资者即成为公司的股东,股票实质上代表了股东对股份公司的所有权。股东凭借股票可以获得公司的股息红利、参加股东大会并行使自己的权利,同时承担相应的责任与风险。

（2）股票的特征

①收益性。收益性是股票最基本的特征,是指股票可以为持有人带来收益的特性。持有股票的目的在于获取收益。

②风险性。风险性是指股票可能产生经济利益损失的特性。股票风险的内涵是预期收益的不确定性。

③流动性。流动性是指股票可以自由地进行交易。持有人可按自己的需要和市场情况,灵活地转让股票。

④永久性。永久性是指股票所载有权利的有效性是始终不变的,因为它是一种无期限的法律凭证。股票的有效期与股份公司的存续期间相联系,两者是并存的关系。这种关系实质上反映了股东与股份公司之间比较稳定的经济关系。

⑤参与性。参与性是指股票持有人有权参与公司重大决策的特性。股票持有人作为股份公司的股东,有权出席股东大会,并通过选举公司董事会行使其参与权。

（3）股票的价值

从本质上讲,股票自身并没有价值,也不可能有价格,仅仅是用以证明持有人具有财产权利的法律凭证,并不具有普通商品的使用价值,也没有形成价格的劳动价值。然而,股票在实际生活中存在着价值,因为,它代表着获取利益的权利,能为持有者带来股息、红利收入。所以,股票的价值就是用货币衡量的作为获利手段的价值。股票流通转让的实质是这种获利凭证的让渡。

①票面价值。股票的票面价值,即股票面值,是股份有限公司在其所发行的股票上标明的票面金额,是认购者向股份有限公司投资的货币价值以及该投资在公司资本总额中所占的比例,是确认股东权益的根据。股票的票面价值仅在初次发行时有一定意义,如果股票以面值发行,则股票面值的总和即为公司的资本金总额。

②账面价值。股票的账面价值,又称股票净值或每股净资产,是指每股股票所包含的实际资产的价值。它是股份有限公司财务报表的计算结果,其计算方法是:公司资本额加上各种公积金,再加上累积盈余成为公司账面净值总额。净值总额除以发行股票的总股数就是每股净值。

③清算价值。股票的清算价值,是指股份有限公司进行清算时,每股股票所代表的实际价值。一般是在公司解散时才需要清算。公司清算的程序为变卖财产、收回债权、清偿债务、分配剩余财产。最终每股所能分到的剩余财产就是该股票的清算价值。

④市场价值。股票的市场价值,也称股票的市值,指股票在股票市场的交易过程中所具有的价值。股票的市场价值由于受到市场上各种因素的影响,是一种经常变动的数值,直接反映了股票的市场行情。

（4）股票的种类

①普通股。普通股是股份有限公司发行的对股东不加特别限制,股东享有平等权利,并随公司利润的大小分得相应股息、红利的股票。普通股是股份有限公司最重要的股票种类。设立股份有限公司时最初发行的股票是普通股,其发行量最大,通过发行普通股股票所筹集的股本总额构成了股份有限公司股本的

基础,普通股股东便成为股份有限公司的基本股东。

②优先股。优先股是与普通股相对应的一种特别股。它指股份有限公司发行的,在公司收益和剩余资产分配方面比普通股更具有优先权的股票。优先股并不完全具备通常定义的股票的一般特征,是具有股票和债券某些共同特点的证券。

③后配股。后配股是在股息分红及剩余财产分配时劣后于普通股的股票,一般是在普通股分配之后,对剩余利益进行再分配。如果公司的盈利巨大,且后配股的发行量有限,则购买后配股的股东可以取得很高的收益。发行后配股所筹措的资金一般不能立即产生收益,且投资者的范围受限制,因此后配股的利用率不高。

学 而 思

2023 年相关金融数据

2024 年 2 月 29 日,国家统计局发布《中华人民共和国 2023 年国民经济和社会发展统计公报》。2023 年,全年沪深交易所 A 股累计筹资 10 734 亿元,比上年减少 4 375 亿元。沪深交易所首次公开发行上市 A 股 236 只,筹资 3 418 亿元,比上年减少 2 286 亿元,其中科创板股票 67 只,筹资 1 439 亿元;沪深交易所 A 股再融资(包括公开增发、定向增发、配股、优先股、可转债转股)7 316 亿元,减少 2 089 亿元。北京证券交易所公开发行股票 77 只,筹资 146 亿元。全年各类主体通过沪深北交易所发行债券(包括公司债券、资产支持证券、国债、地方政府债券和政策性银行债券)筹资 130 677 亿元,其中沪深交易所共发行上市基础设施领域不动产投资信托基金(REITs)40 只,募集资金 914 亿元。全国中小企业股份转让系统挂牌公司 6 241 家,全年挂牌公司累计股票筹资 180 亿元。

(资料来源:中华人民共和国 2023 年国民经济和社会发展统计公报[EB/OL].(2024-02-29)
[2024-10-30].https://www.stats.gov.cn/sj/zxfb/202402/t20240228_1947915.html.)

思考题:

试分析我国的金融水平。

本章小结

信用是以偿还和付息为条件的借贷行为,是在私有制的基础上产生的。信用的古老形式是高利贷,极高的利率是高利贷最明显的特征。高利贷不适应资本主义生产发展的需要。在资本主义制度建立以后,高利贷被现代信用形式所取代。现代信用形式主要有商业信用、银行信用、国家信用、消费信用和国际信用。商业信用是现代信用的基础,银行信用是现代信用的主要形式。

信用工具是具有一定格式,并可载明债权债务关系的书面凭证。它的主要特征是:偿还性、流动性、安全性、收益性。汇票、本票、支票、信用证、信用卡、可转让存单、股票和债券都是典型的信用工具。短期信用工具有票据、大额可转让定期存单、国库券、信用证、信用卡和回购协议;长期信用工具有债券和股票。

债券的本质是债的证明书,具有法律效力。债券购买者或投资者与发行者之间是一种债权债务关系,债券发行人即债务人,投资者(债券购买者)即债权人。股票是股份有限公司为筹集资金而发行的一种所有权凭证,证明股东对公司享有所有权及利润分配权。

基本概念

信用工具　商业信用　银行信用　国家信用　消费信用　国际信用　票据
债券　股票　出口信贷　卖方信贷　买方信贷　本票　汇票　支票　信用证
信用卡

课后练习

一、单项选择题

1.信用只有在货币的(　　　)职能存在的条件下才能发生。

A.流通手段　　　　B.支付手段　　　　C.价值尺度　　　　D.贮藏手段

2.企业与企业之间存在的"三角债"状况,本质上属于(　　　)。

A.商业信用　　　B.银行信用　　　C.国家信用　　　D.消费信用

3.在现代信用中,最主要的信用形式是(　　　)。

A.商业信用　　　B.银行信用　　　C.民间信用　　　D.国家信用

4.必须经过承兑才具法律效力的信用工具是(　　　)。

A.银行本票　　　B.银行汇票　　　C.商业本票　　　D.商业汇票

5.信用是一种(　　　)。

A.买卖行为 B.救济行为 C.赠予行为 D.借贷行为

6.以政府作为借贷人的信用形式是（ ）。

A.银行信用 B.商业信用 C.国家信用 D.国际信用

7.由中央政府发行的公债,称为（ ）。

A.公债 B.国债 C.内债 D.外债

8.在经济生活中,商业信用的动态与产业资本的动态是（ ）。

A.一致的 B.相反的 C.毫无联系 D.无法确定

9.贴现市场的主要参与者有（ ）。

A.工商企业 B.商业银行

C.工商企业和商业银行 D.工商企业、商业银行以及中央银行

10.消费信用是企业或银行向（ ）提供的信用。

A.本国政府 B.社会团体 C.消费者 D.工商企业

二、多项选择题

1.与商品经济各发展阶段相适应,信用也经历了（ ）三个阶段。

A.高利贷信用 B.商业信用

C.社会主义信用 D.借贷资本运动的资本主义信用

2.国际信用的主要形式有（ ）。

A.买方信贷 B.补偿贸易 C.卖方信贷 D.国际租赁

3.信用工具一般具有以下基本特征:（ ）。

A.偿还性 B.流动性 C.风险性 D.收益性

4.消费信用常见的形式包括（ ）。

A.分期付款 B.消费贷款 C.信用卡 D.补偿贸易

5.票据具有以下特点:（ ）。

A.流通性 B.自偿性 C.无因性 D.要式性

6.政府信用的主要形式有（ ）。

A.发行国家公债 B.发行国库券

C.发行专项债券 D.向银行透支或借款

E.国际组织的无偿援助

7.以下属于消费信用的是（ ）。

A.出口信贷

B.国际金融租赁

C.企业向消费者以延期付款的方式销售商品

D.银行提供的助学贷款

E.银行向消费者提供的住房贷款

8.出口信贷的特点有（　　　）。

A.一般附有采购限制　　　　　　　B.贷款利率高于国际市场利率

C.利息差额由出口国政府给予补贴　D.一般有多家银行参与贷款

E.集融资与融物于一体

9.以下国际信用活动中,利率一般偏低的是（　　　）。

A.出口信贷　　　　　　　　　　　B.银团贷款

C.外国政府贷款　　　　　　　　　D.国际金融机构贷款

E.国际金融租赁

10.以下信用活动中不属于短期信用活动的是（　　　）。

A.发行国库券　　　　　　　　　　B.消费信贷

C.出口信贷　　　　　　　　　　　D.国际商业银行贷款

E.国际金融租赁

三、判断题

1.当赊销到期、支付货款时,货币不是充当支付手段,而是充当流通手段,是价值的单方面转移。（　　　）

2.我们通常所说的信用卡就是银行卡。（　　　）

3.商业承兑汇票属于商业汇票,银行承兑汇票属于银行汇票。（　　　）

4.商业信用是直接信用,银行信用是间接信用。（　　　）

5.大额可转让定期存单的特点是:面额大、期限长、不记名、可自由转让。（　　　）

6.国债是公债的主要组成部分,既包括中央政府发行的公债,也包括地方政府发行的公债。（　　　）

7.消费信用对于扩大有效需求、促进商品销售是一种有效的手段,其规模越大越好。（　　　）

8.银行及其他金融机构采用信用放款或抵押放款方式,对消费者购买消费品发放的贷款叫消费信贷。（　　　）

9.出口信贷是本国银行为了拓展自身的业务而向本国出口商或外国进口商提供的中长期信贷。（　　　）

10.出口方银行向外国进口商或进口方银行提供的贷款叫卖方信贷。（　　　）

四、思考题

1.何谓信用? 信用的发展经历了哪几个阶段? 它与货币、金融有何关系?

2.高利贷信用的利息率为什么会特别高？

3.如何理解商业信用和银行信用之间的联系与区别？

4.常见的信用形式有哪些？各自有哪些具体的工具？

5.信用工具有哪些基本特征？在实际经济活动中如何选择信用工具？

6.为什么说信用的作用具有双重性？谈谈信用经济社会发展中信用的作用。

第三章　利息和利率

学习目标

知识目标

1.理解利息及利率的含义；

2.了解利息的来源与本质；

3.熟悉利率的分类；

4.掌握单利和复利的相关计算及应用；

5.理解利率的作用和结构；

6.掌握利率决定的相关理论。

能力目标

1.能联系金融市场实际情况理解利率变动的原因
　及机制；

2.能结合实际情况计算借贷本金、利息、终值等。

素养目标

1.了解我国的利率市场化改革进程及意义；

2.理解利率在宏观经济条件中的作用及传导机制。

本章重点

1.利率的类别及其含义；

2.单利和复利的计算及应用；

3.利率市场化改革及其意义。

本章难点

1.凯恩斯学派的利率决定论；
2.IS-LM利率决定理论。

思维导图

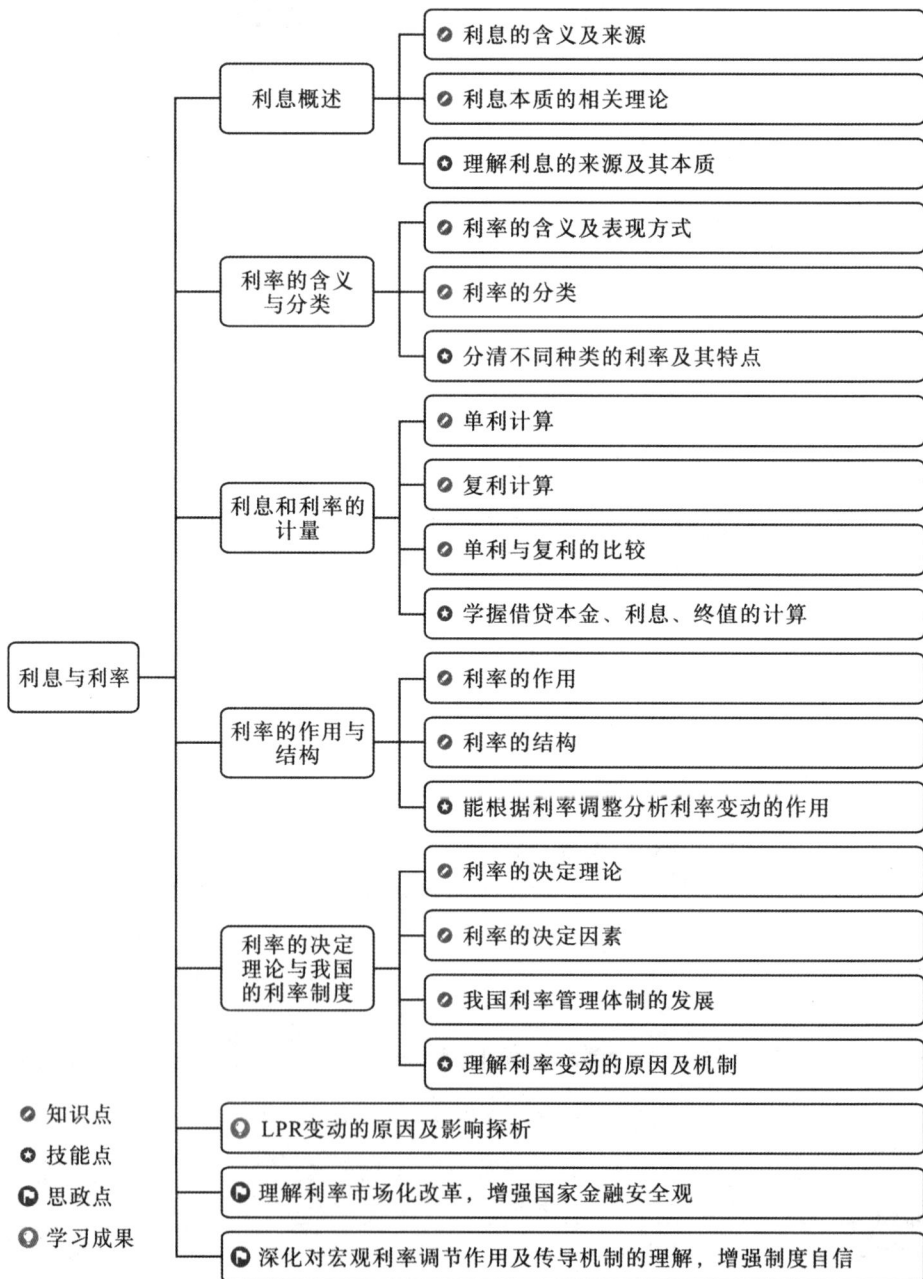

📚 **课前导读**

深化利率市场化改革

利率市场化改革是金融领域最重要的改革之一。党的十九大以来，按照党中央决策部署，中国人民银行持续深化利率市场化改革。重点推进贷款市场报价利率（Loan Prime Rate，LPR）改革，建立存款利率市场化调整机制，以改革的办法推动实际贷款利率明显下行。完善中央银行政策利率，培育形成较为完善的市场化利率体系。同时，坚持以自然利率为锚实施跨周期利率调控，发挥市场在利率形成中的决定性作用，为经济高质量发展营造适宜的利率环境。2019年8月，中国人民银行推动改革完善LPR报价形成机制。改革后的LPR由报价行根据对最优质客户实际执行的贷款利率，综合考虑资金成本、市场供求、风险溢价等因素，在中期借贷便利（Medium-term Lending Facility，MLF）利率的基础上市场化报价形成。目前，LPR已经成为银行贷款利率的定价基准，金融机构绝大部分贷款已参考LPR定价。2021年6月，中国人民银行指导市场利率定价自律机制优化存款利率自律上限形成方式，由存款基准利率浮动倍数形成改为加点确定，消除了存款利率上限的杠杆效应，优化了定期存款利率期限结构。2022年4月，推动自律机制成员银行参考以10年期国债收益率为代表的债券市场利率和以1年期LPR为代表的贷款市场利率，合理调整存款利率水平。随着存款利率市场化机制的逐步健全，2022年9月中旬，国有商业银行主动下调了存款利率，带动其他银行跟随调整。

推动利率市场化改革，必须始终坚持发挥市场在利率形成中的决定性作用。贷款方面，中国人民银行充分尊重商业银行对贷款利率的定价权和利率的浮动权，由银行综合考虑借款人信用风险、贷款期限等因素与其协商确定贷款利率。目前我国贷款利率市场化程度已经比较高，贷款差异化定价已经比较普遍。对小微企业来说，由于风险溢价以及信贷管理成本较高，按照商业原则定价，贷款利率一般会高于大企业，这有利于激发银行支持小微企业的积极性。同时，中国人民银行积极推动明示贷款年化利率，要求贷款产品以统一的计算方法标示贷款年化利率，给借款人展示明确的、可比的借贷成本，使贷款利率更加公开透明，充分保护金融消费者知情权和自主选择权，增强贷款市场竞争性。

存款方面，中国人民银行亦遵循市场化、法治化原则，由商业银行自主定价。随着存款利率由行政管制走向市场化，存款产品也由单一化走向差异化。在传统活期存款和定期存款的基础上，银行根据存款人类型、期限、金额等要素，开发出不同的存款产品，例如大额存单、结构性存款等，满足不同客户需要，不同银行、不同产品、不同期限的存款利率定价有所不同。在中国人民银行指导下，利率自律机制密切监测存款利率定价情况,通过行业自律督促银行规范定价行为,防范个别银行因盲目追求规模或为填补流动性缺口而高息揽存等非理性竞争行为,取得了较好效果。

(资料来源:深化利率市场化改革[EB/OL].(2023-09-30)[2024-09-06].http://www.pbc.gov.cn/redianzhuanti/118742/4657542/4662546/index.html.)

通过以上阅读,我们初步了解了利率市场化在存贷款方面的改革及其对利率定价的影响。其核心意义在于让市场在金融配置中起决定性作用。它标志着我国从计划经济向社会主义市场经济转型的关键一步,是金融体系改革的"最后一公里"。本章我们将围绕利息与利率展开学习,了解利率的本质及作用,学习利率的计量方式,并通过掌握利率决定的相关理论,从而更加深入理解利率市场化改革的意义及作用,并学会在实际金融市场中分析利率变动的原因及影响。

第一节　利息概述

一、利息的含义及来源

(一)利息的含义

利息是资本所有者出让资金使用权而获得的超过出让本金的报酬,也是借款人使用借入资金所付出的代价。因此,利息是衡量不同时期货币资金实际价值的尺度,是借贷资本的价格。

(二)利息的起源

利息的起源,就是讲利息产生的原因。马克思认为,借贷资本家与职能资本家的职能分离是利息形成的基础。他认为利息产生于生产过程,是工人创造的剩余价值的一部分,是职能资本家支付给借贷资本家的剩余价值的一部分,是对借贷资本家出让资本使用权的补偿。

早期西方经济学家,如配第、洛克、坎蒂隆、诺思等主要是从分析放债取息的合理性角度阐述利息产生的原因。配第认为,虽然借出货币收取利息饱受争议,但是出租土地收取地租自古以来都被认为是天经地义的事,实际上借出货币就是租出货币,所以也应该收取租金,因此放债收息也是天经地义的事;洛克也是从租地收租来说明利息的合理性,他说地租产生于租地行为,而之所以出现租地行为是因为土地分配不均,同理,利息产生于借贷行为,之所以出现借贷行为是因为货币分配不均;坎蒂隆认为,利息源于货币所有者借出货币所要承担的风险;诺思认为,利息是由资本分配不均产生的,这就与洛克的观点存在本质区别。马克思对这一点给予了高度的评价。按照马克思的观点,货币是交换的媒介,货币作为交换媒介使用,不可能增值,只有货币作为资本使用,与生产过程结合起来,才能增值,从而才能产生利息。

二、利息本质的相关理论

生活中,我们往银行存入一定本金,到期后可以取出大于本金的款项。到期资金与存入本金的差额就是利息。但利息的本质是什么,这个问题被学界争论了数百年。以下简要介绍几种关于利息本质的理论。

(一)马克思关于本质的理论

马克思指出,利息不是产生于货币的自行增值,而是产生于它作为资本的使用。他认为利息以货币转化为货币资本为前提,货币如果不是参与资本运动,而是被贮藏或用于购买生活消费品,就不可能有货币的增值;另外,利息和利润一样都是剩余价值的转化形式。而利息是职能资本家让渡给借贷资本家的那一部分剩余价值。职能资本家使用借入的货币资本经营企业,一般都能获得平均利润,但其必须从利润中拿出一部分分给借贷资本家。否则借贷资本家就不会把货币资本借给职能资本家。如果借贷资本家拿走全部的平均利润,那么也不会有职能资本家再进行借款经营。可见,利息只能是平均利润的一部分。所以,资本的增值可以分为两个部分,一部分为职能资本家利润,另一部分为职能资本家给借贷资本家的利息。

(二)西方古典经济学派的利息理论

1.利息报酬说

配第认为利息是因暂时放弃货币的使用权而获得的报酬。这意味着,当你决定把你的钱借给别人而不是自己使用它时,你应得到某种形式的补偿,这种补偿就是利息。

洛克则进一步认为,利息是贷款人因承担了风险而得到的报酬。他强调,借款人可能无法按时偿还贷款,因此贷款人需要得到额外的报酬来补偿这种风险。

2.资本租金论

诺思的理论将贷出货币所收利息看作地主收取的租金。这种观点认为,资本(即货币)的使用权就像土地一样,可以出租并获得租金(即利息)。

3.利息源于利润说

马西提出,贷款人贷出的是货币或资本的使用价值,即生产利润的能力。因此,贷款人得到的利息直接来源于利润,并且是利润的一部分。这种观点认为,资本的使用能够产生利润,而利息则是利润的一部分。

4.利息剩余价值说

斯密等古典经济学家认为,利息具有双重来源。当借贷的资本用于生产时,利息源于利润;当借贷的资本用于消费时,利息源于其他收入,如地租等。这种观点将利息与剩余价值联系起来,揭示了利息的深层来源。

总的来说,西方古典经济学派的利息理论涵盖了利息的来源、本质以及决定因素等多个方面,这些观点为理解金融市场和经济的运行提供了重要的理论基础。

(三)近现代西方学者的利息理论

1.节欲论

骚纳·西尼尔认为,利息是人们为了未来的收益而牺牲当前消费的报酬。换句话说,人们为了将来获取更大收益,选择现在节制消费,将资金用于投资,从而产生了利息。

2.边际生产力说

约翰·克拉克提出,利息是资本边际生产力的体现。资本作为一种生产要素,其投入会提高生产效率,增加产量。然而,随着资本投入的增加,每增加一单位资本所带来的产量增加(即边际产量)会逐渐减少。因此,利息就是资本边际产量的报酬。

3.人性不耐说

欧文·费雪认为,利息是人们因不耐于等待未来收益而愿意接受的当前回报。人们通常倾向于立即获得收益,而不是等待未来收益。因此,为了吸引投资者放弃立即消费并将资金投入生产,必须提供一定的利息作为补偿。

4.流动性偏好说

约翰·梅纳德·凯恩斯提出,利息是人们因偏好持有流动性资产(如货币)而不愿将其投入其他形式资产(如债券)的报酬。人们通常倾向于持有流动性好的资产,以便随时使用,因此为了吸引投资者将资金投入其他形式资产,必须提供一定的利息作为补偿。

总的来说,这些近现代西方学者的利息理论各有其特点,但也都忽略了一些其他经济因素,如市场供需、政策干预等对利息的影响,所以应结合实际情况进行理解和应用。

课内练习

1.(单选题)利息是(　　)的价格。

A.货币资本　　　　B.借贷资本　　　　C.外来资本　　　　D.银行资本

【答案】B。

解析:根据利息的本质,利息是借贷资本的价格。

2.(多选题)下列关于利息的理解中,正确的是(　　)。

A.利息只存在于资本主义经济关系中

B.利息属于信用范畴

C.利息的本质是对价值时差的一种补偿

D.利息是企业生产的构成部分

E.利息构成了信用的基础

【答案】BCE。

解析:根据利息的本质,利息是借贷行为的报酬,属于信用范畴,是对货币时间价值的补偿,构成了信用的基础。

3.(多选题)利息是利润的一部分,但在现实生活中,利息可以脱离利润而独立存在,其原因是(　　)。

A.利息是资本所有权的收益,到期必须支付

B.利息是由借贷时以一定利息率确定的

C.利息是对放弃流动性偏好的补偿

D.资本使用权可以是免费的

E.利息是后于利润而存在的

【答案】ABC。

解析:根据利息的本质学说,利息是资本所有者让渡货币使用权的补偿;利息在借贷时就已经确定了;根据凯恩斯的流动性偏好理论,利息也是对放弃流动性的补偿。在生产资本的借贷上,利息源于利润,但是这并不绝对。

第二节　利率的含义与分类

一、利率的含义及表现方式

(一)利率的含义

利率,也被称为利息率,是指一定时期内利息额与借贷资金额(本金)的比率。从借款人角度来看,利率是使用资本的单位成本;从贷款人角度来看,利率是借出货币所获得的报酬率。因此,利率是决定资金成本高低的主要因素,也是筹资、投资的决定性因素。利率通常用百分比表示,如果用 R 表示年利率,I 表示年利息额,P 表示本金,那么年利率可用公式表示为:

$$R = I/P \times 100\%$$

根据上节马克思的剩余价值理论,通常情况下利息不能超过职能资本家使用该笔资金而获得的利润。所以,利率的高低受平均利润率的制约,一般情况下,利率的上限为平均利润率,下限为零。

(二)利率的表现方式

利率的表现方式一般有年利率、月利率、日利率。年利率是以年为单位计算利息,通常以本金的百分比计算,如 1%。俗称年息几厘。例如,年息 1 厘,指的就是本金 100 元,年利息 1 元。月利率是以月为单位计算利息,通常以本金的千分比计算,如 0.1%。俗称月息几厘。例如,月息 1 厘,指的就是本金 1 000 元,月利息 1 元。日利率是以日为单位计算利息,通常以本金的万分比计算,如 0.01%。俗称日息几厘,也习惯被称为"拆息"。例如,日息 1 厘,指的就是本金 10 000 元,日利息 1 元。此外,有时也以"分"作为利率的单位,分是厘的 10 倍。例如,"月息 1 分"就是月利率 1%,"年息 1 分"就是年利率 10%。

年利率与月利率的换算,按每年 12 个月计算。为简化计算,月利率与日利率互相换算,常按每月 30 天计算;年利率与日利率互相换算,常按每年 360 天计算。

按以上算法,年利率、月利率、日利率的换算关系是:

$$年利率 \div 12 = 月利率$$
$$月利率 \div 30 = 日利率$$

年利率÷360＝日利率

但不同金融市场、金融机构以及金融产品利率的天数计算惯例会有所不同，在进行具体的金融交易时，最好参考相关合同、条款和条件以及适用的法规和规定。常见的利率天数计算惯例如表 3-1 所示。

表 3-1 利率天数计算惯例

天数计算惯例	释义
A/A 或 A/365	每月与整年计息期按实际天数(A)计，有时一年固定以 365 天计
30/360	一个月按 30 天计，一年按 360 天计
A/360	每月按实际天数计，一年按 360 天计

课内
练习

1.(单选题)民间借贷中的月息 3 厘，指的是借款利率(　　)。

A.月利率 0.3%　　B.月利率 3%　　　C.日利率 0.03%　　D.年利率 3%

【答案】A。

解析：月利率是以月为单位计算利息，通常以本金的千分比计算，如 0.1%。俗称月息几厘。

2.(多选题)下列选项中关于利率的理解正确的是(　　)。

A.利率可以大于社会平均利润率

B.利息额与借贷资金额(本金)的比率

C.利率是借款人使用资本的单位成本

D.利率是借出货币所获得的报酬率

【答案】BCD。

解析：利率，也被称为利息率，是指一定时期内利息额与借贷资金额(本金)的比率。从借款人角度来看，利率是使用资本的单位成本；从贷款人角度来看，利率是借出货币所获得的报酬率。利率的高低受平均利润率的制约，一般情况下，利率的上限为平均利润率，下限为零。

二、利率的分类

(一)按信用行为的期限长短划分

1.短期利率

融资期限在一年以内的各种金融资产的利率，即称为短期利率，也叫货币市场上的利率。一般包括期限在一年以内的存款、贷款和各种有价证券利率。

2.长期利率

融资期限在一年以上的各种金融资产的利率,即称为长期利率,也叫资本市场利率。一般包括期限在一年以上的存款、贷款和各种有价证券利率。

(二)按利率的真实水平划分

1.名义利率

名义利率是中央银行或金融机构公布的未调整通货膨胀因素的利率,是以货币数量直接表示的利率,是包含通货膨胀率的利率,通常也是银行挂牌利率。

2.实际利率

实际利率是以货币购买商品或劳务的能力衡量的比率,即剔除通货膨胀因素后的真实利率,会随着价格水平预期变化而调整。实际利率与名义利率的关系可以用费雪方程式表示,即

$$实际利率＝[(1＋名义利率)÷(1＋通货膨胀率)]－1$$

这个公式表明,实际利率是名义利率经过通货膨胀调整后的结果。当通货膨胀率为零时,实际利率等于名义利率;当通货膨胀率不为零时,实际利率与通货膨胀率呈负相关关系。如果通货膨胀率大于零,实际利率低于名义利率。

(三)按借贷期内利率是否浮动划分

1.固定利率

固定利率是在贷款合同或金融产品中确定的,在贷款期间内保持不变的利率。这意味着借款人需要按照固定的利率水平支付利息,不会受到市场利率波动的影响。固定利率通常适用于长期贷款或希望利率稳定的借款人。比如,我国银行各项定期存款利率一般就属于固定利率。

2.浮动利率

浮动利率是在贷款期间内可以根据市场条件或其他因素的变化而调整的利率。浮动利率通常由一个基准利率加上或减去一个百分比,这个百分比可以根据市场利率或其他因素的变化而调整。浮动利率通常适用于短期贷款或希望利率能够反映市场变化的借款人。

(四)按利率的地位划分

1.基准利率

基准利率指银行对于贷款和存款的最基本利率,是银行业中的核心利率。它是国家银行根据经济形势和货币政策制定的,反映市场上最普遍、最基本的利

率水平。在中国,基准利率主要指中国人民银行(央行)对商业银行和其他金融机构规定的再贴现率和再贷款率。它会影响到商业银行和其他金融机构的贴现率和贷款利率。商业银行和其他金融机构的贴现率和贷款率又会影响企业股票、债券利率及民间借贷利率。所以,基准利率是金融市场上具有普遍参照作用的利率,其他利率水平或金融资产价格往往根据这一基准利率水平来确定。

在利率市场化条件下,融资者衡量融资成本,投资者衡量投资收益,都需要一个客观公正的利率参考,因此基准利率是利率市场化的重要前提之一,也是利率市场化机制形成的核心。

2.其他利率

其他利率指除基准利率以外的其他利率,如金融机构同业拆借利率、国债利率、公司债券利率等。这些利率反映了不同金融产品和市场的特定条件与风险。

(五)按利率的决定方式划分

1.市场利率

市场利率是根据资金市场上的供求关系确定的利率。它反映了市场对资金的需求和供应情况,是市场自由竞争的结果。市场利率通常随着市场资金供求的变化而波动。

在市场机制的作用下,当市场资金供给超过需求时,利率呈下降趋势。例如,当经济不景气时,生产停滞、投资减少、闲置资金增加导致借贷资本供大于求,利率降低,且一般在经济最萧条时期,市场利率水平最低;当经济上升时,投资需求上升导致资本供不应求,利率上升。LIBOR(London interbank offered rate,伦敦银行间同业拆借利率)和SHIBOR(Shanghai interbank offered rate,上海银行间同业拆放利率)是市场利率的典型代表。

2.官定利率

官定利率是由政府金融管理部门或中央银行根据国家经济发展和金融市场需要所确定和调整的利率。它是国家为实现宏观调控目标所采取的一种政策手段,反映了非市场力量对利率的强制干预,要求国内所有金融机构必须严格执行,不能随意变动和自主调整。

在实行利率管制的国家,官定利率是指由中央银行统一制定的国内金融资产的所有利率,包括存款利率、贷款利率、国债利率、公司债券利率、法定存款准备金利率、再贴现利率、再贷款利率等,是政府官方调控意向在金融领域中的体现。而在实行利率市场化的国家,官定利率则是指由中央银行直接决定的基准利率,主要是再贴现利率、联邦基金利率等。

3.公定利率

公定利率是介于市场利率与官定利率之间、由非政府部门的金融行业自律

拓展阅读
我国的基准利率体系

拓展阅读
官定利率与基准利率

性组织如银行公会所确定的利率。这种利率约束范围有限,一般只对公会会员具有约束力。例如,香港的银行工会就会定期调整并公布各种存贷款利率,各会员银行必须执行。

第三节 利息和利率的计量

一、单利计算

单利计算是指利息仅按照本金计算,而不将已产生的利息加入本金中再次计算利息的方式。换句话说,在计算利息时,本金在贷款或存款期间保持不变,利息只根据原始本金计算,不会随时间增加而累积到本金中。我国的居民储蓄存款、国库券都是按单利计算的。

单利计算的公式通常为:

$$I = P \times R \times N$$

式中:I 为利息,P 为本金现值,N 为计息期数,R 为每期利率。

(一)单利终值计算

在借贷活动中,往往要求计算本金与利息之和,即借一笔款后,经过若干时间的还款总额。也可以简称为本利和,这里用 F 表示到期时的本利和终值。单利计算的本利和计算公式为:

$$F = I + P$$
$$F = P \times (1 + R \times N)$$

【例 3-1】如果小黄将 1 000 元作为本金存入银行的定期存款,年利率为 5%,存款期限为 5 年,那么根据单利计算,他将获得的利息以及本利和分别为多少元?

$$I = P \times R \times N = 1\,000 \times 5\% \times 5 = 250(元)$$
$$F = I + P = 250 + 1\,000 = 1\,250(元)$$

或

$$F = P \times (1 + R \times N) = 1\,000 \times (1 + 5\% \times 5) = 1\,250(元)$$

到期小黄将获得本利和 1 250 元,其中利息 250 元。

(二)单利现值计算

由单利终值公式可得,如果已知一笔单利投资终值为 F,每期利率为 R,投资期数为 N,那么投资本金 P,即现值的计算公式为:

$$P = F/(1 + R \times N)$$

【例 3-2】某人在 5 年后需要取得 10 000 元,若五年定期储蓄利率为 3%,用单利计算,其现在应存入银行多少钱?

$$P = F/(1 + R \times N) = 10\ 000/(1 + 3\% \times 5) \approx 8\ 695.65(元)$$

该人现在应该存入银行 8 695.65 元。

二、复利计算

(一)复利终值计算

复利计算是一种计算利息的方法,其中利息不仅基于本金计算,还基于之前累积并加入本金的利息再计算利息,即"利滚利"。这种计算方式使得资金随着时间的推移而增长得更快。

假设:F_N 为到 N 期为止的复利终值,P 为本金现值,N 为计息期数,R 为每期利率。复利公式的推导如下:

$F1 = $ 第一年年初本金 + 利息 $= P + PR = P(1 + R) = $ 第二年年初本金

$F2 = $ 第二年年初本金 + 利息 $= P(1 + R) + P(1 + R)R = P(1 + R)^2 = $ 第三年年初本金

$F3 = $ 第三年年初本金 + 利息 $= P(1 + R)^2 + P(1 + R)^2 R = P(1 + R)^3 = $ 第四年年初本金

……

$F_N = $ 第 N 年年初本金 + 利息 $= P(1 + R)^{N-1} + P(1 + R)^{N-1}R = P(1 + R)^N$

即复利计算的本利和计算公式为:

$$F_N = P(1 + R)^N$$

复利计算到期利息总额为:

$$I = F_N - P$$
$$I = P(1 + R)^N - P = P[(1 + R)^N - 1]$$

【例 3-3】假设小王买入某个复利计算的理财产品,本金 1 000 元,年利率为 5%,每年计息一次,投资期限 5 年,那么到期时小王账户里会有多少钱? 其中利息多少?

$$F = P(1+R)^N = 1\,000 \times (1+5\%)^5 \approx 1\,276.28(\text{元})$$
$$I = F_N - P = 1\,276.28 - 1\,000 = 276.28(\text{元})$$

可知小王到期时账户里共有 1 276.28 元,其中利息 276.28 元。

(二)计息期短于 1 年时的利率计算

前文我们探讨的都是以年为单位的计息期,当计息期短于 1 年,而使用的利率又是年利率时,计息期数和计息率均应按下式进行换算:

$$i = \frac{r}{m}$$

$$t = m \cdot n$$

式中:r 为年利率,i 为期利率,m 为每年的计息次数,n 为年数,t 为换算后的计息期数。

当 1 年内复利 m 次时,实际年利率的计算公式如下:

$$i = \left(1+\frac{r}{m}\right)^m - 1$$

当 1 年复利 m 次时,复利终值的计算公式如下:

$$F = P\left(1+\frac{r}{m}\right)^{mn}$$

【例 3-4】某投资产品年利率为 4%,每半年复利一次,则该投资产品的实际年利率为多少?

$$i = \left(1+\frac{r}{m}\right)^m - 1 = \left(1+\frac{4\%}{2}\right)^2 - 1 = 4.04\%$$

因此,该投资产品的实际年利率为 4.04%。

【例 3-5】王某把 1 000 元存入银行,按照活期存款制度,每季度复利一次,如果活期存款利率为 0.4%,王某银行活期存款账户两年后的本利和是多少?

$$F = P\left(1+\frac{r}{m}\right)^{mn}$$

$$F = 1\,000 \times \left(1+\frac{0.4\%}{4}\right)^{4 \times 2} \approx 1\,008.03(\text{元})$$

因此,王某两年后银行账户里的本利和约 1 008.03 元。

(三)复利现值计算

现值是指未来某一金额在当前时点的价值。将未来价值折算为现值的过程叫作贴现,其中使用的利率称为贴现率或折现率。复利现值的计算方法与复利终值正好相反。复利现值计算是根据"将来"数值,按规定的利率、期数来测算现在的数值,常用于股票、债券等投资价值的计算。

复利现值的计算公式为:

$$P = \frac{F}{(1+r)^n}$$

【例 3-6】一笔三年后需要偿还的 10 000 元贷款,假设年利率为 6%,按复利法计算,现在需要准备偿还的本金为多少?

$$P = \frac{10\ 000}{(1+6\%)^3} \approx 8\ 396.19(元)$$

因此,现在需要准备偿还本金 8 396.19 元。

(四)连续复利

连续复利是一种计算利息的方式。与常见的简单复利或定期复利不同,它假设利息在极短的时间内连续不断地累积。在连续复利下,任何时刻的本金都在产生利息,而这些新产生的利息又立即开始产生自己的利息,形成一个无限细分的复利过程。在金融衍生品,比如期货、期权的定价中常常用到连续复利计算。

连续复利的终值公式如下:

$$P = \lim_{m \to +\infty} P\left(1+\frac{r}{m}\right)^{mn}$$

式中:F 为连续复利的本利和终值,P 为本金现值,r 为每期利率,m 为每期复利的次数(在连续复利中 m 趋近于无穷大),n 为总期数。

根据单调有界收敛准则,公式 3.11 可以进一步化简为:

$$F = P \times e^{rn}$$

式中:e 为无理数,也称欧拉数,约为 2.718 281 828 459 045。

由连续复利终值公式,可以推出连续复利现值公式为:

$$P = F \times e^{-rn}$$

拓展阅读
EXCEL 计算一年内多次复利计算

拓展阅读
EXCEL 计算复利现值

课内练习

1.某人 2018 年初存入银行 10 000 元,若年利率为 3%,分别用单利法和复利法(每年复利一次)计算到 2023 年末他可取得多少本利和?

【答案】单利法:10 000×(1＋3%×6)＝11 800(元)

复利法:10 000×(1＋3%)^6≈11 940.52(元)

2.某人在 5 年后需要取得 50 000 元,若投资报酬率为 5%,按每年一次复利计算,则现在应投入多少钱?

【答案】50 000÷(1＋5%)^5≈39 176.31(元)

3.甲公司 5 月 1 日将本年 4 月 1 日签发、5 月 31 日到期,贴现期为 30 天,票面价值 60 000 元的不带息商业汇票向银行贴现,年贴现率为 3.65%。甲公司的贴现收入为多少元?〔贴现收入＝票面价值(1－贴现率×贴现期)〕

【答案】日利率＝3.65%÷365＝0.01%

贴现收入＝60 000×(1－0.01%×30)＝59 820(元)

4.乙公司将 20 万元投入 A 理财,该理财收益为固定收益,年利率为 4%,每季度复利一次,乙公司的投资期限为 3 年,那么到期乙公司理财账户一共有多少钱?

【答案】200 000×(1＋4%÷4)$^{4×3}$≈225 365.01(元)

三、单利与复利的比较

对比上述例 3-1 和例 3-3 可以看出,存款本金一致,利率、期限相同的两笔投资,因为计息方式不同,复利计量的小王比单利计量的小黄多获得 26.28 元利息,可见复利计算的本利和会大于单利计算,且随着时间的增加及利率的上升,差距会逐渐拉大。因此,复利通常与更高的风险投资,比如股票、基金相关联,但其也提供了更高的潜在回报。单利则更稳定,常用于风险较低的储蓄或投资计划中,其回报也相对较低。

第四节 利率的作用与结构

一、利率的作用

利率在经济体系中扮演着至关重要的角色。它作为资金的价格，货币使用者和货币所有者都会关系货币使用的经济效益。在这种情况下，利率作为一个经济杠杆发挥着重要的宏观和微观调节作用。

(一)宏观视角下利率的作用

1.累积资金的功能

在市场经济条件下，经济的发展常常受制于资本的短缺，发展中国家更是如此。但是，在市场经济的运行过程中，资金的流动存在一定的规律，消费习惯的不同、企业生产时间的交错等情况，都会使社会上存在一定的闲置资金。利率的存在为闲置资金所有者提供了利息收入的可能性。这种利息收入的诱惑会促使闲置资金的所有者主动让渡资金的使用权，从而参与到经济活动中。这样，在中央银行不扩大货币供给量的情况下，全社会的可使用资金量会上升。

在通常情况下，闲散货币资金的聚集量与利率成正比，即利率越高，对投资者的诱惑力就越大，社会就有可能积聚更多的资金。相反，利率过低，特别是在负利率的情况下，不利于社会资金的累积。

2.调节功能

(1)国民经济结构调节

利率对国民经济的调节，主要通过采取差别利率或优惠利率，以实现资源配置的倾斜。不同利率水平会影响资金在各部门、各行业以及不同地区之间的配置。高利率通常会吸引更多的资金流入，而低利率则可能促使资金流出。因此，对于国家急需发展的产业、企业或项目采取较低的利率加以支持；对于国家限制的产业、企业或项目，则采取高利率加以限制。

(2)信用调节

中央银行通过调整基准利率(如存款准备金率、再贴现率等)来影响商业银行和其他金融机构的信用规模，从而实现对货币供应量和信贷规模的调控。当中央银行提高存款准备金率和再贴现率时，一定程度上会抑制商业银行和其他金融机构的贷款行为，使信用规模缩小；相反操作，则有利于扩大信用规模。

商业银行和其他金融机构的贷款利率、贴现率也会作用于银行对客户的信用规模。当商业银行和其他金融机构提高贷款利率、贴现率时,会抑制客户的贷款行为,从而使信用规模缩小;反之则有利于扩大信用规模。

一般当市场资金需求过热、货币处于供不应求状态时,中央银行会提高存款准备金率或再贴现率,商业银行的借款成本就会上升,为保持其利润,商业银行就会调高存贷款利率,这时就能抑制贷款行为,使资金需求下降。同时,调高存款利率,有利于吸收存款,增加资金供给。资金供给增加,资金需求却下降,从而缩小信用规模,使资金供给趋于平衡。但市场比较萧条、资金供给大于需求时,银行则会采取降低利率的行为来扩大信用规模。

(3)调节货币流通和稳定物价

利率可以从两个方面影响货币流通:一是通过利率影响市场对货币的供给需求;二是通过银行影响货币的供给。

当通货膨胀发生或预期通货膨胀将要发生时,如果这是因货币供需不平衡所致,通过提高存贷款利率,有利于吸收存款,推迟这部分购买力的实现,使现实购买力下降;同时也有利于抑制贷款,降低货币需求,缩小信贷规模。从而促使物价趋于稳定。如果通货膨胀是因商品供求结构失衡所致,可以对供不应求的短线产品生产企业降低贷款利率,促使其扩大生产规模,增加有效供给,从而使价格回落。反之,若通货紧缩发生或将要发生时,则可以通过降低利率,使存款规模缩小,实现购买力上升,从而促使物价稳定。

综上,提高利率是为了抑制通货膨胀,是一种紧缩的措施;降低利率是为了抑制通货紧缩,是一种宽松的措施。

学而思

贷款市场报价利率(LPR)的变动及背景

LPR,全称为 loan prime rate,即贷款市场报价利率,是中国人民银行于 2019 年 8 月底推出的一种新型贷款利率定价机制。其旨在引导金融机构更好地定价,反映市场实际情况。LPR 作为引导性利率,对商业银行贷款利率的定价起到了至关重要的作用,已逐渐取代原先的贷款基准利率,成为商业银行贷款利率的重要参考依据。

2020 年至今,LPR 多次下调,1 年期 LPR 从 2020 年初的 4.15% 下调至 2024 年 6 月的 3.45%;5 年期 LPR 从 2020 年初的 4.80% 下调至 2024 年 6 月的 3.95%。

近年来 LPR 的下调主要有以下几个方面的原因:第一,在全球经济不确定性增加的背景下,国内经济也面临增长压力,需要货币政策进行逆周期调节。通过下调 LPR,可以降低企业和个人的融资成本,促进投资和消费,有利于扩大信用规模,进而推动经济增长。第二,房地产市场的低迷也是原因之一,LPR 的下调,特别是 5 年期以上 LPR 的下调,有助于降低房贷利率,减轻购房者负担,从而支持房地产市场的稳定发展。在房地产市场低迷时,通过降低房贷利率可以提振市场信心,促进房地产市场的回暖。第三,商业银行存款利率的下调为LPR 的下调提供了空间,保护了银行的净息差,且通过 LPR 的下调,可以引导市场利率整体下行,降低社会融资成本。

思考题:
请分析 LPR 发挥的作用。

3.分配导向功能
(1)通过货币所有权参与国民收入的再分配

利率计算出的利息作为货币资本所有权的一种表现形式,参与了国民收入的初次分配和再分配。这种分配以利息形式进行,将一部分利润转化为利息,归货币资本持有者所有。在再生产过程中,利息参与利润的分配,是依据生产资本所有权和使用权的分离。利息作为一种分配形式,使一部分利润转化为利息,这是货币资本所有者凭借对资本所有权参与国民收入的初次分配和再分配的结果。

这种分配方式有助于调节不同经济主体之间的利益关系。

(2)优化资源配置

同时利率作为货币的价格,在借贷总额既定的情况下,资金所有者是否愿意贷出资金,关键在于利率的高低。一般情况下,货币资金的所有者更愿意将资金投向收益高、安全性大的产业;而产业经营者也会在保证资金安全的前提下,选择具有较高利润率的行业进行投资。这样,利息就起到了引导资金流向高收益、低风险领域的作用。通过引导资金流向高收益领域,利息有助于实现社会资源的优化配置。在市场经济条件下,资源总是向效率更高的领域流动和集中。利息作为资金的价格信号,能够反映不同领域的投资回报率差异,从而引导资源向投资回报率高的领域流动和集中。这种资源配置的优化过程有助于提高整个社会的经济效益和生产力水平。

4.平衡国际收支

利率差异是影响国际资本流动的重要因素之一,进而影响汇率水平。高利率国家通常吸引外国资本流入,导致本币升值;反之则可能导致本币贬值。比如,当一国出现国际收支逆差时,可以将本国利率上调到高于其他国家的程度,一方面可以阻止本国资金流向外国,另一方面,可以吸引国外的短期资金流入本国。

如果出现国内经济衰退与国际收支逆差并存的情况,就不能简单地调高利率,而应该调整利率结构。因为投资主要受长期利率的影响,而国际上的短期资本流动主要受短期利率的影响。所以,当国内经济衰退与国际收支逆差同时发生时,一方面应降低长期利率,鼓励投资,刺激经济复苏;另一方面,应提高短期利率,阻止国际资金外流,并吸引外资流入,从而达到内外部同时均衡。

(二)微观视角下利率的作用

1.激励与约束的功能

利率可以激励企业提高资金使用效率。在经济生活中,工商企业向商业银行借款,而商业银行和其他金融机构又向中央银行借款。对于它们来说,利息始终是利润的抵减因素。因此为了自身利益,企业(包括商业银行等)就必须加强经营管理,加速资金周转,减少借款额,通过提高资金使用效率来减少利息的支付。

2.家庭和个人金融资产投资导向作用

利率可以影响家庭和个人的金融资产投资。人们将货币转化为金融资产,主要考虑金融资产的安全性、收益性和流动性三个方面。而各种金融资产的收益与利率有着密切的联系。在安全性和流动性一定的情况下,通过调整利率,就可引导人们选择不同的金融资产。在安全性和流动性相同的情况下,人们总会把资金投向收益高的行业。

3.信息反馈功能

利率的信息反馈功能是指通过利率的灵活变化,能反映国民经济中一些相关经济因素的变化情况并将之传播到相关经济主体的功能。第一,利率水平的变化,能反映国民经济发展的周期性变化状况。例如,拆借利率或民间借贷利率高,反映了银根紧,经济发展状况好;反之,则表明经济状况差。第二,利率水平的变化,本身就能够向广大投资者传递中央银行的货币政策和金融信息,广大投资者可以据此做出相应的预测和决策。一般来讲,提高利率水平就意味着国家将收紧银根,反之,降低利率水平就意味着国家将放松银根。广大社会公众在得到国家货币政策及经济、金融的信息后,可做出各种预期行为并相应调整原来的行为。第三,利率水平的变化,也可以观测和衡量资金使用效益的变化,如银行贷款利息收益率、利息成本率等。

4.租金计算基础的功能

利率还具有租金计算基础的功能。资产所有者贷出资产,到期后收回并取得相应的租金。人们就会根据固定资产的价值以及市场平均利率,计算其租金。但是,租金的度量还受到多种因素的影响,如传统的观念与习惯、政府的法规、供求关系等,通常参照利率来确定的。

综上所述,利率对经济的影响是多方面的、复杂的,并且往往具有连锁反应。因此,在制定和执行利率政策时,需要充分考虑各种经济因素和社会影响,力求实现经济稳定增长、金融市场稳定和社会公平正义的有机统一。

微课视频 3-1
利率的宏观经济
调节作用

二、利率的结构

在前文的分析中,我们把利率看成单一的利率,是一种抽象化的、便于进行

分析的利率。然而现实生活中,不同种类的资金使用不同的利率,不同期限的资金也使用不同的利率,这些关系被称为利率的结构。总而言之,利率的结构是指某一时点上金融市场上多种多样市场利率的排列和构成。它反映了不同金融工具、不同期限、不同风险等因素对利率水平的影响。因此,利率结构主要有风险结构和期限结构。

(一)风险结构

利率的风险结构是指相同期限的金融工具与不同利率水平之间的关系,反映了这种金融工具所承担的风险大小对其收益率的影响。一般而言,利率和风险呈正比例关系,即风险越大,利率越高。利率的风险结构主要受以下因素影响:

1.税收及费用

投资者真正关注的是证券的税后收益,也就是他们实际上可以获得的收益。因此,如果利息收入的税收待遇因证券种类不同而存在差异的话,这种差异会反映到税前的利率中,一般而言,利息收入的税率越高,它的利率也应当越高;反之则利率越低。比如,美国的联邦和州政府发行的证券往往会免税,而其他商业票据就没有这种优惠。因此,前者的名义利率在同等条件下就会低于后者。

除税收以外,证券发行或贷款的其他费用如管理费用也各不相同。这些不同的费用也肯定会反映到证券的利率和贷款的利率中。就贷款而言,如果贷款的管理费用越高,那么银行给予贷款的利率肯定也越高,以弥补这部分费用差额。

2.违约风险

违约风险指债务人可能无法按时支付利息或到期时无法偿还本金的风险。违约风险是影响利率风险结构的重要因素。一般来说,违约风险越高的投资,其利率也越高,以补偿投资者可能遭受的损失。这是因为投资者在进行高违约风险投资时,会要求更高的风险溢价来弥补潜在的违约风险。

一般而言,国家、银行、企业和个人信用的差别,导致违约风险依次上升。现实市场中,国家信用最高,其违约概率也最低;银行作为专业的信贷机构,对资产负债的管理水平较高,因此,银行信用也较高,但低于国家信用;企业因为从事各种生产经营活动,违约风险较大;民间的个人信用比较分散,单纯靠君子协定,因此安全性最低,违约风险较高。利率水平必须对违约风险作出补充,所以国家债券、金融债券、企业债券及民间借贷的利率就依次递增。

3.流动性风险

流动性风险指资产变现速度可能较慢而带来的损失风险。流动性风险也是影响利率风险结构的重要因素之一。在收益和其他因素一定的情况下,人们总是偏好流动性强的证券,因为它可以随时变现以满足临时性资金需求。流动性较差的债券,由于其变现难度大,投资者在购买时会要求更高的利率作为补偿。

因此,流动性风险越高的债券,其利率也往往越高。

(二)期限结构

利率的期限结构就是利率与金融资产期限之间的关系,是指资产或负债因到期日不同而形成的利率差别。随着期限的延长,风险和市场的不确定性增加,未来利率不可能完全预期,因而收益也应较高。即长期利率高于短期利率,一方面作为对风险的补偿,另一方面也是对人们放弃货币流动性的补偿。如果长、短期资金市场是互相分割、不能互相替代的,那么在特殊经济环境下也可能会出现长期利率和短期利率一致或长期利率低于短期利率的情况。当市场对经济衰退预期增加时,投资者的流动偏好发生逆转,如 2008 年金融危机、2020 年新冠疫情暴发时,长期资金因避险需求涌入短期市场,推高了短期市场利率。不过,从经济运行的总体情况来看,长期利率高于短期利率是利率期限结构的最主要形式。

第五节 利率的决定理论与我国的利率制度

前文我们探讨了利率的作用和结构,那么利率水平是由哪些因素决定的呢?这一节就这一问题展开利率决定理论的讨论。随着经济学家的研究,目前已经存在多种利率决定理论。本节主要介绍马克思的利率决定理论、古典学派的储蓄投资论、凯恩斯学派的流动性偏好理论以及利率决定的宏观模型——IS-LM模型。

一、利率的决定理论

(一)马克思的利率决定理论

马克思的利率决定理论是从利息的来源和实质的角度,考虑了制度因素在利率决定中的作用的利率理论,其理论核心是利率是由平均利润率决定的。马克思认为,利息是贷出资本的资本家从借入资本的资本家那里分割来的一部分剩余价值。这部分剩余价值在资本主义生产过程中表现为利润,因此,利息的多少取决于利润总额,而利率则取决于平均利润率。在借贷资本总量一定的情况下,如果平均利润率越高,则利润总量越大,可瓜分的剩余价值就越多,从而利息增多,利率提高;反之,如果平均利润率降低,则利润总额变小,利息减少,利率降低。因此,平均利润率是决定利率的关键因素。

马克思说:"利率的最低界限无法完全确定,它可以下降到任何程度。不过这时候,总会出现起反作用的情况,使它提高到这个相对最低限度以上。"因此利率的变化范围被限制在"零"与平均利润率之间。如果利率低于零,贷出资本的资本家将不会愿意出借资本;如果利率高于平均利润率,则借入资本的资本家将无利可图,从而无法获得借款。而随着技术的发展和资本有机构成的提高,平均利润率有下降的趋势。因此,从长期来看,利率也有同方向变化的趋势,即呈现下降趋势。尽管平均利润率有下降趋势,但这是一个非常缓慢的过程。在任何一个阶段内,每个国家的平均利润率都是一个相当稳定的量。相应地,平均利率也具有相对的稳定性。马克思还指出,由于利率的高低取决于两类资本家,即贷出资本家和借入资本家对利润分割的结果,这使得利率的决定具有很大的偶然性。传统习惯、法律规定、竞争等因素在利率的确定上都可直接起作用。

马克思的利率决定理论摒弃了重商主义者和重农主义者对资本认识的片面性,以产业资本作为研究对象,对利率理论的发展具有十分重要意义。它不仅揭示了利率与利润之间的内在联系,还揭示了利率变动背后的经济规律和社会因素。

(二)古典学派的储蓄投资论

古典学派的储蓄投资理论,也被称为"真实的利率理论",主要从储蓄和投资的角度出发,探讨利率的决定机制以及经济均衡状态的维持。其代表人物主要有奥地利经济学家庞巴维克、英国经济学家马歇尔和美国经济学家费雪等。古典学派的储蓄投资理论认为,投资源于储蓄,储蓄是当期放弃的消费,利率在本质上是由于人们放弃了当期的消费而得到的报酬。投资者以投资于资本所得的资本边际生产力来支付利息,储蓄者因为牺牲当期的消费而获得利息。该理论从储蓄和投资这两个实质因素来讨论利率的决定,认为通过社会存在的一个单一的利率的变动就能使储蓄和投资自动达成一致,从而使经济体系维持在充分就业的均衡状态。

储蓄代表的是资本的供给,图 3-1 中 S 代表储蓄,是利率的增函数,即随着利率的上升,人们更愿意储蓄而放弃消费,从而增加资本的供给。投资代表对资本的需求,图 3-1 中 I 代表投资,是利率的减函数。即随着利率的上升,投资成本增加,投资者会减少投资需求。当储蓄者愿意提供的资金等于投资者需要接收的资金时,利率才达到均衡水平,如图 3-1 中交点,此时均衡利率为 R_0。

如图 3-2 所示,当储蓄大于投资时,资金供给超过资金需求,即 I(投资)不变 S(储蓄)上升移动到 S',为鼓励投资并减少储蓄,利率从 R_0 下降至 R_1 达到均衡。反之,当投资大于储蓄时,S 不变,I 上升至 I',资金需求超过资金供给,为吸引更多的储蓄并抑制投资,利率从 R_0 上升至 R_2 才达到均衡。

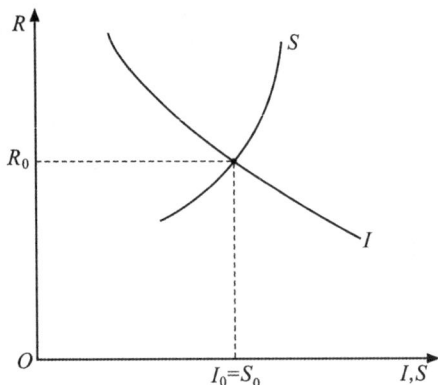

图 3-1 古典学派的储蓄投资理论

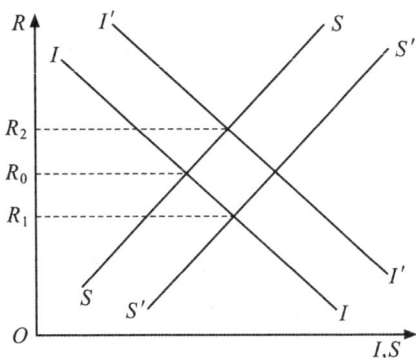

图 3-2 古典学派均衡利率变动

古典学派主要从储蓄和投资这两个实际因素去分析利率。这种储蓄投资理论有助于我们理解经济体系内部各因素之间的相互作用,以及它们如何共同影响利率水平。该理论强调市场机制在调节储蓄、投资和利率方面的作用。通过利率的变动,经济能够自动达到并维持在充分就业的均衡状态。这种自动调节机制有助于维持经济的稳定和发展。

但是,古典学派储蓄投资理论的一个主要缺陷是忽视货币因素对利率的影响,认为货币只是覆盖在实物经济上的一层面纱,与利率的决定全然无关。然而,在现代经济中,货币因素对利率的影响日益显著,货币供应量的变化会直接影响市场的资金供求状况,进而影响利率水平。而且该理论主要关注静态的均衡状态,而忽视了经济体系的动态变化。在实际经济中,各种因素都在不断变化和调整,因此需要对经济体系进行动态分析以更准确地把握利率的变动趋势。

(三)凯恩斯学派的流动性偏好理论

凯恩斯学派的流动性偏好理论是经济学家约翰·梅纳德·凯恩斯和他的追随者们提出的一种短期利率决定理论,在利率的决定问题上它与古典学派正好相反。凯恩斯学派的利率决定理论是一种货币理论,其深入探讨了人们对货币的需求及其背后的动机,认为利率不是由储蓄和投资的相互作用决定的,而是由货币量的供求关系决定的。

该学派认为货币的需求是一个内生变量,取决于人们的流动性偏好,利息是对放弃流动性的补偿,因此利率就是对人们流动性偏好的衡量指标。所谓的流动性偏好就是人们宁愿持有流动性高但不能生利的货币,也不愿持有其他虽能生利但较难变现的资产的心理。其实质就是人们对货币的需求,我们可以把流动性偏好理解为对货币的一种心理偏好。人们的流动性偏好动机主要有三个:交易动机、预防动机和投机动机。交易动机指人们为了应付日常交易的需要而持有一部分货币的动机。这种动机下的货币需求与收入水平密切相关,是收入的增函数。预防动机指人们为了预防意外的支付而持有一部分货币的动机。同样地,这种动机下的货币需求也被视为收入的函数,也是收入的增函数。投机动机指人们为了抓住有利的购买生息资产(如债券等有价证券)的机会而持有一部分货币的动机。投机动机下的货币需求与利率成反比,因为利率越高,持有货币进行投机的机会成本也就越高。如图 3-3 所示,L_1 表示交易动机和预防动机带来的货币需求,$L_1(Y)$ 是收入的增函数;L_2 表示投机动机带来的货币需求,$L_2(R)$ 是利率的减函数,而货币的总需求量为 $L=L_1(Y)+L_2(R)$。

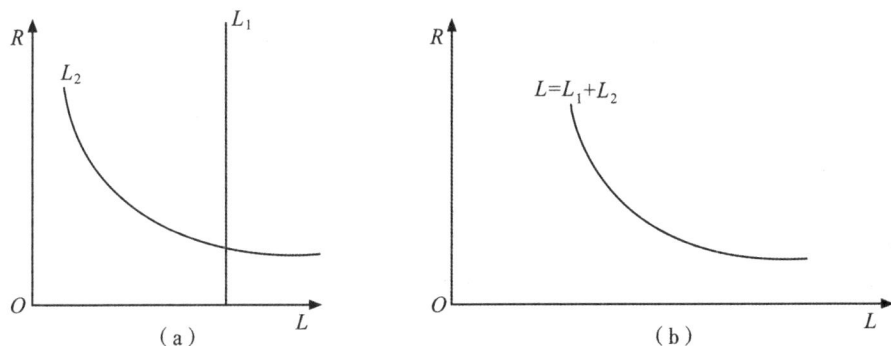

图 3-3　凯恩斯学派的货币需求曲线

相对而言,货币供给是外生变量,是由中央银行控制的一个常数。如图3-4,货币供给总量 $M=M_1+M_2$,其中 M_1 代表满足 L_1 货币需求的货币供应量;M_2 代表满足 L_2 货币需求的货币供应量。M 和 L 两条线相交于一点 R_0,也就是货币供给和货币需求达到均衡的利率水平。

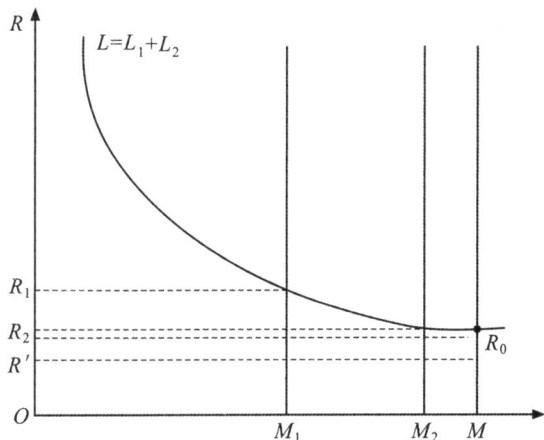

图 3-4　凯恩斯学派的流动性偏好理论

在凯恩斯学派的理论中,由于货币供应量是外生的,与利率水平没有关系,因此利率水平主要取决于货币的需求量。如果利率水平低于均衡利率 R_0,那么现实中货币的需求就大于货币的供给,投资者会卖出证券以满足货币需求,很自然会带来证券价格下跌、利率相应上升直到均衡水平的结果。反之,投资者就会买入证券,引起证券价格上升,利率相应下降直至均衡水平。这一过程就是凯恩斯学派的流动性偏好理论中的自发均衡机制。

此外,流动性偏好理论中还有一种特殊的极端情况,就是"流动性陷阱"。"流动性陷阱"产生的原因是人们会认为利率只有可能上升而不会继续下降,因此他们将只持有货币,对货币的需求量就会无限大。而在这种情况下,即使是货币供给增加,也不会导致利率的下降。如图3-4所示,当利率低到一定水平 R' 时,投资者对货币的需求量趋向于无限大,会吸收所有增加的货币供给,货币需求曲线的尾端逐渐变成一条水平直线。无论货币供给如何增加,利率水平都不可能继续下跌。

凯恩斯学派的利率决定理论纠正了古典学派忽视货币因素的偏颇,但该理论也存在过于强调货币因素、隐含假定"当货币供求达到均衡时,整个国民经济处于均衡状态"存在局限性、对长期经济运行的解释力不足以及缺乏微观基础等缺点。因此,在应用该理论时,需要结合实际情况进行综合分析和判断。

(四)IS-LM 利率理论

IS-LM 模型是由英国著名经济学家希克斯首创,而后由美国的凯恩斯主义者汉森补充和发展而成的,从商品市场和货币市场的全面均衡状态来阐述利率的决定机制。根据此模型,利率的决定取决于储蓄供给(S)、投资需要(I)、货币供给(M)、货币需求(L)四个因素,导致储蓄投资、货币供求变动的因素都将影响到利率水平。这种理论的特点是一般均衡分析。该理论在比较严密的理论框架下,把古典理论的商品市场均衡和凯恩斯理论的货币市场均衡有机地统一在一起。IS-LM 模型的提出在利率理论研究上是一大飞跃。

IS 曲线表示在货币政策和利率不变的情况下,国家总产出(即国民收入)和国家总支出之间的关系。具体来说,它描述了产品市场达到均衡时,收入(Y)与利率(R)之间的组合。IS 曲线上的每一点都代表了一个特定的利率和收入组合,使得产品市场上的总支出(包括消费、投资、政府支出和净出口)等于总产出。其位置和斜率受到多种因素的影响,包括自主性支出(如政府购买、转移支付等)、边际消费倾向、投资对利率的敏感度以及税收等。国民收入的公式为:

$$Y=C+I+G$$

式中:Y 代表国民收入,C 代表消费,I 代表投资,G 代表政府购买,经常被视为恒值。

在两部门经济中,均衡条件为 $I=S$,所以 I 和 S 的变动会引起 IS 曲线的移动。在三部门经济中,均衡条件变为 $I+G=S+T$,T 代表税收,此时,投资(I)、政府购买(G)、储蓄(S)和税收(T)中任何一个变量发生变动都会引起 IS 曲线移动。如图 3-5 所示,投资(I)和政府购买(G)增加,收入(Y)会上升,IS_0 曲线右移至 IS_1,均衡利率 R_0 上升为 R_1,均衡点 E_0 右移至 E_1。储蓄(S)和税收(T)增加,收入(Y)下降,IS_0 曲线左移至 IS_2,均衡利率下降至 R_2,均衡点左移至 E_2。

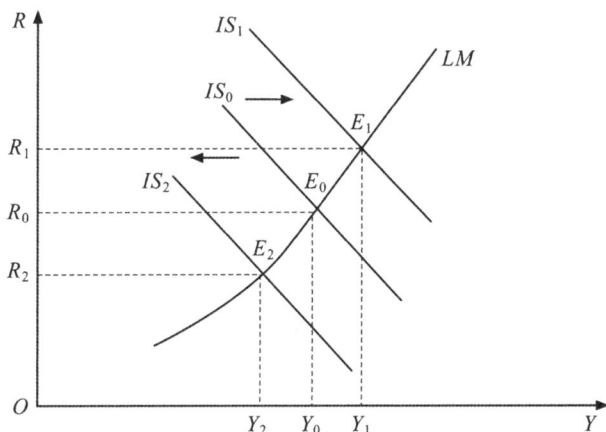

图 3-5 **IS-LM 模型中 IS 曲线的移动**

LM 曲线反映了货币市场的均衡状态,即货币供应量(M)和货币需求量(L)相等时的利率与收入组合。LM 曲线上的每一点都代表了一个特定的利率和收入组合,使得货币市场上的货币需求等于货币供给。LM 曲线的位置和斜率受到货币需求函数和货币供应量的影响。货币需求函数通常取决于收入和利率,而货币供应量则由中央银行控制。即上文凯恩斯学派利率决定理论中提到的 $M=L_1(Y)+L_2(R)$。

货币供给和需求引起的 LM 曲线移动,如图 3-6 所示,当货币供给小于需求时,货币升值,使投资(I)和消费(C)减少,Y 下降,故 LM_0 曲线向左移动至 LM_2,利率从 R_0 上升至 R_2,均衡点从 E_0 右移至 E_1。反之,当货币供给大于需求时,货币贬值,投资(I)和消费(C)增加,Y 上升,故 LM_0 曲线向右移动至 LM_1,利率下降至 R_1,均衡点左移至 E_2。

二、利率的决定因素

利率的决定因素是多方面的,经常不断变化,这些因素相互交织,共同影响利率水平。因此,研究利率变动的决定因素,成为运用利率杠杆条件经济的关键

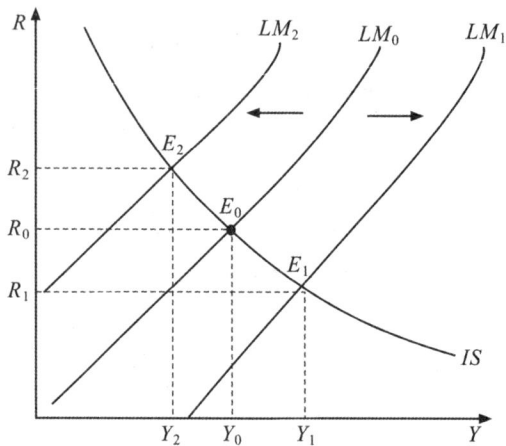

图 3-6 IS-LM 模型中 LM 曲线的移动

环节。然而,利率水平的确定并不是人们单纯的主观行为,必须遵循客观经济规律的要求,综合考虑决定和影响利率水平的各种因素,并根据经济发展的客观要求和资金供求状况灵活调整。在现实经济领域,利率的变动主要受以下几个因素影响:

(一)社会平均利润率

利息是借款人将借入资金所创造的利润的一部分支付给贷款人的报酬。利率同利润率之间,准确地说,利率同平均利润率有着密切联系。借款人在借入资金后进行的生产过程中,由于社会竞争的结果,只能得到社会平均利润率水平的利润。因此,社会平均利润率就成为决定和影响利率水平的基本因素。当资本量一定时,平均利润率的高低决定着利润总量,若平均利润率较高,借款人得到的利润总量就大,就愿意支付较高的利息向银行借贷,能够支付给银行的利息也就较多。同样,银行也就会向存款者支付较高的利息以吸取更多的存款。反之,若平均利润率较低,借款人得到的利润总量较少,能够支付给贷款人的利息相应也就较少。同时,若社会平均利润率较高,投入生产领域的资本量就会增大,资本需求也会上升,从而引起利率上升。利率的总水平不能太高,否则大多数企业承受不了;但也不能太低,否则无法发挥利率的杠杆作用,银行向存款者支付的利息也会减少。社会平均利润率水平越高,利率也就越高,但社会平均利润率是利率的上限。所以,在制定利率时应考虑社会平均利率润率。

(二)经济环境及物价水平

经济发展是影响利率的重要因素。在经济繁荣期,人们收入增加,消费和投资需求旺盛,金融机构会提高利率以控制过度借贷和通货膨胀;而在经济萧条期,为了刺激经济活动并推动经济复苏,金融机构会降低利率以鼓励消费和投资。

通货膨胀是影响利率的又一重要因素。当物价水平上升时,货币的购买力下降,贷款者贷出货币时会考虑借贷的本金是否会因通货膨胀而贬值,因此通常会要求更高的利率作为补偿。反之,当物价水平下降时,利率也会相应降低。可见,物价水平与利率同向变动。

(三)国家货币政策

中央银行通过制定和调整货币政策来影响市场利率。例如,中央银行可以通过调整存款准备金率、再贴现率等手段来影响商业银行的借贷成本,进而影响市场利率。当中央银行采取紧缩的货币政策时,会调高存款准备金率或再贴现率,这样市场利率会上升;反之,当采取宽松的货币政策时,中央银行一般会降低存款准备金率或再贴现率,市场利率会下降。除此之外,中央银行制定的基准利率是市场利率的重要参考。基准利率的变化会直接影响其他市场利率的变动方向和幅度,一般情况下市场利率与基准利率同向变动。

(四)资本市场供求关系

市场上借贷资本的供求关系也是决定利率水平的重要因素。当资金供大于求时,利率会下降;反之,当资金供不应求时,利率会上升。利率水平的这种变化反映并调节着借贷资金市场上资金的供求状况。也正因为如此,国家才常常通过调整利率政策来调节资金的供求状况。

在生产周期的各个阶段,借贷资本的供求状况也对利率有影响。在危机阶段,商品滞销、物价暴跌、工厂倒闭,资本家为了清偿债务,需要借入大量的货币资本,由于在危机时期存款人大量提取存款,使可借贷资本的供给大大减少,造成借贷资本供不应求,利息率猛涨,甚至会高于利润率。在萧条时期,物价下降到最低点,生产和流通萎缩,借贷资本大量闲置,企业投资信心不足,对借贷资本的需求量减少,借贷资本供大于求,导致利率下降到最低水平。在复苏时期,工厂开始复工,投资逐渐增加,但此时借贷资本仍处于相对过剩的状况,借贷资本的供给仍大于需求,利率水平仍较低。在繁荣时期,生产迅速发展,物价上涨,利润增加,企业对借贷资本的需求进一步增大,利率迅速上升。

此外,借贷资金市场的资金供求状况对利率水平的影响和决定作用与该国市场经济的发展程度也有着十分密切的联系。一般来讲,市场经济发达的国家,利率水平受借贷资金供求状况的影响比较大;市场经济不发达或欠发达的国家,其利率水平受借贷资金供求状况的影响相对要小一些。

拓展阅读
为什么会产生"吉布逊谜团"?

（五）国际环境及国际利率水平

随着全球经济一体化逐渐深入，全球经济环境的变化也会对国内利率产生影响。例如，全球经济衰退可能会导致国际资本流动减缓、国际贸易减少等后果，进而影响国内经济的增长和利率水平。

国际市场利率的变化也会影响国内利率水平。国际利率水平及其趋势对一国国内利率水平的影响主要表现在两方面：一是其他国家的利率对一国国内利率的影响；二是国际金融市场上的利率对一国国内利率的影响。例如，欧洲货币（尤其是欧洲美元）规模的增大和范围的扩大，使国际金融市场上的竞争加强，降低了国内利率水平或抑制了国内利率上升的程度。在 20 世纪 50 年代后期和整个 60 年代期间，日本的对外贸易扩张也是得益于利率较为低廉的欧洲美元的借款。而国际利率的影响是通过资金在国际的流动来实现的。由于资本在国际上的自由流动，国内利率水平会受到国际市场利率的影响。当国际市场利率上升，超过国内利率水平时，国内资本可能会流向国外以追求更高的收益，导致国内货币供给下降，从而推高国内利率水平；反之，如果国内利率水平高于国际市场利率，避免国内资本外流的同时也可能会吸引国际资本流入，导致国内货币供给上升，从而使利率下降。

（六）汇率水平

汇率与利率在金融范畴具有较强的联动关系。利率的调整能引起汇率的变动。例如，当中央银行提高利率时，金融市场上银根会紧缩，居民的外汇需求会减少，从而抑制了外汇汇率上升，同时也阻止了本币汇率下跌。而当银行降低利率时，银根会松弛，国内的外汇需求会增加，外汇汇率会上升，本币汇率会下跌。反之，汇率的变动也会影响利率的变化。例如，当外汇汇率上升、本币贬值时，国内居民的外汇需求就会减少，从而使得本币相对充裕，国内利率便趋于稳定，并在稳定中下降。而当外汇汇率下跌、本币升值时，国内居民的外汇需求就会增加，本币的供应处于相对紧张状态，从而迫使国内市场的利率上升。

综上所述，利率的决定因素是多方面的，包括社会平均利率、经济环境、货币政策、市场供求关系、国际因素、汇率等。这些因素相互交织、相互影响，共同决定利率水平。

三、我国利率管理体制的发展

我国利率管理体制的演变和发展经历了多个阶段，严格意义上讲可以分为三个阶段。即 1949 年至 1978 年实行高度集中的利率管理体制阶段；1979 年至

1996 年实行利率管制下的有限浮动利率阶段；1996 年以来，进入利率市场化改革的探索实践阶段。

（一）高度集中的利率管理体制阶段（1949—1978 年）

中华人民共和国在成立初期处于计划经济体制之下，利率管理体制具有浓厚的计划色彩。

国家对利率进行了严格的管理和控制，利率水平由国家根据经济计划和政策目标进行灵活调整。利率政策的主要目标是支持社会主义生产建设和抵抗通货膨胀，通过低利率政策扶植工商业、促进企业生产。在此期间，由于经济建设的需要，国家允许政府和私人（如私人钱庄等）两套利率体系同时存在，但随着公私合营的推进，最终实现了利率的统一，并授权中国人民银行统一管理。这一阶段利率体制的特征是利率水平偏低、利率种类较少、利率管理权高度集中、利率标准简单划一。

（二）利率管制下的有限浮动利率阶段（1979—1996 年）

1978 年，党的十一届三中全会启动了中国经济的全面改革开放。为适应商品经济的发展，利率管理体制也开始逐步朝市场化方向转变。1978 年起，国有四大行对某些特定范围承办存款、贷款业务时，可以按照中国人民银行颁布的相应条款进行有限的上下浮动。1978 年到 1992 年，主要是高速利率水平，允许商业银行在一定范围内自由浮动；1993 到 1996 年，主要是进行利率机制改革，使利率成为资源配置和宏观调控的重要手段。这一阶段，利率管理体制开始逐步完善，通过适度扩大金融机构存、贷款利率浮动幅度和下放利率浮动权的形式，对利率管理体制改革进行了积极尝试，但仍有较强的管制性。

（三）利率市场化改革的探索实践（1996 年至今）

我国的利率市场化进程是一个逐步推进、不断深化的过程，涉及多个方面的改革和措施。

1.全国金融机构之间的利率市场化

1996 年 6 月，中国人民银行放开了银行间市场同业拆借利率上限，标志着我国利率市场化改革的正式启动。这一举措使得金融机构在同业拆借市场上能够根据市场供求关系自主决定利率水平，为后续的利率市场化改革奠定了基础。同年，国债发行正式引入价格招标方式；1998 年 3 月，中国人民银行改变了再贴现率的形成机制，开始单独公布再贴现率，把再贴现率定为央行的基准利率之一；1998 年 9 月，国家放开了政策性金融债券的发行利率，实现了金融机构之间的利率市场化。

2.金融机构贷款利率初步市场化

1998年10月,中国人民银行扩大了商业银行对中小企业贷款的利率浮动范围;1999年7月,中国人民银行放开了外资银行人民币贷款利率;1999年10月,又进一步放开了保险公司5年以上、3 000万元以上存款的利率;随后,对于股票质押融资及其利率确定也在原则上放松了管制。自2000年9月21日起,外币存款利率全部放开,随后放开了外汇贷款利率,这是我国利率市场化改革迈出的一大步。2000年6月,中国人民银行明确表示,要用三年的时间按照"先外币后本币、先贷款后存款、先农村后城市"的思路渐次实现利率市场化;2002年上半年,将金融机构对所有企业贷款利率上浮30%;2003年,再将金融机构对所有企业的贷款利率浮动幅度扩大到50%;2004年初,在中国人民银行制定的贷款基准利率基础上,商业银行、城市信用社贷款利率的浮动区间上限扩大到贷款基准利率的1.7倍,农村信用社贷款利率的浮动区间上限扩大到2倍,金融机构贷款利率的浮动区间下限保持为贷款基准利率的0.9倍不变。金融机构可在规定区间内按市场原则自主决定贷款利率,不再根据企业所有制性质、规模大小分别确定贷款利率浮动范围。同时,自2003年12月21日起,将金融机构在中国人民银行的超额准备金存款利率由1.89%下调至1.62%。法定准备金存款利率仍为1.89%。贷款利率的浮动区间上限扩大金融机构贷款利率浮动区间,有利于营造公平竞争的市场环境,支持中小企业发展和扩大就业,推动金融机构改革,维护正常的金融市场秩序。同时,适度降低金融机构在中国人民银行的超额准备金存款利率,有利于货币市场和资本市场的平稳运行,有利于改变目前直接融资和间接融资不平衡的状况,进一步推动资本市场的发展,发挥宏观经济政策协调配合的综合效应。从金融改革的角度来看,此举无疑是渐进式利率市场化改革的又一重要步骤。降低超额准备金利率有利于向国际通行的准备金零利率靠拢,促使存款货币机构提高资金运营效率,并有利于货币市场基准利率的培育和形成。而扩大贷款利率向上浮动范围,进一步增强了银行业的差别定价能力,为银行业更加合理地配置金融资源提供了更加宽广的空间。2004年10月28日,央行完全取消了对商业银行贷款利率上浮的限制,商业银行可自主根据企业和具体业务的风险状况进行定价。至此,国内商业银行人民币贷款利率已经基本过渡到上限放开、实行下限管理的阶段。这一阶段主要是对贷款利率进行市场化改革的尝试,经过6年多的时间,贷款利率的市场化改革取得了初步成功。

3.逐步尝试贷款利率下限浮动和存款利率的市场化

2005年1月,中国人民银行发布了《稳步推进利率市场化报告》,报告中指出要加强金融机构的利率定价机制的建设,按照风险与收益对称原则,建立完善的科学定价制度。随后,中国人民银行调整了房贷利率。在这次利率调整中,央行决定不再对房地产抵押贷款实行优惠利率,房贷利率恢复到与同期商业贷款利率相一致的水平,允许在中国人民银行规定的基准利率基础上下浮10%,这彻底改变了我国长期以来贷款利率不能下浮的历史。另外,自2005年9月21日开始,各家商业银行可以自主决定存款的计息方式,存款利率的市场化终于迈出了历史性的一步。2008年10月,中国允许金融机构将住房贷款利率的下限扩大为贷款基准利率的0.7倍(此前为0.85倍),用以提振房市需求。[①] 2013年7月,贷款利率市场化迈出最后一步,即取消金融机构贷款利率下限,由金融机构根据商业原则自主确定贷款利率水平。2015年10月,中国人民银行宣布放开存款利率上限,商业银行等金融机构可参考对应期限存款基准利率自主确定活期存款、1年以内(含1年)定期存款、协定存款等利率,存款利率也基本完成市场化。

4.利率市场化改革的深化与完善

党的十八大以来,我国的利率市场化改革进入了深化与完善阶段。2019年8月,中国人民银行推动改革完善LPR报价形成机制。改革后的LPR由报价行根据对最优质客户实际执行的贷款利率,综合考虑资金成本、市场供求、风险溢价等因素,在MLF利率的基础上市场化报价形成。这一改革使得LPR更加市场化,更能反映市场供求关系,成为银行贷款利率的定价基准。2022年4月,市场利率定价自律机制建立了以10年期国债收益率和1年期LPR为参考的存款利率市场化调整机制。这一机制的建立进一步提升了我国存款利率的市场化程度,为形成更加市场化的利率体系奠定了基础。自该机制建立以来,我国主要商业银行已多次主动调降定期存款挂牌利率,带动中小银行跟进调整,商业银行负债成本管控取得一定成效。经过多年的努力,我国已基本形成了较为完整的市场化利率体系。银行间货币市场和债券市场的发展为形成市场化的基准收益率曲线打下了坚实基础,为货币政策的精准调控创造了稳定阵地。

利率市场化改革推动了我国经济的高质量发展,降低了实体经济的融资成本,提高了金融资源的配置效率。例如,LPR的下调直接减轻了企业负担,鼓励企业加大投资力度,推动产业升级和技术创新。同时,稳健的货币政策也增加了市场流动性,为实体经济提供了有力支持。中国债券市场已成为全球资本配置的重要选择,国际影响力和竞争力显著增强,有效推动了人民币国际化进程。

未来我国将继续深化利率市场化改革,完善市场化利率形成和传导机制,推动形成更加合理、有效的利率体系。随着金融市场的不断发展和对外开放的深入推进,我国利率市场化改革将面临更多的机遇和挑战。需要进一步加强监管和风险防范,确保金融市场的稳定和健康发展。存款利率市场化改革仍将是未来的工作重心之一。在金融让利实体、银行净息差承压的背景下,存款利率下行

微课视频 3-2
利率市场化改革
的进程及成效

---

① 张薇,金银亮,彭晓寒.货币银行学[M].2版.大连:大连理工大学出版社,2020.

仍是大势所趋。预计后续存款定价自律管理将进一步完善,存款利率仍有下调空间。

基本概念

利息　利率　市场利率　官定利率　基准利率　固定利率　浮动利率　实际利率名义利率　单利　复利　连续复利

本章小结

通过本章学习,了解利息是资本所有者出让资金使用权而获得的超过出让本金的报酬,也是借款人使用借入资金所付出的代价。利息是不同时期衡量货币实际价值的尺度。利息的计量一般有单利和复利两种方式。单利计算是指利息仅按照本金计算,而不将已产生的利息加入本金中再次计算利息的方式;复利的利息不仅基于本金计算,还基于之前累积并加入本金的利息再计算利息,即"利滚利"。

同时,利率也被称为利息率,是指一定时期内利息额与借贷资金额的比率。一般情况下,利率的上限为平均利润率,下限为零。利率的分类上,按信用期限长短区分,利率可以分为长期利率与短期利率;按利率的真实水平划分,可以分为名义利率与实际利率;按利率是否变动来分,利率可以分为浮动利率与固定利率;按利率的地位来划分,分为基准利率与其他利率;按利率的决定方式划分,可以分为市场利率、官定利率和公定利率。利率从宏观视角来看,有累积资金、信用调节、分配导向、平衡国际收支的作用;从微观角度来看,有对企业激励与约束、家庭和个人金融资产投资导向、信息反馈以及租金计算基础的功能。利率的结构主要包括风险结构以及期限结构,其中风险结构主要包括税收及费用风险、违约风险以及流动性风险。

在利率的决定理论上,马克思的利率决定理论是从利息的来源和实质的角度,考虑了制度因素在利率决定中的作用的利率理论,其理论核心是利率是由平均利润率决定的。古典学派的储蓄投资理论,主要从储蓄和投资的角度出发,探讨利率的决定机制以及经济均衡状态的维持。凯恩斯学派的利率决定理论是一种货币理论,其深入探讨了人们对货币的需求及其背后的动机,认为利率不是由储蓄和投资的相互作用决定的,而是由货币量的供求关系决定的。IS-LM 模型是从商品市场和货币市场的全面均衡状态来阐述利率的决定机理。根据此模型,利率的决定取决于储蓄供给(S)、投资需要(I)、货币供给(M)、货币需求(L)四个因素,导致储蓄投资、货币供求变动的因素都将影响到利率水平。综上,利率的决定因素一般有社会平均利润率、经济环境及物价水平、国家货币政策、资本市场的货币供求关系、国际环境及国际利率水平、汇率水平。

课后练习

一、单项选择题

1.我国银行同业拆借利率属于(　　　)。

A.官定利率　　　　B.市场利率　　　　C.公定利率　　　　D.基准利率

2.认为利息的本质是职能资本家让渡给借贷资本家的那一部分剩余价值的理论是由(　　　)提出的。

A.马克思　　　　B.欧文·费雪　　　　C.威廉·配第　　　　D.凯恩斯

3.我国习惯上将年息、月息、拆息都以"厘"做单位,但实际含义却不同,若年息6厘、月息5厘、拆息7厘,则分别是指(　　　)。

A.年利率为6%,月利率为0.05%,日利率为0.7%

B.年利率为0.6%,月利率为0.5%,日利率为0.07%

C.年利率为0.6%,月利率为0.05%,日利率为7%

D.年利率为6%,月利率为0.5%,日利率为0.07%

4.假设A银行放款利率为5%(一年期贷款),而当时年通货膨胀率为2%,中央银行放款的实际利率为(　　　)。

A.2.5%　　　　B.2.94%　　　　C.3.25%　　　　D.5%

5.在实行固定利率条件下,当中央银行采取紧缩货币政策时,市场利率趋于(　　　),对(　　　)有利。

A.上升、债务人　　B.上升、债权人　　C.下降、债务人　　D.下降、债权人

6.某企业持有一张票面额为1 000元的商业票据,还有3个月到期。银行以4%的贴现率买入这张票据,企业得到的贴现额是(　　　)。

A.880元　　　　B.10元　　　　C.120元　　　　D.990元

7.如果预计某项投资期为3年的项目,期末会带来100 000元的收入,期间不产生收益,要求回报率为10%,用复利计算,该项目当前的价值为(　　　)。

A.97 000元　　　B.75 131.48元　　C.70 000元　　　D.82 644.62元

8.预期美联储将要降息,不考虑其他因素时,对跨境资金流动的影响

是（　　）。

A.无影响　　　　　　　　　　B.促使资金流入美国

C.促使资金流入中国　　　　　D.促使资金流出美国

9.中央银行如果想要扩大市场信用规模,一般会（　　）存款准备金率或再贴现率。

A.提高　　　　　B.降低　　　　　C.先提高后降低　　D.先降低后提高

10.根据凯恩斯的流动性偏好理论,如果货币供给不变,人们投机动机和交易动机上升,那么利率水平趋于（　　）。

A.提高　　　　　B.下降　　　　　C.不变　　　　　　D.不确定

二、多项选择题

1.贷款市场报价利率（LPR）发挥的作用有（　　）。

A.信用调节功能　　　　　　　B.信息反馈功能

C.分配导向功能　　　　　　　D.累积资金功能

2.引起 IS 曲线左移动的原因有（　　）。

A.投资需求上升　　　　　　　B.政府购买减少

C.政府税收增加　　　　　　　C.政府税收减少

3.当货币供给小于货币需求时,货币会（　　）,投资和消费会减少,利率水平会趋于（　　）。

A.升值　　　　　B.贬值　　　　　C.上升　　　　　　C.下降

4.决定一国利率水平的因素有（　　）。

A.社会平均利润率　　　　　　B.物价水平及国际利率水平

C.国家货币政策　　　　　　　D.资本市场货币供求关系

5.利率市场化是市场借贷利率水平由市场供求来决定,主要包括（　　）几个方面。

A.利率决定的市场化　　　　　B.利率传导的市场化

C.利率结构的市场化　　　　　C.利率管理的市场化

三、判断题

1.负利率是指名义利率低于通货膨胀率。（　　）

2.实际利率是以实物为标准计算的,即物价水平不变,货币购买力水平不变条件下的利率。（　　）

3.社会平均利润率越高,利率水平越低。（　　）

4.当借贷资本供过于求时,利率会下降。（　　）

5.物价上涨,购买力水平下降时,利率下降。（　　）

6.企业贷款利率下调,有利于减轻企业融资成本,有利于企业发展。（　　）

7.继续深化利率市场化改革,有利于完善市场化利率形成和传导机制,推动形成更加合理、有效的利率体系。（　　）

8.银行降低利率时,银根会紧缩,居民对外汇需求会减少,从而抑制了外汇汇率上涨,同时也阻止了本币汇率下跌。（　　）

9.当出现"流动性陷阱"时,增加货币供应量,可以降低利率。（　　）

10.利率水平最高一般不能超过社会平均利润率。（　　）

四、思考题

1.企业贷款利率可以大于企业的息税前利润率吗？为什么？

2.谈谈房贷利率下调会产生什么样的影响？

3.什么是存款准备金率？其作用有哪些？

4.试分析 LPR 变化的原因及产生的影响？

5.谈谈利率市场化改革的意义？

第四章　金融机构

学习目标

知识目标

1.了解各种金融机构在我国的发展现状,了解我国基本的金融国情;

2.理解金融机构在金融体系中的业务和产品定位;

3.掌握我国金融机构的定义和职能。

能力目标

1.能辨析不同金融机构主营业务的差异;

2.能分析我国的金融机构整体架构。

素养目标

1.理解我国金融机构的中国特色,从而提升对我国金融机构的情感认同;

2.树立金融强国的制度自信,从而树立金融专业知识学习的信心。

本章重点

1.银行与非银行金融机构的不同;

2.我国金融机构体系的构成。

本章难点

各种金融机构的定位与功能。

思维导图

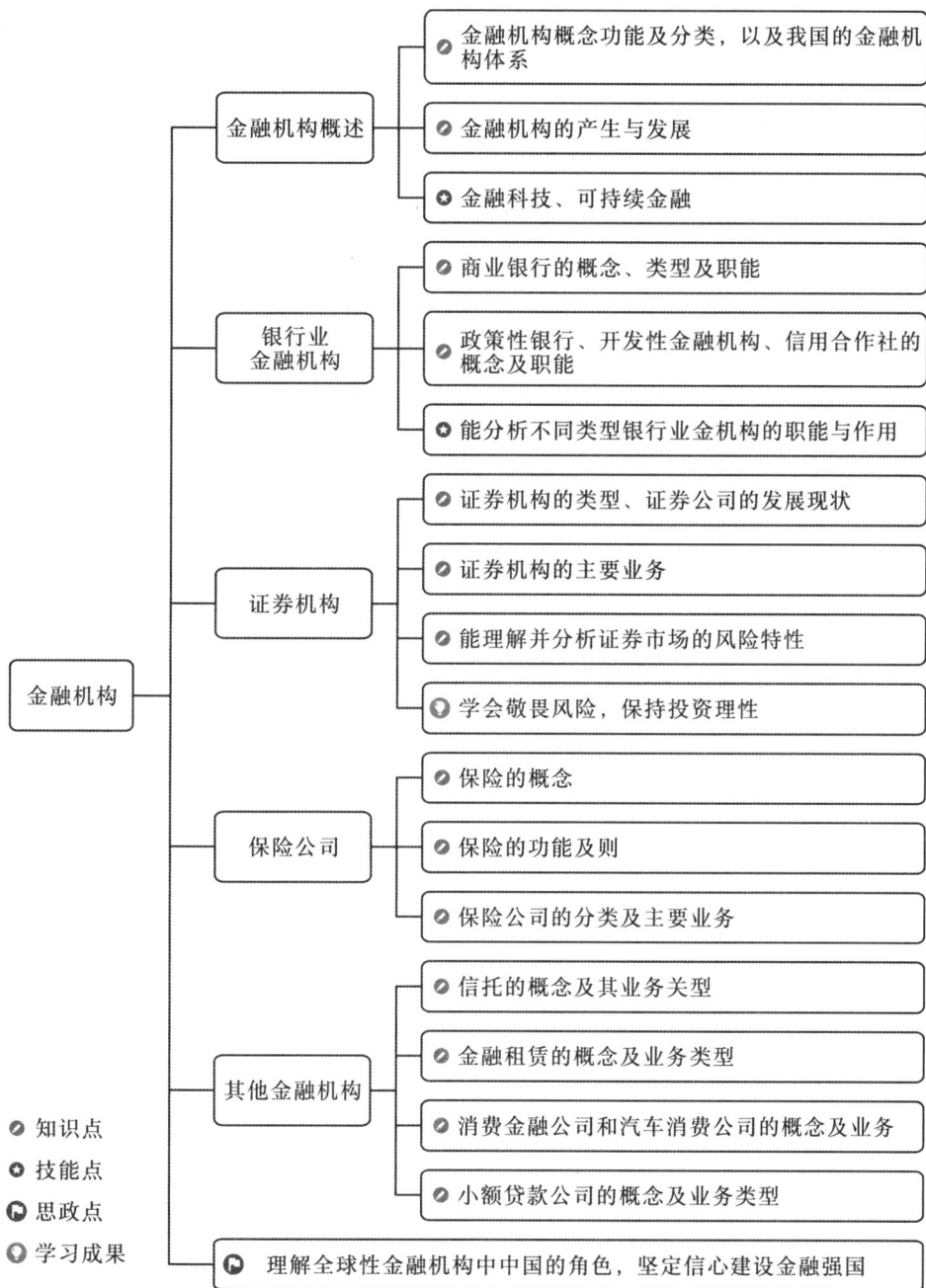

📚 **课前导读**

2023 年 11 月中央金融工作会议提出,要着力打造现代金融机构和市场体系,疏通资金进入实体经济的渠道。以下是专家的一些解读。

记者:如何支持国有大型金融机构、中小金融机构发挥各自优势,提升服务实体经济水平?

中国民生银行首席经济学家温彬:国有大型金融机构是服务实体经济的主力军和维护金融稳定的压舱石,要支持国有大型金融机构做优做强,充分发挥国有金融机构资源配置、估值定价、风险管理、保荐承销等能力,加大制造业中长期资金投入,切实满足市场融资需求。

同时,中小金融机构应定位于"立足当地开展特色化经营"。在经营方面,要鼓励中小金融机构依托区域发展特色和中小微企业融资需求,聚焦重点客群,开展特色化、精细化、差异化经营。

记者:未来应该怎样进一步强化政策性金融机构职能定位?

国家开发银行首席业务官刘培勇:对国家开发银行来说,要聚焦主责主业,进一步支持国家重大战略、重点领域和薄弱环节发展,积极服务基础设施建设、高水平科技自立自强和先进制造业发展等领域,支持加快保障性住房等"三大工程"建设。

记者:如何发挥保险业的经济减震器和社会稳定器功能?

温彬:随着中国保险市场规模不断壮大,保险业作为经济减震器和社会稳定器的作用越发凸显。要鼓励保险机构持续探索优化保险产品和服务,继续丰富在人身健康、财富管理等领域的产品供给,积极参与个人养老金市场发展。此外,要引导保险资金长期稳健投资,推动保险资金在稳定资本市场、支持实体经济和服务国家重大战略等方面发挥更大作用。

记者:怎样培育一流投资银行和投资机构?

温彬:培育一流投资机构是活跃资本市场、优化估值水平的重要方式,要在扩大全国社保、基本养老保险、年金等基金投资范围,支持机构投资者参与上市公司治理,便利专业机构投资运作等方面为培育机构投资者提供良好环境。

(资料来源:着力打造现代金融机构和市场体系[EB/OL].(2023-11-12)[2024-09-06]. https://www.gov.cn/zhengce/202311/content_6914905.htm.)

以上新闻资料提到了哪些金融机构?本章我们将学习金融机构,通过对本章知识的学习,大家可以理解金融机构的职能和定位,并思考在中国式现代化建设中,它们各有何作用和意义?

第一节 金融机构体系概述

金融机构体系是指金融机构的组成及其相互联系的统一整体。在市场经济条件下,各国金融体系大多数是以中央银行为核心来进行组织管理的,因而形成了以中央银行为核心、商业银行为主体、各类银行和非银行金融机构并存的金融机构体系。

一、金融机构概述

（一）金融机构的概念

金融机构是指提供金融服务的机构,是金融体系的一部分。金融机构通过提供多样化的金融服务,促进了资金的融通和经济的健康发展。

（二）金融机构的功能

金融机构在经济中扮演着重要的角色,其基本功能包括提供支付结算服务、融通资金、降低交易成本并提供便利的金融服务、改善信息不对称状况以及风险转移与管理。

1.提供支付结算服务

金融机构通过提供支付结算服务,使得经济主体能够进行货币支付,实现交易的顺利进行。银行提供的汇票支付就是一种支付结算服务的例子。

2.融通资金

金融机构充当资金融通的中介,将市场上筹集到的闲置资金重新组合成各种金融资产,提高社会资金的利用率。银行作为联结资金需求者与资金盈余者的桥梁,促使资金从盈余方流向资金需求方;证券公司通过帮助上市公司发行股票、债券吸引投资者投入资金,以满足企业用于中长期发展建设的资金需求。

3.降低交易成本并提供便利的金融服务

金融机构通过提供各种金融产品和服务,降低经济主体进行金融交易的成本,并且提供便利的金融服务。比如,银行提供的手机银行、网络银行等服务,使得金融交易更加便捷。

4.改善信息不对称状况

金融机构在金融市场中起到了信息中介的作用,通过收集、整理和传递信息,改善市场中的信息不对称状况。银行可以通过信用评级等方式为客户提供更准确的背景信息,从而减少信息不对称所带来的不确定性。

5.风险转移与管理

金融机构通过金融创新和金融工具的设计,实现风险的转移和管理。比如,保险公司提供的各类保险产品,可以帮助客户转移潜在风险,从而保障其利益。

金融机构的这些功能使得金融机构成为经济中不可或缺的一部分,为经济的发展和稳定发挥了至关重要的作用。

(三)金融机构的类型

1.按融资方式划分

按融资方式划分为直接金融机构和间接金融机构。直接金融机构是在直接融资领域,为投资者和筹资者提供中介服务的金融机构。其主要业务包括证券的发行、经纪、保管、登记、清算、资信评估等。投资银行、证券公司等属于直接金融机构。间接金融机构指一方面以债务人的身份从资金盈余者的手中筹集资金,一方面又以债权人的身份向资金短缺者提供资金,以间接融资为特征的金融机构。商业银行是最典型的间接金融机构。

两类金融机构最明显的区别是,直接金融机构在中介融资中一般不发行以自己为债务人的融资工具,只是协助筹资者将发行的金融工具销售给投资者;而间接金融机构则发行以自己为债务人的融资工具来筹集资金,再通过各种资产业务分配运用这些资金。

2.按业务特征划分

按金融机构业务特征划分为银行业与非银行金融机构。银行业金融机构一般以存款、贷款、汇兑、结算为核心业务,其核心功能包括资金融通、支付结算、风险管理和金融中介,如商业银行、储蓄银行等。非银行金融机构一般不经营存款、结算、汇兑业务,而是以发行股票和债券、接受信用委托、提供保险等形式筹集资金,并将所筹资金运用于长期投资的金融机构,包括保险、证券、信托、租赁和投资等机构。

通过阅读链接中的新闻资料,我们了解到金融机构的地位和层级还有一种分类,大家可以学习一下。在这则新闻资料中,我们可以进一步了解不同的金融机构具有不同的功能,而且通过分工协作,金融机构可以创新产品和服务,拓展更多的金融功能,从而更好地服务实体经济。

拓展阅读
提升金融机构分
工协作质效

二、金融机构的产生与发展

(一)金融机构的产生

金融机构是商品经济不断发展的伴随物,是逐步适应社会经济融资、投资需求及转移、管理风险的必然产物。

最早出现的金融机构是货币经营业。社会分工的日趋细化,市场经济的不断发展及其引致的多元金融需求,促成了其他金融机构的产生和发展。各类专业银行,如投资银行、不动产抵押银行、进出口银行等逐步出现;信托投资公司、证券公司、保险公司、金融公司、典当行等专业化金融机构,也逐渐出现并在各自领域发挥重要作用。

(二)现代金融机构的发展

近三十年来,全球金融机构经历了许多重大变革和发展,主要包括以下几个方面。

1.金融全球化进程的加速

20世纪90年代至2000年初,金融创新迅速发展,国际金融市场更加开放和互联互通,跨国金融机构崛起,金融业务跨境扩张明显加快。它们通过建立海外分支机构、合作伙伴关系和收购等,将业务拓展到全球范围。这使得金融机构能够更好地服务于跨国企业和投资者,为其提供全球化的融资解决方案。

2.国际金融危机的爆发

2008年的国际金融危机对全球金融体系造成了巨大冲击,全球金融机构版图发生重大变化。全球银行业资产份额明显下降,投资基金、信托公司等非银行金融机构快速增长。同时,各国政府加大了金融监管力度,金融机构也经历了重大整合和调整,风险管理意识得到提升。

3.科技驱动的金融革新

近年来,金融科技的快速发展成为金融行业的重要趋势。新兴科技如人工智能、区块链、大数据等被广泛应用于金融服务领域,推动了金融机构的数字化转型和创新发展。

4.可持续金融的崛起

随着环境、社会和治理(ESG)投资理念的普及,可持续金融逐渐成为金融机构发展的重要方向。越来越多的金融机构开始关注环境保护、社会责任和公司治理等问题,推动绿色金融和社会责任投资的发展。

可持续金融包含金融的普惠性。普惠金融是指立足机会平等要求和商业可持续原则,以可负担的成本为有金融服务需求的社会各阶层和群体提供适当、有效的金融服务。金融机构普惠金融业务的发展已经成为全球金融业的一项重要任务和责任。越来越多的金融机构将普惠金融纳入战略规划,并与政府和社会各界合作,推动普惠金融的可持续发展。党的二十大报告提出,以中国特色的现代化来推动中华民族伟大复兴,共同富裕是非常重要的内容,而普惠金融是推动实现共同富裕的重要动力。

总的来说,近三十年来,金融机构在全球化、监管改革、科技创新和可持续发展等方面都经历了深刻变革,未来金融机构将继续适应市场变化,不断提升自身能力,以满足不断变化的金融需求。

三、我国金融机构体系构成

(一)新中国金融机构体系的建立与发展

新中国金融机构体系的建立与发展大致可分为以下几个阶段:

1.1948—1953 年:初步形成阶段

1948 年 12 月 1 日,在原华北银行、北海银行、西北农民银行的基础上建立了中国人民银行,它标志着新中国金融机构体系的开始。

2.1953—1978 年:"大一统"的金融机构体系

1953 年,我国开始大规模、有计划地进行经济建设,在经济体制与管理方式上实行了高度集中统一的计划经济体制及计划管理方式。与之相应,金融机构体系也实行了高度集中的"大一统"模式。这个模式的基本特征为:中国人民银行是全国唯一一家办理各项银行业务的金融机构,集中央银行和普通银行于一身,其内部实行高度集中管理,利润分配实行统收统支。

3.1979 年 1 月—1983 年 8 月:初步改革和突破"大一统"金融机构体系

1979 年,中国银行从中国人民银行中分列出来,作为外汇专业银行,负责管理外汇资金并经营对外金融业务;同年,恢复中国农业银行,负责管理和经营农业资金;1980 年,我国试行基建投资"拨改贷"后,中国建设银行从财政部分设出来,最初专门负责管理基本建设资金,1983 年开始经营一般银行业务。

4.1983 年 9 月—1993 年 12 月:多样化的金融机构体系初具规模

1983 年 9 月,国务院决定中国人民银行专门行使中央银行职能;1984 年 1 月,单独成立中国工商银行,承担原来由中国人民银行办理的工商信贷和储蓄业务;1986 年以后,增设了全国性综合银行如交通银行、中信实业银行等,还设立了区域性银行如广东发展银行、招商银行等;同时批准成立了一些非银行金融机构如中国人民保险公司、中国国际信托投资公司、中国投资银行、光大金融公司、各类财务公司、城乡信用合作社及金融租赁公司等。在金融机构体系加大改革力度的同时,金融业进一步实行对外开放,允许部分合格的营业性外资金融机构在我国开业,使我国金融机构体系从封闭走向开放。

5.1994—2017年:建设和完善社会主义市场金融机构体系的阶段

1994年,国务院决定进一步改革金融体制。改革的目标之一是建立在中央银行宏观调控下的政策性金融与商业性金融分离、以国有商业银行为主体的多种金融机构并存的金融机构体系。为此,1994年以来金融机构体系改革的主要措施有:分离政策性金融与商业性金融,成立三大政策性银行;国家四大专业银行向国有商业银行转化;建立以国有商业银行为主体的多层次商业银行体系。1995年,组建了第一家民营商业银行——中国民生银行;同年,在清理、整顿和规范已有的城市信用社基础上,在各大中城市开始组建城市合作银行,1998年更名为城市商业银行;大力发展证券投资基金等非银行金融机构;不断深化金融业的对外开放。

为了加强对金融机构的监管,1992年成立了中国证券业监督管理委员会,1998年成立了中国保险业监督管理委员会,2003年成立了中国银行业监督管理委员会,形成了"分业经营、分业监管"的基本框架。2004年以来,中国金融分业监管的体制得到进一步巩固与完善,监管协调与国际合作也有了新的发展。在国际金融危机之后,加强宏观审慎监管的尝试和其他改革探索也在逐步推进。这一阶段的中国金融监管改革与发展,同迎接金融全球化、金融创新、综合化经营以及金融危机的挑战密切相关。

6.2017年至今:金融监管的变革阶段

为有效防范系统性金融风险,进一步加强金融监管协调,2017年11月,在"一行三会"之上设立国务院金融稳定发展委员会,作为国务院统筹协调金融稳定和改革发展重大问题的议事协调机构。2018年3月,根据党的十九大关于深化机构和行政体制改革的决策部署,将原银监会和原保监会的职责进行整合,组建中国银行保险监督管理委员会。2023年3月,《党和国家机构改革方案》开启了新一轮金融监管体制改革,组建国家金融监督管理总局,取代银保监会,统筹除证券业之外的金融业监管。

随着国家金融监管总局的挂牌,"一行一总局一会一局"(中国人民银行、国家金融监督管理总局、证监会、外汇管理局)的金融监管架构正式形成。其中,央行主要负责货币政策执行和宏观审慎监管,国家金融监督管理总局主要负责微观审慎监管和消费者权益保护,证监会主要负责资本市场监管。而在这一监管架构之上还会组建中央金融委员会,负责金融业的顶层设计。

(二)我国现行金融机构体系概览

综上,经过多年的发展和积累,我国形成了以"一行一总局一会一局"为引领,国有商业银行为主体,城市信用合作社、农村信用合作社等吸收公众存款的金融机构以及政策性银行等银行业金融机构,金融资产管理公司、信托投资公司、财务公司、金融租赁公司以及经(原)国务院银行业监督管理机构批准设立的其他金融机构,外资金融机构并存和分工协作的金融机构体系。如图 4-1 所示。

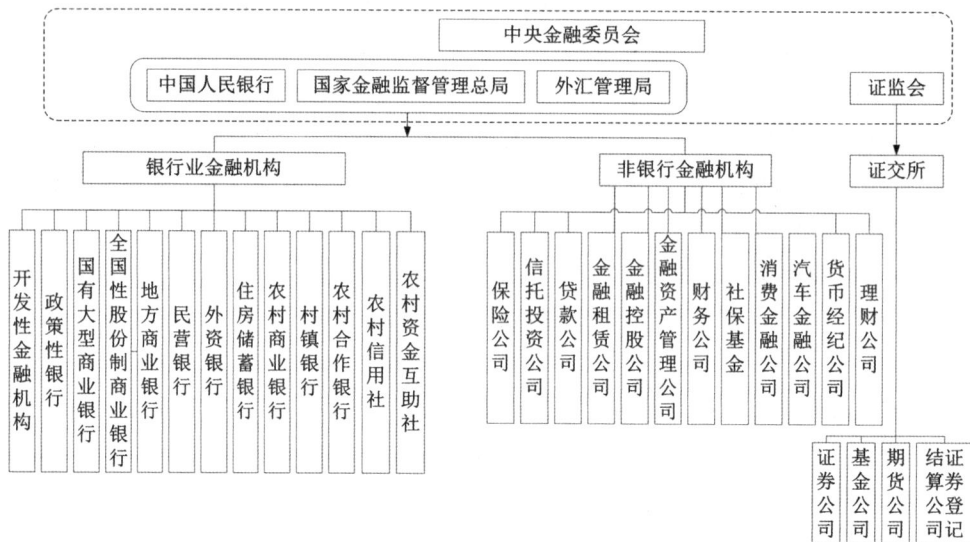

图 4-1 我国的金融机构体系

中国特色的金融机构体系

习近平总书记强调,"金融是国家重要的核心竞争力,金融安全是国家安全的重要组成部分,金融制度是经济社会发展中重要的基础性制度","我们要深化对金融本质和规律的认识,立足中国实际,走出中国特色金融发展之路"。当前,我国正在由高速增长阶段迈向高质量发展阶段,对金融工作也提出了更高的要求。进一步深化对金融本质和规律的认识,坚持走中国特色金融发展之路,有助于使金融更好地为实体经济服务,不断满足经济社会发展和人民群众需要,推动实现经济高质量发展。

当前,我国已经形成了以银行、证券、保险、基金等为主体,新型金融机构为补充的金融机构体系。有银行业金融机构 4 588 家,总资产为 275.82 万亿元;保险机构 1 026 家,总资产 18.33 万亿元;证券公司 131 家,总资产 7.05 万亿元;基金管理公司 123 家,管理基金数量 5 818 只,基金净值 13.94 万亿元。此外,还有各种新型金融机构,比如股权投资、风险投资、金融科技等。总体来看,我国的金融机构体系呈现出几个特点:一是银行类金融机构占据主导地位,无论是资产规模还是机构数量均遥遥领先;二是金融机构呈现多元化态势,但国有金融机构占据主导地位;三是金融机构有混业经营趋势,但仍处于分业经营阶段。

习近平总书记指出,深化金融供给侧结构性改革必须贯彻落实新发展理念,强化金融服务功能,找准金融服务重点,以服务实体经济、服务人民生活为本。要以金融体系结构调整优化为重点,优化融资结构和金融机构体系,为实体经济发展提供更高质量、更有效率的金融服务。根据这一精神,需要构建多层次、广覆盖、有差异的银行体系,增加中小金融机构数量和业务比重,改进小微企业和"三农"金融服务;推进政策性金融机构改革,发挥好现有政策性金融机构在城镇化中的重要作用;加快推进银行体系改革,深化国有商业银行改革,完善公司治理;扩大民间资本进入银行业,降低准入门槛。最终目标,是要构建和完善有竞争、有活力、有效率的中国特色金融机构体系。

(资料来源:走中国特色金融发展之路,[EB/OL].(2020-01-07)[2024-10-22].https://baijiahao.baidu.com/s?id=1655025886693367I316&wfr=spider&for=pc.)

思考题:

(1)我国金融机构的总体特点是什么?

(2)你如何理解我国金融机构的中国特色?

四、国际性金融机构

国际金融机构是多国共同建立的金融机构的总称。分为地区性和全球性国际金融机构。第二次世界大战后,形成了以美元为中心的国际货币体系,并成立了国际货币基金组织、世界银行等国际金融机构,这是全球性的国际金融机构。在其他各地区,也成立了类似的国际金融机构,例如泛美开发银行、非洲开发银行、亚洲开发银行等。

(一)全球性金融机构

1.国际货币基金组织

国际货币基金组织(International Monetary Fund,IMF)于 1945 年 12 月正式成立,总部设在美国首都华盛顿,是联合国的一个专门机构。其职责是监察货币汇率和各国贸易情况,提供技术和资金协助,确保全球金融制度运作正常。特别提款权(Special Drawing Right,SDR),是国际货币基金组织于 1969 年创设的一种储备资产和记账单位,亦称"纸黄金(papergold)"。它是基金组织分配给会员国的一种使用资金的权利。

1980年4月17日,中国恢复在国际货币基金组织的代表权。2016年10月1日,国际货币基金组织正式将人民币纳入特别提款权货币篮子,所占份额为10.92%。2022年5月,IMF完成新一轮SDR定值审查,人民币权重上调至12.28%,继续排在美元(43.38%)、欧元(29.31%)之后,位列第三。

2.世界银行

世界银行(World Bank)是世界银行集团的简称。世界银行成立于1945年,1946年6月开始营业,由国际复兴开发银行、国际开发协会、国际金融公司、多边投资担保机构和国际投资争端解决中心五个成员机构组成,其中前三个机构是世界银行集团的主体。国际复兴开发银行为中低收入国家或地区提供用于经济发展的长期贷款;国际开发协会为处于贫困中的国家或地区提供条件优惠的贷款或无息贷款,以促进当地的经济发展;国际金融公司为发展中国家的私人企业提供贷款;国际投资争端解决中心为成员方提供争端解决方案;多边投资担保机构向外国私人投资者提供政治风险担保。

我国是世界银行创始会员国之一。1980年5月5日,世界银行正式恢复我国的合法席位,自此我国与世行的合作不断发展、深化,合作领域不断拓宽,合作内容不断创新。

(二)区域性金融机构

1.亚洲开发银行

亚洲开发银行(Asian Development Bank,ADB)简称"亚开行或亚行",是一个致力于促进亚洲及太平洋地区发展中成员经济和社会发展的区域性政府间金融开发机构。1966年成立于东京,行址设在菲律宾首都马尼拉。其宗旨是通过发放贷款和进行投资、技术援助,促进本地区的经济发展与合作。我国在亚洲开发银行的合法席位于1986年恢复,为亚行的第三大认股国。

2.非洲开发银行

非洲开发银行(African Development Bank,ADB)是在联合国"非洲经济委员会"支持下由非洲国家合办的互助性、区域性国际金融机构。非洲开发银行1963年成立,行址设在科特迪瓦首都阿比让。其宗旨是为成员国经济和社会发展服务,提供资金支持;协助非洲大陆制定发展规划,协调各国的发展计划,以期达到非洲经济一体化的目标。我国于1985年加入该行,成为正式成员国。

3.美洲开发银行

美洲开发银行(Inter-American Development Bank,IADB)成立于1959年12月30日,是世界上成立最早和最大的区域性、多边开发银行。总行设在华盛顿。该行是美洲国家组织的专门机构,其他地区的国家也可加入,但非拉美国家不能利用该行资金,只可参加该行组织的项目投标。其宗旨是"集中各成员国的力量,对拉丁美洲国家的经济、社会发展计划提供资金和技术援助",并协助它们"单独地和集体地为加速经济发展和社会进步作出贡献"。

4.亚洲基础设施投资银行

亚洲基础设施投资银行(Asian Infrastructure Investment Bank,AIIB)简称亚投行,于 2014 年 10 月 24 日成立,是一个政府间性质的亚洲区域多边开发机构,如图 4-2 所示。该行重点支持基础设施建设,宗旨是促进亚洲区域的建设互联互通化和经济一体化进程,并且加强中国及其他亚洲国家和地区的合作,是首个由中国倡议设立的多边金融机构,总部设在北京,法定资本 1 000 亿美元。

图 4-2 亚洲基础设施投资银行

2016 年 1 月 16 日,历经 800 多天的筹备筹建后,亚洲基础设施投资银行正式开业,开业仪式在钓鱼台国宾馆举行。中国财政部部长楼继伟被选举为亚投行首届理事会主席,金立群当选亚投行首任行长。2016 年 2 月 5 日,亚洲基础设施投资银行正式宣布任命 5 位副行长,这 5 位副行长分别来自英国、德国、印度、韩国、印尼。截至 2024 年亚投行的成员数量已经增加到 109 个,覆盖世界 81％的人口和全球 65％的 GDP,分布于六大洲,数量仅次于世界银行。这一数字反映了亚投行在全球范围内的广泛影响力和国际社会的认可。

第二节 银行业金融机构

金融机构概括起来可以分为银行业金融机构和非银行业金融机构。银行业金融机构是金融体系的重要组成部分,它们的主要职能是经营货币和信用业务。根据国家金融监督管理总局的界定,我国银行业金融机构是指在中华人民共和国境内设立的商业银行、农村合作银行、农村信用合作社等吸收公众存款的金融机构以及政策性银行和国家开发银行。本节主要根据我国的情况进行介绍。

一、商业银行

(一)商业银行的概念

中国的商业银行是指依照《中华人民共和国商业银行法》和《中华人民共和国公司法》设立的吸收公众存款,发放贷款,办理结算等业务的企业法人。股份制银行是现代商业银行的主要形式。

(二)商业银行的类型

1.大型商业银行

大型商业银行是指由国家控股的商业银行。作为我国银行体系的主体,大型商业银行包括中国工商银行、中国农业银行、中国银行、中国建设银行、交通银行和中国邮政储蓄银行。目前,这六大商业银行均已成功上市。

2.股份制商业银行

股份制商业银行是指为打破大型商业银行垄断,引进竞争机制,提升金融业整体实力和服务水平而建立的,不承担政策性业务的全国性商业银行。股份制商业银行已经成为中国商业银行体系中的"第二梯队"。自1987年4月成立中信实业银行开始,在经济发展迅速的地区,股份制商业银行陆续成立。截至2024年,共有12家股份制商业银行,具体包括中信银行、中国光大银行、华夏银行、广东发展银行、平安银行、招商银行、上海浦东发展银行、兴业银行、中国民生银行、恒丰银行、浙商银行和渤海银行。

3.城市商业银行

城市商业银行是指在对城市信用社清产核资的基础上,通过吸收地方财政和企业资金组建而成的区域性商业银行。其市场定位是服务地方经济、服务中小企业和服务城市居民,一般服务范围仅限于所处区域。

城市商业银行被称为中国商业银行体系继大型商业银行和全国性股份制银行之后的"第三梯队"。自20世纪90年代中期从城市信用社改造而来之后,经过十几年的发展,在监管部门和地方政府大力支持下,城市商业银行已经逐渐发展成熟,一些规模大、经营好的城市商业银行获得银监会的许可跨区域经营。截至2024年,全国城市商业银行共有125家,其中29家成功上市。

4.农村商业银行

农村商业银行是由辖内农民、农村工商户、企业法人和其他经济组织共同发起成立的股份制地方性金融机构。其主要以农村信用社和农村信用社县(市)联社为基础,以为当地农民、农业和农村经济发展提供金融服务,促进城乡经济协调发展为主要任务。

2001年11月,我国成立了张家港、常熟和江阴三家首批农村商业银行。2008年银监会对农村商业银行设立条件进行了重大调整,取消了发起人数、金融机构持股比例和投资者区域的一系列限制政策措施,为其跨区域发展创造了有利条件。截至2023年底,我国农村商业银行共有1 607家。

5.村镇银行

村镇银行是指经中国银行业监督管理委员会依据有关法律、法规批准,由境内外金融机构、境内非金融机构、境内自然人出资,在农村地区设立的,主要为当地农民、农业和农村经济发展提供金融服务的银行业金融机构。

村镇银行的建立有效地填补了农村地区金融服务的空白,加大了农村地区的金融支持力度。2006年,银监会出台了《关于调整放宽农村地区银行业金融机构准入政策更好支持社会主义新农村建设的若干意见》,提出在湖北、四川、吉林等6个省(区)的农村地区设立村镇银行试点,全国的村镇银行试点工作从此启动。截至2023年末,全国村镇银行数量为1 636家。党的二十大指出,要全面推进乡村振兴,坚持农业农村优先发展,加快建设农业强国,巩固拓展脱贫攻坚成果。在完善农村金融服务体系、充分发挥金融对乡村振兴支持作用的过程中,村镇银行等农村金融机构仍大有可为。

6.民营银行

民营银行是指由民营资本作为主发起人设立的银行,是由民间资本控股的采用市场化运作的现代金融企业。我国民营银行于2014年开始试点,天津金城银行、深圳微众银行、上海华瑞银行、温州民商银行和浙江网商银行是我国首批试点的民营银行,均于2015年开业。2015年6月,银监会《关于促进民营银行发展的指导意见》出台后,民营银行组建由试点转为常态化设立。该意见明确了对民营银行实行差异化监管安排,指出民营银行应坚持特色经营,差异化发展,探索创新利用大数据、云计算、移动互联等新一代信息技术,提供普惠金融服务,

延伸案例
福建四大城市商业银行简介

为银行业创新发展注入新动力。截至 2023 年末,我国民营银行共有 19 家。

此外,截至 2023 年年末,我国有住房储蓄银行 1 家,农村合作银行 23 家,法人直销银行 2 家。

二、政策性银行

政策性银行是指由政府创立、参股或保证,不以营利为目的,专门为贯彻、配合政府的政策意图,在特定的业务领域直接或间接地从事政策性融资活动的银行业金融机构。其不吸收公众存款,往往通过向政府、国内外金融机构借款以及向国内外发行由政府担保的债券等方式筹集资金,并根据国民经济协调发展的需要,将其投入农业、进出口贸易、中小企业、经济开发等不易获得商业性金融机构贷款支持的部门或行业以及投资周期长、回报率低的基础建设项目。

(一)中国进出口银行

中国进出口银行是由国家出资设立,直属国务院领导,支持中国对外经济贸易投资发展与国际经济合作,具有独立法人地位的国有政策性银行。进出口银行支持领域主要包括外经贸发展和跨境投资,“一带一路”建设、国际产能和装备制造合作,科技、文化以及中小企业“走出去”和开放型经济建设等。截至 2023 年末,进出口银行在国内设有 32 家营业性分支机构和香港代表处;在海外设有巴黎分行、东南非代表处、圣彼得堡代表处、西北非代表处、波兰代表处、智利代表处。

(二)中国农业发展银行

中国农业发展银行是由国家出资设立,直属国务院领导,支持农业农村持续健康发展,具有独立法人地位的国有政策性银行。其主要任务是依托国家信用支持,在农村金融体系中发挥主体和骨干作用,加大对农业农村重点领域和薄弱环节的支持力度,促进经济社会持续健康发展。截至 2023 年末,中国农业发展银行设有省级分行 31 个,二级分行 338 个,县级营业机构 1 819 个,全资子公司 2 个,控股子公司 2 个,参股公司 3 个。

三、开发性金融机构

我国的开发性金融机构即国家开发银行,成立于 1994 年,是直属国务院领导的政策性金融机构。2008 年 12 月,改制为国家开发银行股份有限公司。2015 年 3 月,国务院明确将国家开发银行股份有限公司定位为开发性金融机

延伸案例
农发行福建省分行:深耕八闽三十而立重彩书写报国华章

构。2017年4月,"国家开发银行股份有限公司"名称变更为"国家开发银行",组织形式由股份有限公司变更为有限责任公司。国家开发银行主要通过开展中长期信贷与投资等金融业务,为国民经济重大中长期发展战略服务。具体来看,国家开发银行支持的领域主要包括:①基础设施、基础产业等经济社会发展领域;②新型城镇化、城乡一体化及区域协调发展的领域;③传统产业转型升级和结构调整,以及节能环保、高端装备制造等提升国家竞争的领域;④保障性安居工程、扶贫开发等民生领域;⑤战略需要以及国际合作领域;⑥配合国家发展需要和国家经济金融改革以及符合国家发展战略和政策导向的领域等。

四、信用合作社

信用合作社是指由个人集资联合组成,以互助为主要宗旨的合作金融组织。其基本经营目标是以简便的手续和较低的利率,向社员提供信贷服务,帮助经济力量薄弱的个人解决资金困难问题。

(一)农村信用合作社

农村信用合作社是由社员入股组成,实行社员民主管理,主要为社员提供金融服务的农村合作金融机构,主要经营农村个人储蓄以及向农户贷款等业务。20世纪50年代中期,在全国广大农村普及。

我国对农村信用合作社进行了多次整顿、改革。我国农村信用合作社已完成以县(市)为单位,将乡、农村信用社和县(市)联社各为法人改为统一法人的改革。在此基础上,在一些经济比较发达、城乡一体化程度较高、信用社资产规模较大的地方,农村信用合作社改组为农村合作银行或农村商业银行。截至2022年末,我国共有515家农村信用联社。

(二)城市信用合作社

城市信用合作社是在中国人民银行领导下的城市合作金融组织,其主要业务是办理城市集体企业与个体工商户的存款、贷款与结算,办理城市个人储蓄存款和代办保险及代收付业务。

1979年,河南成立了第一家城市信用合作社。城市信用合作社对弥补银行网点不足,缓解集体和个体工商企业开户、贷款及结算的困难起到了积极作用。但是,其中不少城市信用合作社由于依靠高息揽存支持证券、房地产投机,纷纷陷入难以为继的困境。在20世纪90年代中期之后,我国开始着手整顿城市信用合作社,先是合并组建城市合作银行,而后在1998年完成了将约2 300家城市信用合作社纳入90家城市商业银行的组建工作。2012年3月,全国最后一

拓展阅读
国开行2024年上半年发放1 541亿元贷款支持新型能源体系建设

延伸案例
福建农信:学习"千万工程"经验,助力乡村全面振兴

微课视频4-1
如何健全完善分工协作的金融机构体系

家城市信用合作社——宁波象山县绿叶城市信用合作社也改制为城市商业银行。至此,城市信用合作社正式退出历史舞台。

第三节 证券机构

一、证券机构概述

证券机构是指依法设立的,从事证券服务业务的法人机构。在中国,证券机构包括证券交易所、证券公司、基金公司、期货公司、证券登记结算机构、证券业协会、证券监督管理机构等。

(一)证券交易所

证券交易所是为证券集中交易提供场所和设施,组织和监督证券交易,实行自律管理的法人。从世界各国的情况看,证券交易所有公司制的营利性法人和会员制的非营利性法人。中国的证券交易所是不以营利为目的,仅为证券的集中和有组织的交易提供场所、设施,并履行国家有关法律、法规、规章、政策规定的职责,实行自律性管理的会员制的事业法人。目前,中国有上交所(成立于1990年)、深交所(成立于1990年)、北交所(成立于2021年)、港交所(成立于1891年)、台交所(成立于1961年)五大证券交易所,分别位于上海、广东、北京、香港和台湾五地。从市场活跃度来看,深交所2022年股票成交金额约128.25万亿元,上交所成交额约96.26万亿元,远远高于其他交易所,是我国主要证券交易所。截至2024年5月,全球市值排名前十的证券交易所还包括:纽约证券交易所、纳斯达克证券交易所、泛欧交易所、东京证券交易所、印度交易所、伦敦证券交易所、多伦多证券交易所。

(二)证券公司

证券公司是专门从事有价证券买卖的法人企业,分为证券经营公司和证券登记公司。狭义的证券公司是指证券经营公司,是经主管机关批准并到有关工商行政管理局领取营业执照后专门经营证券业务的机构。它具有证券交易所的会员资格,可以承销发行、自营买卖或自营兼代理买卖证券。普通投资人的证券投资都要通过证券商来进行。

在不同的国家,证券公司有着不同的称谓。在美国,证券公司被称作投资银行;在英国,证券公司被称作商人银行;在欧洲大陆(以德国为代表),由于一直沿用混业经营制度,投资银行仅是全能银行的一个部门;在亚洲(以中国和日本为代表)称为证券公司。

(三)基金公司

基金管理公司是指经国务院证券监督管理机构批准设立的,从事证券投资、基金管理业务的企业法人。基金管理公司是基金资产的管理人,通过公开或非公开募集资金,设立证券投资基金,运用专业理财的优势进行基金资产的投资运作,在风险可控的条件下实现基金资产的增值。

(四)期货公司

期货公司是经国务院期货监督管理机构批准设立,从事期货经纪、期货交易咨询、期货做市交易等期货业务的金融机构。期货公司是专门从事标准化期货交易的机构。由于客户进行期货交易必须经过期货公司,因此,期货公司是交易者联结期货交易所的纽带。它能拓展期货市场交易用户的范围,扩大市场规模,为客户提供投资咨询服务,帮助客户进行交易决策,节约期货交易成本,使期货市场竞争更加充分。

二、证券机构的主要业务

(一)证券交易所的业务职能

证券交易所的业务主要是提供证券集中交易的场所和设施。证券交易所本身并不参与证券交易,在主管机关批准的范围内管理证券商和上市公司,提供证券市场的信息服务。具体包括:提供证券交易的场所和设施;制定证券交易所的业务规则;审核批准证券的上市申请;组织、监督证券交易活动;依照规定对上市公司进行监管;依照规定对会员的证券交易活动进行监管;提供和管理证券交易所的证券市场信息;国务院证券委员会许可的其他职能。

(二)证券公司的主要业务

证券公司主要业务有以下几种:自营买卖业务、委托买卖业务、发行承销业务、融资融券业务、咨询及财务顾问业务、资产管理业务等。

自营买卖业务是指证券公司用自己的账户进行有价证券的买卖。证券公司根据市场变动状况和趋势,运用自己的资产,从事证券买卖,以赚取利润;有时证券公司在执行客户委托时,一时没有找到交易对方,需要从自己的账户上买进卖出,以完成客户委托。

证券经纪业务是指证券公司作为经纪人帮助客户进行有价证券的买卖。它能使证券二级市场的证券交易变得更加高效,对投资者而言也更加便捷。

发行承销业务是指在一级市场上证券公司代理证券的发行人来发行证券,一般证券公司会先与发行委托方确定好发行证券的时间、种类等其他条件,而后双方签订承销协议,并由证券公司准备证券的销售发行。承销业务主要采取代销或包销的方式。

融资融券业务指证券公司借给客户资金来供其买入证券或将证券出具给客户供其卖出。在相关交易中,借证券公司的资金买入证券的行为是融资交易,借证券公司的证券卖出获取资金的行为是融券交易。

咨询以及财务顾问是指证券公司根据客户的需求,利用证券公司的资源为客户相关活动提供支持。具体包括提供市场行情、国家(地区)的经济发展情况分析、市场资金供求现状和变动趋势分析、各种筹资或投资方式比较研究、帮助制订筹资或投资安排计划等。

资产管理业务是指证券公司能为客户提供有关证券、风控等其他金融产品的管理服务。证券公司通过和客户签订资产管理合同,按照合同约定的相关条款为客户提供资产管理,以期实现资产收益。

(三)基金公司的主要业务

基金管理公司的主要业务可分为三大类。第一,证券投资基金业务。其是指基金公司通过公开或非公开发售基金份额募集资金,在基金托管人托管下,由基金管理人管理和运作资金,为基金份额持有人的利益,进行资产组合投资的业务活动。第二,受托资产管理业务。其是指公司作为受托方,根据委托人投资意向把委托资产在市场上进行最优化投资的业务。第三,QDII(qualified domestic institutional investor,合格境内机构投资者)业务。其是指经监管机构批准从事境外证券市场的股票、债券等有价证券买卖的证券投资基金业务。QDII 业务可以让国内投资者直接参与国外的市场,并获取全球市场收益。除上述业务之外,基金管理公司还从事投资咨询、社保基金管理和企业年金管理等业务。

学而思

余额宝与基金公司

支付宝于 2013 年推出的余额宝凭借其稳固的收益表现、方便快捷的存取方式,成为当下众多互联网用户理财的重要工具之一。你知道余额宝与基金公司、

拓展阅读
证券公司远程开
户流程

基金产品有何种内在关联吗？尝试利用所学知识进一步厘清上述概念。

(四)期货公司的主要业务

1.期货经纪业务

期货经纪业务是指期货公司接受客户委托,代理其进行期货交易的业务活动。由于客户不能直接与期货交易所进行交易,客户通过期货公司的席位实现期货交易所内的交易。期货经纪业务作为期货公司的核心业务,是期货公司的主要收入来源。根据交易标的不同,期货经纪业务可分为商品期货经纪业务和金融期货经纪业务。

2.期货投资咨询业务

期货投资咨询业务是指期货公司接受客户委托,从事风险管理顾问服务、研究分析服务、交易咨询服务等业务活动。期货投资咨询业务是一项创新业务。我国自2011年开始试行期货投资咨询业务,这项业务的开展有利于提高期货公司的专业化服务能力,保护投资者的合法权益,提高研究咨询人员的工作积极性,对期货行业的发展具有积极作用。

3.资产管理业务

资产管理业务是指期货公司接受单一客户或者特定多个客户的书面委托,根据规定和合同约定,运用客户委托资产进行投资,并按照合同约定收取费用或者报酬的业务活动。根据委托人的数量,资产管理业务分为两类:单一客户办理的资产管理业务和为特定多个客户办理的资产管理业务。资产管理业务是继期货投资咨询业务的又一大创新业务。

三、我国证券行业的发展现状

中国证券市场发展已有三十余年,目前逐步迈向成熟。2020年以来,国务院、国家发展改革委、证监会和中国人民银行等多部门都陆续印发了支持、规范证券行业的发展政策,重要内容主要有完善证券行业相关细则、推行科创板、成立北交所以及推行注册制等。2023年2月,证监会公布实施全面实行股票发行注册制相关制度规则,我国证券市场正式进入注册制,标志着我国证券行业正加速迈向成熟,具有重大的意义。

证券公司作为市场中介机构、专业机构投资者等多样化角色,有助于促进资本市场发挥价格发现和资源配置功能。证券公司通过积极进行财富管理转型和资管业务主动转型,着力为投资者提供更为丰富的投资理财产品,满足客户多元化资产配置需求。截至2024年6月,全国共有证券公司146家。

截至2024年1月,A股市场共有5 335家上市公司,合计总市值87.66万亿

微课视频 4-2
金融机构如何助力新质生产力的发展

元。2023 年 2 月全面注册制落地后,我国证券市场加速迈向成熟,其在我国实现高质量发展中的作用日益凸显。

第四节　保险经营机构

一、保险的定义及基本特征

(一)保险的定义

保险是指投保人根据合同约定,向保险人支付保险费,保险人对于合同约定的可能发生的事故,因其发生所造成的投保人财产损失承担赔偿保险金的责任,或者当被保险人死亡、伤残、患病或者达到合同约定的年龄、期限时承担给付保险金责任的商业保险行为。

(二)保险的基本特征

1.互助性

在一定条件下,保险分担了单位和个人难以承担的风险,从而形成了一种经济互助机制。这种机制通过保险人将多数投保人缴纳的保险费建立保险基金,为少数遭受损失的被保险人提供赔偿或给付保险金来体现。

2.法律性

从法律角度看,保险是一种合同行为,是一方同意赔偿另一方损失的一种合同约定。同意提供损失赔偿保险金的一方是保险人,接受损失赔偿保险金的一方是投保人或被保险人。

3.经济性

保险是通过保险人赔偿或给付保险金而实现的一种经济保障活动。保险的保障对象是财产或人身,这些保障对象都直接或间接地属于社会再生产中的生产资料和劳动力两大经济要素;保险实现保障的手段最终都是采取支付货币的形式进行赔偿或给付;保险保障的根本目的,无论是从宏观的角度,还是从微观的角度来看,都是与社会经济发展相关的。

4.商品性

保险体现了一种等价交换的经济关系,也就是商品经济关系。这种商品经济关系直接表现为个别保险人与个别投保人的交换关系;间接表现为在一定时期内全部保险人与全部投保人之间的交换关系,即保险人销售保险产品与投保人购买保险产品的关系;具体表现为保险通过提供保险金的赔偿或给付,保障社会生产的正常进行和人们生活的安定。

5.科学性

保险是用于防范风险的科学有效的措施。从保险的科学性角度来看,保险费率的厘定和保险准备金的提取,依据的是科学的数理计算。

二、保险经营机构概述

保险经营机构主要包括保险公司和社会保障机构。由于世界发达国家的社会保障机构主要由保险公司代理运营,因此本章仅介绍保险公司。保险公司是专业经营商业保险业务的金融机构,具有分摊经济损失和经济补偿的功能。

根据主营保险的保险标的划分,保险公司可分为财产保险公司、人身保险公司和再保险公司等。

(一)财产保险公司

财产保险公司是指主要经营以财产及其有关经济利益为保险标的的保险业务的保险公司。财产保险的保险标的价值可以通过货币计量,即保险标的无论是物、责任,还是期待利益,都可以表现为一定的物质财产。财产保险适用"补偿原则",补偿投保人在保险事故中所损失的财产及其有关的经济利益,投保人不能因保险而获得额外利益。

(二)人身保险公司

人身保险公司是指主要经营以人的寿命和身体为保险标的的保险业务的保险公司。大多数人身保险的保险期限长,具有储蓄性质。同时,由于人的寿命和身体的价值难以用货币来衡量,保险金额主要由保险公司和投保人协商确定,不适用"补偿原则"。

(三)再保险公司

再保险公司是指专门从事再保险业务的保险公司,是保险公司的保险公司。当保险公司为了降低风险把一些大的承保单位再分保给另一保险公司时,接受这一保单的公司就是再保险公司,其业务在财产保险中应用较多。

拓展阅读
"惠闽宝"是什么

三、保险公司的主要业务

(一)财产保险公司主营业务

1.财产损失保险

财产损失保险是指以各种有形的物质财产、相关的利益以及责任为保险标的的保险。财产损失保险可分为火灾保险、运输保险、工程保险和农业保险等。

2.责任保险

责任保险是指以被保险人的法律赔偿风险为保险保底的保险。责任保险的赔偿前提是被保险人对第三方产生损害并依法应承担经济损失赔偿责任。根据责任的类型划分,责任保险可分为公众责任保险、产品责任保险、雇主责任保险、职业责任保险和第三者责任保险等。

3.信用保险

信用保险是指以商品赊销和信用放贷中的债务人的信用风险作为保险标的的保险。当债务人无法如期履行债务时,保险人向被保险人承担赔偿责任。信用保险承保的是信用风险,补偿因信用风险给被保险人带来的损失。根据信用风险的性质划分,信用保险可分为商业信用保险、出口信用保险和投资信用保险等。

(二)人寿保险公司主营业务

1.人寿保险

人寿保险是指以被保险人的寿命为保险标的,以生死为保险事故的保险,也称生命保险。与其他保险不同的是,人寿保险保障的风险在整体上具有稳定性,而个体具有变动性。人寿保险可分为生存保险、死亡保险和两全保险。

2.意外伤害保险

意外伤害保险是指以被保险人的身体为保险标的,以被保险人遭受意外伤害并由此致残或者死亡为保险事故的保险。意外伤害保险具有短期性、灵活性、保费低廉等特点。意外伤害保险可分为普通意外伤害保险、团体意外伤害保险及特定意外伤害保险等。

3.健康保险

健康保险是指以被保险人的身体为保险标的,以被保险人因疾病不能从事正常工作或因疾病造成残疾或死亡为保险事故的保险。根据承保责任划分,健康保险可分为疾病保险、医疗保险、收入保障保险、长期护理保险等。

4.年金保险

年金保险是指在被保险人生存期间或约定期间内,保险人按照合同约定的金额、方式,在约定的期限内,有规则地、定期地向被保险人给付保险金的保险。年金保险是以被保险人的生存为给付条件的人寿保险,但生存保险金的给付通常采取的是按年度周期给付一定金额的方式,因此称为年金保险。年金保险具有操作性强、强制储蓄、回报明确等特点。根据被保险人的人数划分,年金保险可分为个人年金、联合年金和最后生存者年金。

(三)再保险公司主营业务

1.比例再保险

比例再保险以保险金额为基础确定保险公司自留额和接受公司分保责任额,两者按保额的一定比例确定。该比例是双方分配保额和分摊赔款时的依据。

2.非比例再保险

与比例再保险不同,非比例再保险以损失为基础来确定再保险当事人双方的责任,即以赔偿金额为基础规定一个分出公司自己负担的赔款额度,对超过这一额度的赔款由分入公司承担赔偿责任。

拓展阅读
小康家庭怎么科学配置保险

四、我国保险行业的发展现状

自 1949 年中国人民保险公司与新中国一道诞生开始算起,中国保险业一路走过了七十几年的砥砺之程,其中既经历过停业近二十年之落,更有改革开放后飞速发展之起。我国保险业经历了数十年的跨越发展,已经成为世界第二大保险市场,是我国整个国民经济体系中发展最快、重要性大幅提升的行业之一,对经济社会发展的贡献在不断提高。

一是规模和实力跨越式发展,保障能力显著增强。改革开放特别是党的十八大以来,我国保险业迅速发展,保费收入从 2012 年的 1.5 万亿元增长到 2023 年底的 5.12 万亿元。资产从 2012 年的 7.35 万亿元增加到 2023 年底的 29.96 万亿元,赔付支出从 2012 年的不足 0.5 万亿元增加到 2023 年的 1.89 万亿元。2023 年末保险深度和密度分别为 4.07% 和 3 635 元,保险资金运用规模从 2012 年的 6.85 万亿元增加到 2023 年 27.67 万亿,目前,保险资金已成为我国债券市场第三大机构投资者、股票市场第二大投资者、公募基金最大投资者。

二是市场主体不断增加,结构逐步完善。自改革开放以来,由原来人保公司 1 家发展到 2023 年底 237 家[其中,人身险公司 92 家,财产险公司 88 家,保险集团(控股)公司 13 家,再保险公司 7 家,政策性保险公司 1 家,保险资产管理公司 33 家,其他机构 3 家],财险、寿险、中资、外资、相互养老保险、农业保险公司等

保险市场类型不断丰富,结构不断完善。

第三,保险发挥损失补偿、风险管理、社会管理功能的作用不断显现。近年来保险业在保障国家能源安全、粮食安全,保障我国产业链、供应链稳定及其疫情防控和经济社会平稳有序运行等方面发挥了积极作用。在损失补偿、风险管理、社会管理等方面功能的作用得以发挥,已成为国家治理体系和治理能力现代化的重要抓手。

第四,保险在应急管理和重大灾害突发事件中发挥着先锋作用。我国是自然灾害多发的国家,面对暴雨、洪水等重大突发灾害,保险业主动靠前迅速行动,勇于担当,本着对国家、社会和人民群众生命财产高度负责的精神,遵循集中管理、预先赔付、应赔尽赔的方针,成果显著,在我国应急体系中发挥着较为突出的作用。

虽然我国已经是世界排名第二的保险大国,但是保险密度和保险深度与保险强国相比还存在较大差距,行业发展还有很长的路要走,这也正是我国保险业壮大自身实力的过程。

第五节　其他非银行金融机构

一、信托机构

信托机构是指以收取报酬为目的,以受托人身份承诺信托和处理信托事务的金融机构。其遵守信托文件的规定,按照委托人的要求,以信托财产为限向受益人履行支付信托利益的义务,秉持受益人利益最大化原则处理信托事务,并有权依据信托文件的约定取得相应报酬。由于各国金融体制不同,信托机构在各国的名称和组织形式也不尽相同。有的称之为信托银行,有的称之为信托公司,有的则列为商业银行的信托部。在我国,信托机构一般被称作信托公司。根据《信托法》第24条,受托人应当是具有完全民事行为能力的自然人、法人。信托公司作为受托人,按委托人的要求履行财产管理职能,在此期间还兼顾金融、中介以及咨询职能。

(一)法人信托业务

法人信托又称公司信托或团体信托,受托人应当是法人或者依法成立的其他组织。法人信托业务的产生和发展建立在多种法人机构有了较大发展的基础之上。法人信托业务是法人依据自己的业务需求委托受托人对法人财产事务进行管理和处理的业务。法人信托业务在整个信托业务中占相当大的比重,比较典型的法人信托业务有抵押公司债信托和商务管理信托等。

(二)个人信托业务

个人信托业务是指受托人以自然人为服务对象,将其财产权转予受托人,使其管理财产的业务行为。个人信托对委托人而言,本身除有法律的明确保障外,还有以下特点:目的多种多样;个人信托受托人可以是个人或者信托机构,民事信托中受托人一般为个人,商事信托中受托人是信托机构;受托人承担的不仅是对信托财产的责任,有时候也要承担对受益人的责任;既有营业信托,也有非营业信托;可以做到合法节税。目前开展较广泛的有合同信托、遗嘱信托、财产监护信托及人寿保险信托等。

此外,信托机构还经营一些介于法人信托和个人信托之间的业务和其他信托类业务,如投资基金、集合资金信托、职工持股信托、公益信托、房地产投资信托、管理层收购(management buy-outs,MBO)信托等。

信托业作为金融行业的重要组成部分,为实体经济的发展提供了重要的融资渠道,与宏观经济之间存在紧密的联系。经过近40年的发展,随着法律法规的日益健全和完善,信托业正逐步走向规范,回归"受人之托、代人理财"业务本源,对实体经济的支持作用也在增强。截至2024年底,全国67家信托公司,信托资产规模已达29.56万亿元。

二、金融租赁公司

金融租赁公司是指专门为承租人提供资金融通的租赁机构,以商品交易为基础将融资与融物相结合,既有别于传统租赁又不同于银行贷款。其所提供的融资租赁服务是所有权和经营权相分离的一种新的经济活动方式,兼具投资、融资和资产管理的职能。

(一)自担风险的融资租赁业务

自担风险的融资租赁业务包括典型的融资租赁业务(简称直租)、转租式融资租赁业务(简称转租赁)和售后回租式融资租赁业务(简称回租)。直租是指金融租赁公司以收取租金为条件,按照用户企业确认的具体要求、向该用户企业指定的出卖人购买固定资产并出租给该用户企业使用的业务;转租赁是指以同一固定资产为租赁物的多层次的融资租赁业务;回租是指出卖人和承租人是同一人的融资租赁。

（二）由多个机构联合分担风险的融资租赁业务

由多个机构联合分担风险的融资租赁业务包括联合租赁和杠杆租赁。联合租赁是指多家有融资租赁资质的租赁公司对同一个融资租赁项目提供租赁融资，由其中一家租赁公司作为牵头人；杠杆租赁是指某融资租赁项目中的大部分租赁融资是由其他金融机构以银团贷款的形式提供的，但是这些金融机构对承办该融资租赁项目的租赁公司无追索权，同时这些金融机构则按所提供的资金占该项目租赁融资总额的比例，直接享有回收租金中所含的租赁收益。

（三）不承担风险的融资租赁业务

不承担风险的融资租赁业务是委托租赁。委托租赁项目中的租赁物或用于购买租赁物的资金是由其他法人机构提供的信托财产。

近年来，我国金融租赁行业实现快速发展，在服务国家战略、支持企业设备采购更新、促进消费增长、推动绿色转型等方面发挥了积极作用。金融租赁公司不断探索支持与大型设备、大飞机、新能源船舶、首台（套）设备、重大技术装备、集成电路设备等设备类资产制造和使用相适配的业务模式，提升行业服务传统产业改造升级、战略性新兴产业和先进制造业的能力和水平，推动经济高质量发展。

三、消费金融公司和汽车金融公司

消费金融公司是指不吸收公众存款，以小额、分散为原则，为中国境内居民个人提供以消费为目的的贷款的非银行金融机构，其提供的服务包括个人耐用消费品贷款及一般用途个人消费贷款等。2010年，银监会首次批准设立4家试点消费金融公司，包括北银消费金融公司、中银消费金融公司、锦程消费金融公司和捷信消费金融公司。其中北银、中银和锦程消费金融公司均由银行系投资，捷信消费金融公司则是全外资公司。

另外，由于汽车金融公司能为消费者购买汽车提供汽车贷款等金融服务，在广义上可以视为消费金融公司。汽车金融公司是指为中国境内的汽车购买者提供贷款并从事相关金融业务的非金融机构，包括中资、中外合资和外资独资的汽车金融机构，而非一般的汽车类企业。汽车金融公司帮助消费者解决了购置汽车的资金周转问题，且贷款门槛低、手续方便快捷，弥补了银行汽车金融类服务授信额度相对较低的不足。

（一）消费金融公司主营业务

消费金融公司主要面向中低收入人群提供小额、分散消费的金融服务。其

拓展阅读
截至 2023 年末我国金融租赁公司总资产规模超四万亿元

主营业务可细分为以下八类：发放个人消费贷款、接受股东境内子公司及境内股东的存款、向境内金融机构借款、经批准发行金融债券、境内同业拆借、与消费金融相关的咨询业务、代理销售与消费信贷相关的保险产品、固定收益类证券投资业务。

（二）汽车金融公司主营业务

汽车金融公司为中国境内的汽车经销商和消费者提供贷款并从事相关金融业务，其主营业务主要分为批发和零售两大类，并可进一步细分为以下六种：提供购车贷款业务、办理汽车经销商采购车辆贷款和营运设备贷款、转让和出售汽车贷款应收业务、向金融机构借款、接受境内股东单位3个月以上期限的存款、为贷款购车提供担保和与购车融资活动相关的代理业务等。

自2010年第一家公司开业算起，持牌消费金融公司至今已走过十余年的历程。当前，消费金融行业已初步形成多元化主体参与、多层次服务供给的格局。2023年6月，建信消费金融获批开业，至此，我国已有31家开业经营的持牌消费金融公司。其中，银行系消费金融公司占比超过九成，其余则以产业机构、电商平台等为主要出资人。消费金融公司客群主要定位于银行等传统金融机构覆盖不到的人群，通过一定程度的客户信用下沉和提高风险识别能力与银行等传统金融机构形成错位竞争，满足更广泛的消费金融需求。消费金融公司作为专业化的消费信贷机构，通过提供普惠金融服务，现已成为服务中低收入人群、促进消费、扩大内需的重要力量。

四、小额贷款公司

小额贷款公司是经地方金融监管部门批准并监管，由自然人、企业法人和其他社会组织投资设立，经营小额贷款业务，不吸收公众存款的有限责任公司或股份有限公司。小额贷款是以个人或企业为核心的综合性消费贷款。贷款金额一般在1万元以上20万元以下。小额贷款公司的上游资金主要来源于股东支付本金、股东捐赠资金和金融机构整合资金。2005年以来，我国开始试点小额贷款公司，对缓解中小企业融资难起到了积极作用。

与银行相比，小额贷款公司更为便捷、迅速，适合中小企业、个体工商户小频急快类的资金需求；与民间借贷相比，小额贷款更加规范，贷款利息可双方协商。由于具有上述优势，小额贷款公司将过去处于灰色地带的民间资金和非法民间融资逐渐转变为集中管理的合法公司信贷行为，助推民间资金向金融资本转化。同时，对急需信贷资金支持但受抵押担保或银行信贷条件限制，而较难获得贷款的小微企业、农民、城镇低收入人群等普惠金融人群给予一定资金支持，有效地

拓展阅读
兴业消费金融：
践行ESG理念
赋能高质量发展

支持实体经济发展。

(一)小额贷款业务

小额贷款业务的贷款借款期短、利率较高,是小额贷款公司的核心业务与主要利润增长点。相比银行贷款业务,小额贷款业务具有如下特点:第一,贷款流程简单,手续便捷,放贷效率高;第二,群体锁定为中小微企业、农户以及个体工商户;第三,经营方式和还款方式灵活。

(二)其他业务

小额贷款公司还可开展票据贴现、资产转让等其他业务。小额贷款公司票据贴现业务和银行该业务类似,但需满足单笔贴现金额最高不得超过 1 000 万元以及贴现最长期限不超过 6 个月等规定。小额贷款公司资产转让是指小额贷款公司与其他投资者之间,根据协议约定合规转让其经营范围内尚未到期资产的融资业务。

自 2005 年试点至今,小额贷款公司已从单个个体、分散经营、区域试点,逐步发展形成具有一定规模的行业体系。近年来,我国小额贷款市场竞争日趋激烈,加之部分企业对金融规律、金融风险缺乏深刻理解和认识,经营管理粗放,风险控制能力较弱,不良贷款迅速攀升,盈利能力下降,流动性陷入困境,导致小额贷款公司数量持续减少。截至 2023 年底,全国共有小额贷款公司 5 500 家。贷款余额 7 629 亿元,全年减少 1 478 亿元。我国小贷行业在经历了探索期、成长期、稳定期后,目前已经进入"机构总量整合优化、贷款结构小额分散、产品服务转型创新"的整合期,这既是响应监管部门政策导向的主动作为,也是顺应事物发展规律的自然选择。但不可否认的是,小额贷款公司在服务"三农"及小微企业、为草根经济体和弱势群体增加信贷服务可得性、为经济"末梢毛细血管"增加"供血量"方面作出了积极贡献,已成为金融组织体系的重要补充。

本章小结

金融机构是金融运行体系的重要组成部分。现代金融体制以中央银行为核心,以商业银行为主体,以多种金融机构并存为特征。各国对金融机构的分类有不同的标准,但大多数国家是以中央银行为核心来进行组织管理,因而形成了以中央银行为核心、商业银行为主体、各类银行和非银行金融机构并存的金融机构体系。在我国,就形成了以中央银行(中国人民银行)为领导,以国有商业银行、股份制商业银行为主体,城市商业银行、农村金融机构等吸收公众存款的金融机构以及政策性银行等银行业金融机构,信托投资公司、财务公司、金融租赁公司、小额贷款公司、消费金融公司、金融资产管理公司以及经国务院银行业监督管理机构批准设立的其他金融机构,外资金融机构并存和分工协作的金融机构体系。

基本概念

金融机构　证券经营机构　保险经营机构　信托公司　金融租赁公司　财务公司
小额贷款公司　消费金融公司

课后练习

一、单项选择题

1.金融机构最基本、最能反映其经营活动特征的职能是(　　　)。

A.支付中介　　　　B.信用中介　　　　C.降低交易成本　D.调节经济

2.按照是否担负国家政策性融资任务,可划分为(　　　)。

A.政策性金融机构和非政策性金融机构

B.直接金融机构和间接金融机构

C.契约型金融机构与投资型金融机构

D.存款性金融机构与非存款性金融机构

3.(　　　)是指办理居民储蓄并以吸取储蓄存款为主要资金来源的银行。

A.商业银行　　　　B.储蓄银行　　　　C.信用社　　　　D.投资银行

4.(　　　)主要通过发行支票存款、储蓄存款和定期存款来筹措资金用于发放工商业贷款、消费贷款和抵押贷款,购买政府债券,提供广泛的金融服务。

A.商业银行　　　　B.储蓄银行　　　　C.信用社　　　　D.投资银行

5.(　　　)是以年金形式向参加基金计划的职工提供养老金或退休金的金融组织形式。

A.保险公司　　　　B.储蓄银行　　　　C.共同基金　　　　D.养老基金

6.(　　　)是指由政府和政府机构发起、出资创立、参股或保证的,不以利润最大化为经营目的,在特定的业务领域内从事政策性融资活动,以贯彻和配合政府的社会经济政策或意图的金融机构。

A.政策性金融机构　　　　　　　　B.投资性金融机构

C.契约性金融机构　　　　　　　　D.监管性金融机构

7.(　　)作为中央银行,是国务院领导下制定和实施货币政策,对金融业实施监督管理的国家机关。

A.商业银行　　　　　　　　　　　B.中国人民银行

C.中国进出口银行　　　　　　　　D.中国农业发展银行

8.1986年,国家决定重新组建股份制商业银行——(　　)的前后,陆续建立了一批商业银行。

A.交通银行　　　　　　　　　　　B.中国人民银行

C.中国进出口银行　　　　　　　　D.中国农业发展银行

9.(　　)是我国银行业中第一家股票上市公司。

A.中国建设银行　　B.中国农业银行　　C.深圳发展银行　　D.中国工商银行

10.以下哪项不属于金融机构支持实体经济的做法(　　)。

A.支持高科技企业融资　　　　　　B.支持民营企业

C.助力乡村振兴　　　　　　　　　D.防止股市大跌

E.支持发展新质生产力

二、多项选择题

1.金融机构的功能有(　　)。

A.信用中介　　　　B.支付中介　　　　C.金融服务　　　　D.调节经济

E.降低交易成本

2.属于投资型金融机构的是(　　)。

A.保险公司　　　　B.投资银行　　　　C.金融公司　　　　D.共同基金

E.养老基金

3.我国的政策性银行包括(　　)。

A.中国投资银行　　　　　　　　　B.中国农业银行

C.国家开发银行　　　　　　　　　D.中国农业发展银行

E.中国进出口银行

4.我国的非银行金融机构包括(　　)。

A.保险公司　　　　B.证券公司　　　　C.信托投资公司　　D.财务公司

E.农村信用合作社

5.现代投资银行的主要业务有(　　)。

A.证券承销与交易　　　　　　　　B.资产证券化

C.公司并购业务　　　　　　　　　D.项目融资

E.风险资本投资

6.按照金融机构的管理地位不同,可划分为( )。

A.金融监管机构　　　　　　　　　B.接受监管的金融企业

C.存款性金融机构　　　　　　　　D.非存款性金融机构

E.储蓄性金融机构

7.在我国金融体系中处于主体地位的国有控股商业银行有( )。

A.中国工商银行　B.中国农业银行　C.中国银行　　　D.中国建设银行

E.民生银行

8.如果你想毕业后参加国考,报考新成立的监管机构金管局,你需要了解它的基本信息。以下描述正确的是( )。

A.金管局依法管理证券行业　　　B.行政级别与央行是一样的

C.不包含消费者保护职能　　　　D.2023年3月成立

E.全称是国家金融监督管理总局

9.“一行一总局一会一局”指的是( )。

A.中国人民银行　B.银监会　　　　C.证监会　　　　D.外管局

E.国家金融监督管理总局　　　　F.国务院

10.我国农村金融机构包括( )。

A.中国农业银行　　　　　　　　　B.中国农业发展银行

C.农村信用合作社　　　　　　　　D.城市商业银行

E.村镇银行　　　　　　　　　　　F.农村合作银行

三、判断题

1.信托理财比银行理财风险要高。( )

2.消费金融公司可以办理住房抵押贷款业务。( )

3.金融租赁公司也会出租电脑、房产等。( )

4.小贷公司贷款利率比商业银行的贷款利率高。( )

5.关于亚投行是首个由中国倡议设立的多边金融机构,重点支持基础设施建设。( )

6.金融机构的经营风险比一般企业小。( )

7.所有金融机构都受到严格的金融监管。( )

8.保险公司的资金主要来源于保费收入。( )

9.金融租赁公司属于非银行金融机构。( )

10.银行是唯一的金融机构,可以提供信贷服务。( )

四、思考题

1.银行和非银行金融机构有何区别?

2.通过学习,你认为各类金融机构有哪些不同功能和定位?

3.请思考,各类金融机构有何业务交集?

第五章　商业银行

学习目标

知识目标

1.了解商业银行的产生与发展；

2.理解商业银行的性质与职能；

3.了解商业银行的组织形式；

4.掌握商业银行各项业务；

5.掌握商业银行的经营原则与管理理论。

能力目标

1.能结合实际说明商业银行职能的具体应用；

2.能区分商业银行的各项业务；

3.能综合运用商业银行经营管理理论。

素养目标

1.充分认识银行业在金融强国建设中发挥的重要引领作用；

2.深刻理解打好防范化解金融风险攻坚战的意义,树立风险防范意识。

本章重点

1.商业银行的性质与职能；

2.商业银行的业务；

3.商业银行的经营管理理论。

📑 本章难点

1.商业银行的性质分析；

2.商业银行的表外业务；

3.商业银行经营管理理论的实际应用。

📑 思维导图

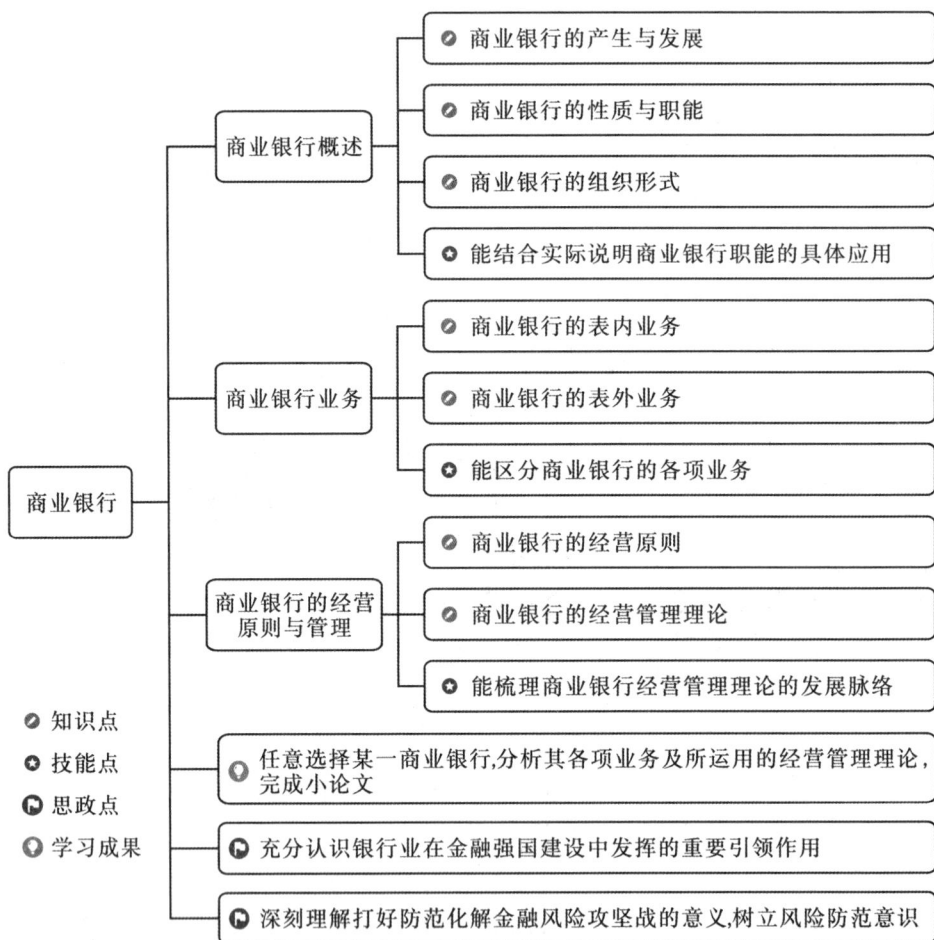

商业银行

- 商业银行概述
  - 商业银行的产生与发展
  - 商业银行的性质与职能
  - 商业银行的组织形式
  - 能结合实际说明商业银行职能的具体应用

- 商业银行业务
  - 商业银行的表内业务
  - 商业银行的表外业务
  - 能区分商业银行的各项业务

- 商业银行的经营原则与管理
  - 商业银行的经营原则
  - 商业银行的经营管理理论
  - 能梳理商业银行经营管理理论的发展脉络

- 知识点
- 技能点
- 思政点
- 学习成果

- 任意选择某一商业银行,分析其各项业务及所运用的经营管理理论,完成小论文
- 充分认识银行业在金融强国建设中发挥的重要引领作用
- 深刻理解打好防范化解金融风险攻坚战的意义,树立风险防范意识

📚 课前导读

近日,国家金融监督管理总局印发《关于银行业保险业做好金融"五篇大文章"的指导意见》(以下简称《指导意见》),围绕发展新质生产力,落地落细科技金融、绿色金融、普惠金融、养老金融、数字金融"五篇大文章",提高金融服务实体经济的质量和水平提出具体举措。

一、提升服务实体经济质效

中央金融工作会议指出,"要着力营造良好的货币金融环境,切实加强对重大战略、重点领域和薄弱环节的优质金融服务",同时强调"做好科技金融、绿色金融、普惠金融、养老金融、数字金融五篇大文章"。

国家金融监督管理总局有关部门负责人表示,金融"五篇大文章"明确了金融支持高质量发展的重点任务和实现路径,为提升金融服务实体经济质效指明了方向。

《指导意见》提出做好金融"五篇大文章"的主要目标。未来5年,银行业保险业多层次、广覆盖、多样化、可持续的"五篇大文章"服务体系基本形成,相关工作机制更加完善、产品更加丰富,服务可得性、覆盖面、满意度大幅提升,有力推动新质生产力发展。

"金融活,经济活;金融稳,经济稳。"招联首席研究员董希淼表示,"五篇大文章"指向经济结构转型升级和高质量发展的关键领域,做好"五篇大文章"是金融服务实体经济的支撑点,也是金融机构优化业务结构、实现高质量发展的立足点。银行保险机构应以《指导意见》印发为契机,加快转型创新,探索完善专营组织架构、专门风控制度、专业产品体系、专项考核机制等,在提高服务实体经济质效的同时提升自身稳健发展能力。

二、优化金融产品和服务

做好金融"五篇大文章",需要落实在产品和服务上。《指导意见》围绕优化"五篇大文章"金融产品和服务提出具体要求。以普惠金融为例,提出聚焦痛点难点加强普惠金融服务。银行保险机构要公平对待各类所有制企业,持续加大对民营、小微企业和个体工商户的金融支持力度。鼓励开发符合小微企业和个体工商户需求的产品和服务,加大首贷、续贷、信用贷、中长期贷款投放力度。

董希淼认为,做好金融"五篇大文章",金融机构应进一步强化金融资源投向管理,加大资源倾斜力度。同时优化内部流程,提高服务效率。总行(总公司)可对分支机构充分授权,实现高效率审批,更好地满足用户对资金和服务的时效性要求。

三、发挥银保机构职能优势

《指导意见》明确,发挥银行保险机构服务"五篇大文章"的职能优势。具体来看,全国性商业银行要充分发挥主力军作用。大型商业银行要做优做强,走内涵式发展道路,增强金融科技核心竞争力,发挥网络渠道、业务功能协同等优势,提升"五篇大文章"综合金融服务能力。

中小银行要立足当地开展特色化经营。城商行和民营银行要发挥服务城乡居民、服务中小企业、服务地方经济的生力军作用,注重利用管理半径短、经营机制灵活等优势,针对性优化"五篇大文章"金融产品和服务。

"银行保险机构做好'五篇大文章',应基于资源禀赋和自身能力。"董希淼说,对大型银行保险机构而言,应统筹安排,推动"五篇大文章"齐头并进、协调发展;中小银行保险机构应基于区域、行业、客户的特点和需求,聚焦重点,做好普惠金融加一项特色业务。此外,大中小银行保险机构都应利用大数据、人工智能等先进技术夯实数字金融底座和能力,真正让金融服务无处不在、触手可及。

国家金融监督管理总局有关部门负责人表示,要加强监管与货币、财税、产业、环保等政策协同联动,充分调动政府、企业、市场等各方面积极性。推动形成各类金融手段相互补充、金融机构各司其职、"五篇大文章"融合发展的生动局面。

(资料来源:做好金融"五篇大文章"[EB/OL].(2024-05-20)[2024-08-20].https://www.gov.cn/zhengce/202405/content_6952291.htm.)

通过阅读以上新闻资料,我们能够直观地感受到商业银行在支撑和促进一个国家经济金融体系健康运行中扮演着不可或缺的关键角色,在金融强国建设进程中发挥重要的引领作用。本章我们将学习有关商业银行的知识。通过学习,我们会对商业银行的产生、性质与职能、业务类型及经营管理理论有更为清晰的认识,并深刻体会商业银行作为资金融通、支付结算及金融服务的重要提供者,对于促进经济稳定增长、优化资源配置、提升金融市场效率以及保障金融体系稳定具有重要作用。

▌ 第一节 商业银行概述 ▌

一、商业银行的产生与发展

商业银行的名称蕴含了其历史演变与核心功能,英文名"commercial bank"中的"commercial"既界定了其专注于商业活动的业务范围,也强调了其追求盈利的商业性质;"bank"一词源自意大利语,原指商品交易场所的长凳或桌子,象征交易与存储之地,后演变为现代意义上的银行。汉语中"银行"一词则融合了古代货币(白银)与商业活动的概念。不同国家和地区对商业银行的分类与命名有所差异,但都体现了其作为金融体系核心部分的共同特征。了解商业银行的产生与形成途径,有助于我们理解商业银行的性质与职能,从而更好地把握其未来的发展趋势。

(一)商业银行的产生

银行的历史可追溯至古代货币经营业。无论是古代东方还是西方,都先后出现货币兑换商和银钱业的发展。古代银钱业及货币兑换交易大多发生在寺庙周围及中世纪西欧数月一次的定期集市上。从商人阵营中逐渐分离出来的货币兑换商,最初只为各国的朝拜者和国际贸易兑换货币,并收取一定的手续费。随着商品生产和交换的持续扩大与发展,为避免自己保管货币和长途携带货币的不便与风险,部分异地贸易商和国际贸易商便将货币交由拥有良好保管设施的货币兑换商保管,并委托后者办理异地支付、结算业务。此时的货币兑换商就转变为货币经营商,他们在从事收取手续费的货币兑换、保管、异地划拨等业务中,积聚了大量货币,并利用商人货币存、取或汇之间的稳定余额,开展放贷业务,牟取更多利润。当银钱业不仅依靠传统的业务聚集资金发放贷款,还开始通过提供服务和支付利息吸收存款以拓展贷款业务时,标志着古老的银钱业向现代银行业转变。但质的转化是直到资本主义生产关系发展后才最终完成。

现代意义上的银行起源于意大利。中世纪,地中海沿岸各国和地区经济发展较快,贸易也异常活跃,处于地中海中心的意大利成为当时的世界贸易和金融中心。威尼斯银行成为意大利第一家以银行命名的金融机构。此后,米兰银行、阿姆斯特丹银行、汉堡银行、纽伦堡银行、鹿特丹银行相继出现,这些早期银行放款带有明显的高利贷性质。1694 年,为了与高利贷进行斗争,英国政府在伦敦成立了第一家股份制银行——英格兰银行。该银行成立后,即以 4.5%～6% 的低利率向工商企业发放贷款,而当时高利贷性质的银行通常利率高达 20%～30%。这一举措迅速动摇了高利贷银行的垄断地位,使英格兰银行成为现代商业银行的典范。

中国银行业起步较晚,早期的银钱业可以追溯到南北朝时期的典当业。唐代出现的"飞钱"类似于汇票,是我国最早的汇兑业务。到了明末,一些较大的经营银钱兑换的钱铺逐渐发展为钱庄,这些钱庄除了兑换银钱,还办理存款、汇兑业务,并从事贷款活动,已经具备了一些银行的特征。然而,由于当时社会条件的限制,钱庄逐渐衰落。清末虽然出现了票号这一信用机构,但未能成功转型为现代银行。直到 1845 年,英国丽如银行在中国香港设立分行,这标志着中国第一家现代商业银行的诞生。而 1897 年,由国人创办的中国通商银行成立后,现代银行开始在中国逐渐发展壮大。

(二)商业银行的形成途径

1.从旧的高利贷银行转变而来

在资本主义生产关系尚未广泛建立的历史时期,银行往往以高利贷的形式存在。这些银行向贷款者收取高额利息,以弥补风险并获取利润。然而,随着资本主义生产方式的兴起和发展,高利贷的高利息成为制约资本积累和投资的重要因素。为了适应新的经济条件,部分高利贷银行开始降低贷款利率,调整业务模式,逐渐向现代商业银行转变。这一过程中,银行不仅降低了贷款利率,还扩大了业务范围,增加了对工商企业的贷款支持,从而促进了资本主义经济的发展。

2.以股份制公司形式组建而成

随着资本主义制度的建立和完善,以股份公司形式组建商业银行成为一种主流趋势。这种组建方式使得银行能够迅速筹集大量资本,扩大经营规模,提高抗风险能力。最早以股份公司形式组建的商业银行之一是英格兰银行,它的成立标志着现代银行业的诞生。英格兰银行通过向公众发行股票,吸引了大量投资者,为银行提供了稳定的资金来源。同时,股份公司的治理结构也确保了银行经营的透明度和规范性,为银行的长远发展奠定了坚实基础。

(三)商业银行的发展趋势

当前,全球新一轮科技变革正蓬勃兴起,以人工智能、大数据、云计算、区块链、物联网为代表的新技术不断涌现。在信息技术迅猛发展和金融自由化国际浪潮的推动下,商业银行正逐步转型为以金融品牌为核心、提供全面服务、依托互联网技术并结合实体网络,朝综合化、全球化、电子化、集团化、虚拟化全能服务机构方向发展的经营主体。然而,这一过程中也伴随着金融风险控制、可持续发展、客户体验与个性化服务、同业竞争加剧、管理效率提升等多方面的挑战。

2024年4月30日,国家金融监督管理总局官网公布了银行业金融机构法人名单。该名单显示,截至2023年12月末,全国共有4 490家银行业金融机构法人,包括开发性金融机构1家、政策性银行2家、国有大型商业银行6家、股份制商业银行12家、城市商业银行125家、民营银行19家、外资法人银行41家、住房储蓄银行1家、农村商业银行1 607家、农村合作银行23家、农村信用社499家、农村资金互助社30家、贷款公司1家、村镇银行1 636家、信托公司67家、金融资产管理公司5家、金融租赁公司70家、企业集团财务公司241家、消费金融公司31家、汽车金融公司25家、货币经纪公司6家、直销银行2家以及其他金融机构40家。

当前,我国商业银行的资产和负债规模在稳步扩大。如图5-1所示,2024年

1—6月,商业银行的总资产从 3 537 266 亿元增加至 3 622 236 亿元,总负债从 3 260 159 亿元增加至 3 337 866 亿元,总资产与总负债占银行业金融机构中的比例均保持在 85% 左右,凸显了其在银行业中的核心地位。不容忽视的是,商业银行的总资产和总负债的同比增长率却分别从 1 月的 10.8% 和 11.0% 下降至 6 月的 7.3% 和 7.2%,这一变化暗示着商业银行的增长速度正在放缓,也意味着其在未来将面临更加复杂的市场环境和竞争格局,必须进一步通过优化业务结构和提升服务质量来巩固其市场地位,加强创新和风险管理。

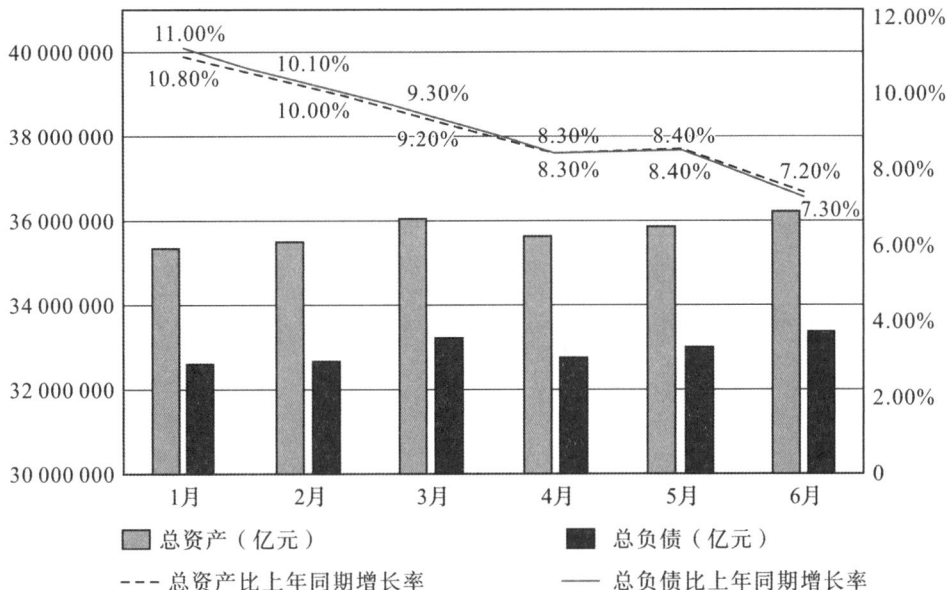

图 5-1 2024 年 1—6 月我国商业银行总资产与总负债

(资料来源:国家金融监督管理总局网站。)

拓展阅读
中国工商银行:依托金融科技赋能银行新业态——工商银行数字化转型典型案例

微课视频 5-1
商业银行的数字化转型之路

二、商业银行的性质与职能

(一)商业银行的性质

现代商业银行是以追求利润最大化为经营目标,专注于经营多种金融资产和金融负债,具备利用负债进行信用创造的能力,并能为客户提供综合性、多功能服务的金融企业。其性质可概括为:

1.商业银行是企业

商业银行作为独立法人实体,与其他企业一样,拥有自主运营的资本,遵循法律进行业务运作,承担纳税义务。商业银行在经营过程中拥有自主权,能够根据市场需求和自身情况制定经营策略,并独立承担经营风险。其核心经营目标

延伸案例
厦门国际银行福州分行:做好金融"五篇大文章"

是追求利润最大化,通过提供优质的金融服务和创新的产品来获取收入,并努力实现资产的增值。

2.商业银行是特殊的企业

商业银行的特殊性表现在如下三个方面。①经营对象和内容的特殊性:与一般工商企业经营物质产品和劳务不同,商业银行的经营对象是金融资产和负债,经营商品是货币和货币资本,经营内容是货币收付、借贷以及各种与货币运动有关的金融服务。②对社会经济影响的特殊性:商业银行对整个社会经济的影响远大于任何一个具体企业,同时其受社会经济的影响也更为显著。③责任的特殊性:除了对股东和客户负责,商业银行还必须对整个社会负责,这是其与一般工商企业只以营利为目的并只对股东和使用自己产品的客户负责的不同之处。

3.商业银行是特殊的金融企业

与中央银行相比,它是面向工商企业、公众及政府的金融机构,提供具体的信贷业务并以营利为目的。而与其他金融机构相比,商业银行能够提供更全面、更广泛的金融服务,包括吸收活期存款、经营"零售"和"批发"业务等,其业务和服务范围正不断拓展,朝"万能银行"和"金融百货公司"方向发展。

(二)商业银行的职能

1.信用中介职能

信用中介职能是商业银行最基本、最能反映其经营活动特征的职能,具体表现为银行通过负债业务将社会上闲散的货币资金集中起来,再通过资产业务将这些资金投入需要资金的部门。在这个过程中,银行充当了资金闲置者与资金短缺者之间的中介角色,实现了资金的融通。

2.支付中介职能

商业银行通过在不同客户账户上的存款转移,代理客户办理支付、结算交易款项等活动,成为整个社会信用链的关键枢纽。支付中介职能的发挥大大减少了流通中现金的使用量,节约了社会流通费用。尤其是电子支付系统和银行卡的使用,加速了资金周转,对经济的稳定和增长起到了积极的推动作用。

3.信用创造职能

商业银行在信用中介职能和支付中介职能的基础上,形成了信用创造职能。在部分准备金制度下,商业银行利用吸收的存款发放贷款。当这些贷款以支票或转账的形式流通和结算时,它们在银行体系内又转化为新的存款,即派生存款。如果存款不被完全提现,商业银行的资金来源就会增加。在缴足法定准备金后,银行可以再次发放贷款,从而形成更多新的存款。这个过程不断循环,最终在整个商业银行体系中形成了数倍于原始存款的派生存款。在这个过程中,商业银行发挥了信用创造的职能作用。

4.金融服务职能

商业银行利用其经济枢纽的特殊地位和广泛的信息网络,运用电子计算机等先进手段,为客户提供种类最全的金融服务,受益面最宽,服务群体最广,大大提高了社会经济的便利度。通过这些服务,商业银行不仅扩大了其社会联系面和市场份额,还获得了手续费收入。

微课视频 5-2
福建的商业银行

三、商业银行的组织形式

商业银行的组织形式多种多样,各国依据自身的经济社会环境、法律框架及银行发展需求,选择了不同的模式。这些模式主要包括单一银行制、总分行制、控股公司制以及连锁银行制,每种组织形式都有其独特的优势和潜在的挑战。

(一)单一银行制

单一银行制也称单元制,是指不设立分支机构的商业银行组织形式,以美国为典型。美国实行联邦制,各州独立性较大,为了限制垄断与保护州特许权,19世纪中期美国兴起"自由银行运动",推行单一银行制。但该模式在业务拓展和竞争力上往往受到较大限制,整体实力相对较弱。随着时代变迁,美国部分州已逐渐放宽对银行设立分支机构的限制,允许在符合特定条件下设立分支机构。

单一银行制的优点主要有:①限制银行业垄断,有利于充分竞争;②经营灵活,独立自主性强;③管理层次少,有利于提高管理效率;④与地方经济联系密切,有利于支持地方经济的发展;⑤有利于银行监管当局对其进行有效监管。

单一银行制的缺点主要有:①由于实行单一银行制的银行规模一般都比较小,所以不能获得规模效益;②由于其业务集中在一个地区,且业务品种相对较少,抗风险能力较弱;③银行的实力有限,影响了现代科技手段的使用,进一步影响了其创新能力。

(二)总分行制

总分行制是指在大城市设立总行,在各地设立若干分支机构,形成庞大银行网络的组织形式。各分支机构由总行统一领导指挥,属于高度集权式管理。当今世界上,绝大多数国家的商业银行普遍采用该模式。

总分行制有如下优点:①能够覆盖较为广泛的地区,有助于实现规模经济效益;②促进专业分工,资金调配灵活且能有效分散风险;③丰富的服务种类和全面的信息掌握,有利于提高银行的竞争力。

总分行制的缺点主要有:①规模较大,容易形成垄断,不利于充分竞争;②银行机构庞大,管理层次过多,导致成本上升、管理僵化及效率降低,增加了银行管理的难度。

(三)控股公司制

控股公司制是一种通过控股公司持有银行股份或设立子公司的组织形式。该模式通常可以分为两种形式,即非银行控股公司和银行控股公司。前者是通过大型非金融企业控制某一银行的股权而组织起来的,后者则是由一家大银行直接组建控股公司,控制若干较小银行。

控股公司制是美国银行业的一种创新,不仅有助于银行规避跨州设立分支机构的法律障碍,还促进了银行业务的多元化发展,实现了综合经营,有效增强银行的实力,提高抵御风险能力和市场竞争能力。其缺点是容易形成银行业的垄断,不利于银行之间的充分竞争,并在一定程度上影响被控股银行的经营自主权和创新活动。

(四)连锁银行制

连锁银行制也称为集团银行制,是指通过一人或同一集团控制多家独立银行的多数股权来实现控制银行的组织形式。连锁银行制与控股公司制一样,旨在弥补单一银行制的不足并规避设立分支行的限制。但与控股公司制不同的是,连锁银行制不需要设立专门的股权公司。同时,由于受个人或某一集团的控制,其不易获得所需的大量资本,因此,许多采用连锁银行制的银行相继转变为银行分支机构或组成持股公司。

第二节 商业银行业务

商业银行的主要业务活动最终会反映在其资产负债表上。商业银行的资产负债表是反映银行资产、负债和所有者权益状况的重要财务报表。因此,理解商业银行的资产负债表,对于熟悉商业银行的主要业务,理解商业银行在金融市场中的运作和风险管理至关重要。表5-1是一张简化的商业银行资产负债表。

表5-1　简化的商业银行资产负债表

资产	负债和资本
现金	存款
贷款	借款
证券投资	其他负债
其他资产	银行资本

按照是否计入资产负债表,可将商业银行的业务分成表内业务和表外业务。表内业务包括资产业务、负债业务和资本业务,表外业务包括传统的中间业务和创新的表外业务。

一、商业银行的表内业务

(一)商业银行的资产业务

资产业务是指商业银行的资金运用业务,主要包括现金资产业务、贷款资产业务、证券投资业务,是商业银行获得利润和收益的基础。

1.现金资产业务

现金资产是商业银行流动性最强、盈利性最低的资产,是维护商业银行支付能力的第一道防线,也称为"一级准备"。从构成上看,现金资产主要包括库存现金、存放于中央银行的款项、存放同业款项、在途资金等。

(1)库存现金

库存现金是商业银行为满足日常业务需要而保存在银行金库内的现钞和硬币,属于零息资产,而且安全保护的费用较高,因此商业银行只需要保持必要的库存现金即可。

(2)存放于中央银行的款项

各国货币当局均规定商业银行应在中央银行开设账户,作为银行准备金的基本账户。在中央银行的存款也叫准备金存款,包括法定存款准备金和超额存款准备金。法定存款准备金是按照法定比率向中央银行缴存的准备金,这部分资金商业银行一般不能自由地支配使用,只能随着法定存款准备金率的变化和存款总额的变化而定期调整。超额存款准备金是商业银行在中央银行的存款超过法定存款准备金以外的部分,这部分资金商业银行可自主运用。

学而思

为巩固和增强经济回升向好态势,中国人民银行决定:自2024年2月5日起,下调金融机构存款准备金率0.5个百分点(不含已执行5%存款准备金率的金融机构),本次下调后,金融机构加权平均存款准备金率约为7.0%;自2024年1月25日起,分别下调支农再贷款、支小再贷款和再贴现利率各0.25个百分点。

中国人民银行将全面贯彻中央经济工作会议和中央金融工作会议精神,认真落实党中央、国务院决策部署,灵活适度、精准有效实施稳健的货币政策,加大宏观调控力度,强化逆周期和跨周期调节,保持流动性合理充裕,促进社会融资规模、货币供应量同经济增长和价格水平预期目标相匹配,保持人民币汇率在合理均衡水平上的基本稳定,持续推动经济实现质的有效提升和量的合理增长。

(资料来源:中国人民银行决定下调金融机构存款准备金率和支农支小再贷款、再贴现利率[EB/OL].(2024-01-24)[2024-10-08].http://www.pbc.gov.cn/goutongjiaoliu/113456/113469/5217425/index.html.)

思考题:

商业银行存放于中央银行的款项是不是经常变?

(3)存放同业款项

为了便于同业之间结算收付和相互代理业务,商业银行大多相互开立活期账户。该部分资金可随时支用,可视同现金资产。

(4)在途资金

在清算过程中,本行需向其他银行收款的支票上所载的金额在划入本行收款账户前即称在途资金,也称"托收中的现金"。商业银行应尽可能地缩短收款时间,以提高资金的使用效率。

2.贷款资产业务

贷款是商业银行按照一定的贷款原则和政策,以还本付息为条件,将筹集的资金按照一定的利率贷放给客户使用的借贷行为。贷款业务是商业银行最重要的资产业务,是实现利润的最主要来源。

(1)信用贷款

信用贷款主要是基于借款人的信用状况,而非传统的抵押或担保物,来决定是否发放贷款以及贷款的额度和利率。这种贷款方式的出现,极大地丰富了金融市场,为那些无法提供抵押物但仍需资金支持的借款人提供了新的融资途径。

信用贷款的核心在于借款人的信用记录。银行或金融机构在审批信用贷款时,会详细考察借款人的信用历史、还款记录、收入状况、职业稳定性等多个方面。通过这些信息,它们可以评估出借款人的还款能力和还款意愿,从而决定是否发放贷款。这种基于信用记录的贷款方式,不仅降低了传统抵押贷款中抵押物评估的复杂性,还提高了贷款审批的效率。

信用贷款的种类繁多,可以满足不同借款人的需求。例如,个人消费贷款可以帮助借款人支付大额消费支出,如购车、装修等;而企业经营贷款则可以为中小企业提供运营资金,支持其日常经营和发展。此外,还有一些特定的信用贷款产品,如学生贷款、医疗贷款等,旨在满足特定群体的资金需求。

当然,信用贷款也并非没有风险。由于它是基于借款人的信用状况发放的,因此一旦借款人出现还款困难或违约行为,银行可能就会面临损失。为了降低这种风险,银行在审批信用贷款时通常会进行严格的信用评估,并在贷款合同中设定明确的还款条款和违约责任。

（2）担保贷款

与传统的信用贷款相比，担保贷款的最大特点在于其要求借款人提供一定的担保物或担保人，以降低贷款的风险。具体又可分为保证贷款、抵押贷款和质押贷款。

保证贷款是由第三方提供担保，担保人以其自有的资金和合法资产保证借款人按期归还贷款本息的一种贷款形式。担保人通常是具有较好信用记录和还款能力的人或机构，他们愿意为借款人的贷款提供担保。在借款人无法偿还贷款时，担保人需要承担相应的还款责任。

抵押贷款和质押贷款都涉及借款人或第三方为贷款的偿还提供担保，分别是抵押物和质押物。这两种方式都旨在确保一旦借款人不能履行债务责任，贷款银行就能够通过处置所提供的担保物来挽回损失。然而，二者在担保物的占有权上存在显著区别：在抵押贷款中，抵押物的占有权仍然属于借款人，借款人可以继续使用或管理该抵押物；而在质押贷款中，质押物的占有权已经转移给贷款银行，由银行负责保管和控制，直到贷款得到清偿。这是抵押贷款和质押贷款之间的核心差异。

然而，担保贷款也并非没有风险。虽然担保物或担保人的存在降低了银行的风险，但如果担保物的价值波动较大或担保人自身出现还款困难，银行仍然可能面临损失。因此，在审批担保贷款时，金融机构通常会对担保物进行严格的评估，并对担保人的信用状况进行详细的调查。

（3）票据贴现

票据贴现是一种特殊的贷款，也是银行传统的信贷业务，是指借款人以未到期的合格票据向银行申请贴现，银行按一定的利息率，扣除自贴现日至到期日的利息后将账面余额付给持票人的一种贷款形式。票据到期时，银行持票向票据的债务人兑取款项。贴现额的计算公式为：

$$贴现付款额 = 票据金额 \times \left(1 - 年贴现率 \times \frac{未到期天数}{360}\right)$$

【例 5-1】某公司收到一张商业汇票，票面金额为 20 万美元，汇票签发日为 3 月 5 日，付款期为 3 个月。4 月 12 日，企业因急需用款持，该汇票到银行申请贴现（假设银行贴现率为 6.5%），试计算汇票净值。

汇票签发日为 3 月 5 日，付款期为 3 个月，意味着到期日为 6 月 5 日。该企业 4 月 12 日申请贴现，则未到期的天数为 54 天。

贴现付款额 ＝ 200 000×（1－6.5%×54÷360）＝ 198 050（美元）

3.证券投资业务

商业银行的证券投资业务是指商业银行将资金用于购买有价证券的活动。在商业银行的业务版图中，贷款业务虽占据核心地位，以其高收益著称，但同时

拓展阅读
2024 年商业银行主要监管指标情况表

拓展阅读
《商业银行金融资产风险分类办法》

也伴随着不容忽视的高风险。鉴于贷款项目的选择并不总是理想,当商业银行面临优质贷款项目稀缺的情境时,若大量资金以现金形式存在,将造成显著的机会成本损失。因此,商业银行将资金投资于一些风险较低、流动性较强的有价证券,比如国债、央行票据、地方政府的债券等。至于投资于公司股票,在实施金融分业经营的国家,政府的管理是极为严格的;或是干脆不允许购买和持有股票;或是有苛刻的限制,比如只允许商业银行以极小比例的自有资本及盈余进行股票投资。在实施混业经营的国家中,不少国家也对投资数量有严格的规定。这样的投资决策不仅能够有效保障资金的安全,减少因市场波动带来的潜在损失,同时还能在一定程度上提升商业银行的盈利能力,因此,商业银行的证券投资业务被视为其资产组合中的"二级准备"。

《中华人民共和国商业银行法》第四十三条规定,"商业银行在中华人民共和国境内不得从事信托投资和证券经营业务,不得向非自用不动产投资或者向非银行金融机构和企业投资,但国家另有规定的除外"。因此,我国商业银行的证券投资对象主要为政府债券和中央银行、政策性银行发行的金融债券。

(二)商业银行的负债业务

负债业务是指商业银行筹措资金来源的业务,涵盖了存款和借款等多样化渠道,是商业银行开展资产业务的前提和条件。

1.存款业务

存款业务是商业银行的传统业务,也是最重要的资金来源。存款的数量和类型很大程度上取决于客户的意愿,因而是一种相对被动的负债方式。存款可细分为活期存款、定期存款和储蓄存款。现实生活中存款名目虽然繁多,但大多是这三种存款之间的形式变化。

(1)活期存款

活期存款可随时存取并可直接开立支票账户,灵活便捷,主要用于日常支付。由于活期存款流动性强,存取频繁,手续繁杂,成本较高,通常较少支付或不支付利息。活期存款是商业银行重要的资金来源,也是商业银行创造信用的重要条件。

(2)定期存款

定期存款是相对于活期存款而言,由存款人预先约定存款期限的存款。常见的存款期限为 3 个月、6 个月和 1 年,也可长达 5 年或 10 年,利率根据期限长短不同而存在差异,但高于活期存款。因为定期存款期限固定且较长,为商业银行提供了稳定的资金来源,对于商业银行长期放款与投资具有重要意义。

(3)储蓄存款

储蓄存款主要针对个人,也可分为活期储蓄存款和定期储蓄存款,但一般不

提供支票服务。储蓄存款是商业银行吸收社会零散资金的一种重要方式。

除了上述各种传统的存款业务以外,商业银行在存款账户设置、利率和期限等方面的创新层出不穷,如可转让支付命令账户、自动转账账户、货币市场存款账户、大额可转让定期存单等。

2.借款

（1）向中央银行借款

商业银行向中央银行借款的主要形式包括再贴现与再贷款。再贴现是指商业银行将其买入的未到期的合格票据向中央银行再次申请贴现。再贷款是中央银行向商业银行提供的信用放款。一般来说,商业银行向中央银行借款的主要目的在于缓解资金的暂时不足,而非用来营利。因而,该项目在商业银行负债中的比重一般较小。再贴现与再贷款不仅是商业银行筹措资金的重要渠道,也是中央银行重要的货币政策工具。

（2）同业拆借

同业拆借指金融机构相互之间的资金融通,主要用于维持日常性的资金周转,解决商业银行短期资金的余缺。同业拆借的期限一般都很短,有大量的隔夜拆借。同业拆借市场最早出现在美国,其形成的根本原因在于法定存款准备金制度的实施。

《中华人民共和国商业银行法》第四十六条规定"同业拆借,应当遵守中国人民银行的规定。禁止利用拆入资金发放固定资产贷款或者用于投资。拆出资金限于交足存款准备金、留足备付金和归还中国人民银行到期贷款之后的闲置资金。拆入资金用于弥补票据结算、联行汇差头寸的不足和解决临时性周转资金的需要"。

（3）转抵押借款

转抵押借款是商业银行在面临临时性资金周转困难时,选择向银行同业申请抵押贷款的一种方式。这种借款的特殊性在于,其抵押物多为银行的工商客户在向其申请抵押贷款时所提交的抵押品。换句话说,银行将这些抵押品作为新的融资担保,因此这种借款被称为"转抵押"借款。这种方式允许银行在不直接动用自身资金的情况下,通过抵押物的再利用来获得所需的短期资金。

（4）转贴现借款

转贴现借款与转抵押借款类似,但区别在于其使用的抵押物不同。在转贴现借款中,银行将其为客户办理贴现业务而收到的未到期票据转售给银行同业,以此作为借款的担保。这种方式实际上是一种票据的再融资,银行通过转售未到期票据来获得短期资金,而无须等待票据到期。然而,由于金融当局对这两种借款方式都实行较为严格的管制,并且银行的股东、客户以及社会公众可能会通过这两类借款的增加而形成对银行经营状况的负面预期,因此银行在实际操作中较少进行转抵押借款与转贴现借款。

（5）回购协议

回购协议是商业银行为了获取短期资金,通过出售其持有的政府债券或其他证券给交易对手,同时约定在未来某一特定日期按照预先确定的价格重新购回这些证券的一种业务安排。这种交易实质上是一种有担保物的短期资金融通方式,其中出售的证券作为融资的担保物。

（6）境外借款

除了在本国金融市场上的借款,商业银行还可从国际金融市场筹资来补充银行资金的不足。如欧洲货币市场对各国商业银行都有很强的吸引力,成为银行在国际金融市场融资的重要渠道。

（7）发行金融债券

金融债券是商业银行为筹集中长期资金面向社会公开发行的一种债务凭证,债券持有者享有到期收回本金和利息的权利。

（三）银行资本

银行资本即自有资本,是商业银行开展各项业务的初始资金,是衡量银行经营实力和抗风险能力的重要指标。《巴塞尔协议》是国际银行监管领域的重要标准,规定了银行资本的构成和监管要求。根据《巴塞尔协议》,银行的资本被分为两大类:核心资本和附属资本。核心资本,也称为一级资本,要求银行资本中至少 50％为实收资本及公开储备。附属资本也被称为二级资本或补充资本,最高可等于核心资本,由未公开储备、重估储备、普通准备金、带有债务性质的资本工具、长期次级债务和资本扣除部分组成。这种分类有助于银行监管机构对银行的资本充足率进行监管,确保银行有足够的资本来抵御风险,保护存款人和金融系统的稳定。

根据国家金融监督管理总局统计数据,2024 年一季度末,我国商业银行资本充足率为 15.43％,核心一级资本充足率为 10.77％,一级资本充足率为 12.35％,杠杆率为 6.76％。

延伸案例
福建省首笔! 厦门国际银行成功发行 50 亿科创主题金融债

二、商业银行的表外业务

广义的表外业务是指那些不直接反映在商业银行资产负债表上,但能引起当期损益变动的业务活动。这类业务大致可划分为两大类:一类是历史悠久的传统中间业务,另一类是新兴的、更具创新性的表外业务(也常被称为狭义表外业务)。

（一）传统的中间业务

传统的中间业务是商业银行最为基础且历史悠久的服务形式,其核心特点

在于业务办理过程中不涉及或较少涉及银行自有资金的直接动用,与客户之间不存在直接的借贷关系,而是依托银行的技术实力、良好信誉及专业优势,向客户提供各类金融服务并获取相应报酬。此类业务风险较低,收益相对稳定,对于扩大银行表内业务规模及深化客户关系具有积极作用。随着时代的演进,中间业务不断拓展,主要涵盖支付结算、银行卡、代理服务、基金托管、咨询顾问服务、保险箱服务等多元化领域。

1.支付结算类业务

支付结算类业务是指商业银行为客户办理因债权债务关系引起的与货币支付、资金划拨有关的业务。它涵盖了汇票、本票、支票等工具以及汇兑、委托收款等手段,为客户实现资金的有效流转与清算。

2.银行卡业务

银行卡是由经授权的金融机构(主要指商业银行)向社会发行的具有消费信用、转账结算、存取现金等全部或部分功能的信用支付工具。依据清偿方式,银行卡业务可分为贷记卡业务、准贷记卡业务和借记卡业务。借记卡可进一步分为转账卡、专用卡和储值卡。银行卡业务是现代商业银行一项十分重要的中间业务。

3.代理类业务

代理类业务是指商业银行接受客户委托,代为办理客户指定的经济事务、提供金融服务并收取一定费用的业务,主要包括代收代付业务、代理融通业务、代理证券业务、代理保险业务和代客买卖业务等。这些代理类业务既为客户简化了操作流程,也拓宽了商业银行的服务范围与收入来源。

4.基金托管业务

基金托管业务是指具有托管资格的商业银行,接受基金管理公司的委托,负责安全保管所托管的基金的全部资产,并为这些基金办理资金清算、款项划拨、会计核算、基金估值以及监督管理人的投资运作等一系列服务。这项业务涵盖了封闭式证券投资基金托管、开放式证券投资基金托管以及其他各类基金的托管服务。

5.咨询顾问类业务

咨询顾问类业务是指商业银行依靠自身信息资源、技术实力、良好信誉及专业优势收集和整理有关信息,为客户提供定制化的投资、财务及企业发展战略建议。这些服务不仅助力客户实现财务目标,也强化了商业银行作为专业金融顾问的市场定位。

6.保管箱业务

保管箱业务是指商业银行接受客户委托,按照业务章程和约定的条件,以出租保管箱的形式代客户保管贵重物品。作为一项特色服务,银行提供的高安全标准保管箱,满足了客户对于贵重物品安全存放的需求,进一步丰富了商业银行的服务产品线,增强了客户黏性。

(二)创新的表外业务

创新的表外业务是指那些虽不直接计入资产负债表,但与表内资产或负债业务紧密相连,并在一定条件下会转化为表内资产、负债的业务类型,因此,常被称为或有资产与或有负债业务。创新的表外业务主要包括担保类业务、承诺类业务及交易类业务三大类别。

1.担保类业务

担保类业务指商业银行为客户的债务清偿能力提供担保,承担客户违约风险的业务,包括银行承兑汇票、备用信用证、各类银行保函等。尽管这些业务不直接体现在银行的资产负债表内,但银行实质上承担了潜在的财务风险。若客户无法按约定履行义务,银行可能需代为承担责任,故此类业务归类为表外业务。

2.承诺类业务

承诺类业务是指商业银行在未来某一日期按照事前约定的条件向客户提供约定信用的业务,典型的承诺业务如贷款承诺协议。这类承诺在当下并不涉及资金的实际流动,但在未来特定条件达成时,将转化为银行的明确财务责任,因此同样被视为表外业务。

3.交易类业务

交易类业务是指商业银行为满足客户保值或自身风险管理等方面的需要,利用各种金融工具进行的资金交易活动,主要指金融衍生业务,如远期外汇合约、金融期货、互换和期权等。金融衍生品交易是银行参与的一种高度复杂且风险较大的表外业务,这类交易的核心在于通过金融工具与合约的设计来管理风险或追求收益。金融衍生品的高杠杆特性既为银行提供了扩大收益的机会,也带来了极高的风险挑战。因此,银行在从事此类交易时,必须建立严密的风险监控和内部控制体系,以确保业务的稳健运行。

拓展阅读
《商业银行中间业务暂行规定》

第三节　商业银行的经营原则与管理

一、商业银行的经营原则

商业银行的经营原则是指商业银行在经营活动中必须遵循的行为准则,可简单概括为"三性"原则,即安全性、流动性和盈利性。

（一）安全性原则

安全性原则是指管理经营风险,保证资金安全的要求。作为吸收公众存款的金融机构,商业银行的首要任务是确保资金安全,因为商业银行自有资本比重较小,负债占比较高,对风险尤为敏感。安全性是银行稳健运营的基础,是盈利性和流动性的前提保障。

（二）流动性原则

流动性原则是指商业银行能够随时满足客户提现、转账支付及必要的贷款需求的支付能力,包括资产的流动性和负债的流动性两重含义。资产的流动性是指商业银行所持有的资产在不受损失的前提下变现的能力;负债流动性是指商业银行能够以较低的成本随时获得所需资金的能力。保持充足的流动性是维持商业银行稳健运营的关键,也是确保安全性的重要手段。

（三）盈利性原则

盈利性原则是指商业银行经营过程中要尽可能地追求利润最大化,是商业银行的经营目的。坚持贯彻盈利性原则对商业银行尤为重要,因为盈利不仅可以增强资本实力,扩大业务规模,还有利于提升银行的市场信誉和竞争力。

安全性、流动性和盈利性三者之间既相互统一,又存在矛盾。从根本上讲,"三性"原则是相互统一的,它们共同保证商业银行经营活动的正常运行,其中,盈利性是核心目标,是保持或实现安全性和流动性的目的;安全性是基础,是实现流动性和盈利性的前提;流动性是保证,是实现安全性和盈利性的条件。但是,"三性"原则之间也存在矛盾。一般来说,盈利性往往与安全性和流动性存在冲突,因为高盈利往往伴随高风险和低流动性。因此,商业银行在经营管理中需要巧妙平衡这三者之间的关系,以实现安全性、流动性和盈利性的和谐共生与协调发展。

《中华人民共和国商业银行法》第四条规定"商业银行以安全性、流动性、效益性为经营原则,实行自主经营,自担风险,自负盈亏,自我约束"。注重社会效益是我国商业银行区别于西方商业银行的重要特征之一。

二、商业银行的经营管理理论

为了实现安全性、流动性、盈利性三者的和谐统一,商业银行的经营管理理论在不断的创新发展过程中由最初的资产管理、负债管理到资产负债综合管理以及目前的一些新发展过程。

(一)资产管理理论

20世纪60年代以前,资产管理理论一直是商业银行经营管理中的核心理论。该理论认为商业银行的资金来源很单一,主要为吸收存款,尤其是活期存款。存不存、什么时候存、存多少及存期长短主要由客户决定,但是资金运用的主动权却由商业银行掌握,因此,商业银行应侧重资产管理,通过不断调整资产的规模和结构来实现"三性"原则。资产管理理论的演进经历了三个发展阶段。

1.商业贷款理论

商业贷款理论也称真实票据理论,源于斯密的《国民财富的性质和原因的研究》一书。该理论认为,商业银行的资金来源以活期存款为主,为应对客户的提存,商业银行银行不应发放长期贷款或进行长期投资,而应发放短期的、基于票据抵押的自偿性贷款。这种贷款方式的特点在于其高流动性,并且由于贷款是以商业票据作为担保,随着商业周期的完成,借款人通过实现销售收入即可偿还银行贷款,实现了贷款的自我清偿机制,故称之为自偿贷款。

此理论的重要性在于它有助于避免银行因盲目放贷而引发的流动性危机,因为它确保了贷款与借款人的实际经营活动和现金流紧密相关。同时,这一理论也为商业银行开展票据贴现业务奠定了坚实的理论基础,鼓励银行利用票据贴现这一金融工具,促进资金的有效流通和利用。但这一理论的局限性也日益明显,主要表现:①没有考虑到社会经济发展对贷款需求扩大及贷款种类多样化的客观要求;②没有注意到存款的相对稳定性问题;③缺乏对贷款自我清偿外部条件的考虑;④过于强调自偿性贷款,忽视了自偿性贷款随商业周期自动伸缩信贷量会加大经济波动,从而不利于中央银行货币政策调节等问题。

2.可转换理论

可转换理论也称为资产转换理论,产生于第一次世界大战后,由美国经济学家莫尔顿在1918年发表的《商业银行及资本形成》一文中首次提出。该理论认为,保持流动性关键在于资产的变现能力(可转换性),所以商业银行不必将资产业务局限于短期性和自偿性贷款,而应该拓展资产业务范围,持有可转换性的资产。随着金融市场的发展和完善,政府债券市场空前发展,由于其具有信用好、期限短、易出售的优点,迅速成为商业银行乐于持有的资产,也保证了商业银行资产的流动性。

该理论进一步扩展了商业银行的业务范围,为商业银行的证券投资业务提供了理论依据。但该理论也有其缺陷,它要求以充足的短期证券为条件,这种流动资产受市场影响较大。第一,它的价格受市场波动的影响较大,在银根紧缩时,各家银行都要求变现而出售证券,这时证券价格下跌,难保不受损失。第二,经济发生波动或危机时,证券抛售量大大超过购买量,这时也难以达到保持流动性的预期目的。所以,可转换性理论也不可能从根本上解决银行资产的流动性问题。

3.预期收入理论

预期收入理论兴起于"二战"后西方经济复兴时期,由美国经济学家普鲁克诺于 1949 年在《定期存款及银行流动性理论》一书中提出。该理论主张银行贷款的流动性并非由贷款期限决定,而是基于借款人的未来预期收入。即若借款人预期收入稳定,则长期贷款也能保持流动性;反之,短期贷款在收入不稳定时也可能失去流动性。

该理论革新了贷款管理思路,强调贷款回收与借款人未来收入间的紧密联系,而非单纯依赖贷款期限,为银行开拓高收益新业务提供了理论基础,增强了银行资产配置的灵活性,巩固了商业银行在金融体系中的地位。然而,其局限性在于预测借款人未来收入存在不确定性,易受经济环境和经营状况的波动影响,可能导致银行风险评估与实际发生偏差,从而增加经营风险。

(二)负债管理理论

负债管理理论的盛行是与 20 世纪 60 年代的经济、金融环境的变化相适应的。首先,这一时期,全球经济在战后迅速复苏,金融市场蓬勃兴起,非银行金融机构与银行业在资金争夺战中愈演愈烈。银行为求生存与发展,不得不拓宽融资路径,扩大资产规模,以提升盈利能力。其次,经济大危机后,各国构建了更为严格的金融监管框架,对利率进行管制,特别是存款利率上限的设定,限制了银行通过提高利率来吸引资金的传统手段。然而,20 世纪 60 年代后的通货膨胀导致市场利率飙升,投资渠道多元化,银行存款面临严峻挑战,银行因此被迫调整战略,积极探索多元化融资渠道,以增强资金获取能力。再次,金融创新的浪潮则为商业银行开辟了新天地。大额可转让定期存单等创新金融工具的诞生,不仅增强了资金的流动性,还极大地拓宽了银行的资金来源渠道,使得银行能够更为主动地管理其负债结构。同时,存款保险制度的建立健全,为银行提供了更多的安全保障,也激发了银行敢于冒险、积极进取的精神风貌。

负债管理理论认为,银行应以负债管理为核心,通过借入资金的方式来确保负债的流动性,从而增强资产业务,增加银行收益。这一理论的发展,经历了从银行券理论到存款理论,再到购买理论,直至销售理论的演变过程,体现了银行负债管理策略的不断创新与深化。

1.银行券理论

银行券理论的核心主张在于,商业银行在发行银行券时,必须依托贵金属作为坚实的准备基础,且银行券的发行量需根据经济环境的变化灵活调整,与货币发行准备量之间保持动态平衡,这一理念深刻体现了负债管理的适度性原则。

2.存款理论

存款理论将存款视为银行资金流的命脉,存款行为代表了存款人放弃货币流动性所做出的选择。银行有责任通过支付利息来维护存款的安全与稳定,以回报这一信任。因此,银行在资金运用上需审慎行事,确保所有操作均不超过存款形成的稳定沉淀资金规模。

3.购买理论

自20世纪60年代以来,购买理论在西方商业银行界占据了主导地位。这一理论革新性地提出,银行的资金来源不再局限于传统的、被动的存款积累,而是拓展至银行主动争取外界资金。

4.销售理论

销售理论认为,在金融业竞争日益白热化、银行业并购浪潮此起彼伏,以及混业经营模式逐渐成为主流的背景下,银行必须积极调整其经营战略,致力通过提供多样化的服务以及创新金融产品来吸纳资金,以应对市场的挑战并巩固其竞争优势。

总之,负债管理理论的兴起,是全球经济金融环境变化、金融创新与监管政策调整共同作用的结果,推动了银行负债管理模式的转型升级,为银行业的持续发展注入了新的活力。但负债管理理论也存在弊端,如提高了银行的融资成本,不利于银行稳健经营。

(三)资产负债综合管理理论

20世纪70年代后,随着金融创新的激增,市场利率飙升,传统依赖负债管理的银行经营模式因成本上升与风险暴露而显得力不从心。同时,全球经济滞胀使得银行需调整信贷策略以稳定货币与促进经济。在此背景下,商业银行转向了资产负债综合管理的新模式。

该模式强调银行需灵活应对市场变化,通过综合规划与管理资产和负债,确保两者间的平衡与协调,从而在保障资金流动性和安全性的基础上,追求利润最大化。主要的管理方法是缺口管理法。

缺口管理法是指根据期限或利率等指标将资产和负债分成不同类型,然后对于同一类型的资产和负债之间的差额[即缺口(GAP)]进行分析和管理。以利率指标为例,资产负债对利率变化的变动差异,通常用利率敏感性缺口来分析。

利率敏感性缺口(ISG)=利率敏感性资产(IRSA)-利率敏感性负债(IRSL)

当利率敏感性资产>利率敏感性负债时,称为正缺口;

当利率敏感性资产<利率敏感性负债时,称为负缺口;

当利率敏感性资产=利率敏感性负债时,称为零缺口。

如果预测利率上升,银行尽量持有正缺口,此时,银行收益的增加值将大于银行成本的增加值,从而增加银行的盈利。反之,则持有负缺口。

资产负债综合管理理论标志着商业银行经营管理理论的重大进步。它克服了单一资产管理或负债管理的局限性,通过优化资产负债结构,实现了银行安全性、流动性与盈利性三大目标的和谐统一。

在我国,这一理论的实践始于1988年交通银行率先实施的以"比例管理"为核心的自我控制体系,标志着我国银行业开始探索资产与负债的协调管理之路。随后,中国人民银行于1994年发布的《关于对商业银行实行资产负债比例管理的通知》,更是正式将这一先进理论引入我国银行业,促进了我国商业银行经营管理水平的全面提升。

(四)商业银行经营管理理论的新发展

自20世纪80年代以来,金融自由化与金融创新的快速发展使得商业银行所面临的风险日益复杂化,这对风险管理提出了更大的挑战。在此背景下,美国反舞弊财务报告委员会发起组织(The Committee of Sponsoring Organizations of the Treadway Commission,COSO)于2003年发布了《全面风险管理框架》的征求意见稿,而巴塞尔委员会也在2004年发布了《巴塞尔新资本协议》。这两个重要文件的发布标志着全面风险管理开始成为国际商业银行管理的新趋势。对于商业银行而言,全面风险管理不仅涉及从董事会、管理层到风险管理部门、业务部门、分支机构等各个层面,还涵盖了信用风险、市场风险、操作风险、运营风险、法律风险、流动性风险等多个领域。它包括了风险战略的制定、业务流程的再造、风险管理组织体系的建设、风险管理技术的更新、风险管理信息系统的建设、风险管理人员的培养以及风险管理文化的塑造等多个方面的内容。因此,全面风险管理已经成为商业银行经营管理的核心。需要指出的是,商业银行无论采用何种方法进行风险管理,都不能完全消除风险,因此,风险管理的重点是将风险控制在可承受的范围内。

党的十八大以来,习近平总书记针对防范与化解金融风险、维护国家金融安全发表了一系列重要论述,为新时代金融稳定工作提供了根本遵循和行动指南。2016年,我国银监会发布了《银行业金融机构全面风险管理指引》,该指引成为我国银行业全面风险管理的统领性、综合性规则,旨在引导银行业树立全面风险管理意识,建立稳健的风险文化,完善风险管理治理架构和要素,健全全面风险管理体系,持续提升风险管理水平。党的十九大将防范化解重大风险列为三大攻坚战之首,中央经济工作会议明确打好防范化解重大风险攻坚战,重点是防控金融风险。党的二十大报告指出,加强和完善现代金融监管,强化金融稳定保障体系,依法将各类金融活动全部纳入监管,守住不发生系统性风险底线。2024年1月16日,在省部级主要领导干部推动金融高质量发展专题研讨班开班式上,习近平总书记以"八个坚持"对中国特色金融发展之路作出精辟概括,其中之一是"坚持把防控风险作为金融工作的永恒主题",并强调"要着力防范化解金融风险特别是系统性风险"。由此可见,维护金融安全是关系我国经济社会发展全局的带有战略性、根本性的大事。有效防控金融风险,特别是系统性金融风险,是建设金融强国的必然要求。商业银行打赢防范金融风险攻坚战,不仅是为了自身稳健审慎经营的需要,更是维护国家经济稳定和金融安全的责任担当。

本章小结

银行业起源于货币经营业。现代商业银行通过两条途径产生:一是从旧的高利贷银行转变而来,二是按照资本主义组织原则,以股份公司形式组建而成。在信息技术迅猛发展和金融自由化国际浪潮的推动下,商业银行正逐步转型为以金融品牌为核心、提供全面服务、依托互联网技术并结合实体网络,朝综合化、全球化、电子化、集团化、虚拟化全能服务机构方向发展的经营主体。

商业银行是特殊的金融企业,履行信用中介、支付中介、信用创造和金融服务职能。商业银行的组织制度主要包括单一银行制、总分行制、控股公司制和连锁银行制四种类型。

商业银行的业务按照是否计入资产负债表可分为表内业务和表外业务,表内业务包括资产业务、负债业务和银行资本,广义的表外业务包括传统的中间业务和创新的表外业务。商业银行的资产业务是资金运用业务,主要包括现金资产业务、贷款资产业务和证券投资业务,其中又以贷款业务为主。商业银行负债业务是资金来源业务,主要包括存款业务和借款业务,其中又以吸收存款为主。银行资本即自有资本,是商业银行开展各项业务的初始资金,是衡量银行经营实力和抗风险能力的重要指标。银行的资本分为两大类:核心资本和附属资本。核心资本,所占比例不能低于50%。广义的表外业务是指那些不直接反映在商业银行资产负债表上,但能引起当期损益变动的业务活动。这类业务大致可划分为两大类:一类是传统的中间业务,另一类是创新的表外业务(狭义的表外业务)。传统的中间业务主要涵盖支付结算、银行卡、代理服务、基金托管、咨询顾问服务、保险箱服务等多元化领域。创新的表外业务主要包括担保类业务、承诺类业务及交易类业务三大类别。

商业银行的经营原则可简单概括为"三性"原则,即安全性、流动性和盈利性。我国将盈利性改为效益性,体现了注重社会效益是我国商业银行区别于西方国家商业银行的重要特征之一。

商业银行的经营管理理论在不断的创新发展过程中由最初的资产管理、负债管理到资产负债综合管理以及目前的一些新发展过程。资产管理经历了商业贷款理论、可转换理论和预期收入理论三个阶段。负债管理经历了银行券理论、存款理论、购买理论和销售理论四个阶段。资产负债综合管理通过综合规划与管理资产和负债,确保两者间的平衡与协调,从而在保障资金流动性和安全性的基础上,实现利润最大化。主要的管理方法是缺口管理法。随着金融自由化与金融创新的快速发展,商业银行所面临的风险日益复杂化,全面风险管理已经成为商业银行经营管理的核心。

基本概念

商业银行　存款　贷款　信用中介　信用创造　资产业务　负债业务　中间业务
安全性　盈利性　流动性

课后练习

一、单项选择题

1.下列不属于商业银行现金资产的是(　　　)。

A.库存现金　　　　　　　　　　B.存放于中央银行的款项

C.存放同业款项　　　　　　　　D.应付款项

2.1694 年,(　　　)成立,标志着现代银行业的兴起和高利贷的垄断地位被打破。

A.渣打银行　　　B.英格兰银行　　　C.丽如银行　　　　D.汇丰银行

3.商业银行的(　　　)被称为第一级准备。

A.现金资产　　　B.证券资产　　　C.股票资产　　　　D.贷款资产

4.商业银行从事的不列入资产负债表内但能影响银行当期损益的经营活动,是商业银行的(　　　)。

A.资本业务　　　B.资产业务　　　C.负债业务　　　　D.表外业务

5.假设某商业银行的业务如下:各项存款 2 000 万元,各项贷款 1 000 万元,库存现金 100 万元,向央行再贷款 100 万元,开办信托投资业务 150 万元,发行金融债券 300 万元,同业拆借 100 万元,在央行存款 200 万元,承诺向水电厂贷款 80 万元。根据以上资料,该商业银行负债业务的总额为(　　　)万元。

A.2 100   B.2 400   C.2 500   D.2 580

6.历史上首先以"银行"命名的信用机构是（   ）。

A.汉堡银行   B.英格兰银行   C.纽伦堡银行   D.威尼斯银行

7.下列不属于我国商业银行业务范围的是（   ）。

A.监管其他金融机构   B.发行金融债券

C.买卖政府债券   D.买卖外汇

8.商业银行的投资业务是指商业银行（   ）的活动。

A.投资房地产   B.贷款   C.购买证券   D.投资工业企业

9.1918 年,（   ）在《政治经济学杂志》上发表《商业银行与资本形成》一文,提出了资产转换理论。

A.莫尔顿   B.普罗科诺   C.斯密   D.费雪

10.商业银行最基本也是最能反映其经营活动特征的职能是（   ）。

A.信用创造   B.支付中介   C.信用中介   D.金融服务

二、多项选择题

1.《中华人民共和国商业银行法》明确规定商业银行的经营原则包括（   ）。

A.安全性   B.流动性   C.盈利性   D.效益性

2.商业银行替客户办理中间业务可能获得的好处有（   ）。

A.控制企业经营

B.与客户分成

C.手续费收入

D.获得稳定的客户,增加其资金来源的稳定性

3.商业银行资产管理理论的发展主要经历了（   ）不同的阶段。

A.商业贷款理论   B.资产组合理论

C.可转换理论   D.预期收入理论

4.商业银行的组织制度包括（   ）。

A.单一银行制   B.总分行制   C.控股公司制   D.连锁银行制

5.商业银行的特殊性主要表现在（   ）。

A.追求利润最大化

B.商业银行对整个社会经济的影响具有特殊性

C.商业银行的经营对象和内容具有特殊性

D.商业银行责任特殊

三、判断题

1.商业银行是以追求社会效益最大化为目标,以经营金融资产和金融负债为对象的特殊企业。（　　）

2.票据贴现是商业银行的负债业务。（　　）

3.随着资本主义制度的建立和完善,以股份公司形式组建商业银行成为一种主流趋势。（　　）

4.商业银行经营的"三性"原则中,流动性与盈利性正相关。（　　）

5.中国自办的第一家银行是1897年成立的交通银行。（　　）

6.目前,世界上大多数国家实行的银行制度是控股公司制。（　　）

7.现代商业银行是朝"万能银行"和"金融百货公司"方向发展。（　　）

8.抵押贷款和质押贷款之间的核心差异是,在质押贷款中,质押物的占有权仍然属于借款人,借款人可以继续使用或管理该质押物;而在抵押贷款中,抵押物的占有权已经转移给贷款银行,由银行负责保管和控制,直到贷款得到清偿。（　　）

9.金融资产按照风险程度分为五类,分别为正常类、关注类、次级类、可疑类、损失类,后四者合称不良资产。（　　）

10.信用卡业务属于商业银行狭义的表外业务。（　　）

四、思考题

1.如何理解商业银行的性质?

2.商业银行具有哪些职能?

3.商业银行的资产业务有哪些?

4.简述商业银行的负债业务。

5.商业银行经营过程中要遵循哪些原则?

6.试述商业银行经营管理理论的发展脉络。

第六章　中央银行

学习目标

知识目标

1. 了解中央银行的性质与职能,认识中央银行的特殊地位;

2. 了解我国中央银行的发展与组织结构;

3. 了解党的二十大以后的金融体系改革;

4. 熟悉中央银行资产负债表的构成;

5. 掌握中央银行的概念、职能;

6. 掌握中央银行的业务对资产负债表的影响。

能力目标

1. 能联系我国国情分析中央银行的特殊性和重要性;

2. 能结合我国实际理解中央银行的业务及其施政意义。

素养目标

1. 了解金融强国战略,理解从"现代央行"到"强大央行"的中国之治;

2. 理解我国中央银行的中国特色,理解其政治性和人民性;

3. 能结合我国实际,分析我国中央银行在中国式现代化中的重要作用。

本章重点

1. 中央银行的特殊性；
2. 中央银行的三大职能；
3. 中央银行的三大业务。

本章难点

1. 三大职能在我国的具体实践应用；
2. 宏观审慎职能的含义。

思维导图

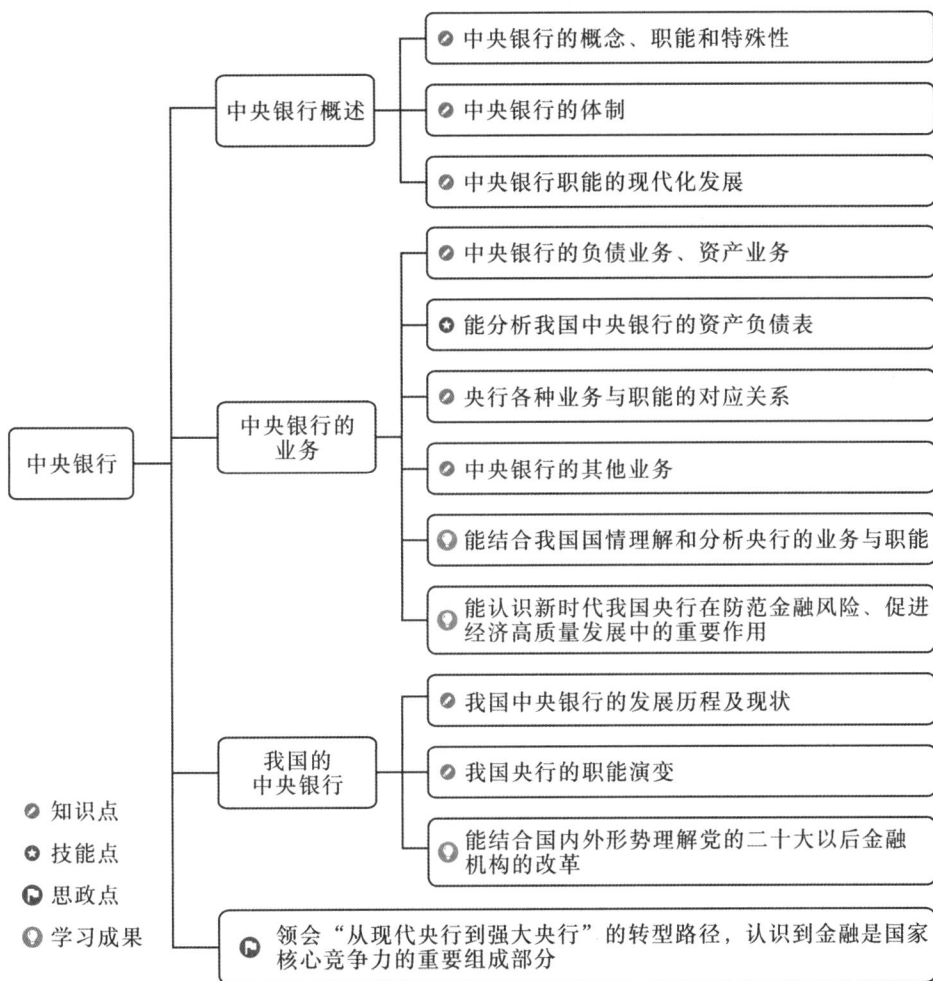

📚 **课前导读**

代表热议修订完善《中国人民银行法》，建设现代中央银行制度

"强大的货币、强大的中央银行"是建设金融强国一系列关键核心要素，强调中央银行负责调控货币总闸门，对经济发展全局有着重要作用。

随着国务院机构改革方案的出台，中国人民银行的履职范围也发生较大变化。目前，总行的体制、机制及分支机构改革工作正在逐步细化、稳步落实，进一步修订完善《中国人民银行法》正当其时。

两会期间，多位央行系统的人大代表带来了关于加快修改《中华人民共和国中国人民银行法》的建议。他们均认为，应增加机构改革后新职能，并将建设现代中央银行制度写入《中国人民银行法》，同时完善监督检查权限范围、健全货币政策和宏观审慎政策双支柱调控框架，完善货币政策工具箱。

多位代表建议，《中国人民银行法》是建设现代中央银行制度的重要法律基础，迫切需要通过修法构建现代中央银行制度的整体框架，明确中国人民银行新增加的职责。

"千招万招，管不住货币都是无用之招"。全国人大代表、中国人民银行安徽省分行党委书记、行长马骏表示，中央银行是发行货币的银行，负责调控货币总闸门，管好货币是中央银行维护币值稳定的具体要求，需要在法律上健全基础货币投放机制和货币供应调控机制，明确中央银行监督管理货币的职责、资源和行政处罚权。

全国人大代表、中国人民银行河南省分行党委书记、行长王均坦建议，在修法中，强化维护币值稳定、促进人民币跨境投融资、交易结算等法律机制，增加提升国际储备货币地位内容，明确跨境资金流动宏观审慎管理以及相应的风险防控职责。同时，他建议修法中赋予数字人民币与实物人民币同等法律地位，为发行数字货币及跨境使用提供法律依据。

政府工作报告提出，大力发展科技金融、绿色金融、普惠金融、养老金融、数字金融。"五篇大文章"首次被写入政府工作报告，并列入货币政策工作之下。目前，中国人民银行经批准增设了信贷市场司，统筹做好"五篇大文章"的职能更加突出。

王均坦建议，明确中国人民银行拟定并组织实施宏观信贷指导政策职责和结构性金融政策协调职责，强化中国人民银行结构性货币政策职能。建议明确中国人民银行做好"五篇大文章"相关职责及金融机构相应义务，明确中国人民银行激励引导和评估考核职责。

马骏建议，根据中国人民银行履职范围的变化，在《中国人民银行法》中进一步明确赋予中国人民银行在货币、支付、征信、反洗钱等领域充分的监督检查职

能和权限,确保货币信贷政策、宏观审慎政策、金融稳定、调查统计、征信管理、反洗钱等所有履职范围内的相关政策措施能在实践中得到有效落实。

(资料来源:代表热议修订完善《中国人民银行法》,建设现代中央银行制度[EB/OL].(2024-03-07)[2024-09-06].https://baijiahao.baidu.com/s?id=17928696689598514315&wfr=spider&for=pc.)

通过阅读以上新闻资料,我们能感性地了解到中央银行在一国经济金融中的重要作用。本章我们将学习有关中央银行的理论知识。通过学习,我们会对中央银行的职能有清晰的认识,并逐步了解新闻中提到的"金融强国"战略、"五篇大文章"等金融领域的热门词语。

第一节　中央银行概述

一、中央银行的概念

(一)中央银行的概念和特殊性

中央银行是一国或地区最高的货币金融管理机构,按照法律赋予的权限负责发行货币,制定和执行货币政策、宏观审慎政策,防范和化解金融风险,维护金融稳定。

中央银行在金融机构体系中是独一无二的,其特殊性体现在以下三个方面。

1.中央银行是特殊金融机构

在法律地位上,中央银行一般有单独的法律作保障;在经营目标上,中央银行不以营利为目的;在业务经营上,除了为金融机构提供"存、贷、汇"业务,还独家垄断货币发行、代理国库、管理国家外汇黄金储备以及集中商业银行存款准备金等业务。

2.中央银行是特殊行政机构

国家行政机构一般通过国家授权,用行政手段管理本领域的社会经济事务,行政命令往往直接作用于微观主体。中央银行相对于其他行政机构,在使用行政手段管理的同时,更多是作为平等交易主体,利用市场手段调控货币金融领域,并且其调控往往不直接作用于微观主体,而是通过金融机构和金融市场间接地影响微观主体。

3.中央银行往往具有较强的独立性

中央银行的"独立性"是指中央银行履行自身职责时法律赋予或实际拥有的权力、决策与行动的自主程度,一般是指中央银行在履行制定与实施货币职能的自主性。《中国人民银行法》以法律形式明确规定了中国人民银行的法律地位,即"中国人民银行是中华人民共和国的中央银行","中国人民银行在国务院领导下,制定和实施货币政策,对金融业实施监督管理"。这些规定确立了中央银行具有相对独立性。

(二)中央银行的产生与发展

1.中央银行的产生

中央银行产生于17世纪后半期,形成于19世纪初。商品经济的迅速发展、经济危机的频繁发生以及银行信用的普遍化和集中化,既为中央银行的产生奠定了经济基础,又为中央银行的产生提供了客观要求。

(1)满足政府融资需求

随着各国经济的繁荣发展,政府的职能越来越多,政府在政治经济等方面的活动需要掌握大量资金。这就需要有一家大银行为政府集中保管资金、办理资金收付,在财政困难、收不抵支的时候,给予资金融通,保证国家各项职能的正常发挥。

(2)统一银行券发行需求

在银行业发展初期,几乎每家银行都有发行银行券的权力。但随着经济的发展、市场的扩大和银行机构的增多,银行券分散发行的弊病越来越明显,客观上要求有一个资力雄厚并在全国范围内享有权威的银行来统一发行银行券。

(3)统一票据交换及清算需求

随着银行业的不断发展,银行每天收受票据的数量增多,各家银行之间的债权债务关系日益复杂,由各家银行自行轧差清算已难以实现。这种状况客观上要求设立中央银行,作为全国统一的、有权威的、公正的清算中心。

(4)充当最后贷款人需求

商业银行经常会发生营运资金不足、头寸调度不灵等问题,这就从客观上要求建立中央银行。中央银行既能集中众多银行的存款准备,以应付客户提现需求;又能在银行资金紧张、支付困难的时期,为银行充当最后的贷款人,扶助银行业务的顺利发展。

(5)监管金融业需求

随着银行业和金融市场的发展,需要政府出面进行必要的管理,这就要求产生隶属政府的中央银行这种专门机构来实施政府对银行业和金融市场的监督和管理。

2.中央银行的发展

中央银行的发展经历了五个显著的阶段：

(1)雏形阶段(17世纪中期至第一次世界大战前)

在这个时期，为应对金融系统紊乱，各国开始尝试建立中央银行。瑞典银行最初是一家私人银行，后来获得了货币发行权，成为国家银行。英格兰银行成立于1694年，直至1844年通过《比尔条例》才确立其银行券发行权，并在多次经济危机中发挥关键作用，被誉为"世界上第一家中央银行"。其他国家如法兰西银行、荷兰银行和西班牙银行等也纷纷效仿。美国联邦储备银行则是在经过多方利益博弈后，于1913年正式建立。

(2)广泛设立阶段(第一次世界大战至第二次世界大战结束)

战争对金融秩序造成了巨大破坏，各国认识到建立中央银行以协调金融业监管对恢复经济至关重要。1920年的国际金融会议明确指出，尚未建立中央银行的国家应尽快设立，已设立的国家应加强中央银行的地位和作用。在此时期，有四十多个国家相继建立了中央银行。1944年布雷顿森林会议的召开，促进了各国中央银行的合作。在此基础上，国际货币基金组织和世界银行于1945年12月正式成立，此举进一步推动了各国中央银行制度的发展和完善。

(3)规范发展阶段(第二次世界大战后至1971年)

"二战"后，政治、经济和金融环境发生了剧变。为稳定货币和维护经济利益，国家开始干预经济，实施宏观调控措施，其中货币政策成为重要工具。一方面，各国纷纷对中央银行进行国有化改革，使其直接接受国家控制与监督，并任命中央银行负责人；另一方面，颁布专门法律来明确中央银行在贯彻执行货币政策、保持币值稳定方面的职责，强化宏观调控职能。与此同时，各国中央银行之间的交流与合作也更加频繁和紧密。

(4)现代化发展阶段(1972—2008年)

20世纪70年代，主要西方国家经济陷入"滞胀"，凯恩斯主义"药方"失效，主张减少政府干预的货币学派和新古典主义开始占据主导地位，加上1973年布雷顿森林体系瓦解，全球开始进入信用货币时代，中央银行制度随之迈入"现代化"发展阶段。

与传统中央银行制度相比，现代中央银行制度更加注重价格稳定。20世纪80年代以来，部分国家和地区的中央银行更加重视对通货膨胀预期的管理，并从90年代开始推行通货膨胀目标制，这一做法被认为帮助实现了将近20多年的低通胀、高增长的"大缓和"时代。

不仅如此，现代中央银行制度更加注重独立性。为避免政府对中央银行的干预，越来越多的国家和地区开始改革中央银行制度，明确中央银行和财政部门、监管部门的边界。例如，1998年《英格兰银行法》修订后，英格兰银行被赋予独立制定和实施货币政策职权(无须经过财政部同意)。1998年成立的欧洲中央银行,成为管理超主权货币的中央银行,且不接受欧盟的领导和各国政府的监督。

(5)职能全面强化阶段(2009年至今)

自2008年国际金融危机以来,西方发达经济体开始重新审视中央银行的职责定位和金融监管制度,纷纷强化了中央银行维护金融稳定和统筹宏观审慎监管的职能。例如,2010年美国通过的《多德—弗兰克法案》,将美联储的监管职责范围扩展至所有系统重要性银行和非银行业金融机构。2012年英国通过的《金融服务法》规定,在英格兰银行内部设立金融政策委员会和审慎监管局,前者负责宏观审慎政策制定、识别并防范化解系统性金融风险,后者负责对金融机构进行监管。

中央银行300多年的历史表明,随着经济的发展、货币制度的演变和国家治理的变化,中央银行制度也在发生变化,逐渐形成了现代中央银行制度。新中国成立以来,我国在中央银行制度建设方面,进行了一系列改革探索。1983年,国务院决定由中国人民银行专门行使中央银行的职能;1995年,《中国人民银行法》正式颁布,标志着我国的中央银行制度迈向了法治化、规范化的新阶段;党的十八大以来,党中央、国务院对中国人民银行的职能配置作出新规定,强化了中国人民银行宏观审慎管理、系统性金融风险防范、金融基础设施统筹监管等职责,使我国的中央银行制度与高质量发展的需要更相适应。

(三)世界范围内代表性的中央银行

1.英格兰银行

英格兰银行(Bank of England,BoE)是英国的中央银行,是公认的世界上最早的中央银行之一,如图6-1所示。英格兰银行于1694年成立,在成立之初英格兰银行是享受特权的商业银行。随着英国资本主义的不断发展,英格兰银行逐步获得了清算银行地位,并逐渐开始使用再贷款和再贴现业务调控经济。1928年,英国通过《通货和钞票法案》,英国财政部停止发行货币,英格兰银行完全垄断货币发行权。1946年,英国政府将英格兰银行国有化,帮助政府制定并执行货币政策。英格兰银行总行设于伦敦,职能机构分政策和市场、金融结构和监督、业务和服务三个部分,设15个局(部)。同时,英格兰银行还在伯明翰、布里斯托、利兹、利物浦、曼彻斯特、南安普顿、纽卡斯尔及伦敦法院区设有8个分行。

2.美国联邦储备系统

美国联邦储备系统(Federal Reserve System,FR)即美联储,是一家美国的私有中央银行,负责履行美国中央银行的职责,是当前对世界经济影响最大的中

图 6-1　英格兰银行

央银行,如图 6-2 所示。美国联邦储备系统于 1913 年成立,在其成立之前美国多次尝试建立统一的中央银行体制,但最终都没有成功,美国也在 19 世纪长期忍受货币制度的混乱和周期性的银行危机。在 1907 年金融危机之后,美国为了化解银行危机导致的经济运行动荡,最终在 1913 年通过《联邦储备法》,建立了中央和地方两级分权的二元式中央银行制度。美联储在建立之初隶属于财政部。1951 年,美联储与美国财政部达成分工协议,开始独立执行货币政策。目前,美联储是国际上强独立性中央银行的典型代表。美国联邦储备系统由位于华盛顿特区的联邦储备委员会和 12 家分布在全国主要城市的地区性的联邦储备银行组成,从美国国会获得权力,履行制定货币政策和对美国金融机构进行监管等职责。

3.欧洲中央银行

欧洲中央银行(European Central Bank,ECB)是欧元区国家共同的中央银行,是最典型的由发达国家组成的跨国中央银行。在漫长的欧洲经济一体化过程中,欧洲先后经历了"欧洲货币体系"和"欧洲货币局"两个阶段,并最终于 1998 年 6 月 1 日在德国法兰克福成立欧洲中央银行(欧洲中央银行和欧盟成员国的中央银行进一步组成欧洲中央银行体系)。目前欧洲中央银行垄断了欧元的货币发行权,并在高度独立性保障下以维护欧元区的物价稳定为目标。

关于我国的中央银行将在本章第三节讲述。

拓展阅读
有关国家和地区
中央银行和金融
当局

图 6-2　美国联邦储备系统

二、中央银行的职能

传统中央银行具有三大基本职能,即发行的银行、银行的银行和国家的银行。

(一)发行的银行

1.垄断货币发行权

发行的银行是指国家赋予中央银行集中与垄断货币发行的特权。垄断货币发行权是获得现代中央银行地位的重要标志。狭义的货币发行是指流通中纸币和硬币的发行。在以纸币为主的信用货币制度下,货币发行会带来较高的铸币税,如不加以限制容易导致货币超发,而且货币发行需要国家信用作为支撑,因此各国政府一般都将货币发行权集中授予一个单独的国家机构,即中央银行,但也有少数国家把不会产生大量铸币税的硬币发行权授予财政部。

在现代信用经济中,广义的货币发行不单指发行通货,还包括发行存款货币。对于存款货币的发行,中央银行不再具备完全垄断的能力,但存款货币创造的源头在中央银行,中央银行对其仍然有很强的控制力。

2.维护币值稳定

由于中央银行集中和垄断了货币发行权,自然就引申出了中央银行的一项重要职能:保证其所发行的货币价值稳定。当前世界绝大多数国家都把货币价值稳定作为中央银行最重要的货币政策目标。货币价值稳定的目标根据国情不同可以具体分为控制通货膨胀（对内价值稳定）、避免汇率大幅波动（对外价值稳定）或两者兼顾。

（二）银行的银行

中央银行作为银行，也办理存、货、汇业务，只不过其业务对象不是一般的企业和个人，而是商业银行和其他金融机构，所以它也被称作银行的银行。中央银行的具体职能如下：

1.各金融机构向中央银行缴纳存款准备金

一般来说，各国银行法都规定商业银行吸收的存款要按一定的比例提取法定存款准备金，保留在中央银行的账户上。最初，中央银行集中保管存款准备金的目的是保障存款人和金融机构的安全；后来，这逐渐演变为中央银行调控信贷规模和货币供给量的重要手段。一般来说，商业银行在中央银行的存款是没有利息收入的。

2.中央银行向金融机构提供贷款援助

作为最后贷款人，中央银行要在其他金融机构资金周转困难而无其他途径筹措资金时，对其提供贷款援助。中央银行对商业银行的贷款，主要源于国库存款和商业银行缴存的存款准备金。如果这些资金还不够用，中央银行则可以发行基础货币来满足资金的需要。因此，这是一道防止银行破产倒闭的"防火墙"。一般来说，中央银行对商业银行的贷款主要通过对商业银行办理的贴现票据进行再贴现的方式进行，或是以有价证券抵押申请贷款，或是完全的信用贷款。这种贷款又被笼统地称为"再贴现贷款"，其利率则被称为"再贴现率"。这样，中央银行通过变动再贴现率，对整个社会的资金供求状况和利率产生影响。

3.中央银行负责组织全国范围内的资金清算

由于各金融机构都在中央银行设有存款准备金账户并拥有存款，所以它们之间收付的资金在中央银行账户上进行划拨、转账即可。这一方面可以节约资金的使用，减少清算费用，解决单个银行资金清算所面临的困难；另一方面，也有利于中央银行通过清算系统对商业银行等机构的经营状况进行监督控制。

（三）国家的银行

国家的银行是指中央银行代表国家贯彻执行货币金融政策，代理国库收支以及为国家提供各种金融服务，具体职能如下：

1.代理国库

代理国家金库业务是银行代国家办理财政预算收支等业务的总称，是国家赋予中国人民银行的职责。

拓展阅读
港币的发行及其稳定机制

拓展阅读
"降准"有利于拉动经济增长

2.代办政府的各种金融事务

例如代理国债的发行、销售及还本付息事宜;代表政府保管黄金外汇储备、办理黄金外汇买卖业务等。

3.执行金融行政管理

例如依法对金融机构的设置、撤并、迁移等进行审批和注册;对金融机构的业务范围、清偿能力、资产负债结构、存款准备金缴存情况进行检查等。

4.代表政府参加国际金融活动

5.制定和执行货币政策

中央银行制定和执行货币政策,以影响和调控经济活动和价格水平。货币政策的目标通常是保持物价稳定、促进经济增长和稳定就业。中央银行通过调整利率、控制货币供应量和发行债券等手段来实现货币政策的目标。货币政策的执行需要中央银行对经济形势的准确分析和判断,以便及时采取适当的政策措施。

(四)中央银行职能的现代化发展

随着经济金融一体化的不断发展以及金融危机的冲击,中央银行获得了一些新的职能。

1.突出货币政策调控职能

货币政策与金融监管职能的分离,并不表明两者之间没有关系,这种职能的分离是为了使中央银行更好地履行宏观调控、维护金融市场稳定,突出其货币政策的调控职能。比如,英国于 2000 年 6 月通过了《金融市场与服务法案》,从法律上进一步确认英国金融服务监管局作为一个综合性超级监管机构,负责对各领域金融活动进行监管,英格兰银行在职能分拆后主要侧重于货币政策职能。又如,日本于 1998 年 6 月成立金融监督厅,其主要职能是负责管理和监督日本金融机构的各项业务,促进金融机构间的公平竞争。

2.强调金融稳定职能

其中最典型的职能是制定和执行宏观审慎政策。由 2007 年美国次贷危机引发的国际金融危机,对全球经济造成重创。加强宏观审慎管理,防范和化解金融风险、维护金融稳定成为国际共识。从全球主要经济体的实践来看,该部分职责大都划归为中央银行。比如,美国组建了金融稳定监督委员会,英格兰银行成立了金融政策委员会,中国成立了中央金融委员会,中国人民银行成立了金融稳定局和宏观审慎管理局。

三、中央银行体制

由于各国存在历史进程、经济结构和政治制度等多方面的差异,各国中央银行体制之间也存在差别。中央银行的体制主要包括中央银行的制度类型、所有制形式、权力分配与机构设置。

(一)中央银行的制度类型

中央银行的制度类型主要取决于该国或地区的国情和经济发展的需要。各国的中央银行制度大致可归纳为四种类型:单一型、复合型、准中央银行型和跨国型。

1.单一型中央银行制度

单一型中央银行制度是指国家设立单独的中央银行机构,全面、纯粹地行使中央银行职能的制度。单一型中央银行制度是最主要、最典型的中央银行制度形式,具体又可分为两种情况。①一元式。一国内部只建立一家统一的中央银行,机构设置一般采取总分行制,逐级垂直隶属。世界上绝大多数国家如英国、法国和日本的中央银行都采取这种形式,我国的中央银行也实行这种制度。②二元式。在国内建立中央和地方两级相对独立的中央银行机构。中央级机构是最高权力和管理机构,地方级机构受中央级机构的监督管理,但后者在各自的辖区内对货币政策的具体实施、金融监管和中央银行有关业务的操作方面有较大的独立性,与中央级机构也不是总分行关系。二元式结构一般产生于联邦制国家,与其国家体制相适应,美国目前实行的就是这种中央银行体制。

2.复合型中央银行制度

复合型中央银行制度是指在一国之内,不设立专门的中央银行,而是由一家大银行来同时扮演中央银行和商业银行两种角色,也就是所谓的"一身二任"。这种中央银行制度往往与计划经济体制相联系。苏联以及1990年以前多数东欧国家都实行这种制度。我国在1984年以前也实行这种中央银行制度。

3.准中央银行制度

准中央银行制度是指某些国家或地区只设立类似中央银行的机构,或由政府授权某个或某几个商业银行行使部分中央银行职能的制度。采取这种体制的往往是地域较小,而同时又存在一家或几家银行一直处于垄断地位的国家或地区,比如新加坡和我国香港特别行政区等。新加坡设有金融管理局、货币委员会、投资局和中央公积金局等政府机构,相互配合行使金融管理和中央银行职能;我国香港特别行政区设有金融管理局,负责货币政策、金融监管和支付结算体系,港币发行在联系汇率制度框架下由渣打银行、汇丰银行和中国银行负责。

4.跨国型中央银行制度

跨国型中央银行制度是指两个以上的主权国家设立共同的中央银行。该制度一般建立在货币联盟基础之上。跨国中央银行在联盟内发行共同的货币,执行统一的货币金融政策,并对各国金融制度和金融市场实行监督。实行这种体制的有:由德国、法国等十余个欧元区国家组成的欧洲中央银行,统一使用欧元;

由贝宁、尼日尔等国组成的西非货币联盟所设的西非国家中央银行,统一使用西非法郎;由喀麦隆、加蓬等国组成的中非货币联盟所设的中非国家银行,统一使用中非法郎;由安提瓜、多米尼加等国组建的东加勒比中央银行,统一使用东加勒比元。

拓展阅读
欧洲中央银行

(二)中央银行的所有制形式

中央银行的所有制形式是指中央银行资本来源的构成。中央银行作为一国的货币当局和货币政策执行者,处于本国经济和金融的核心地位,其所有制形式上天然应当由国家出资设立,归属国家所有。但实践中由于各国中央银行的成立和改造历程各不相同,因而呈现出了不同的所有制形式。概括起来,世界各国中央银行的所有制形式有五种类型:

1.国家所有形式

大多数国家中央银行的资本为国家所有。中央银行成立时,国家就拨付了全部资本金,如中国人民银行。部分国家的中央银行由商业银行改造而来,国家通过购买原为私有的股份而使全部股权收归国有,如法兰西银行、英格兰银行、德国联邦银行等。

2.私人持股形式

中央银行的股份由私营股东持有。此类中央银行的私营股东,一般为接受中央银行监管的会员银行或金融机构。如美联储的股本由参加美联储体系的会员银行持有;意大利银行的股本由储蓄银行、信贷银行、保险公司和社会保障机构持有;瑞士国家银行除了由州政府银行持有多数股份,还允许本国公民和公司持有其股份。

3.公私合股形式

中央银行的资本金部分为国家所有,国家持股往往占50％以上,其余部分由私人持有。如日本中央银行由政府持股55％,民间持股45％;墨西哥中央银行由国家持股53％,私人持股47％。

4.无资本金形式

中央银行没有资本金,由国家授权执行中央银行职能。比如,韩国的中央银行韩国银行,按照1962年《韩国银行法》韩国银行为"无资本金的特殊法人"。

5.多国所有形式

在跨国中央银行制度中,共同组建中央银行的各成员按照一定比例认缴中央银行资本,各国以认缴比例拥有对中央银行的所有权。如欧洲中央银行的资本金是由所有欧元区成员国按其人口和国内生产总值的一定比例向欧洲中央银行认购的。

尽管中央银行资本组成有五种类型,但无论是哪种类型的中央银行,都是通

过法律赋予其中央银行的职能,资本所有权的归属不会对中央银行的性质、职能、地位、作用等产生实质性影响。需要特别指出的是,虽然不以营利为目的,但多数中央银行都盈利丰厚,其中大部分盈利按照法律会上缴国库或分配给跨国中央银行的出资国。不管是私人持股还是公私合股,国家之外的私人股东既不会获得投票权,也不会获得全部的分红权,而只是获得类似于优先股股息的中低水平分红。

第二节 中央银行的业务

一、中央银行的资产负债表

中央银行的业务活动和货币政策操作最终会反映在其资产负债表上,因此,理解中央银行的资产负债表,对于熟悉中央银行的业务,理解现代信用经济中的货币创造和货币政策操作至关重要。

中央银行的资产负债表反映了一段时间内中央银行业务操作的结果。表 6-1 是一个简化的中央银行资产负债表,各国中央银行资产负债表大都与该表的框架相符合。

拓展阅读
货币当局资产负债表

表 6-1　简化的中央银行资产负债表

资产	负债
国外资产(对国外债权)	货币发行(流通在外的通货)
对政府债权	金融机构存款
对金融机构债权	政府存款
对公众债权	发行债券
—	自有资金(资本金)

二、中央银行的资产负债表业务

(一)中央银行的负债业务

1.货币发行业务

发行货币是中央银行的重要职能,统一货币发行权是现代中央银行制度形成的重要推动因素,现代各国中央银行基本上都通过立法获得垄断的货币发行权。在现代经济中,货币发行有两重含义:广义上货币发行包括中央银行对各种货币层次(如 M1 和 M2)的调节。狭义业务层面的货币发行是指纸币和硬币的发行,即中央银行向经济投放现金或从经济回笼现金的行为。在涉及中央银行业务时,分析的是狭义货币发行。

货币发行(流通中的现金)是中央银行最重要的负债业务,流通中的现金构成社会经济活动中最主要的资金来源。流通中的现金由商业银行通过中央银行资产业务投放,以贴现、贷款、购买证券、收购金银外汇等途径进入社会流通,满足社会经济发展对货币的需求。

中央银行历年投放现金和回笼现金的差值,构成了资产负债表负债栏目"货币发行"项目的余额。该项目余额减少,表示商业银行减少了库存现金,或企业、家庭减少了现金持有,其他条件不发生变化时,会导致商业银行存在中央银行账户上的超额准备金(存款部分)增加。

2.存款业务

作为银行的银行,中央银行存款业务的主要内容是吸收商业银行的存款准备金。第五章已经讲述,商业银行会按照法律规定在中央银行缴存法定存款准备金,并在中央银行账户中保留一定比例的超额准备金(存款部分)。

存款准备金由以下两部分构成:

①法定存款准备金。法定存款准备金的金额大小是由中央银行规定的法定存款准备金率决定的,商业银行等金融机构无权动用法定存款准备金。这部分存款构成了中央银行稳定的长期资金来源。

②超额存款准备金。超额存款准备金是指除法定存款准备金外,商业银行在中央银行账户上的存款。这部分存款是商业银行的短期周转性存款,主要是为了便于与其他金融机构进行清算。

商业银行在中央银行的存款,构成了中央银行负债栏目"其他存款性公司存款"项目的余额。当商业银行在中央银行的存款增加时,该项目余额增加,中央银行没有调节法定存款准备金率且其他条件不变时,商业银行超额准备金增加(这意味着商业银行的可贷放资金增加,此部分内容见第八章货币需求与货币供给)。

3.发行债券业务

作为发行的银行,中央银行不需要发行债券筹集资金,因此大部分国家的中央银行没有发行债券的业务,但在中国该业务却有其存在的合理性。2001—2010 年,为了维护汇率稳定,中国人民银行大幅增加外汇储备,导致商业银行的超额准备金(存款部分)大幅增长,超出了经济增长的需要。此时,中国人民银行需要一种能够减少商业银行超额存款准备金的工具,央行债券恰好可以满足此需要,因此中国人民银行从 2002 年开始对商业银行发行中短期债券。为了强调其特殊性、短期性以及避免与金融债券混淆,中国人民银行将其命名为央行票据。

中央银行历年对外发行央行票据和偿还央行票据的差额,构成了其负债栏目中"债券发行"项目的余额。当中央银行从商业银行购回央行票据时,该项目余额减少,其他条件不变时,会导致商业银行超额准备金(存款部分)增加。

4.国库业务

(1)国库业务内涵

国库即国家金库,原意是指国家储藏财富的仓库,现指一系列记录国家财政收支的电子账户。在金属货币时代,国库是有形的仓库,用于储存国家的财政收入。在信用货币时代,国家的财政收支都以转账形式进行,因而国库也就转化为一系列无形的电子账户。

(2)国库业务范围

中央银行经理国库办理的业务一般包括:为各级财政机关开立账户;办理国家各项预算收入的收纳、划分和留解;办理国家财政预算支出的拨付;协助财政税收机关收缴税款;按国家财政规定办理国库款退付;对国库中的资金余额进行现金管理;向上级国库和同级财政反映预算收支执行情况。此外,中央银行对于不符合国家预算法规和财经法规的资金收支业务有权拒绝办理,这体现了中央银行对财政部门有一定的监督和制衡,中央银行经理国库而不是代理国库。

(3)国库业务变动的影响

中央银行在经理国库业务时,国库资金的变动会导致商业银行超额准备金(存款部分)的变动。比如,中央银行执行国库拨款业务,导致中央银行负债栏目下"政府存款"项目减少相应的金额,同时导致商业银行超额准备金(存款部分)增加。反之,如果中央银行执行国库入库业务,会导致商业银行超额准备金减少。在长期经理国库业务中,中央银行对于一些周期性变动业务都具有预见性并形成了应对预案,比如每年企业集中向国库缴纳所得税的时间段,中央银行都会通过货币政策工具增加商业银行的超额准备金。

(二)中央银行的资产业务

1.黄金和外汇储备业务

黄金和外汇储备业务是中央银行最古老的业务。在中央银行开始发行信用货币时,黄金储备业务在中央银行资产负债表中就作为发行信用货币的另一面产生。随着信用经济和国际贸易的发展,中央银行又增加了外汇储备业务。随着信用货币被经济主体普遍接受,黄金和外汇储备已经不局限于为信用货币提供信用支撑,而越来越成为各国中央银行稳定汇率和调节国际收支的政策工具。

中央银行历年从市场购入的黄金和外汇储备,构成了其"国外资产"栏目"外汇"和"货币黄金"项目的余额。当中央银行从商业银行购买外汇时,"外汇"项目余额增加,其他条件不变的情况下会导致商业银行超额准备金增加;反之,中央银行出售外汇将导致商业银行超额准备金减少。

拓展阅读
连增 18 个月后
中国人民银行暂
停增持黄金

2.交易国债业务

在中央银行发展的早期,许多国家成立中央银行的主要目的就是为政府筹集资金。随着中央银行制度的发展,各国都意识到允许政府无限制地向中央银行透支容易引发恶性通货膨胀,因而纷纷采取立法的方式限制政府向中央银行透支或者直接购买政府发行的国债,但大多数国家都没有限制中央银行从金融市场购买国债。由于国债是本国市场上风险最低的金融工具,非常适合中央银行对货币发行进行小规模调整,因此交易国债也就成为中央银行重要的业务。

中央银行历年购买国债和出售国债(含国债到期回收本息)之间的差额,构成了其资产栏目"对政府债权"项目的余额。当中央银行向商业银行增购国债时,该项目余额增加,在其他条件不变的情况下会导致商业银行超额准备金(存款部分)增加;反之,中央银行出售国债会导致商业银行超额准备金(存款部分)减少。

3.再贷款业务

作为银行的银行,中央银行承担着最后贷款人的职责,能够在商业银行面临危机时向商业银行提供援助,再贷款业务就是中央银行行使最后贷款人职责的重要工具。由于传统再贷款业务的目的是救助陷入危机的商业银行,需要将资金快速贷放给商业银行,因此多为信用贷款。近年来,中国人民银行将再贷款改造为一种低利率的政策性工具,要求获得再贷款的商业银行将所得资金定向用于支持农业、中小微企业以及"减碳"项目等,逐渐改变了再贷款原有的作用。此外,2013 年以来中国人民银行还开发了许多新型债权类货币政策工具,用于向商业银行体系投放资金(该部分内容将在第九章货币政策中讲述)。

中央银行历年对商业银行发放债权和回收债权的差值,构成了其资产栏目"对其他存款性公司债权"项目的余额。当中央银行对商业银行增加债权时,该项目余额增加,其他条件不变时,会导致商业银行超额准备金(存款部分)增加;反之,如果中央银行减少对商业银行的债权,会导致商业银行超额准备金(存款部分)减少。

(三)中央银行的其他业务

1.支付清算业务

支付是指付款人对收款人进行的当事人可接受的货币债权转让。支付是社会生活中最普遍的经济行为,最常见、最易理解的支付是现金支付。随着信息技术对社会的渗透,通过金融机构进行转账支付成为现代信用经济的主要支付方式。清算一般指的是银行间的清算,是指通过一定的支付服务组织和支付系统,

实施支付指令的发送与接收、对账与确认、收付金额的统计轧差等。正是转账支付的普遍应用，从而导致银行间清算需求的产生。

支付清算服务是社会公众每天都在使用却不易察觉的一项公共服务，只有在其运转不畅时公众才会察觉到其存在。假如一国的支付清算系统停止运转，公众会发现无法实现任何转账支付，无法在任何商场或服务场所刷卡消费，无法通过任何一家银行实现转账或汇款，甚至无法通过网络进行购物。

最基础的支付清算服务大多由一国的中央银行直接负责，或提供重要支持并进行监控。这是由于：①中央银行具有一国货币金融领域的最高权威，可以高效地建立所有金融机构都参与的支付清算系统；②支付清算系统影响一国的金融稳定，维护金融稳定是中央银行的重要职能。中央银行提供或直接支持的基础支付清算服务，传统上分为两个系统：大额支付系统和小额支付系统。前者主要处理大额资金转账业务，是支付系统的"主动脉"，直接影响金融效率；后者主要处理单笔金额较小的业务，通过强大的支付处理功能处理大量业务，满足一般社会公众的支付需求。此外，很多国家的中央银行还建立了电子商业汇票系统、支票影像交换系统以及网上支付跨行清算系统等其他系统，适应现代经济的新型支付需求。

2.反洗钱业务

洗钱是指通过掩饰、隐瞒非法资金的来源和性质，通过某种手法将其变为看似合法资金的行为和过程。洗钱一词源于 20 世纪 20 年代，当时美国芝加哥的黑手党开设了一家投币式洗衣店，每天在计算洗衣收入时将非法所得计入其中，并向税务部门申报纳税，将其变为合法收入。从社会角度看，洗钱活动可以使犯罪分子"合法地"占有非法资金，从而刺激更严重和更大规模的犯罪活动，严重危害社会稳定甚至国家安全；从金融角度看，洗钱活动不会遵循正常的金融规律，可能导致资金流动无规律性，影响金融市场稳定。因此，世界各国政府已达成加强打击洗钱犯罪的共识。

金融体系是资金融通、转移和运用的集散地和中转站，洗钱犯罪要将大量非法资金投入经济体系，必须通过金融系统。随着现代金融服务信息化发展，任何通过金融机构洗钱的活动都会留下记录，因此对金融机构的行为加以合理规范，可以在很大程度上减少洗钱犯罪。中央银行既是货币金融体系的管理机构，又处于国家支付清算体系的核心地位，在职责、能力和技术手段上都是最适合承担反洗钱任务的机构。

中央银行的反洗钱业务一般包括：反洗钱监管制度设计，包括监管法规的制定、监管指标的设定等；反洗钱的监督管理，包括反洗钱的现场监管和非现场监管，对相关机构进行风险评估等；反洗钱理论与反洗钱科技的研究与应用；国际反洗钱的协调与配合等。

3.金融消费者保护

金融消费者是指购买金融机构金融产品或者接受金融机构金融服务的个人或法人。金融消费者是金融业发展的基础,保护金融消费者也是保护金融业本身,是在维护金融稳定和保护金融安全。

我国中央银行负责的金融消费者保护业务包括:拟订金融消费者保护的法规草案;建立健全金融消费者保护机制,如保障金融消费者财产安全、信息安全、依法受偿权和受教育权的机制;制定金融业务中消费者保护的规范,如保障金融消费者知情权、选择权、公平交易权和受尊重权的规范;监督金融机构的金融消费者保护工作;为保护金融消费者合法权益创造良好的金融发展环境。2023年,我国国务院进一步推进机构改革,中国人民银行该部分业务被统一划归新成立的国家金融监督管理总局,由后者统筹负责金融消费者权益保护。

微课视频 6-1
央行政策与我们的生活

第三节　我国的中央银行

微课视频 6-2
中国人民银行的故事

一、我国中央银行概况

我国的中央银行是中国人民银行(The People's Bank of China,PBC)。由于国情特殊,我国实施两类不同的中央银行制度。

中国人民银行是单一型、一元式的中央银行,采取总分行制,所有制形式属于国家所有,行政上隶属于国务院。中国人民银行在中国大陆地区执行发行的银行、银行的银行和国家的银行职能:负责发行人民币纸币和硬币,集中所有存款类机构的存款准备金,构建和运营国家的基础支付清算体系,充当最后贷款人以及经理国库等具体职能,但不负责金融业的日常监管。此外,中国人民银行还在国务院领导下负责制定和执行货币政策,防范和化解金融风险,维护金融稳定。如无特别说明,本教材所说的中国的中央银行都是指中国人民银行。

中国台湾地区执行中央银行职能的机构是台湾地区货币政策主管机关,具有稳定中国台湾金融发展、维持物价平稳、维护新台币币值等重要地位。台湾地区货币政策主管机关不负责金融业的具体监管。

中国香港地区实施准中央银行制度,其准中央银行是香港金融管理局(Hong Kong Monetary Authority,HKMA)。香港金融管理局的主要职能包括:在联系汇率制度的架构内维持港币稳定;促进金融体系,包括银行体系的稳定与健全;协助巩固香港的国际金融中心地位,包括维持与发展香港的金融基建

以及管理外汇基金。港元的发行权归属中国香港特别行政区政府,由香港金融管理局授权并监督汇丰银行、渣打银行和中国银行香港分行三家银行代理发行港元纸币。发行港元时上述三家银行按照1美元兑7.8港币的比例,向香港金融管理局缴纳100%的美元储备。香港金融管理局负责港元硬币和一款面值十元塑质钞票的发行。

中国澳门地区同样实施准中央银行制度,其准中央银行是澳门金融管理局(Monetary Authority of Macao,AMCM)。其负责在联系汇率框架下制定实施货币金融政策、监管金融市场、维护货币和金融体系稳定、行使中央储备库职能。澳门元的发行权归属中国澳门特别行政区政府,由澳门金融管理局授权并监督大西洋银行和中国银行澳门分行代理发行澳门元纸币。发行澳门元时上述两家银行按照1港元兑1.03澳门元的比例,向澳门金融管理局缴纳100%港元储备。澳门金融管理局负责澳门元硬币的发行。

二、中央银行的发展及职能演变

我国改革开放以来,中国人民银行体制经历了一系列重大改革,从在双重职能的国家银行体制下逐步强化中央银行职能,进而到专门行使中央银行职能,逐渐步入了现代中央银行体制的轨道。

(一)中国人民银行专门行使中央银行职能

改革开放之后,国内银行、保险业务相继得到恢复,信托投资公司和城市信用合作社也在各地相继组建,中国金融机构多元化和金融业务多样化局面逐步显现,加强金融业统一管理的需求日益增加。1983年9月17日,国务院发布了《关于中国人民银行专门行使中央银行职能的决定》,确立了我国的中央银行制度。中国人民银行专门行使中央银行职能,承担着制定和执行货币政策、提供金融服务以及监管银行业、证券业、保险业的职责。

(二)强化中国人民银行的宏观调控职能

1993年11月,党的十四届三中全会通过了《中共中央关于建立社会主义市场经济体制若干问题的决定》。1993年12月25日,国务院发出《关于金融体制改革的决定》,提出要对金融体制进行全面改革,建立在国务院领导下、独立执行货币政策的中央银行宏观调控体系,把中国人民银行办成真正的中央银行。中国人民银行朝着法治化、规范化的方向,自1993年以来,以完善宏观调控、强化金融监管为重点,对机构组织体系和职能操作体系进行了改革与调整。

一是强化宏观调控职能,集中了货币发行权、信贷总量调控权、基础货币管理权和基准利率调节权,以保持货币信贷的集中管理,增强货币政策的统一性。二是建立规范化金融监管组织体系,分别对银行、非银行金融机构、保险公司、城市信用社建立了相应的监管部门。1992 年 12 月,国务院证券委员会和中国证券监督管理委员会成立,与中国人民银行共同管理证券业。1997 年 11 月,原来由中国人民银行监管的证券经营机构划归中国证监会统一监管。1998 年 11 月,成立了中国保险业监督管理委员会,将保险监管业务从中国人民银行分离出来。2003 年,中国银行业监督管理委员会成立,将中国人民银行对银行、金融资产管理公司、信托投资公司及其他存款类金融机构的监管职能分离出来。

2003 年 12 月 27 日,第十届全国人大常委会第六次会议通过了《中华人民共和国中国人民银行法》和《中华人民共和国商业银行法》的修改决定,并通过了《中华人民共和国银行业监督管理法》。修改后的《中国人民银行法》,将中国人民银行的职责调整为制定和执行货币政策、维护金融稳定和提供金融服务三个方面。概括而言,中国人民银行在履行职责方面最大的变化集中体现为"一个强化、一个转换和两个增加"。"一个强化",就是强化了中国人民银行与制定和执行货币政策有关的职责。"一个转换",即由过去主要通过对银行业金融机构的设立审批、业务审批和高级管理人员任职资格审查及日常监督管理等直接监管的职能,转换为履行对金融业宏观调控和防范与化解系统性金融风险的职能,也就是维护金融稳定的职能。"两个增加",是指增加反洗钱和管理信贷征信业两项职能。

中国人民银行中央银行地位的确立及职能的逐步改革与完善,为改革开放后中国金融市场稳健发展奠定了良好的制度基础,也为中国经济改革与转轨作出了重要贡献。

(三)完善货币政策和宏观审慎政策"双支柱"框架

2001 年 12 月 11 日,中国正式成为世界贸易组织(World Trade Organization, WTO)的成员。自加入世界贸易组织以来,国际国内形势不断发展变化,我国在金融调控、金融改革、金融稳定等方面遇到了许多新情况和新问题。在党中央、国务院领导下,中国人民银行践行中央银行职能,健全和完善金融调控监管体系,推进金融改革开放,防范化解金融风险,提升金融业服务实体经济的能力。

1.完善货币政策工具体系

中国人民银行积极创新货币政策调控工具,开展公开市场操作,推出中央银行票据,货币政策工具逐步丰富;实行差别存款准备金率制度,相机抉择、精准调控;不断简化利率管理、扩大利率浮动区间。

2015 年,存款利率上限全面放开,利率市场化改革取得关键性进展;2017 年 1 月,Shibor 正式运行;2018 年,推动利率"两轨合一轨";2019 年 8 月 16 日,完善 LPR 形成机制。进一步完善流动性供给机制,建立政策利率体系,对货币政策工具中的法定准备金率、公开市场操作、中央银行借贷便利、宏观审慎管理和预期管理等都分别进行了创新,货币政策工具逐步丰富,相机抉择、精准调控,切实维护金融稳定,努力提高经济发展的质量和效益。

2.构建和完善宏观审慎政策框架

2008 年国际金融危机爆发之后,国际社会认识到宏观不审慎是危机发生的重要原因。从 2009 年年中开始研究强化宏观审慎管理的政策措施,并于 2011 年正式引入差别准备金动态调整机制,自 2016 年起将差别准备金动态调整机制升级为宏观审慎评估体系(macro prudential assessment,MPA),逐步将更多金融活动和资产扩张行为以及全口径跨境融资纳入宏观审慎管理。2017 年,"健全货币政策和宏观审慎政策双支柱调控框架"被正式写入党的十九大报告。2022 年,中国人民银行发布《宏观审慎政策指引(试行)》,阐述了我国开展宏观审慎管理的思路、原则及框架,推动宏观审慎政策可理解、可落地、可操作。我国金融调控和宏观审慎管理框架逐步完善。

三、党的二十大后的金融机构改革

党的二十大报告明确指出深化金融体制改革的三大内容,即建设现代中央银行制度、加强和完善现代金融监管、强化金融稳定保障体系。2023 年 3 月 16 日,中共中央、国务院印发了《党和国家机构改革方案》,金融机构改革是本次国务院机构改革的重点。根据国务院机构改革方案,我国将组建国家金融监督管理总局,深化地方金融监管体制改革,中国证券监督管理委员会调整为国务院直属机构,统筹推进中国人民银行分支机构改革,完善国有金融资本管理体制,加强金融管理部门工作人员统一规范管理,标志着新一轮深化金融体制改革的大幕拉开。其中涉及中国人民银行的改革创新主要包含以下三个方面:中国人民银行的分支机构改革、职责调整以及组建国家金融监督管理总局。中国人民银行本次的职责调整,有利于央行专注货币政策制定和宏观审慎管理,更好地建设现代中央银行制度,提升服务我国实体经济的能力。

(一)人民银行分支机构调整:恢复省分行制

1.大区分行简介

1998 年,中国人民银行实行机构改革,根据地域关联性、经济金融总量和金融监管需要,并兼顾中国地区差异特征,央行改革时参考美联储 13 个大区行的模式,撤销 31 个央行省级分行,在国内跨区设立了 9 个大区分行、1 个上海总部、2 个直属营业管理部。9 个分行分别为上海分行、沈阳分行、天津分行、济南分行、南京分行、武汉分行、广州分行、西安分行和成都分行。当时央行机构设置

拓展阅读
宏观审慎管理局简介

形成了四个级别:总行—大区分行—中心支行—县支行。

设立大区分行旨在减少地方对金融的不当干预,也有利于中央银行履行货币政策职能、维护金融监管的公正性。但随着地方领导干部金融理念的进步、商业银行自主性的增强、市场化法治化营商环境的形成,设置大区分行的必要性明显减弱。与此同时,大区分行也显现出一些不适应,如与省级政府主管经济的基本格局不适应、与地方党政对金融风险处置承担属地责任的要求不适应。在此背景下,成立省级分行,可以与地方党政负责的经济金融工作更好衔接,形成中央与地方相互协调配合的工作合力。

2.分支机构改革

2023 年,国务院进一步推进中国人民银行分支机构改革,具体改革方案为:撤销中国人民银行大区分行及分行营业管理部、总行直属营业管理部和省会城市中心支行,在 31 个省(自治区、直辖市)设立省级分行,在深圳、大连、宁波、青岛、厦门设立计划单列市分行。中国人民银行北京分行保留中国人民银行营业管理部牌子,中国人民银行上海分行与中国人民银行上海总部合署办公。不再保留中国人民银行县(市)支行,相关职能上收至中国人民银行地(市)中心支行。

通过分支机构改革,中国人民银行将形成"总行—省级分行—市级分行"三层架构,分支机构设置更加科学高效,有利于加强央行分支机构与地方政府之间的协调配合,增强防范和化解地方金融风险的能力。

(二)中国人民银行机构设置调整:剥离中国人民银行的非核心职责

在机构设置调整方面,央行的金融市场司、宏观审慎管理局职能调整较大。

①将设在中国人民银行的国务院金融稳定发展委员会办公室秘书局,划入中央金融委员会办公室。

②中国人民银行不再保留金融消费权益保护局。原由金融消费权益保护局承担的协调推进相关普惠金融工作职责,划入金融市场司。

③宏观审慎管理局不再承担对金融控股公司等金融集团的日常监管职责。将金融市场司承担的统筹互联网金融监管职责、拟订并组织实施宏观信贷指导政策中涉及房地产金融领域的相关职责,划入宏观审慎管理局。宏观审慎管理局不再承担对金融控股公司等金融集团的日常监管职责,将中国人民银行对金融控股公司等金融集团的日常监管职责、有关金融消费者保护职责划入国家金融监督管理总局。

(三)金融监管体系加速变革:组建国家金融监督管理总局

《党和国家机构改革方案》发布之后,金融监管体系的变革正在加速,其中包括组建中央金融委员会、组建中央金融工作委员会、组建国家金融监督管理总局、深化地方金融监管体制改革、中国证券监督管理委员会调整为国务院直属机构等。自此,建立起了更符合现代金融监管要求的"二委一行一局一会"+"各地局"的中国版金融监管框架。

1.金融监管职能的优化

在此框架下,中央金融委员会及其办公室体现党中央对金融工作的集中统一领导,负责金融稳定和发展的顶层设计、统筹协调、整体推进、督促落实以及研究审议重大政策、重大问题等。同时,为进一步统一领导金融系统党的工作,新组建的中央金融工委主要负责指导金融系统党的政治建设、思想建设、组织建设、作风建设、纪律建设等。在银保监会的基础上组建的国家金融监督管理总局,作为国务院直属机构,统一负责除证券业之外的金融业监管,将金融控股公司等金融集团的日常监管以及金融消费者保护等原属于中国人民银行的职责范畴以及原属证监会的投资者保护职责划入金管总局。改革前后的金融监管体制如图 6-3 所示。

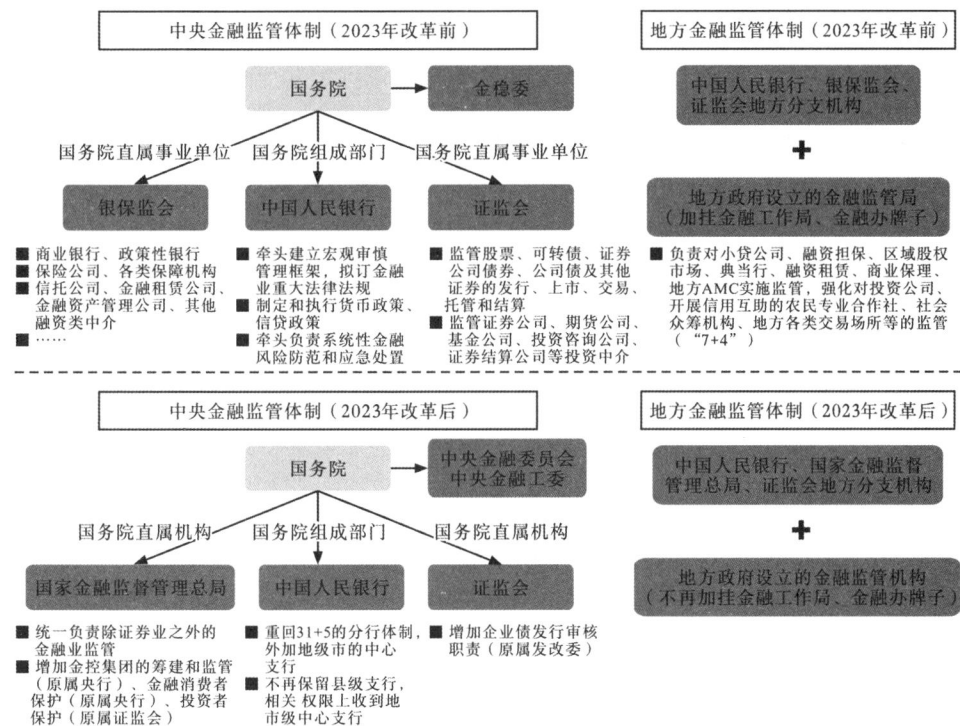

图 6-3 党的二十大机构改革后我国的金融监管体制

(资料来源:根据网络公开资料整理。)

2.国家金融监督管理总局的职能

关于国家金融监督管理总局,我们可以从以下几个方面理解其定位和职能。①从职能上看,国家金融监督管理总局已经完全突破了银保监会"银行"与"保险"的机构监管范畴,除信托、资管、消金、金租等非银机构外,其他具有金融功能的机构或业务都将被纳入。②将金融控股公司等金融集团的日常监管工作纳入国家金融监督管理总局监管范畴,避免混业经营的金融控股公司面临多头监管或监管真空。③改革前金融领域的消保工作仍分散在不同监管部门,缺乏国家层面的统一制度体系。随着平台经济和数字技术的应用,大量长尾用户渗入金融领域,对消保工作提出了更高的要求。中国人民银行和证监会将有关金融消费者保护职责划入国家金融监督管理总局,有助于强化行为监管的标准统一并提高监管效率,也将大大减少因不同标准而产生的合规成本和风险。

此番改革后,中国人民银行除承担货币政策职能外,更多地担负起宏观审慎管理、金融基础设施建设、基础法律法规体系及全口径统计分析和系统性风险预警等工作,其"货币政策和宏观审慎政策双支柱调控框架"更加清晰。新成立的国家金融监督管理总局同证监会及地方金融监管部门负责行为监管。国家金融监督管理总局主要负责具体机构和行业监管工作的落地和执行,以及金融消费者权益保护。证监会仍然履行资本市场监管职责,其核心是维护资本市场秩序和健康发展。

四、机构改革后中央银行的功能

本次改革后,中国人民银行的政策制定职能将进一步聚焦。

(1)在货币政策方面

央行将继续保持货币信贷合理平稳增长,综合运用多种货币政策工具,保持流动性合理充裕,保持货币供应量和社会融资规模增速与名义经济增速基本匹配,进一步提高货币政策的前瞻性、灵活性和有效性。

(2)在宏观审慎管理方面

央行将进一步完善宏观审慎政策框架,提高系统性风险监测、评估与预警能力,丰富宏观审慎政策工具箱,稳步扩大宏观审慎政策覆盖面,完善系统重要性金融机构监管,推动系统重要性银行按时满足附加监管要求,加快推动我国全球系统重要性银行建立健全总损失吸收能力,切实提高风险抵御能力。

(3)在发挥金融服务实体经济功能方面

央行将持续发挥结构性货币政策工具的激励引导作用,对涉农、小微企业、民营企业提供普惠性、持续性的资金支持,支持符合条件的金融机构为具有显著碳减排效益的重点项目和煤炭煤电的清洁高效利用提供优惠资金,通过专项再贷款满足企业的科技创新和设备更新需求,推动保交楼贷款支持计划落地生效。

(4)在深化利率汇率市场化改革方面

央行将落实存款利率市场化调整机制,着力稳定银行负债成本,发挥贷款市场报价利率改革效能,推动企业融资成本和个人消费信贷成本稳中有降,坚持市场在汇率形成中发挥决定性作用,增强人民币汇率弹性,保持人民币汇率在合理均衡水平上的基本稳定。

总体而言,中国人民银行本次改革的两大内容,有利于央行专注货币政策制定和宏观审慎管理,同时加强了央行分支机构和地方政府之间的协调配合,既有利于增强货币政策的传导性,更好地服务实体经济,也有利于央行提升宏观审慎监管能力,增强防范和化解地方金融风险的能力。

本章小结

拓展阅读
推动金融高质量
发展

中央银行制度是商品信用经济发展到一定阶段的产物。统一银行券发行、统一票据交换和清算、充当最后贷款人、管理金融和向政府融资是中央银行产生的客观必然条件。中央银行在一国金融体系中居于核心的地位,是发行的银行、银行的银行、政府的银行,行使服务、调节和管理监督的职能。中央银行的业务活动可分为银行性业务和管理性业务两大类,其中最主要的业务是资产负债业务和清算业务。

党的二十大报告提出"建设现代中央银行制度"。现代中央银行负责货币发行,调节货币供应和流通,维护币值稳定;调控金融活动,推进金融改革,加强资源跨时空有效配置,促进高质量充分就业和经济增长;履行最后贷款人职能,实施宏观审慎管理,防范化解系统性金融风险,维护金融体系稳健运行。

基本概念

中央银行 发行的银行 银行的银行 国家的银行 宏观审慎

课后练习

一、单项选择题

1.现代金融体系的核心是( )。
A.中央银行 B.商业银行 C.投资银行 D.政策性银行

2.中国人民银行的组织形式是（　　　）。

A.单一式中央银行制　　　　　　　B.复合式中央银行制

C.准中央银行制　　　　　　　　　D.跨国中央银行制

3.中国人民银行的资本结构为（　　　）。

A.无资本形式　　　　　　　　　　B.全部股份所有形式

C.公私混合所有形式　　　　　　　D.国家所有形式

4.下列属于中央银行负债业务的是（　　　）。

A.再贴现　　　　　B.再贷款　　　　　C.货币发行　　　　　D.金银、外汇储备

5.代理国库业务属于中央银行的（　　　）业务。

A.资产业务　　　　B.负债业务　　　　C.中间业务　　　　D.表外业务

6.证券买卖业务属于中央银行的（　　　）业务。

A.资产业务　　　　B.负债业务　　　　C.中间业务　　　　D.表外业务

7.下列属于中央银行中间业务的是（　　　）。

A.再贴现　　　　　B.货币发行　　　　C.集中票据交换　　D.再贷款

8.（　　　）是中央银行作为银行的银行职能作用的体现,是中央银行对商业银行的主要服务性业务。

A.货币发行　　　　　　　　　　　B.集中存款准备金业务

C.代理发行和兑付国债　　　　　　D.清算业务

9.中央银行持有证券并进行买卖的目的不是（　　　）。

A.盈利　　　　　　　　　　　　　B.投放基础货币

C.回笼基础货币　　　　　　　　　D.对货币供求进行调节

10.关于中央银行业务特征的说法,正确的是（　　　）。

A.中央银行为企业办理存贷、结算业务

B.中央银行以营利为目的开展业务

C.中央银行不与政府部门发生资金往来

D.中央银行在制定和执行货币政策时具有相对独立性

二、多项选择题

1.中央银行的性质包括（　　　）。

A.中央银行是监督管理金融的特殊机构

B.中央银行不以营利为目的

C.不经营一般业务

D.垄断货币发行权

E.对金融市场进行管理和控制

2.按照中央银行在社会经济中的地位划分,中央银行的职能有(　　)。

A.发行的银行　　　B.银行的银行　　　C.政府的银行　　　D.调节职能

E.服务职能

3.中央银行的组织形式有(　　)。

A.单一式中央银行制度　　　　　　B.复合式中央银行制度

C.类似中央银行制度　　　　　　　D.跨国中央银行制度

E.无中央银行制度

4.中央银行经营业务的原则有(　　)。

A.不经营一般银行业务　　　　　　B.不以营利为目的

C.不支付存款利息　　　　　　　　D.资产具有较大流动性

E.业务活动公开化

5.中央银行的负债业务有(　　)。

A.货币发行业务　　　　　　　　　B.代理国库业务

C.集中存款准备金业务　　　　　　D.再贴现

E.再贷款

6.中央银行的资产业务有(　　)。

A.再贴现　　　　　　　　　　　　B.再贷款

C.对政府的贷款　　　　　　　　　D.金银、外汇储备业务

E.证券买卖业务

7.中央银行货币发行的渠道有(　　)。

A.再贴现　　　　B.再贷款　　　　C.购买证券　　　D.收购金银和外汇

E.央行办公费用支出

8.中央银行的中间业务有(　　)。

A.集中票据交换　　　　　　　　　B.办理异地资金转移

C.再贴现　　　　　　　　　　　　D.再贷款

E.对政府的贷款

三、判断题

1.中国人民银行每月20日前后会更新LPR数据,LPR下降有助于降低融资成本,增强消费和投资增长动能。(　　)

2.中央银行作为最后贷款人,其资金主要贷给政府。(　　)

3.集中保管商业银行现金准备体现了中央银行"银行的银行"的职能。(　　)

4.中央银行有维护币值稳定的职能。(　　)

5.2023年3月成立的国家金融监督管理总局承担银行、证券、保险等金融机

构的监管职责。（　　　）

　　6.货币政策是中央银行最基本也是最主要的职能。（　　　）

　　7.人民银行分支机构改革完成之后,人民银行形成了"总行—省级分行—市级分行"三层架构,分支机构设置更加科学高效。（　　　）

　　8.中央银行的存款准备金率越高,商业银行的贷款能力越强。（　　　）

　　9.中央银行的货币政策工具不包括财政政策。（　　　）

　　10.中央银行的职能之一是监管金融市场。（　　　）

四、思考题

　　1.中央银行有哪些职能？登录中国人民银行官网,查看我国中央银行有哪些具体的职能？

　　2.什么是宏观审慎管理？有何重要作用？

　　3.什么是现代中央银行制度？

第七章　金融市场

学习目标

知识目标

1.了解金融市场的定义及其构成要素；

2.熟悉金融市场的功能及分类；

3.掌握货币市场各子市场基本知识；

4.掌握资本市场组成及其主要内容；

5.熟悉投资基金的内容；

6.了解几种主要的金融衍生工具市场。

能力目标

1.通晓金融市场体系的运行,具备初步的投融资决策和金融风险管理能力；

2.能够把握金融市场发展的趋势,创造性地解决实际金融问题。

素养目标

1.理解金融市场在国民经济中的地位和作用；

2.掌握金融市场运行原理和规律；

3.培养学生分析和解决实际问题的知识和技能。

本章重点

1.金融市场的功能及分类；

2.货币市场各子市场基本知识；

3.资本市场组成及其主要内容。

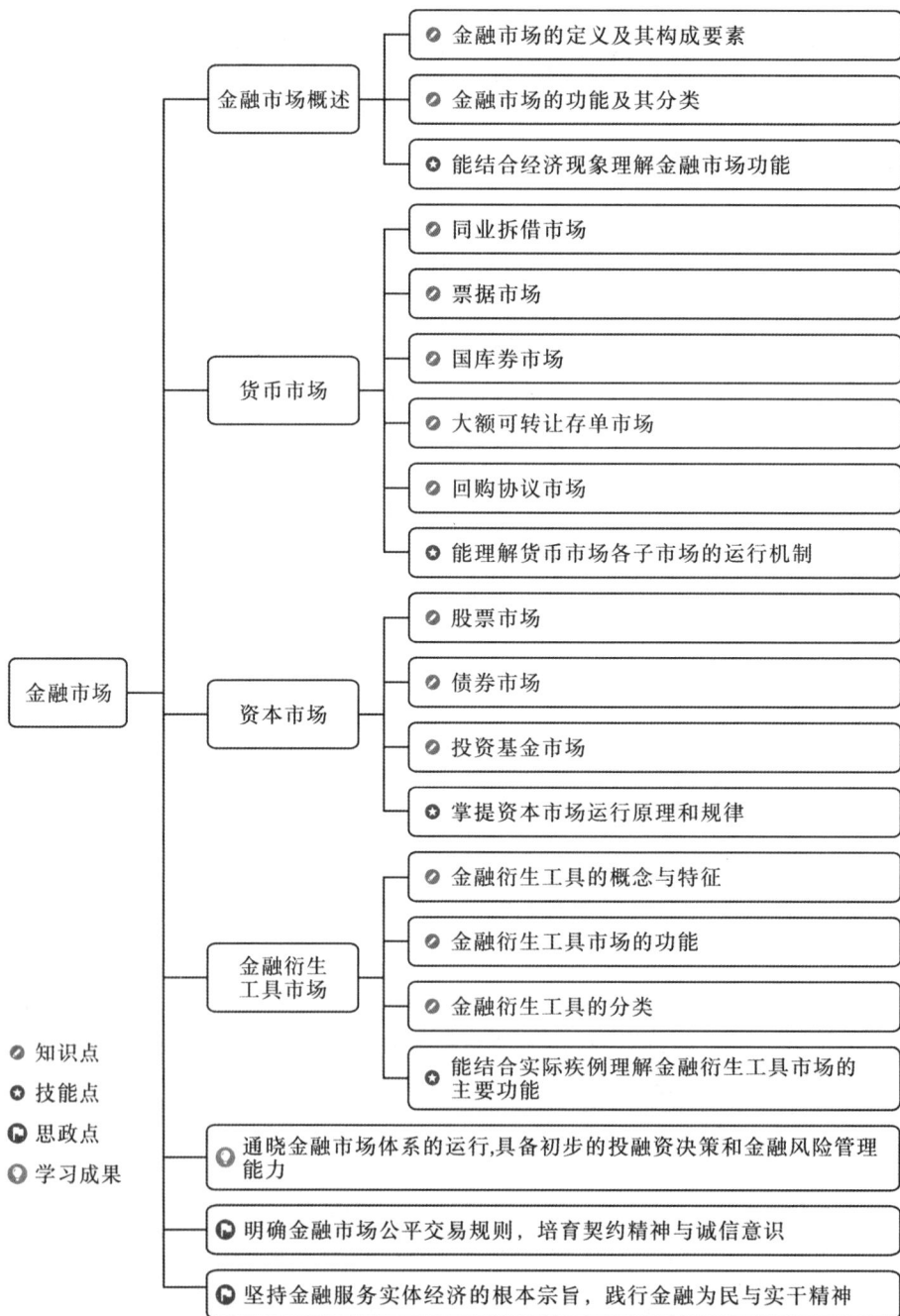

📋 本章难点

几种主要的金融衍生工具市场。

📋 思维导图

```
                                      ┌─ ⊘ 金融市场的定义及其构成要素
                        ┌─ 金融市场概述 ─┼─ ⊘ 金融市场的功能及其分类
                        │               └─ ✪ 能结合经济现象理解金融市场功能
                        │
                        │               ┌─ ⊘ 同业拆借市场
                        │               ├─ ⊘ 票据市场
                        │               ├─ ⊘ 国库券市场
                        ├─ 货币市场 ──────┼─ ⊘ 大额可转让存单市场
                        │               ├─ ⊘ 回购协议市场
                        │               └─ ✪ 能理解货币市场各子市场的运行机制
                        │
            金融市场 ─────┤               ┌─ ⊘ 股票市场
                        ├─ 资本市场 ──────┼─ ⊘ 债券市场
                        │               ├─ ⊘ 投资基金市场
                        │               └─ ✪ 掌提资本市场运行原理和规律
                        │
                        │               ┌─ ⊘ 金融衍生工具的概念与特征
                        └─ 金融衍生    ──┼─ ⊘ 金融衍生工具市场的功能
                           工具市场       ├─ ⊘ 金融衍生工具的分类
                                         └─ ✪ 能结合实际疾例理解金融衍生工具市场的
                                              主要功能

    ⊘ 知识点
    ✪ 技能点       ┌─ 💡 通晓金融市场体系的运行,具备初步的投融资决策和金融风险管理
    🅟 思政点       │      能力
    💡 学习成果     ├─ 🅟 明确金融市场公平交易规则，培育契约精神与诚信意识
                  └─ 🅟 坚持金融服务实体经济的根本宗旨，践行金融为民与实干精神
```

📚 **课前导读**

2024 年金融市场运行情况

2024 年,债券市场规模稳定增长,国债收益率整体震荡下行;债券市场高水平对外开放稳步推进,投资者结构保持多元化;货币市场交易量略有下降,银行间衍生品市场成交量保持增长;股票市场主要股指上涨。

一、债券市场规模稳定增长

2024 年,债券市场共发行各类债券 79.3 万亿元,同比增长 11.7%。其中,银行间债券市场发行债券 70.4 万亿元,交易所市场发行债券 8.9 万亿元。2024 年,国债发行 12.4 万亿元,地方政府债券发行 9.8 万亿元,金融债券发行 10.4 万亿元,公司信用类债券发行 14.5 万亿元,信贷资产支持证券发行 2 703.8 亿元,同业存单发行 31.5 万亿元。

截至 2024 年末,债券市场托管余额 177.0 万亿元,同比增长 12.1%,其中银行间债券市场托管余额 155.8 万亿元,交易所市场托管余额 21.2 万亿元。商业银行柜台债券托管余额 1 556.2 亿元。

二、债券收益率整体震荡下行

2024 年末,1 年、3 年、5 年、7 年、10 年期国债收益率分别为 1.08%、1.19%、1.42%、1.59%、1.68%。

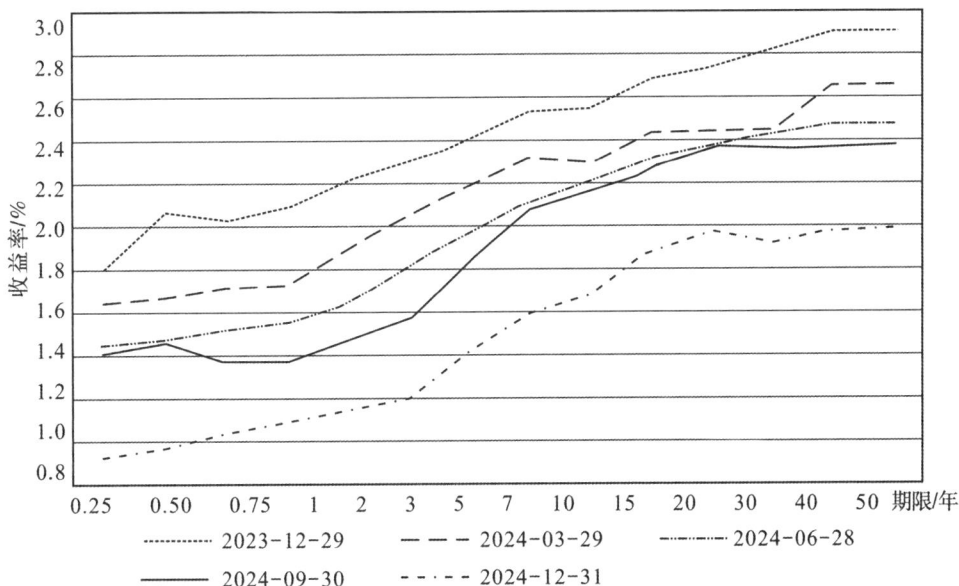

2024 年国债收益曲线变化情况

(数据来源:中央结算公司。)

2024 年 12 月,银行间同业拆借月加权平均利率为 1.57%,同比下行 21 个基点;银行间质押式回购月加权平均利率为 1.65%,同比下行 25 个基点。

三、债券市场对外开放平稳有序

截至 2024 年末,境外机构在中国债券市场的托管余额为 4.20 万亿元,占中国债券市场托管余额的比重为 2.4%。其中,境外机构在银行间债券市场的托管余额为 4.16 万亿元。分券种来看,境外机构持有国债 2.06 万亿元,占比 49.5%;同业存单 1.04 万亿元,占比 25.0%;政策性金融债 0.88 万亿元,占比 21.2%。

四、债券市场投资者结构保持多元化

2024 年末,按法人机构(管理人维度)统计,非金融企业债务融资工具持有人数量共计 2 096 家。从持债规模看,前 50 名投资者持债占比 51.6%,主要集中在公募基金、国有大型商业银行、信托公司等;前 200 名投资者持债占比 83.8%。单只非金融企业债务融资工具持有人数量最大值、最小值、平均值和中位值分别为 103 家、1 家、13 家、13 家,持有人 20 家以内的非金融企业债务融资工具只数占比为 87%。从交易规模看,2024 年,非金融企业债务融资工具前 50 名投资者交易占比 60.2%,主要集中在证券公司、基金公司和股份制商业银行;前 200 名投资者交易占比 89.6%。

五、货币市场成交量略有下降

2024 年,中国银行间货币市场成交金额共计 1 783.7 万亿元,同比下降 1.8%。其中,质押式回购成交金额 1 672.1 万亿元,同比增加 0.2%;买断式回购成交金额 8.5 万亿元,同比增加 57.1%;同业拆借成交金额 103.1 万亿元,同比下降 27.9%。交易所标准券回购成交金额 510.0 万亿元,同比增加 26.4%。

2024 年,银行间债券市场现券成交金额 377.8 万亿元,日均成交 15 053.8 亿元;单笔成交量主要分布在 500～5 000 万元和 9 000 万元以上,单笔平均成交量 4 342.6 万元。交易所债券市场现券成交 41.7 万亿元,日均成交金额 1 724.4 亿元。柜台债券市场累计成交 101.7 万笔,成交金额 5 349.0 亿元。

六、票据市场承兑贴现规模同比增长

2024 年,商业汇票承兑发生额 38.3 万亿元,贴现发生额 30.5 万亿元。截至 2024 年末,商业汇票承兑余额 19.8 万亿元,同比增长 6.5%;贴现余额 14.8 万亿元,同比增长 11.7%。

2024 年,签发票据的中小微企业 22.6 万家,占全部签票企业的 93.8%;中小微企业签票发生额 27.4 万亿元,占全部签票发生额的 71.5%。贴现的中小微企业 36.7 万家,占全部贴现企业 96.5%,贴现发生额 23.6 万亿元,占全部贴现发生额的 77.3%。

七、银行间衍生品市场成交规模同比增长

2024 年,中国银行间本币衍生品市场共成交金额 36.9 万亿元,同比增长 15.4%。

其中,利率互换名义本金总额 32.7 万亿元,同比增长 3.8%;标准债券远期成交金额 1.1 万亿元,信用风险缓释凭证创设名义本金 173.8 亿元,信用违约互换名义本金 30.2 亿元。国债期货共成交 67.4 万亿元,同比增长 20.1%。互换利率有所下降,2024 年末,1 年期 FR007 互换利率收盘价(均值)为 1.46%,较 2023 年末下降 53 个基点;5 年期 FR007 互换利率收盘价(均值)为 1.43%,较 2023 年末下降 89 个基点。

八、股票市场主要指数上涨

2024 年末,上证指数收于 3 351.8 点,较 2023 年末上涨 376.9 点,涨幅为 12.7%;深证成指收于 10 414.6 点,较 2023 年末上涨 889.9 点,涨幅为 9.3%。两市场全年成交额 254.8 万亿元,同比增加 20.1%。

(资料来源:2024 年金融市场运行情况[EB/OL].(2025-01-27)[2025-05-18].http://www.pbc.gov.cn/goutongjiaoliu/113456/113469/5221498/index.html.)

金融市场自诞生至今,经历了复杂而深刻的变革与演进,它不仅是现代经济体系的核心,更是联结资金供求双方的重要桥梁。除了传统的金融市场,如股票市场、债券市场、外汇市场等,随着科技进步和全球化进程加速,还涌现出了数字货币市场、金融科技应用等新兴领域。那么,究竟什么是金融市场?它在人类经济生活中扮演着什么角色?金融市场又具有哪些独特的功能和作用?而作为金融市场运行基础的金融市场制度,又是由哪些关键要素构成的呢?本章将深入探讨金融市场的基本问题,从金融市场的起源与发展、主要职能、市场制度等方面展开论述。

第一节 金融市场概述

金融市场是现代金融体系的重要组成部分,也是金融系统的核心。金融市场是金融产品交易的场所,如货币资金借贷场所、股票债券的发行和交易场所等。

一、金融市场的定义

金融市场是资金供求双方借助金融工具进行各种资金交易活动的场所。其内涵包括以下四个层面:其一,它是金融工具进行交易的有形市场和无形市场的总和;其二,它体现了金融工具供应者和需求者之间的供求关系,反映了资金盈余者与资金短缺者之间的资金融通过程;其三,金融工具交易过程中所产生的运行机制,是金融市场的深刻内涵和自然发展,其中最核心的是价格机制,金融工具的价格成为金融市场的要素;其四,由于金融工具的种类繁多,不同的金融工具交易形成不同的市场。

金融工具通常又被笼统地称为金融资产或金融产品。所谓金融工具,最初是指载明债权债务关系的契约,它是将资金从盈余部门转移到短缺部门的载体。金融资产通常是指以价值形态而存在的资产,具体分为货币资产、债券资产和股权资产三类。与一般产品相比,作为买卖对象的金融资产也被称为金融产品。

二、金融市场的构成要素

金融市场由四大要素构成,分别是金融市场主体、金融市场客体、金融市场组织形式和金融市场价格。

(一)金融市场主体

金融市场的主体是指金融市场的参与者。金融市场的参与者非常广泛,包括政府部门、中央银行、金融机构、工商企业、居民个人等,它们或者是资金的供给者,或者是资金的需求者,或者是以双重身份出现。其中,中央银行参与金融市场不是以营利为目的的,而是为了货币政策操作。金融机构不仅充当资金的供给者与需求者,同时还充当金融市场上重要的中介机构,促进资金供求双方的资金融通。

(二)金融市场客体

金融市场的客体是指金融市场上交易的工具,即金融工具。金融市场中货币资金的交易是以金融工具为载体,资金供求双方通过买卖金融工具实现资金的融通。也就是说,金融工具是反映金融市场上资金供给者与资金需要者之间债权债务关系的一种凭证。

金融工具种类繁多,各具特色,如属于基础性金融工具的票据、债券、股票等,以及属于衍生性金融工具的远期合约、期货合约、期权合约和互换合约等。

(三)金融市场组织形式

金融市场组织形式是指进行金融资产交易采用的方式。金融资产交易既可在有形市场进行,也可在无形市场进行。

其具体组织形式主要有三种:一是在固定场所有组织、有制度、集中地进行交易的方式,比如交易所交易方式;二是柜台交易方式,即在金融机构的柜台上由买卖双方进行面议的、分散的交易方式;三是借助电子计算机网络或其他通信手段实现交易的方式。

（四）金融市场价格

金融市场价格是由资金供求关系决定的，以金融工具或金融产品交易为依据形成的具体价格，有利率、汇率、证券价格、黄金价格和期货价格等，其本质都是资产的价格。

拓展阅读
证券交易所历史
发展

三、金融市场的功能

金融市场的功能主要有聚敛功能、配置功能、调节功能和反映功能。

（一）聚敛功能

金融市场的聚敛功能是指金融市场引导众多分散的小额资金汇聚成可以投入社会再生产的资金集合的功能。金融市场起着资金"蓄水池"的作用。

金融市场之所以具有资金的聚敛功能：一是由于金融市场创造了金融资产的流动性；二是由于金融市场上多样化的融资工具为资金供应者提供了寻求合适投资手段的出路。

（二）配置功能

金融市场的配置功能表现在三个方面：资源配置、财富再分配和风险再分配。

（1）资源配置

金融市场通过将资源从低效率利用的部门转移到高效率的部门，使一个社会的经济资源能被最有效地配置在效率最高或效用最大的用途上，实现稀缺资源的合理配置和有效利用。一般来说，资金总是流向最有发展潜力，能够为投资者带来最大利益的部门和企业。这样，通过金融市场，有限的资源就能够得到合理的利用。

（2）财富再分配

财富是各经济单位持有的全部资产的总价值。政府、企业及个人通过持有金融资产的方式来持有财富。在金融市场上的金融资产价格发生波动时，其财富的持有数量也会发生变化，一部分人的财富量随着金融资产价格的升高而增加，另一部分人则由于其持有的金融资产价格下跌而减少。这样，社会财富就通过金融市场价格的波动实现了再分配。

（3）风险再分配

利用各种金融工具，厌恶金融风险程度较高的人可以把风险转嫁给厌恶风险程度较低的人,从而实现风险的再分配。

(三)调节功能

调节功能是指金融市场对宏观经济的调节作用。金融市场一边连着储蓄者,另一边连着投资者,金融市场的运行机制通过对储蓄者和投资者的影响而发挥着调节宏观经济的作用。

(1)直接调节

金融市场的直接调节作用实际上是金融市场通过其特有的引导资本形成及合理配置的机制,首先对微观经济部门产生影响,进而影响到宏观经济活动的一种有效的自发调节机制。

(2)间接调节

金融市场的存在及发展,为政府实施对宏观经济活动的间接调节调控创造了条件。货币政策属于调节宏观经济活动的重要宏观经济政策,其具体的调控工具有存款准备金政策、再贴现政策、公开市场操作等,这些政策的实施都以金融市场的存在、金融部门及企业成为金融市场的主体为前提。金融市场既提供货币政策操作的场所,也提供实施货币政策的决策信息。此外,政府政策的实施,也越来越离不开金融市场。政府通过国债的发行及运用等方式对各经济主体的行为加以引导和调节,并为中央银行提供了公开市场操作的手段,对宏观经济活动产生巨大的影响。

(四)反映功能

金融市场的变化可以反映出经济的发展趋势。金融市场历来被称为国民经济的"晴雨表"和"气象台",是公认的国民经济信号系统。这实际上就是金融市场反映功能的写照。

金融市场的反映功能表现在如下几个方面:

①金融市场首先是反映微观经济运行状况的指示器。由于证券买卖大部分在证券交易所进行,人们可以随时通过这个有形市场了解到各种上市证券的交易行情,并据以判断投资机会。

②金融市场交易直接和间接地反映国家货币供应量的变动。

③金融市场有大量专门人员长期从事行情研究和分析,并且他们每日与各类工商业直接接触,能了解企业的发展动态。

④金融市场有着广泛而及时的收集和传播信息的通信网络,整个世界的金融市场已连成一体,四通八达,从而使人们可以及时了解世界经济发展变化的情况。

⑤金融市场上的金融产品价格是所有参与市场交易的经济主体对这些产品未来收益预期的体现。因此,金融市场具有价格发现的功能。

四、金融市场的分类

不同类型的金融市场的主要功能各不相同,其运行规则与特点也存在较大的差异。了解与掌握各类市场的运行规律与特点,对市场参与者来说具有十分重要的作用。关于金融市场的类型,目前主要有以下几种分类:

(一)按照所交易金融工具的期限划分,可分为货币市场和资本市场

1.货币市场和资本市场的概念

货币市场是指期限在1年或1年以下的短期金融工具交易场所,主要由银行间同业拆借市场、票据市场、国库券市场、大额可转让定期存单市场、回购市场等构成。货币市场不仅是短期资金融通的场所,同时也是中央银行调控宏观经济运行的重要场所。其具有期限短、流动性强、安全性高和收益性低等特点。

资本市场是期限在1年以上的中长期金融工具交易场所,主要由中长期信贷市场、中长期债券市场和股票市场构成。资本市场是中长期资金融通的场所,其具有期限长、收益性高、流动性弱和风险高等特点。

2.货币市场与资本市场的区别

(1)期限的差别

资本市场上交易的金融工具均为1年以上,最长者可达数十年,有些甚至无期限,如股票等。而货币市场上一般交易的是1年以内的金融工具,最短的只有几日甚至几个小时。

(2)作用的不同

货币市场所融通的资金,大多用于工商企业的短期周转。而在资本市场上所融通的资金,大多用于企业的创建、更新、扩充设备和储存原料,政府在资本市场上筹集长期资金则主要用于举办公共事业和保持财政收支平衡。

(3)风险程度不同

货币市场的信用工具由于期限短,流动性高,价格不会发生剧烈变化,风险较小。资本市场的信用工具由于期限长,流动性较低,价格变动幅度较大,风险较高。

(二)按照金融工具发行和流通特征划分,可分为发行市场和流通市场

发行市场也称一级市场或初级市场,是新证券首次向投资者出售的市场,是证券流通全过程的基本环节。

流通市场也称二级市场或次级市场,是指已发行证券的转让市场。证券发行后可在流通市场交易。一般分为交易所集中交易市场和场外交易市场。证券交易所是一个组织严密的二级市场,是证券交易的主要场所。

（三）根据金融工具的交割时间划分，可分为现货市场和期货市场

现货市场是指市场上的买卖双方成交后须在若干个交易日内办理交割的金融市场，是与期货、期权和互换等衍生工具市场相对的市场的一个统称，一般要求在交易成交后的1～2个工作日内完成交割手续。

期货市场是按达成的协议交易并按预定日期交割的金融市场。期货是合同交易，也就是合同的相互转让。期货的交割是有期限的，在到期以前是合同交易，到期日则需兑现合同进行现货交割。

（四）其他划分标准

金融市场按其他不同标准划分又可以分为多种类型。

按场所划分，可分为有形市场和无形市场。有形市场是有固定交易场所的市场，一般是指证券交易所等固定的交易场地。在证券交易所进行交易首先要开设账户，然后由投资人委托证券商买卖证券，证券商负责按投资者的要求进行操作。无形市场是指在证券交易所外进行金融资产交易的总称，无固定交易场所。其交易一般通过现代化的电信工具和网络在各金融机构、证券商及投资者之间进行。它是一个无形的网络，金融资产及资金可以在其中迅速地转移。

按地域划分，可分为国内金融市场和国际金融市场。国内金融市场是一个国家内部以本国货币表示的资金交易市场，其交易活动受到本国法规和制度的管制。国际金融市场是国家间金融活动的领域，它的交易活动超出了一国国境。

第二节　货币市场

货币市场是短期资金市场，是指融资期限在1年以下的金融市场，是金融市场的重要组成部分。由于该市场所容纳的金融工具，主要是政府、银行及工商企业发行的短期信用工具，具有期限短、流动性强和风险小的特点，在货币供应量层次划分上被置于现金货币和存款货币之后，称为"准货币"，所以将该市场称为"货币市场"。货币市场主要由同业拆借市场、票据市场、国库券市场、大额可转让存单市场和回购市场等多个子市场构成。

一、同业拆借市场

同业拆借市场，是指具有准入资格的金融机构间进行临时性资金融通，从而

实现金融机构之间资金调剂的市场。同业拆借的资金主要用于弥补短期资金的不足、票据清算的差额以及解决临时性的资金短缺需要。同业拆借市场交易量大，能敏感地反映资金供求关系和货币政策意图，影响货币市场利率，因此，它是货币市场体系的重要组成部分。

同业拆借市场具有以下特点：

①融通资金的期限一般比较短，拆借资金的期限多为一日或者几日，最长不超过一年。

②参与拆借的机构基本上是在中央银行开立存款账户，交易资金主要是该账户上的多余资金。

③同业拆借资金主要用于短期、临时性需要。

④同业拆借基本上是信用拆借。同业拆借可以使商业银行在不用保持大量超额准备金的前提下，就能满足存款支付的需要。1996 年 1 月 3 日，我国建立起了全国统一的同业拆借市场并开始试运行。

同业拆借利率是拆借市场的资金价格，是货币市场的核心利率，也是整个金融市场上具有代表性的利率，能够及时、灵敏、准确地反映货币市场乃至整个金融市场短期资金供求关系。当同业拆借利率持续上升时，反映资金需求大于供给，预示市场流动性可能下降；当同业拆借利率下降时，情况则相反。

同业拆放中大量使用的利率是 LIBOR。LIBOR 已经作为国际金融市场中大多数浮动利率的基础利率，是银行从市场上筹集资金进行转贷的融资成本。贷款协议中议定的 LIBOR 通常是由几家指定的参考银行在规定的时间（一般是伦敦时间上午 11：00）报价的平均利率。最大量使用的是 3 个月和 6 个月的 LIBOR。我国对外筹资成本即在 LIBOR 利率的基础上加一定百分点。

由 LIBOR 衍生出来的，还有新加坡同业拆放利率（Singapore interbank offered rate，SIBOR）、纽约同业拆放利率（NowYork interbank offered rate，NI-BOR）、香港同业拆放利率（HongKong interbank offered rate，HIBOR）等。2007 年 1 月 4 日起正式运行的 Shibor，为我国金融市场提供了 1 年以内产品的定价基准，具有极其重要的意义。

二、票据市场

票据市场是票据通过流通转让进行交易的场所。由于商业票据和银行承兑汇票是投资者进行短期投资和金融机构进行流动性管理的重要工具，商业票据市场和银行承兑汇票市场也成为票据市场主要的两个子市场。

(一)商业票据市场

商业票据是大公司为了筹措资金，以贴现的方式出售给投资者的一种短期

拓展阅读
上海银行间同业
拆放利率

无担保的信用凭证。由于商业票据没有担保,完全依靠公司的信用发行,因此其发行者一般都是规模较大、信誉良好的公司。

一般来说,商业票据的发行期限较短,面额较大,且绝大部分是在一级市场上直接进行交易。商业票据具有融资成本低、融资方式灵活等特点,并且发行票据还能提高公司的声誉。

商业票据市场是货币市场中历史最悠久的短期金融市场,最早可追溯至 19 世纪的美国,主要由大工厂发行,购买者多为当时的银行。最早发行商业票据的公司是美国通用汽车公司。进入 20 世纪 60 年代,美国经济进入新一轮快速发展阶段,市场利率开始提高,主要依靠银行贷款的公司融资成本上升,许多大公司开始选用商业票据这种相对而言贷款成本更低的方式融资。同时,美联储实施紧缩货币政策,并对银行严格监管,商业银行贷款规模受到限制,美国企业不得不转向票据市场融资。这些都使得商业票据市场快速发展。

(二)银行承兑汇票市场

银行承兑汇票是商业汇票的一种,指由在承兑银行开立存款账户的存款人签发,向开户银行申请并经银行审查同意承兑,保证在指定日期无条件支付确定金额给收款人或持票人的票据。对出票人签发的商业汇票进行承兑是银行基于对出票人资信的认可而给予的信用支持。

银行承兑汇票市场主要由一级市场和二级市场构成。一级市场即发行市场,主要涉及汇票的出票和承兑行为;二级市场相当于流通市场,涉及汇票的贴现与再贴现过程。票据贴现是指持票人为取得现金,以贴付利息为条件向银行或贴现公司转让未到期票据的融资行为。如在实际经营过程中急需资金,商业银行可用已贴现票据向中央银行申请再贴现,中央银行运用再贴现率来调节或控制商业银行的信贷规模,保持适当的市场货币供应量。

三、国库券市场

国库券市场是指国库券的发行、流通转让所形成的市场。

国库券是指一国政府为弥补国库资金临时不足而发行的 1 年期以内的政府短期债券。期限多为 3 个月、6 个月、9 个月等。国库券大多采用拍卖方式在市场公开招标发行,发行价格由投标者通过竞争而定。

作为短期债券,国库券一般是以贴现方式发行,即票面不记明利率,发行价格低于票面额,到期偿还面额,投资者的收益就是其面额与购买价格之差。

国库券市场作为货币市场重要的组成部分之一,它的发行量和交易量都非常大。国库券的发行一方面满足了政府部门短期资金周转需要,另一方面在流

通市场上为中央银行调节市场利率、货币供应量提供了可操作的工具。

与其他货币市场工具相比,国库券有以下显著特点:

①安全性高。由于国库券的发行人是政府,财政部是直接债务人,一般不存在违约风险。因而,国库券利率往往被称为无风险利率,成为其他利率确定的依据。

②流动性强。极高的安全性以及组织完善、运行高效的市场赋予国库券极强的流动性,使持有者可随时在市场上转让变现。

③利息免税。购买国库券所获得的利息收入免征所得税,增强了国库券的投资吸引力。

四、大额可转让存单市场

拓展阅读
我国的国库券发行历史

(一)大额可转让定期存单概述

大额可转让定期存单(negotiable certificate of deposit,CDs)是银行发行的有固定面额、可转让流通的存款凭证。CDs 可以自由转让流通,有活跃的二级市场;CDs 存款面额固定且一般金额较大;存单不记名,便于流通;存款期限为 3~12 个月不等,以 3 个月居多,最短的 14 天。大企业和金融机构是大额可转让定期存单的主要投资者。

大额可转让定期存单最早产生于美国。20 世纪 60 年代,美国市场利率上涨,而美国商业银行受 Q 条例(美国联邦储备委员会按字母顺序排列的一系列金融条例中的第 Q 项规定)的存款利率上限的限制,不能支付较高的市场利率。大公司的财务主管为了增加临时闲置资金的利息收益,纷纷将资金投资于安全性较好又具有一定收益的货币市场工具,如国库券、商业票据等,银行的企业存款急剧下降。为了阻止存款外流,美国花旗银行率先设计了大额可转让定期存单这种短期的有收益票据来吸引企业的短期资金。此后,这一货币市场工具迅速在各大银行得到推广。

(二)大额可转让定期存单与一般定期存款的区别

第一,定期存款记名、不可流通转让,而大额可转让存单则是不记名的,可以流通转让。

第二,定期存款金额不固定,可大可小,而大额可转让定期存单金额较大。在美国,向机构投资者发行的大额可转让定期存单的面额最少为 10 万美元,二级市场上的交易单位为 100 万美元,但向个人投资者发行的大额可转让定期存单的面额最少为 100 美元。

第三,定期存款利率固定,而大额可转让定期存单利率既有固定的,也有浮动的,且一般来说比同期限的定期存款利率高。

第四,定期存款可以提前支取,但会损失一部分利息,而大额可转让定期存单不能提前支取,但可以在二级市场上流通转让。

五、回购协议市场

(一)基本定义

回购协议市场又称证券购回协议市场,是指通过回购协议进行短期资金融通交易的场所,市场活动由回购与逆回购组成。这里的回购协议是指资金融入方在出售证券的同时和证券购买者签订的,在一定期限内按原定价格或约定价格购回所卖证券的协议。

从本质上看,回购协议是一种质押贷款协议。这里有两个需要掌握的要点:

一是虽然回购交易是以签订协议的形式进行交易,但协议的标的物却是有价证券。

二是我国回购协议市场上回购协议的标的物是经中国人民银行批准的,可在回购协议市场进行交易的政府债券、中央银行票据及金融债券。

(二)回购的类型

1.按交易方式划分

按交易方式划分,回购协议可以分为回购和逆回购。

逆回购是回购的反向操作,指资金供应者从资金需求者手中购入证券,并承诺在约定的期限以约定的价格返还证券。回购是卖出证券,获得资金;而逆回购是买入证券,支付资金。

如果央行采用回购方式进行公开市场操作,其目的是回笼货币,属于紧缩行为;如果采用逆回购方式进行公开市场操作,目的是投放货币,属于宽松行为。

2.按交易期限划分

按交易期限划分,回购协议可以分为隔夜、定期和连续回购。

卖出并约定买回证券相隔一天的交易称为隔夜回购;卖出并约定买回证券间隔超过一天的交易称为定期回购;每日自动续作,直至一方将其终止的隔夜回购称为连续回购。

第三节　资本市场

拓展阅读
国债逆回购

　　资本市场又称长期资金市场,是金融市场的重要组成部分。作为与货币市场相对应的理论概念,资本市场通常是指进行中长期(一年以上)资金(或资产)借贷融通活动的市场。由于在长期金融活动中,涉及资金期限长、风险大,具有长期较稳定的收入,类似于资本投入,故称为资本市场。在我国一般认为资本市场就是指证券市场,包含股票市场、债券市场和投资基金市场三个部分。

一、股票市场

　　股票市场是股票发行和交易的场所,包括发行市场和流通市场两部分。股份公司通过面向社会发行股票,迅速集中大量资金,实现生产的规模经营;而社会上分散的资金盈余者本着"利益共享、风险共担"原则投资股份公司,谋求财富的增值。

　　(一)股票发行市场

　　发行市场也称一级市场,是指公司直接或通过中介机构向投资者出售新发行的股票的市场。所谓新发行的股票包括初次股票发行和再发行的股票,前者是公司第一次向投资者出售的原始股,后者是在原始股的基础上增加新的份额。

　　1.股票发行类型

　　(1)首次公开发行

　　首次公开发行是拟上市公司首次在证券市场公开发行股票募集资金并上市的行为。通常,首次公开发行是发行人在满足必须具备的条件,并经证券监管机构审核、注册登记后,通过证券承销机构面向社会公众公开发行股票并在证券交易所上市的过程。通过首次公开发行,发行人不仅募集到所需资金,而且完成了股份有限公司的设立或转制,成为上市公众公司。

　　(2)上市公司增资发行

　　股份有限公司增资是指公司依照法定程序增加公司资本和股份总数的行为。增资发行是指股份公司上市后为达到增加资本的目的而发行股票的行为。我国《上市公司证券发行管理办法》规定,上市公司增资的方式有:向原股东配售股份、向不特定对象公开募集股份、发行可转换公司债券、非公开发行股票。

2.股票发行方式

总的来讲,股票的发行方式可分为如下两类。

(1)公开间接发行

也叫公募发行,指通过中介机构,公开向社会公众发行股票。我国股份有限公司采用募集设立方式向社会公开发行新股时,须由证券经营机构承销的做法,就属于股票的公开间接发行。这种发行方式的发行范围广、发行对象多,易于足额募集资本;股票的变现性强,流通性好。股票的公开发行还有助于提高发行公司的知名度和扩大其影响力。但这种发行方式也有不足,主要是手续繁杂,发行成本高。

(2)不公开直接发行

也叫私募发行,指不公开对外发行股票,只向少数特定的对象直接发行,因而不需经中介机构承销。我国股份有限公司采用发起设立方式和以不向社会公开募集的方式发行新股的做法,即属于股票的不公开直接发行。这种发行方式弹性较大,发行成本低;但发行范围小,股票变现性差。

(二)股票流通市场

股票流通市场是已经发行的股票转让、买卖和流通的场所。由于它建立在发行市场基础上,因此又称作二级市场。二级市场通常可分为有组织的证券交易所和场外交易市场,但也出现了具有混合特性的第三市场和第四市场。

1.证券交易所

证券交易所是由证券管理部门批准的,为证券的集中交易提供固定场所和有关设施,并制定各项规则以形成公正合理的价格和有序运行市场的正式组织。作为进行证券交易的场所,本身并不持有证券,也不进行证券的买卖,主要作用是为交易双方成交创造或提供条件,并对双方的交易行为进行监督。

目前,我国内地有三家证券交易所,即 1990 年 12 月设立的上海证券交易所、1991 年 7 月设立的深圳证券交易所和 2021 年 9 月设立的北京证券交易所。

2.场外市场

场外市场是相对于证券交易所而言的,广义而言,凡是在证券交易所以外进行的证券交易都可称为场外交易。

由于这种交易最早是在各证券商的柜台上进行的,因此也称柜台交易(OTC)。

与证券交易所交易相比,场外市场没有固定的交易场所,其交易是由自营商来组织,其价格是通过买卖双方协议达成的。一般是由证券自营商挂出各种证券的买入价和卖出价,卖者和买者以此价与自营商进行交易。

场外交易市场不像证券交易所有较高的上市条件,而且管制少,灵活方便,

拓展阅读
从量变到质变!
A股上市公司突
破 5 000 家

拓展阅读
股票交易时间

因而成为中小企业和具有发展潜质的公司证券流通的主要场所。

3.第三市场

第三市场是指原来在证券交易所上市的证券在场外交易所形成的市场。

第三市场最早出现在 20 世纪 60 年代的美国。在美国,长期以来证券交易所都实行固定佣金制,而且对于大宗交易也没有折扣佣金,导致买卖大宗上市证券的机构投资者和个人投资者通过场外市场交易上市证券以降低其交易费用。但在 1975 年,美国的证券交易委员会宣布取消固定佣金制,由交易所会员自行决定佣金,使第三市场的吸引力降低了。

4.第四市场

第四市场指的是大机构投资者不经过经纪人或自营商,彼此之间利用互联网直接进行的大宗证券交易所形成的市场。

这种交易方式最大限度地降低了交易费用。它的存在和发展一方面对证券交易所和场外市场产生了巨大的竞争压力,另一方面也给证券市场的监督带来了更大的难度。

(三)股票价格指数

股票价格指数就是用以反映整个股票市场上各种股票市场价格的总体水平及其变动情况的指标,简称为股票指数。通常是报告期的股票平均价格或股票市值与选定的股票平均价格或股票市值相比,并将两者的比值乘以基期的指数值,为该报告期的股票价格指数。

当股票价格指数上升时,表明股票的平均价格水平上涨;当股票价格指数下降时,表明股票的平均价格水平下降。股票指数是反映市场所在国(或地区)社会、政治、经济变化状况的晴雨表。

二、债券市场

债券市场是发行和买卖债券的场所,是金融市场的一个重要组成部分,是一国金融体系中不可或缺的部分。一个统一、成熟的债券市场可以为全社会的投资者和筹资者提供低风险的投融资工具;债券的收益率曲线是社会经济中一切金融商品收益水平的基准,因此债券市场也是传导中央银行货币政策的重要载体。

(一)债券市场的主要功能

纵观世界各个成熟的金融市场,无不有一个发达的债券市场。债券市场在社会经济中占有如此重要的地位,是因为它具有以下几项重要功能:

拓展阅读
多层次资本市场
体系日益完善

拓展阅读
主要股票价格
指数

1.融资功能

债券市场作为金融市场的一个重要组成部分,具有使资金从资金剩余者流向资金需求者,为资金不足者筹集资金的功能。我国政府和企业先后发行多批债券,为弥补国家财政赤字和国家的许多重点建设项目筹集了大量资金。在"八五"期间,我国企业通过发行债券共筹资 820 亿元,重点支持三峡工程、上海浦东新区建设、京九铁路、沪宁高速公路、吉林化工、北京地铁、北京西客站等能源、交通、重要原材料等重点建设项目以及城市公用设施建设。

2.资金流动导向功能

效益好的企业发行的债券通常较受投资者欢迎,因而发行时利率低,筹资成本小;相反,效益差的企业发行的债券风险相对较大,受投资者欢迎的程度较低,筹资成本较大。因此,通过债券市场,资金得以向优势企业集中,从而有利于资源的优化配置。

3.宏观调控功能

一国中央银行作为国家货币政策的制定与实施部门,主要依靠存款准备金、公开市场业务、再贴现和利率等政策工具进行宏观经济调控。其中,公开市场业务就是中央银行通过在证券市场上买卖国债等有价证券来调节货币供应量,这是实现宏观调控的重要手段。在经济过热、需要减少货币供应量时,中央银行卖出债券、收回金融机构或公众持有的一部分货币,从而抑制经济的过热运行;当经济萧条、需要增加货币供应量时,中央银行便买入债券,增加货币的投放量。

(二)债券市场的分类

根据不同的分类标准,债券市场可分为不同的类别。最常见的分类有以下几种:

1.根据债券的运行过程和市场的基本功能分类

可将债券市场分为发行市场和流通市场。债券发行市场,又称一级市场、是发行单位初次出售新债券的市场。债券发行市场的作用是将政府、金融机构以及工商企业等为筹集资金向社会发行的债券,分散发行到投资者手中。

债券流通市场,又称二级市场,指已发行债券买卖转让的市场。债券一经认购,即确立了一定期限的债权债务关系,但通过债券流通市场,投资者可以转让债权,把债券变现。

债券发行市场和流通市场相辅相成,是互相依存的整体。发行市场是整个债券市场的源头,是债券流通市场的前提和基础。发达的流通市场是发行市场的重要支撑,流通市场的发达是发行市场扩大的必要条件。

2.根据市场组织形式分类

债券流通市场可进一步分为场内交易市场和场外交易市场。证券交易所是专门进行证券买卖的场所,如我国的上海证券交易所和深圳证券交易所。在证券交易所内买卖债券所形成的市场,就是场内交易市场。这种市场组织形式是债券流通市场较为规范的形式。交易所作为债券交易的组织者,本身不参加债券的买卖和价格的决定,只是为债券买卖双方创造条件,提供服务,并进行监管。

场外交易市场是在证券交易所以外进行证券交易的场所。柜台市场为场外交易市场的主体。许多证券经营机构都设有专门的证券柜台,通过柜台进行债券买卖。在柜台交易市场中,证券经营机构既是交易的组织者,又是交易的参与者。此外,场外交易市场还包括银行间交易市场,以及一些机构投资者通过电话、电脑等通信手段形成的市场等。我国债券流通市场由三部分组成,即沪深证券交易所市场、银行间交易市场和证券经营机构柜台交易市场。

3.根据债券发行地点的不同分类

债券市场可以划分为国内债券市场和国际债券市场。国内债券市场的发行者和发行地点属于同一个国家,而国际债券市场的发行者和发行地点不属于同一个国家。

三、投资基金市场

(一)投资基金的定义

投资基金是通过发售基金份额或收益凭证,将众多投资者分散的资金集中起来,由专业管理人员投资于股票、债券或其他金融资产,并将投资收益按投资份额分配给基金持有者的一种利益共享、风险共担的金融产品,其本质是股票、债券和其他证券投资的机构化。其优势在于:

①集众多的分散、小额资金于一个整体。

②委托经验丰富的专家经营管理。

③分散投资,降低风险。

(二)投资基金的分类

1.按基金的法律地位或组织形式不同,分为公司型基金和契约型基金。

①契约型基金是根据一定的信托契约原理组建的代理投资制度。一般由基金发起人、基金管理人及投资者三方当事人订立信托契约。契约型基金不具有法人资格,基金资产为信托资产。

②公司型基金是按照股份公司方式运营的。基金公司通过发行股票筹集社会资金,投资者购买公司股票成为公司股东。

拓展阅读
三峡集团 20 年累计发行债券 3 508亿元

2.按基金运作方式不同,分为开放式基金和封闭式基金。

①封闭式基金发行的基金份额固定不变,发行期满,基金规模就封闭起来,不再增加和减少份额。

②开放式基金,又称共同基金,其基金份额和基金规模不封闭,投资人可以随时根据需要向基金购买份额以实现投资,也可以回售份额以撤出投资。

我国投资基金起步于 1991 年,当时只有深圳"南山风险投资基金"和"武汉证券投资基金"两家,规模为 9 000 万元。1992 年,随着海南"富岛基金"、深圳"天骥基金"、淄博"乡镇企业投资基金"等 37 家基金的成立,我国投资基金规模开始扩大。截至 2024 年 3 月底,我国境内共有基金管理公司 146 家,其中,外商投资基金管理公司 49 家(包括中外合资和外商独资),内资基金管理公司 97 家;取得公募基金管理资格的证券公司或证券公司资产管理子公司 12 家、保险资产管理公司 1 家。以上机构管理的公募基金资产净值合计 29.20 万亿元。

第四节　金融衍生工具市场

金融衍生工具市场是指以各种金融合约为交易对象的交易场所。1972 年 5 月,美国芝加哥商品交易所推出了外汇期货合约。这是第一笔金融期货合约在交易所上市交易,意味着现代意义上的金融衍生工具产生。

一、金融衍生工具的概念与特征

(一)金融衍生工具的概念

金融衍生工具是由基础金融工具(如货币、股票、债券等)衍生出来的金融工具,其价格依赖于标的资产(基础资产)并随之变动。金融衍生工具在形式上表现为一系列的合约,合约中载明交易品种、价格、数量、交割时间及地点等。目前较为普遍的金融衍生工具合约有金融远期、金融期货、金融期权和金融互换等。

(二)金融衍生工具的特征

金融衍生工具具有四个显著特征:

(1)跨期性

金融衍生工具是交易双方通过对利率、汇率、股价等因素变动趋势的预测,约定在未来某一时间按照一定条件进行交易或是否交易的合约。无论是哪一种

金融衍生工具,都会影响交易者在未来一段时间内或未来某时点上的现金流,跨期交易的特点十分突出。

（2）杠杆性

金融衍生工具交易一般只需要支付少量的保证金或权利金就可签订远期大额合约或互换不同的金融工具。

（3）联动性

这是指金融衍生工具的价值与基础产品或基础变量紧密联系、规则变动。

（4）不确定性或高风险性

金融衍生工具的交易后果取决于交易者对基础工具（变量）未来价格（数值）的预测和判断的准确程度。基础工具价格的变幻莫测决定了金融衍生工具交易盈亏的不稳定性,这是金融衍生工具高风险性的重要诱因。

二、金融衍生工具市场的功能

创设与交易金融衍生工具的市场被称为金融衍生工具市场。这些衍生工具允许投资者进行杠杆交易、对冲风险以及进行投机。金融衍生工具市场的主要功能包括:

(一)价格发现功能

通过市场参与者的竞价交易,衍生工具市场能够反映市场对未来价格走势的预期。衍生工具的市场价格会伴随着交易者对交易标的物未来价格预期的改变而波动。因此,如果市场竞争是充分和有效的,那么,衍生工具的市场价格就是对标的物未来价格的事先发现,能够相对准确地反映交易者对标的物未来价格的预期。

(二)套期保值功能

套期保值也叫对冲,通过建立与现货头寸方向相反的衍生品头寸（如持有空头对冲多头风险,或持有多头对冲空头风险）,从而降低价格波动风险损失。购入某资产或者约定在未来某日购入,就称持有多头;如果向另一方出售资产,并约定在未来某日交割,就称持有空头。

衍生工具为投资者提供了对冲风险的有效手段,可以帮助投资者规避或减少因市场价格波动而带来的损失。比如,买进现货的同时卖出同品种的期货,这就形成对冲关系;买进某一月份期货的同时卖出同品种的另一个月份的期货（国内常称为跨月套利）,也形成对冲关系;如果两种不同资产之间具有负相关关系,则同时买进或卖出两种资产也形成对冲关系。

对冲的结果实际上是将价格锁定,从而免除价格波动导致的风险。正是在这个意义上,人们才把对冲工具称为避险工具。在我国,通常已习惯将期货与现货之间的对冲译成套期保值,换言之,套期保值已成为"期货与现货"对冲的特称了。

(三)投机获利功能

投机的目的是获取价差。投机者的投机行为完全是一种买空卖空的行为。

当投机者预测资产价格会上升时,便做多头,买进期货等金融合约,并在价格涨到自己理想的价位时适时卖出合约平仓,从而获得价差收益;相反,当投机者预测资产价格会下跌时,做空头卖出期货等金融合约,并在价格下跌过程中适时买回相同的期货合约平仓,获取高卖低买的差价收益。综上所述,金融衍生工具市场在为市场参与者提供灵活便利的避险工具的同时,也促进了巨大的世界性投机活动,加剧了国际金融市场的不稳定性。

三、金融衍生工具的分类

金融衍生工具主要分为金融远期、金融期货、金融期权、金融互换四个大类。

(一)金融远期

1.金融远期合约的含义

金融远期合约是指双方约定在未来的某一确定时间,按照确定的价格买卖一定数量的某种金融资产的合约。金融远期合约的种类主要有远期利率协议、远期外汇合约等。

2.金融远期合约的特点

①远期合约是交易双方通过谈判后签署的非标准化合约。

②远期合约无固定的交易场所,一般是场外交易。

③远期合约缺乏流动性,有时很难找到对手交易,且交易对手存在违约风险。

(二)金融期货

1.金融期货合约的含义

金融期货合约是指买卖双方在有组织的交易所内以公开竞价的形式达成的,在将来某一特定日期交割标准数量的特定金融资产的协议。主要包括外汇期货、利率期货、股票指数期货等合约。金融期货合约可以看作标准化的远期合约。

2.金融期货合约的特点

与远期合约相比,期货合约在指定的交易所进行交易,合约是标准化合约,保证了高流动性,且保证金制度规避了违约风险。

（三）金融期权

金融期权又称金融选择权,是合约的买方在支付一定金额的前提下,取得在特定日期或时期内以事先确定的价格买进或卖出一定数量某种金融工具权利的合约。合约的买方有权根据市场行情选择是否履行合约权利,进行实际交易。但其对价是支付给卖方一定的费用,即权利金（期权费）。

与金融期货相比,金融期权最显著的特点是交易双方在履约设计上权利和义务不对称,在经济上风险与收益不对称。合约签订后,买方拥有是否履约的权利,而卖方只有服从买方选择的义务。买方的收益随市场行情的变动而变化,理论上没有上限,但最大的损失是期权费;相反,卖方最大的收益是期权费,但损失没有上限。

按期权权利性质划分,期权可分为看涨期权和看跌期权。看涨期权的买方有权在某一确定的时间或确定的时间之内,以确定的价格购买相关资产。看跌期权的买方则有权在某一确定时间或确定的时间之内,以确定的价格出售相关资产。

（四）金融互换

金融互换也称掉期,是指互换双方达成协议并在一定的期限内转换彼此的货币种类、利率基础及其他资产的一种交易。

主要的金融掉期合约有以下两种。

（1）利率掉期

根据合约,债务人将自身的浮动利率债务转换为固定利率债务,或将固定利率债务转换为浮动利率债务。利率掉期于1982年首次出现在美国,是管理利率风险的重要工具。

（2）货币掉期

根据合约,交易双方在一定期限内将一定数量的货币与另一种一定数量的货币进行交换。

本章小结

本章对金融市场相关内容进行了系统梳理。金融市场是资金供求双方通过金融工具开展各类资金交易活动的场所,由金融市场主体、客体、组织形式和价

拓展阅读
股指期货合约

格四大要素构成,同时具备聚敛、配置、调节和反映等功能,不同类型的金融市场在主要功能、运行规则及特点上存在显著差异。以短期货币性金融工具为交易对象的货币市场,主要包含同业拆借市场、票据市场、国库券市场、大额可转让存单市场和回购市场等子市场。资本市场则通常指进行中长期(1年以上)资金或资产借贷融通活动的市场,在我国,资本市场一般被认为是证券市场,涵盖股票市场、债券市场和投资基金市场,其中股票市场和债券市场均由发行市场与流通市场组成,二者在这一构成上颇为相似。而金融衍生品市场是从基础金融市场派生出来的,以衍生品为交易对象,主要分为金融远期市场、金融期货市场、金融期权市场、金融互换市场及其他一些金融衍生市场。

基本概念

金融市场　货币市场　资本市场　发行市场　流通市场　同业拆借市场　票据市场　国库券市场　大额可转让存单市场　回购市场　股票市场　债券市场投资基金市场　开放式基金　封闭式基金　金融衍生工具

课后练习

一、单项选择题

1.历来被称为国民经济的"晴雨表"和"气象台"的是(　　　)。

A.证券市场　　　B.金融市场　　　C.回购市场　　　D.流通市场

2.一般而言,金融资产的流动性与风险性、收益性之间的关系为(　　　)。

A.正相关　　　B.负相关　　　C.不相关　　　D.不确定关系

3.下列金融工具中属于间接融资工具的是(　　　)。

A.可转让大额定期存单　　　　　B.公司债券

C.股票　　　　　　　　　　　D.政府债券

4.以证券公司为核心的融资方式称为(　　　)。

A.直接投资　　　B.间接融资　　　C.中介融资　　　D.直接融资

5.银行等金融机构之间的短期资金借贷市场是(　　　)。

A.商业票据市场　B.同业拆借市场　C.回购市场　　　D.衍生金融市场

6.在出售证券时与购买者约定到期买回证券的交易行为称为(　　　)。

A.回购协议　　　B.证券承销　　　C.期货交易　　　D.证券发行

7.以下哪个金融工具属于资本市场的工具（　　　）。

1.商业票据　　　　　　　　　　B.短期国债

C.长期国债　　　　　　　　　　D.大额可转让定期存单

8.债券按照信誉由高到低排列应为（　　　）。

A.政府债券,金融债券,公司债券　　B.金融债券,公司债券,政府债券

C.金融债券,政府债券,公司债券　　D.政府债券,公司债券,金融债券

9.在证券交易所内进行的交易称为（　　　）。

A.场内交易　　　B.第三市场交易　　C.场外交易　　　D.柜台交易

10.进行标准化远期合约交易的市场称为（　　　）。

A.远期交易市场　　B.期权市场　　　C.期货市场　　　D.掉期市场

二、多项选择题

1.金融市场的参与者有（　　　）。

A.居民个人　　　　　　　　　　B.商业性金融机构

C.政府　　　　　　　　　　　　D.企业

E.中央银行

2.按金融交易的交割期限可以把金融市场划分为（　　　）。

A.现货市场　　　B.货币市场　　　C.长期存贷市场　　D.期货市场

E.资本市场

3.从交易对象的角度看,货币市场主要由（　　　）等子市场组成。

A.回购协议　　　B.同业拆借　　　C.商业票据　　　　D.国库券

E.债券市场

4.资本市场主要由以下几个子市场组成（　　　）。

A.商业票据市场　　B.长期存贷市场　　C.证券市场　　　　D.国库券市场

E.同业拆借市场

5.按对投资收益与风险的设定目标划分,投资基金可以分为（　　　）

A.收入型基金　　B.成长型基金　　　C.对冲基金　　　　D.平衡型基金

E.指数基金

三、判断题

1.金融市场是要素市场的一个组成部分。（　　　）

2.金融市场大多为有形市场。（　　　）

3.凡在证券交易所以外进行股票买卖流通的组织方式,统称为场内交

易。（　　）

4.资本市场是指以期限在一年以上的金融工具为交易对象的短期金融市场。（　　）

5.股票行市与预期股息收益和市场利率成正比。（　　）

6.按买卖双方决定价格的方式不同,股票流通市场分为议价买卖和竞价买卖。（　　）

7.资本市场中的股票、债券和投资基金都是一种直接的证券投资方式。（　　）

8.办理票据贴现的银行或其他贴现机构,将其贴现收到的未到期票据再向其他银行或贴现机构进行贴现的票据转让行为称为再贴现。（　　）

9.一般而言,债券私募发行多采用直接发行方式,而公募发行则多采用间接发行方式。（　　）

10.交易型开放式指数基金(Exchange Traded Fund,ETF)一般由证券交易所或大型基金管理公司、证券公司发起设立。（　　）

四、思考题

1.请分析金融市场在国民经济发展中的具体作用,并举例说明金融市场的哪些功能对经济增长尤为重要。

2.请列举并解释金融市场的主要参与者及其作用。

3.根据不同标准(如融资期限、交易对象、交易中介等)对金融市场进行分类,并解释各类市场的特点和功能。

4.请结合你所学到的金融市场知识,分析近年来某次重大金融事件(如金融危机、股市崩盘等)的原因、影响和教训。

5.举例说明近年来金融市场中的创新现象(如金融科技、数字货币、绿色金融等),并分析这些创新对金融市场的影响。

6.讨论全球化背景下金融市场的发展趋势和挑战,以及各国如何应对这些挑战。

第八章　货币供求与货币均衡

学习目标

知识目标

1.掌握货币需求、货币供给和货币均衡的概念；

2.掌握凯恩斯货币需求函数和弗里德曼货币需求函数；

3.了解货币需求的影响因素；

4.掌握多倍存款的创造过程；

5.了解货币供给的影响因素；

6.掌握通货膨胀和通货紧缩的概念；

7.了解通货膨胀的类型及其治理方法。

能力目标

1.理解国际环境下的货币供求关系；

2.利用所学理论分析现实世界中出现的具体案例。

素养目标

1.结合马克思主义经济学原理，理解货币的需求与供给的本质；

2.掌握货币均衡的内涵，强化对马克思主义基本原理的掌握。

📑 **本章重点**

1.货币需求、货币供给和货币均衡的概念；

2.多倍存款的创造过程；

3.通货膨胀和通货紧缩的概念。

📑 **本章难点**

1.凯恩斯货币需求函数和弗里德曼货币需求函数；

2.货币需求的影响因素；

3.货币供给的影响因素；

4.通货膨胀的类型及其治理方法。

📑 **思维导图**

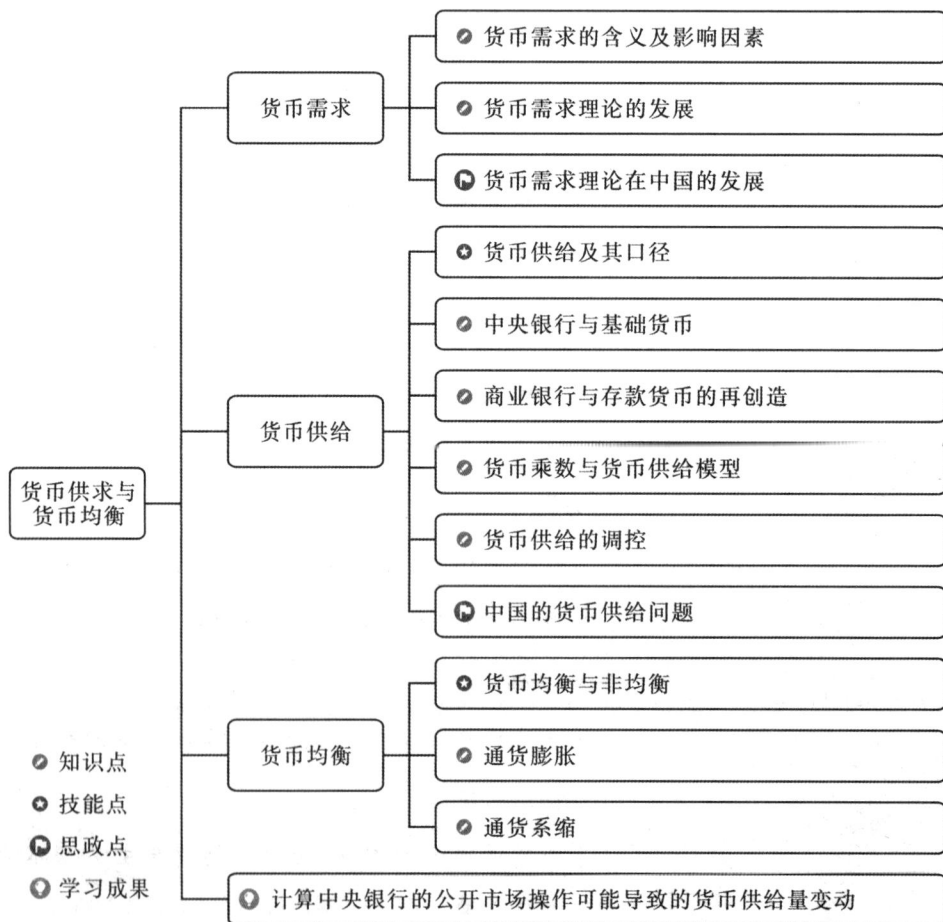

课前导读

中国当前货币政策立场及未来货币政策框架的演进
——中国人民银行行长潘功胜在第十五届陆家嘴论坛上的主题演讲

　　中国人民银行行长潘功胜在第十五届陆家嘴论坛上的主题演讲提到关于未来货币政策框架演进的几点思考：

　　经过多年实践探索，中国特色的货币政策框架已初步形成并不断发展完善。从全球范围看，对货币政策理论和实践的探索也一直在不断动态演进。今年以来，欧洲央行、日本央行根据形势变化，先后调整了货币政策框架；英格兰银行也在对其政策制定和预期沟通进行评估。为更好地服务高质量发展，我们也在研究中国未来货币政策框架。

　　优化货币政策调控的中间变量，保持币值稳定，并以此促进经济增长，是法律明确规定我国货币政策的最终目标。为了实现最终目标，货币政策需要关注和调控一些中间变量，主要发达经济体央行以价格型调控为主，而我国采用数量型和价格型调控并行的办法。

　　传统上，我们对金融总量指标比较关注，但也在不断优化调整。过去，货币政策曾对M2、社会融资规模等金融总量增速设有具体的目标数值，近年来已淡出量化目标，转为"与名义经济增速基本匹配"等定性描述。

　　随着经济高质量发展和结构转型，实体经济需要的货币信贷增长也在发生变化。货币信贷总量增长速度的变化，实际上是我国经济结构变化，及与此相关联的我国金融供给侧结构变化的反映。

　　从总量的数学关系看，增速是增量与全部存量的比值关系。分子是当期的增量，分母是全部的存量。目前我国社会融资规模存量超过390万亿元，M2余额超过300万亿元，宏观金融总量规模已经很大。金融总量增速有所下降也是自然的，这与我国经济从高速增长转向高质量发展是一致的。同时我们也应该看到，很多存量贷款效率不高，盘活低效存量贷款和新增贷款对经济增长的意义本质上是相同的。

　　从信贷结构发生的变化看，当前近250万亿元的贷款余额中，房地产、地方融资平台贷款占比很大，这一块不仅不再增长，反而还在下降。剩下的其他贷款要先填补上这个下降的部分，才能表现为增量，全部信贷增速要像过去一样保持在10%以上是很难的。

　　从货币供应量的统计看，也需要适应形势变化不断完善。我国M1统计口径是在30年前确立的，随着金融服务便利化、金融市场和移动支付等金融创新迅速发展，符合货币供应量特别是M1统计定义的金融产品范畴发生了重大演变,需要考虑对货币供应量的统计口径进行动态完善。个人活期存款以及一些流动性很高甚至直接有支付功能的金融产品,从货币功能的角度看,需要研究纳入 M1 统计范围,更好地反映货币供应的真实情况。

未来还可以继续优化货币政策中间变量,逐步淡化对数量目标的关注。当货币信贷增长已由供给约束转为需求约束时,如果把关注的重点仍放在数量的增长上甚至存在"规模情结",显然有悖经济运行规律。需要把金融总量更多地作为观测性、参考性、预期性的指标,更加注重发挥利率调控的作用。

(资料来源:中国当前货币政策立场及未来货币政策框架的演进——中国人民银行行长潘功胜在第十五届陆家嘴论坛上的主题演讲[EB/OL].(2024-06-19)[2024-11-12]. http://www.pbc.gov.cn/goutongjiaoliu/113456/113469/5379007/index.html.)

从上述材料中不难发现,在对金融总量指标的关注上总离不开货币供给与需求两个重点。本章我们将学习货币供求与均衡的有关理论知识。通过学习,我们将理解影响货币供求与均衡的概念、相关影响因素,以及货币供求的传导机制,从而理解货币供应量的统计如何匹配当下的经济需求。

第一节　货币需求

一、货币需求的含义及影响因素

(一)货币需求的含义

货币需求(monney demand)是指在一定时期内,社会各阶层(个人、企业单位、政府)愿意以货币形式持有财产的需求,或社会各阶层对执行流通手段、支付手段和价值贮藏手段的货币的需求。

1.微观货币需求和宏观货币需求

从货币需求主体的角度来划分,货币需求可分为微观货币需求与宏观货币需求。微观货币需求是指企业、家庭、个人等微观经济主体,在既定的收入水平、利率水平和其他经济条件下,把自己财富(或收入)中的多大比例以货币形式持有。宏观货币需求是指一国经济合理协调运转或者要达到管理当局制定的某些经济目标在总体上需要多少货币供应量。

2.名义货币需求与实际货币需求

从货币需求与物价的关系角度来划分,货币需求可分为名义货币需求(nominal money demand)和实际货币需求(real money demand)。

名义货币需求是指一个国家或一个经济部门不考虑物价变动情况下的货币需求量,一般用 M_d 表示。而实际货币需求是指名义货币需求剔除物价变动因素之后的货币需求量,也就是以某一不变价格为基础计算的商品和劳务量对货币的需求,通常用某一具有代表性的物价指数 P [如消费价格指数(consumer price index,CPI)]对名义货币需求 M_d 进行换算后得到,通常用 M_d/P 表示。

(二)货币需求的影响因素

在商品货币经济条件下,决定和影响货币需求量的因素是多种多样的,概括起来主要有以下几个方面:

1.收入水平

收入水平是影响货币需求的重要因素。一般而言,货币需求量与收入水平是呈正相关关系,即收入的增加会提高货币的需求量;收入的减少也会减少货币的需求量。当收入水平很低时,人们的收入主要用于吃穿和日常用度,交易和预防性货币需求不多。同时,由于储蓄和手持现金也相应增加,部分居民开始进行投资,因而相应产生了更多投机性货币需求。除了收入量外,取得收入的时间间隔也会影响对货币的需求,如果人们取得收入的时间间隔延长,对货币的需求量就会增大;相反,如果时间间隔缩短,则对货币的需求量就减少。当人们取得收入的时间间隔很长时,为了保证在下一次取得收入前能满足生活开销和以备不时之需,交易和预防性货币需求自然也提高。

2.信用状况

信用发达程度与货币需求量成反比。在一个社会信用发达、信用制度健全的国家,人们需要货币时很容易取得现金或贷款,那么整个社会所需的货币量就可以较少些;相反,在信用不发达、信用制度不健全、人们取得现金或贷款不容易或很麻烦的国家,人们就会保留较多的货币,这就增加了社会货币量。

3.利率

货币是一种不生息资产,经济主体总是在货币和生息资产之间进行资产选择。利率水平变动通过影响经济主体的资产选择影响货币需求:当市场利率升高时,持有生息资产的利息收入提高,货币需求会下降;反之,当市场利率下降时,持有生息资产的利息收入下降,货币需求会增加。

4.金融科技进步因素

经典货币需求理论大都是在 21 世纪以前形成的。在当时的社会条件下,现金和支票存款是不可替代的支付手段,持有现金和支票存款没有利息;生息的资产比如储蓄存款和债券与货币之间的转换成本相对较高。但在 21 世纪社会条件已经发生了重大变化,金融领域的科技进步因素正大幅影响货币需求。比如移动支付逐渐普及,在很大程度上降低了居民对现金的需求,随着支付领域不断创新,生息资产和货币之间的转换成本大幅下降,部分货币市场基金(比如余额宝)已经可以直接用于日常交易支付,在很大程度上降低了居民对现金和支票存款的需求。

二、货币需求理论的发展

(一)古典学派的货币需求理论

西方经济学家一般把凯恩斯以前的经济学家统称为"古典"学派。其中最具代表性的就是由 20 世纪初美国经济学家费雪、英国经济学家马歇尔和庇古分别提出交易方程式(equation of exchange)和剑桥方程式(equation of Cambridge)。

1.交易方程式

费雪认为,人们需要货币是为了交换商品和劳务以满足欲望,而不是因为需要货币本身,因而货币的交易媒介功能是确定货币需求的关键。因此,在一定时期内,社会的货币支出量与商品劳务交易量的货币总值一定相等。据此,费雪提出了著名的交易方程式:

$$MV = PT$$

其中:M 表示一定时期内流通货币的平均数;V 表示货币流通速度;P 为各类商品价格的加权平均数;T 为各类商品的交易总量。

这是一个恒等式。费雪认为,货币流通速度 V 是由经济中影响人们货币支出习惯的制度决定的,因而变化缓慢,在短期内不易改变,可视为常量;在长期内受经济制度和技术特征的影响而缓慢改变,但不受 M 的影响。各类商品的交易总量 T 与产出水平保持一定的比例,因此在短期内是相对稳定的,在长期内也不受 M 的影响。因此,只有商品价格的加权平均数 P 的值主要取决于 M 的变化。因此,交易方程又可表达为:

$$P = \frac{MV}{T}$$

该式实际上是表述货币数量与物价水平的关系,强调货币数量 M 对价格 P 的决定作用。但把 P 视为给定的价格水平时,可从交易方程式得到货币需求的函数:

$$M = \frac{PT}{V}$$

此式表明,在给定的价格水平下,一定时期的名义货币需求量与总交易量具有一定的比例关系,这个比例就是 1∶V。换言之,要使价格保持给定水平,就必须使货币量与总交易量保持一定的比例关系。可以看出,交易方程式从宏观的视角分析货币需求,着眼于货币的交易媒介功能,关注的是流通中的货币数量。

2.剑桥方程式

20 世纪 20 年代,马歇尔和其学生庇古创立了现金余额说(cash balance theory),又称作剑桥方程。剑桥学派的着眼点是个人对货币持有的需求,重视微观主体的行为。他们认为,处于经济体系中的个人对货币的需求,实质是选择以怎样的方式保有自己资产的问题。当然,他们也考虑经济整体的需求,但在他们看来,这个整体需求是个人需求的总和。

不同于现金交易说没有说明货币流通速度发生变化的原因,现金余额说考虑了影响货币需求的多种因素。马歇尔和庇古认为,公众之所以愿意以货币形态来保持其财富和收入的数额,主要取决于三个方面:①个人的财富总额。货币需求首先受个人财富总额的限制,表示在此基础上以货币形式保存财富的数额。②持有货币的机会成本,即放弃货币来投资于其他各种资产的收益。人们必须在持有货币带来的便利和持有其他资产带来的收益(如利息收入或消费满足等)之间进行权衡。③货币持有者对未来收入、支出和物价等的预期,也会影响他意愿中的货币持有额。

剑桥学派的货币需求方程是:

$$M_d = kPY$$

其中:k 为人们愿意以货币这种形式持有的财富占总财富的比例;M_d 为名义货币需求;Y 为实际总产出;Y 为价格水平。

(二)凯恩斯学派的货币需求理论

1.凯恩斯与流动性偏好理论

凯恩斯是著名的英国经济学家,是宏观经济学的创始人。凯恩斯沿着剑桥学派的思路,认为人们持有货币的需求动机是出于对流动性偏好的普遍心理。流动性偏好理论将决定人们货币需求行为的动机归结为交易动机、预防动机和投机动机三个方面。

(1)交易动机

交易动机(transaction motive)是指个人或企业未来应付日常交易需要而产

生的持有货币需要。凯恩斯认为，交易媒介功能是货币的基本功能，由此衍生出了基于交易动机而产生的货币需求，这一点与过去的货币需求理论一脉相承。凯恩斯将交易需求看作收入的函数。

（2）预防动机

预防动机（precautionary motive）又称谨慎动机，是指个人或企业为应对不测之需而持有货币的动机。凯恩斯认为，由于未来收入和支出的不确定性，使人们无法准确预测所需的货币需求，为了防止意外变化需要保留一部分货币，这类需求称为货币的预防性需求。

（3）投机动机

投机动机（speculative motive）是凯恩斯的货币需求理论中最具创新的部分，这是指个人或企业愿意持有货币以供投机之用。凯恩斯认为，除了交易动机和预防动机，人们持有货币还是为了保存财富。因为货币资产的收益率为零，而持有债券的收益率可能为正（利率下降导致债券价格上升）也有可能为负（利率上升导致债券价格下降），因此人们愿意持有货币以供投机之用。

综上所述，货币需求为交易需求、预防需求和投机需求之和，凯恩斯的货币需求函数如下：

$$M = M_1 + M_2 = L_1(Y) + L_2(i)$$

其中：M_1 表示交易动机和预防动机引起的货币需求；Y 表示收入，L_1 表示 M_1 和 Y 之间的函数关系；M_2 表示投机需求引起的货币需求；i 表示利率，L_2 表示 M_2 和 i 之间的函数关系。

凯恩斯的流动性偏好理论强调了利率在货币需求和宏观经济管理中的核心地位。在他看来，货币不仅是交易的媒介，而且是人们在不确定性面前寻求安全的避风港。在凯恩斯的分析中，利率下降会减少持有货币的机会成本，从而鼓励更多的人持有货币。但是，当利率降至接近于零的水平时，债券的价格变得极其敏感，任何利率的小幅上升都可能造成债券价格的大幅下跌。在这种情况下，人们可能更倾向于持有货币，因为他们害怕承担债券价格下跌的风险。这种现象被称为"流动性陷阱"。

2.后凯恩斯学派对货币需求理论的发展

20 世纪 50 年代以后，凯恩斯学派的经济学家对凯恩斯提出的三种货币需求动机进行了更深入的研究，进一步丰富和发展了凯恩斯的货币需求理论。这些新出现的理论模型有一个共同的特点，就是重视分析利率对货币需求的影响。

（1）交易性货币需求的发展

鲍莫尔和托宾对凯恩斯关于交易性货币需求的理论进行了拓展，引入了利率对交易性货币需求的影响。他们认为，虽然交易性货币需求主要是由收入决

定的,但利率也会对其产生重要影响。

鲍莫尔的平方根定律是描述这一现象的数学模型。该定律表明,最优现金持有量(即交易性货币需求)与预期交易量的平方根成正比,与每次交易成本的平方根成正比,但与利率的平方根成反比。具体表达式如下:

$$M^* = \sqrt{\frac{2Tb}{i}}$$

其中:M^* 是最优现金持有量,T 是预期交易量,b 是每次交易成本,i 是利率。

(2)预防性货币需求的发展

惠伦和米勒等经济学家对预防性货币需求的研究,进一步拓展了对货币需求的理解。传统上,凯恩斯的理论认为预防性货币需求主要受收入的影响,惠伦等人则提出,利率同样会影响预防性货币需求。

惠伦的立方根定律表明,最佳预防性货币余额的变化与货币支出分布的方差(S)、转换现金的手续费(C)及持有货币的机会成本(r)呈立方根关系。这个理论强调了在不确定性环境中,人们如何权衡持有现金以备不时之需的便利性与投资生息资产以获得收益之间的机会成本。在高利率环境中,持有现金的代价更高,因此人们倾向于减少现金持有;而在低利率环境中,持有现金的代价相对较低,人们可能更愿意持有较多的现金作为预防措施。

(3)投机性货币需求的发展

托宾的资产选择理论是对凯恩斯投机性货币需求理论的重要补充和发展。托宾认识到,凯恩斯的理论在处理投资者决策时,过于简化了资产选择的过程,仅仅考虑了货币和债券之间的选择,而忽略了资产组合管理和风险规避的重要性。

在托宾的理论中,投资者面临的主要决策是在安全性资产(如货币)和风险性资产(如债券、股票等)之间分配自己的财富。安全性资产提供的是确定性,没有收益但也没有风险,而风险性资产提供收益的同时伴随着价格波动的风险。投资者在构建自己的资产组合时,会寻求收益与风险之间的平衡。他们会根据自己的风险承受能力和对未来的预期,选择一个最优的资产组合,以实现期望收益最大化的同时,将风险保持在一个可接受的水平。这一过程遵循了所谓的资产分散化原则,即通过持有多种不同类型的投资,可以降低整体风险,因为不同资产的表现往往不会完全相关。

(三)弗里德曼的货币需求理论

货币主义也称货币学派,是在批判凯恩斯主义的过程中兴起的,其代表人物是美国芝加哥大学教授米尔顿·弗里德曼。货币主义同样以微观主体行为作为始点对货币需求进行分析,并吸收了包括凯恩斯在内的经济学家货币需求理论新的成果,在对货币需求量的各种因素进行深入分析的基础上建立了独具特色的货币需求函数:

$$\frac{M}{P} = f\left(Y, W; r_m, r_b, r_e, \frac{1}{p}\frac{dp}{dt}; U\right)$$

其中:M 表示个人财富持有者持有的货币量,即名义货币需求量;P 表示一般物价水平;$\frac{M}{P}$ 表示个人财富持有者持有的货币所能支配的实物量,即实际的货币需要量;Y 表示按不变价格计算的实际收入;W 表示物质财富占总财富的比率;r_m 表示预期的货币名义收益率;r_b 表示固定收益的债券收益率;r_e 表示非固定收益证券(股票)的收益率;$\frac{1}{p}\frac{dp}{dt}$ 为预期的物价变动率,即实物资产的名义报酬率;U 为货币的效用以及影响此效用的因素。

对弗里德曼货币需求影响因素及函数中的各个变量及其意义的具体分析如下:

1.收入和财富水平

收入和财富水平是决定货币需求的首要因素。Y 作为收入在此处并不是当前的收入,而是弗里德曼提出的恒久收入,是指预期平均长期收入,或过去、现在和将来收入的平均数,由总财富水平决定,具有稳定性。恒久收入与货币需求呈正相关关系。

弗里德曼进一步将总财富分为人力财富和非人力财富两类。人力财富是指个人获得收入的能力,而非人力财富是指看得见的物质财富。W 即代表非人力财富占个人总财富的比率。人力财富在总财富中所占比例越大(W 越小),为了应对紧急需要,人们倾向于持有较多的货币,因此 W 与货币需求呈负相关关系。

2.机会成本

r_m 表示预期的货币名义收益率,可能等于零(手持现金与支票存款),也可能大于零(定期存款和储蓄存款)。货币的机会成本是指"其他资产的预期报酬率",主要包括两个部分:一是目前的收益率,分别由固定收益的债券收益率 r_b 和非固定收益的证券(股票)的收益率 r_e 代表,当它们增大时,持有货币的机会成本增大,对货币的需求就会减少;另一部分是预期的物价变动率 $\frac{1}{p}\frac{dp}{dt}$,它属于机会成本变量,与货币需求负相关。将它明确列入函数式,与强调通货膨胀的发生有关。

3.持有货币给人们带来的效用

U 为持有货币可以给人们带来的流动性效用,代表收入以外的影响货币效

用的其他因素。

弗里德曼货币需求理论是货币主义学派的核心组成部分,对于理解通货膨胀和制定相应的货币政策具有深远的影响。该理论认为货币需求主要由恒久收入决定,这是一种长期稳定的收入水平,而非短期波动的收入。由于恒久收入相对稳定,货币需求也随之稳定,且可以预测。弗里德曼将通货膨胀定义为货币数量过多导致的物价普遍和持续上涨的现象,他认为这是由货币供应量增长过快所致。货币主义的核心观点之一就是通货膨胀本质上是一种货币现象,即货币供应量的增长速度超过了经济产出增长的速度,导致单位货币价值下降,从而引发物价上涨。基于上述理论,弗里德曼主张实施一种被称为"单一规则"(Single Rule)的货币政策。

三、货币需求理论在中国的发展

(一)马克思的货币必要量公式

马克思的货币需求理论,即货币必要量理论,是基于他对古典经济学理论的批判与发展,以及对资本主义经济运行规律的深刻洞察。马克思的货币需求理论核心体现在他的货币流通规律公式中:

$$M = \frac{PQ}{V}$$

其中,M 表示货币必要量;P 表示商品价格水平;Q 表示代售商品数量;V 表示货币的流通速度。

这个公式揭示了货币需求量与商品数量、价格水平以及货币流通速度之间的关系。货币需求量与商品数量和价格水平成正比,与货币流通速度成反比。这意味着,如果商品数量或价格水平上升,或者货币流通速度下降,货币需求量将会增加。

(二)"1∶8"公式的产生及其作用

"1∶8"的经验数据是中国在 20 世纪六七十年代用来衡量货币需求与商品供应关系的一个粗略指标。这个数据背后的理念是,大约每 8 元的零售商品供应需配备 1 元现金以支持流通,可表示为:

$$\frac{社会商品零售总额}{流通中货币量(现金)} = 8$$

这个比例被认为是在货币正常流通的情况下,现金需求与零售商品供应量

之间的一种理想平衡状态。在计划经济体制下,大部分商品和服务的分配与价格都是由国家计划控制的。因此,"1∶8"的比例被视为一个合理的货币需求量,以确保货币的流通效率和市场的稳定。这个比例的计算基于马克思的货币需要量公式,其中商品价格总额是决定货币需求的关键因素。

然而,随着中国改革开放的推进和市场经济的发展,经济体制从计划经济向市场经济过渡,市场力量开始主导商品和服务的分配。同时,金融服务和支付方式的多样化,以及金融市场的深化和资本流动性的增强,使得货币需求的决定因素更加复杂,不仅仅是商品供应量那么简单。"1∶8"经验数据逐渐失去了其适用性,不再适合作为衡量货币需求和流通状况的标准。

(三)中国对货币需求的继续探索

1.定额法

定额法作为一种传统的货币供给管理方法,曾经在中国的货币政策操作中占据重要地位,特别是在改革开放初期和计划经济体制下。这种方法的核心是中央银行预先设定一个货币供应量增长的绝对数值,作为下一个计划期的货币供给目标。年度内的货币调控工作主要是确保实际的货币供给增量不超过这个预定的数额。

在定额法下,中央银行通过编制计划期的现金收支计划表来确定货币发行定额。计划期货币发行定额的计算公式为:

计划期货币发行定额=计划期现金支出总额-计划期现金收入总额

现金支出包括工资支出、农副产品采购支出、财政信用现金支出、政府财政预算中涉及的现金支出、各类管理费支出等。而现金收入主要包括商品销售收入:企业销售商品所得的现金收入、信用收入、无偿征缴收入。通过调节这种收支平衡的方式,中央银行可以控制货币供应量的增长,以适应经济发展的需要,同时防止通货膨胀。

2.三挂钩法和单挂钩法

三挂钩法和单挂钩法是在中国改革开放初期至 20 世纪 90 年代中期实行的信贷资金管理方式,反映了当时中国金融体系的特征和政府对经济的直接调控需求。

三挂钩法是指在信贷资金管理中,将信贷规模与存款准备金、存贷比例、利润留成三个因素挂钩。这种管理模式的目的在于,通过控制银行的信贷能力,间接调控货币供给量,防止信贷过度扩张导致的通货膨胀。单挂钩法是指将信贷规模仅与存款准备金挂钩。在这种模式下,银行的信贷规模主要由其持有的存款准备金量决定。当中央银行提高存款准备金率时,银行必须存入中央银行的准备金增多,可贷资金减少,从而抑制信贷扩张;反之,降低存款准备金率,则会释放银行的可贷资金,刺激信贷增长。"单挂钩"简化了"三挂钩"的复杂性,使其更易于操作,但也可能降低了对信贷资金使用的精细化管理,对经济的调控效果依赖于存款准备金率的调整。

▌第二节　货币供给▌

一、货币供给及其口径

(一)货币供给与货币供应量

货币供给(money supply)是相对于货币需求而言的,指一定时期内一国银行系统向经济中投入或收回货币的行为过程。货币供给必然会在实体经济中形成一定的货币量,这些货币量都是由银行系统供给的,都是银行的负债。因此,一国各经济主体(包括个人、企事业单位和政府部门等)持有的,由银行系统供应的债务总量就称为货币供应量(money supply quantity)。

(二)名义货币供给与实际货币供给

名义货币供给(nominal money supply)是指在特定时间点上,经济体中所有货币形式的总和,不考虑物价水平的变化。它包括流通中的现金、活期存款、储蓄存款以及其他形式的可视为货币的资产。

实际货币供给(real money supply)是指名义货币供给经过物价水平调整后的货币量,反映了货币的实际购买力,通常表示为:

$$实际货币供给 = \frac{名义货币供给}{一般物价指数}$$

(三)货币供给口径

货币供给口径是指在统计和监测货币总量时,中央银行或统计机构根据不同流动性程度的货币和准货币资产进行分类和汇总的方法。货币供给通常被分为几个层次,每个层次代表不同程度的货币流动性。

中国的货币供给口径由中国人民银行定义,并根据经济和金融体系的发展适时调整。目前,中国货币供应量的划分主要分为以下几个层次:

M_0（流通中现金）：指银行体系外流通的现金，包括企业和个人持有的现钞。

M_1（狭义货币）：M_1 由 M_0 加上单位在银行的活期存款、个人活期存款、非银行支付机构客户备付金组成，反映经济中最为活跃的货币部分，可以迅速用于交易和支付。

M_2（广义货币）：M_2 是在 M_1 基础上加上具有相对较高流动性的存款和准货币，具体包括：城乡居民储蓄存款、单位定期存款、个人持有的信用卡类存款、证券公司客户保证金、非存款机构部门持有的货币市场基金以及其他可能被纳入统计的具有类似货币属性的资产。

M_3 及更高层次：M_3 通常在 M_2 的基础上进一步包括金融债券、商业票据、大额可转让定期存单等具有较高流动性的金融工具。不过，M_3 及更高层次的货币供给统计在我国并不常用，重点还是集中在 M_0、M_1 和 M_2 这三个层次上。

二、中央银行与基础货币

（一）基础货币的含义及其构成

基础货币（base money）也被称为高能货币或储备货币，是整个银行体系内存款扩张、货币创造的基础，其数额大小对货币供应总量具有决定性作用。根据国际货币基金组织的定义，基础货币主要由流通中的现金、库存现金、法定准备金、超额准备金四个部分构成。

流通中的现金（currencyin circulation）：是指在一个国家或经济体中，由中央银行发行并在公众手中流通的纸币和硬币的总金额。

库存现金（vault cash）：库存现金这个"库"是指商业银行的业务库，这是指银行从中央银行发行库中提出来而尚未被公众提走的现金，这部分现金可以用来满足客户的提现需求。

法定准备金（required reserves）：是指商业银行和其他存款类金融机构根据中央银行的规定，必须按一定比例将其所吸收的存款存放在中央银行的存款。

超额准备金（excess reserves）：是指银行持有的超过法定准备金要求的那部分存款准备金。超额准备金是商业银行根据自身经营决策和运营需要自愿持有的，超出法定要求的部分存入中央银行的超额准备金，主要用于清算和提取现金。

由于流通中现金和库存现金是中央银行对社会公众的负债，而法定准备金和超额准备金存款是中央银行对商业银行的负债，因此，基础货币直接表现为中央银行的负债。我国的基础货币在中国人民银行资产负债表中列在"储备货币"栏中，主要由货币发行、其他存款性公司存款等项目构成。

(二)中央银行的业务与基础货币的关系

基础货币直接表现为中央银行的负债,中央银行可以通过资产、负债业务调控基础货币。

1.国外资产业务与基础货币

中央银行的国外资产主要由外汇储备、货币黄金、在国际金融机构的资产构成。当中央银行在金融市场上买入外汇和黄金时,就向经济体系投放了基础货币;反之,当中央银行在市场上卖出外汇和黄金时,就从经济体系收回了相应的基础货币。

当中央银行放弃稳定汇率的目标时,则在管理基础货币方面拥有更大的主动权,可以根据国内经济状况和货币政策目标来独立决定通过买卖外汇来调节基础货币的投放量。当中央银行追求稳定汇率的目标时,它需要在外汇市场上买卖外汇来调节外汇供求,以平抑汇率波动。

2.对政府债权业务与基础货币

对政府债权业务是中央银行管理基础货币的重要手段之一。当中央银行持有政府债券或对政府提供直接贷款时,这些债权成为中央银行资产负债表上资产端的一部分。当中央银行购买政府债券时,它实际上是向政府支付现金或等价物,这部分现金或等价物进入银行系统,增加了银行的准备金,从而增加了基础货币的总量。

中央银行有时会直接向政府提供贷款或允许政府透支,这种方式也会增加银行体系的流动性,即增加基础货币。这种操作在政府出现暂时性的财政赤字或紧急情况下较为常见,以满足政府的短期资金需求。需要注意的是,虽然对政府债权业务可以作为中央银行调控基础货币的手段,但过度依赖这种方法可能会带来一些副作用,如可能导致通货膨胀、增加政府债务负担、影响中央银行的独立性等问题。因此,中央银行在使用这类政策工具时通常会谨慎考虑,并结合其他货币政策工具综合施策。

3.对金融机构债权业务与基础货币

中央银行对商业银行等金融机构债权的变化是通过办理再贴现或再贷款等资产业务操作的。当中央银行为商业银行办理再贴现或发放再贷款时,直接增加了商业银行在中央银行的准备金存款,负债方的基础货币就会相应增加;反之,当中央银行减少对商业银行等金融机构的债权时,基础货币也会相应减少。

4.负债业务与基础货币

基础货币量的增减变化不仅受中央银行资产业务的影响,也受中央银行负债业务结构变化的影响。当中央银行增加资产业务时,其负债业务总量也必须相应增加,这意味着基础货币总量增加。然而,中央银行可以通过调整负债业务

拓展阅读
2024 年 5 月金融统计数据报告

的结构来间接控制基础货币的变化幅度,使之大于或小于资产业务的变化。这主要是通过发行中央银行债券或进行回购协议等操作来实现的。

三、商业银行与存款货币的再创造

(一)原始存款与派生存款

理解商业银行创造存款的过程,首先需理解以下两个概念。

原始存款(primary deposit):原始存款是商业银行运营的基石,源于客户现金存款、他行支票存入后的清算资金,以及中央银行通过货币政策操作提供的准备金。

派生存款(derived deposit):当银行发放贷款时,它并不需要将现金直接交给借款人,而是将贷款金额记入借款人在该银行的存款账户。这样,借款人就有了可用的资金,而这些资金实际上是由银行通过会计操作创造的。当借款人使用这笔贷款进行支付时,如果收款人也在同一银行开户,这笔资金就在银行内部账户间转移,存款总额不变。但如果收款人在其他银行开户,那么这笔资金将被转移至其开户行,从而增加了该行的存款量。该行也可以根据其准备金要求再次发放贷款,创造新的派生存款。因此,商业银行通过其日常运营,特别是贷款和存款管理,成为现代经济中货币创造的关键环节。

(二)商业银行创造存款货币的限制性因素

商业银行创造存款货币的能力并非无限制,它受制于实际经济需求和内部管理规定。一方面,经济活动决定货币需求量,引导银行体系合理供应货币。另一方面,法定准备金率、超额准备和现金漏损率等要素共同约束了银行的存款创造能力。

1.法定准备金率

法定存款准备金制度是现代金融体系中不可或缺的一环,赋予了中央银行调控货币供给量的强大工具。依据这一制度,商业银行在吸收存款后,需按法定比率将其中一部分作为准备金,存放在中央银行。这部分资金被严格限定,不得用于贷款发放,从而形成了法定存款准备金(legal reserveof deposit)。法定存款准备金率(legal reserve ratioof deposit),即银行存款中必须作为准备金存放的比率,是中央银行用以管理银行体系流动性、保障金融稳定和调控宏观经济的关键参数。

当中央银行提高法定准备金率时,银行需要存放在中央银行的准备金增加,这直接减少了银行可用于放贷的资金量,从而抑制了银行体系的信贷扩张能力,

有助于控制货币供给量,防止通货膨胀。相反,降低法定准备金率则释放了更多可贷资金,刺激银行增加贷款,推动经济增长,但同时也可能带来通胀压力。此外,法定准备金制度还发挥着风险防范的作用。在经济波动或金融危机期间,充足的准备金可以作为缓冲,帮助银行应对突发的大量提现需求,减少银行挤兑风险,维持金融市场的平稳运行。

2.超额准备金率

超额准备金率(excess reserve ratio)是商业银行管理策略中的一个重要组成部分,是指银行实际持有的、超出法定存款准备金要求的那部分准备金与银行总存款的比率。超额准备金的主要存在形式为中央银行账户上超过法定存款准备金的存款和商业银行业务库中的库存现金。在银行的日常运营中,除了必须遵守中央银行规定的法定存款准备金,银行还会持有额外的准备金,即超额准备金,以应对客户意外的现金提取需求、支付清算以及资产管理的灵活性需要。超额准备金的存在意味着银行在安全性和流动性方面拥有更大的缓冲余地,但同时也意味着银行放弃了一部分可贷资金,从而可能错失部分盈利机会。

在存款派生过程中,超额准备金率与法定存款准备金率一样,对银行的信贷扩张能力产生直接影响。较高的超额准备金率意味着银行将更多的资金存放于中央银行,减少了可用于发放贷款的资金量,进而限制了银行体系内存款的派生能力。因此,银行在确定超额准备金率时,需要在安全性、流动性和盈利性之间找到一个平衡点。

3.现金漏损率

现金漏损率(cash drain ratio)是指客户从银行提取现金并将其带出银行体系的比率,又被称为提现率。商业银行在运营过程中面临的现金漏损现象,实质上是活期存款客户选择将部分资金转化为实体现金的行为,体现了银行存款中转化为现金并脱离银行体系循环的比例,是制约存款派生机制的关键变量之一。

在日常生活中,个人和企业出于交易便利、预防性需求或是对现金偏好的原因,会从银行账户中提取现金。同时,获得银行贷款的借款人也有可能将一部分贷款金额以现金形式持有。这些现金一旦离开银行系统,便不再参与存款货币的再生过程,导致银行可用作放贷的资金池缩减,从而抑制了存款的派生效应。

(三)存款货币的派生过程

为了分析简便,我们拟作如下假设:

假设1:银行客户将其一切收入均存入银行体系,客户之间的支付广泛采取非现金的转让结算方式,现金漏损率为0。

假设2:银行实行比例存款准备金制度,假设法定存款准备金率为10%,超额存款准备金率为 0。

假设 3：客户始终存在贷款需求。

此时,甲银行的客户 A 以现金形式向 A 银行存入 100 万元,则甲银行的资产负债表如表 8-1 所示:

表 8-1　甲银行的资产负债表 1

资产	负债
现金准备 100 万元	A 存款 100 万元

A 在甲银行账户上的存款增加 100 万元,同时甲银行现金准备增加 100 万元,其中法定准备金 10 万元不能对外放贷。如果甲银行向客户 B 提供最高可贷款数额 90 万元的贷款,客户 B 收到贷款后存入乙银行,则甲、乙银行的资产负债表分别如表 8-2、8-3 所示:

表 8-2　甲银行资产负债表 2

资产	负债
现金准备 10 万元	A 存款 100 万元
对 B 贷款 90 万元	

表 8-3　乙银行资产负债表 2

资产	负债
现金准备 90 万元	B 存款 90 万元

可以发现,此时银行系统中共有存款 190 万元,其中原始存款 100 万元,派生存款 90 万元。而这一过程会持续下去,当乙银行收到 B 的 90 万元存款时,会将其中的 9 万元作为法定准备金,而将剩余的 81 万元继续放贷。只要放贷过程中所有贷款始终能留在银行系统中,存款的派生过程就能持续下去。以此类推,派生过程如表 8-4 所示:

表 8-4　银行存款派生过程示意

单位:万元

银行	存款	准备存款	贷款
甲	100	10	90
乙	90	90	81
丙	81	81	72.9
……	……	……	……
合计	1 000	100	900

现在我们放松假设:①出于公众对现金的依赖等原因,银行的现金漏损率(也叫提现率)为3%,即每一个客户会将资产中的3%以现金而非银行存款的形式持有;②出于对风险管理的考量,银行将在法定准备金的基础上额外提取存款的7%作为超额准备金。

则此时的银行存款派生示意大致如表8-5所示:

表 8-5 银行存款派生过程示意

单位:万元

	原始存款	派生存款	贷款	法定存款准备金率(10%)	超额准备金率(7%)	提现率(3%)
甲	100		80	10	7	3
乙		80	64	8	5.6	2.4
丙		64	51.2	6.4	4.48	1.92
丁		51.20	40.96	5.12	3.584	1.536
…		…	…	…	…	…
合计	100	400	400	50	35	15

这表明 100 万元的原始存款,在法定存款准备金率为 10%、超额准备金率为 7%、现金漏损率为 3% 的情况下,经过商业银行的信贷行为进行多倍存款创造过程,最终变为 500 万元的存款。如果以 P 代表原始存款,r 代表法定存款准备金率,e 代表超额准备金率,c 代表现金漏损率,D 代表存款总额,则以上几何级数可表示为:

$$D = \lim_{n \to +\infty} \big[P + P(1-r-e-c) + P(1-r-e-c)^2 + \\ P(1-r-e-c)^3 + \cdots P(1-r-e-c)^n \big]$$
$$= P \div [1-(1-r-e-c)]$$
$$= P \div (r+e+c)$$

存款乘数(Deposit Multiplier)为总存款与原始存款之间的比率,用 K 表示,则:

$$K = \frac{D-P}{P} = \frac{1}{r+e+c}$$

同样地,银行体系的派生存款乘数效应在收缩时也生效。若商业银行的准备金或存款减少,会按相似机制在系统内引起存款成倍缩减,与扩张过程对称。

四、货币乘数与货币供给模型

在刻画和分析货币供给的影响因素之后,本部分进一步通过模型分析货币供给。

货币供给的形成和扩张是一个由中央银行的基础货币与商业银行的存款货币创造共同作用的复杂过程。在这个过程中,最初由中央银行提供的基础货币,通过银行体系的贷款、存款和支付活动,经历多次循环,最终能够创造出数倍于原始量的存款货币,这一现象即为货币乘数效应。货币乘数具体指的是,基础货币每增加或减少一个单位,社会总货币供应量相应增加或减少的倍数。

多倍存款创造过程揭示了基础货币可以通过存款创造放大一定倍数后形成货币供给。货币供应量 M_s 可由基础货币 B 和货币乘数 m 计算得到:

$$M_s = m \times B$$

这是简单的货币供给模型,从宏观角度考量了基础货币和货币供应量之间的关系。

由于基础货币是由流通中的现金和存款准备金构成的,货币供应量由现金和存款货币构成。基础货币 B 与货币供应量 M_s 之间的乘数关系可以表示为:

$$m = \frac{M_s}{B} = \frac{C+D}{C+R} = \frac{\dfrac{C}{D}+1}{\dfrac{C}{D}+\dfrac{R}{D}}$$

其中,$\dfrac{C}{D}$ 为通货—存款比率;$\dfrac{R}{D}$ 为准备—存款比率。可以看出,决定货币供应量的货币乘数主要由通货—存款比率和准备—存款比率构成。

五、货币供给的调控

拓展阅读
经济学模型的进阶之路

(一)中央银行对货币供给的调控

中央银行的调控手段分为行政调控和市场调控两大类,它们分别通过直接调整法定存款准备金率和与商业银行的市场化交易来影响货币供给和金融稳定性。

1.行政调控
中央银行有权根据法律授权调整法定存款准备金率,这一举措直接影响银行体系的原始存款量。例如,当法定存款准备金率从 5％降至 4％时,银行原本作为法定准备金的一部分资金将转变为超额准备金,这相当于增加了银行可用于贷款的原始存款,从而增加了货币供给。同时,法定存款准备金率的变动还会影响派生存款的规模,降低准备金率会提升存款乘数,增加派生存款。由于法定存款准备金率的微调可能引发货币供给的显著波动,中央银行在运用这项工具时会极其审慎。

　　2.市场调控

通过与商业银行进行市场化交易,中央银行可以间接调控超额准备金,进而影响货币市场。此类交易包括回购协议、公开市场操作等,它们可以增加或减少商业银行在中央银行的超额准备金。当中央银行买入证券或提供再贷款时,商业银行的超额准备金增加,银行有更多资金用于放贷,这等同于原始存款的增加,触发存款创造的乘数效应。相反,当中央银行卖出证券或收回再贷款时,商业银行的超额准备金减少,银行放贷能力下降,导致存款收缩的乘数效应。

这两种调控方式共同构成了中央银行宏观调控的工具箱,通过直接或间接影响银行体系的准备金和信贷能力,中央银行能够有效管理和调节货币供给,以达成宏观经济政策目标,如稳定物价、促进经济增长和维持金融稳定。

（二）商业银行对货币供给的影响

货币供给的源头虽在中央银行,但其真正流通与增长依赖于商业银行作为信贷中介的角色。商业银行自主设定的超额准备金率,直接影响存款派生的规模,进而牵动整体货币供给。一旦商业银行显著抬升超额准备金率,存款的多倍创造机制将显著减速,甚至停摆。例如,美国次贷危机期间,尽管美联储向市场注入巨量超额准备金,期望借此刺激银行放贷,增加货币流动性,但彼时美国的商业银行为规避风险,选择囤积超额准备金,导致货币供给的预期扩张未能如愿实现。

商业银行调整超额准备金的动机多样。比如,银行会依据对中央银行调整法定存款准备金率可能性的预期,相应增减超额准备金,以适应政策环境的变化;对客户存款上升或下降的预估,也会促使银行调整超额准备金水平,确保资金充足或优化资本配置;宏观经济现状或预期的变动,尤其是经济前景黯淡、贷款风险攀升时,银行倾向于增加超额准备金,谨慎放贷;当中央银行提高超额准备金的利率时,可能引导银行重新评估超额准备金持有成本,促使其削减超额准备金以寻求更高收益的投资途径。

（三）企业对货币供给的影响

企业在货币供给机制中扮演着至关重要的角色,其融资行为间接地影响着银行体系的存款派生过程。当经济景气时，企业对未来充满信心，它们的融资需求上升，寻求银行贷款以扩大业务或投资。此时，银行的超额准备金更容易转化为贷款，推动了存款的多倍创造，货币供给得以顺畅增长。相反，在经济放缓或企业对未来持悲观态度时，它们的融资需求减少，可能选择偿还债务或减少新贷款的申请。在这种情况下，银行发现贷款机会减少，可能会积累更多的超额准备金，以防备潜在的流动性需求或不良贷款增加。这导致多倍存款创造的能力减弱，甚至可能停滞，从而抑制了货币供给的扩张。

现代企业已大大减少现金持有，得益于先进的会计标准与高效的支付系统，这与家庭的现金管理行为一同，通过影响现金漏损率，间接作用于货币供给的动态。现金漏损率的降低有助于资金在银行体系内循环，支撑存款的派生和货币供给的增加。因此，企业与家庭的现金使用习惯，通过其对现金漏损率的影响，成为货币供给机制中不可忽视的因素。

（四）家庭对货币供给的影响

家庭的融资需求，无论是消费还是投资目的，与企业类似，对货币供给产生间接影响。家庭持有现金的决策，通过现金漏损率这一指标，对存款派生倍数产生作用，进而影响货币供给总量。在现金漏损率较低的经济体系中，存款派生机制更为高效，货币供给的创造能力更强；反之，在现金漏损率较高的情况下，货币供给的派生效应则相对较弱。

（五）金融机构对货币供给的影响

银行存贷款业务之外，发达的金融市场和多样化的金融产品为经济主体提供了多元化的融资渠道。这不仅包括商业信用市场的商业票据，还有直接融资市场中的股票和债券发行等，这些替代融资方式使得部分经济活动无须借助传统银行体系即可完成，从而可能削弱银行的存款创造能力。在这样的市场环境下，银行可能无法通过贷款发放来充分增加派生存款，导致实际的货币供给增量小于理论模型预测值。

六、中国的货币供给问题

改革开放前后，中国货币供给机制的变迁是国家经济体制从计划经济向市场经济转型的直接反映，这一过程见证了金融体系的重塑与深化。

在改革开放之前，中国实行的是高度集中的计划经济体制，货币供给机制具有以下特点：①"大一统"复合银行体制：中国人民银行既是中央银行也是唯一的商业银行，负责所有的货币供给和信贷业务，形成了一体化的银行体系；②计

性货币供给：货币供给完全根据国家的经济计划进行，与市场供需关系不大，体现了强烈的外生性，即货币供给量不是由市场决定的，而是由国家计划预先设定的；③信贷收支平衡表：货币供给的增减反映在中国人民银行的信贷收支平衡表中，信贷成为货币供给的唯一渠道，且这一过程严格遵循计划；④封闭的信贷循环：在没有金融市场的情况下，银行的贷款、存款和现金发行构成了一个封闭的循环，形成了著名的"贷款＝存款＋现金发行"等式。

改革开放后，中国金融体系经历了深刻的变革，货币供给机制也随之发生了重大变化——多元化金融机构体系。①自 1979 年起，中国开始从单一的"大一统"银行体系转向多元化的金融机构体系，包括商业银行、政策性银行、非银行金融机构等，打破了中国人民银行的垄断地位；②中央银行与商业银行分离：1984年，中国人民银行开始专司中央银行职能，建立了中央银行—商业银行的二级银行体制，标志着双层货币供给机制的初步形成；③双层货币供给机制：中央银行通过再贷款、法定存款准备金率、公开市场操作等工具调控基础货币，而商业银行则通过存贷汇业务创造存款货币，实现了货币供给的多元化和市场化；④市场化程度提升：近年来，随着金融体制改革的深化，中央银行采用更多市场化的工具，如利率、再贴现、本外币公开市场操作、债券回购、央行票据等，以更灵活的方式调控基础货币和存款机构的货币创造能力。

改革开放前后的货币供给机制变化，反映了中国从计划经济向市场经济过渡的金融深化过程。这一过程中，货币供给从单一的计划机制转向了更加市场化、多元化的双层货币供给机制，中央银行的货币政策工具也变得更加丰富和灵活，以适应不断变化的经济和金融环境。这一系列的变革不仅推动了金融体系的现代化，也为中国经济发展提供了强大的金融支持。

第三节　货币均衡

一、货币均衡与非均衡

货币均衡（currency equilibrium）是指一定时期内货币供给量 M_s 与国民经济发展必需的货币需求量 M_d 基本相等。货币均衡可以用公式简单地表示为 $M_s = M_d$。

货币均衡是一个动态的、相对的概念。货币均衡的维持并非要求两者在数量上绝对相等，而是在一个合理的范围内相互适应，使经济能够平稳运行。当货币供给过多或过少时,市场会经历一个由失衡到重新平衡的过渡阶段。只要这种偏差没有超过经济体系的调节能力,货币市场就可以通过利率变动、资产结构调整、价格水平变化等方式来自动调整至新的均衡状态。

货币均衡的分析通常涉及两个层面:局部均衡和一般均衡。局部均衡关注的是货币市场本身的供需平衡,例如,利率水平的稳定被视为货币市场局部均衡的标志。然而,货币市场的均衡状态并非孤立存在,它与整个经济体系中的其他市场(如商品市场、劳动力市场)相互作用。一般均衡理论试图全面分析所有市场间的相互影响。

货币失衡主要表现为货币供应量与货币需求量的不匹配,这可以分为两种情况。一种是 $M_s > M_d$:当货币供应量超过经济运行所需的货币需求量时,多余的货币开始追逐有限的商品和服务,这可能导致物价上涨,即通货膨胀。通货膨胀会降低货币的购买力,影响经济的稳定性和资源配置效率。另一种是 $M_s < M_d$:如果货币供应量不足以满足经济运行的需求,可能会出现资金紧张的情况,导致利率上升,信贷条件收紧,企业融资成本增加,投资和消费减少,最终可能引起经济衰退和通货紧缩。

拓展阅读
我国对货币均衡
理论的探索

二、通货膨胀

(一)通货膨胀的定义及其衡量指标

1.通货膨胀的含义

通货膨胀(inflation)是货币失衡中常见的形式,其定义和理解在经济学界虽有共识,但也存在细微的差异。公认的观点认为通货膨胀是在一定时间内一般物价水平的持续上涨现象。通货膨胀的定义主要包含四层意思:一般物价水平的上涨、持续的物价上涨、明显的物价上涨和一种货币现象。

2.通货膨胀的度量指标

常用的衡量通货膨胀率的价格指数包括消费者价格指数(CPI)、生产者价格指数(producer price index,PPI)和 GDP 平减指数(GDP defator)。

(1)消费者价格指数:衡量家庭和个人消费的商品和服务价格变化的指标。它由政府统计部门根据一篮子固定的商品和服务编制,这些商品和服务反映了普通消费者的购买模式。

(2)生产者价格指数:反映的是生产商在生产过程中支付的原材料和投入品价格的变化。它涵盖了最终产品、中间产品和进口商品的批发价格,从生产者的角度反映了成本的变动。

(3)GDP 平减指数:GDP 平减指数是名义 GDP 与实际 GDP 的比率,用来衡

量国内所有最终产品和劳务的平均价格水平。名义 GDP 按现期价格计算,而实际 GDP 则按固定价格(通常是基年价格)计算,这样 GDP 平减指数就能反映物价水平的变动。

(二)通货膨胀的分类

依据不同的标准,可以将通货膨胀划分为若干类型。

1.按通货膨胀上涨的速度划分

温和的通货膨胀(爬行式通货膨胀):这种通货膨胀的特点是物价上涨缓慢且可以预测,通常持续时间较长。温和的通货膨胀对经济的影响相对较小,因为它给企业和个人留下了调整的时间,使其能够逐渐适应物价的上升。一般在10%以内,有时也被认为是经济健康增长的标志,因为适度的物价上涨可能反映经济活力和需求的增加。

急剧的通货膨胀:这种通胀的特点是物价上涨速度快,幅度较大,货币流通速度提高,货币购买力下降速度也较快。在这种情况下,经济主体可能需要频繁调整价格和薪资,以应对快速变化的经济环境。总体价格水平每年以 10%～100% 的速度上升。急剧的通货膨胀会导致货币大幅贬值,破坏价格信号的有效性,使经济决策变得困难,从而破坏社会经济的正常运行。

恶性的通货膨胀:这种通胀的特点是通货膨胀完全失控,物价以 100% 以上,甚至更高的速度急剧上升。在极端情况下,物价可能每天甚至每小时都在变化,导致货币购买力的急剧下降。人们对货币失去信心,转而寻找其他储值手段,如实物商品、黄金或其他稳定货币。恶性通货膨胀会导致货币体系的崩溃,经济陷入瘫痪状态,交易成本急剧上升,储蓄和投资行为受到严重干扰,社会和政治稳定也可能受到威胁。

2.按通货膨胀表现形式划分

公开型通货膨胀(开放型通货膨胀):在公开型通货膨胀中,政府不对物价水平进行直接干预,允许市场价格根据供需关系自由浮动。这意味着如果市场上的货币供给超过了商品和服务的供给,物价将直接反映出这种过剩,表现为明显的物价上涨。

隐蔽型通货膨胀(压抑型通货膨胀):隐蔽型通货膨胀发生在政府实施价格控制、定量配给等措施的情况下,以抑制物价上涨。这种情况下,即使市场上货币过多,商品供不应求,物价也不会自由上涨,因为政府的干预阻止了价格的自然上升。尽管物价表面上看起来稳定,实际上经济体系内部存在着严重的问题。

3.按通货膨胀是否存在预期划分

预期型通货膨胀:预期型通货膨胀发生在经济参与者预见到未来可能发生通货膨胀的情况下。这种预期基于过去的通货膨胀经历、经济政策的预期走向、媒体信息、专家预测等多种因素。一旦形成预期,人们会在合同、工资谈判、投资决策中预先考虑未来的通货膨胀率,试图保护自己免受物价上涨的影响。预期型通货膨胀具有自我维持的特性,即惯性通货膨胀。

非预期型通货膨胀:非预期型通货膨胀是指物价上涨速度超出人们的预期,实际的通货膨胀率高于预期的通货膨胀率。这通常是由突然的经济冲击、政策失误、自然灾害或国际形势变化等因素引起的。

4.按通货膨胀的成因划分

通过对通货膨胀的成因研究,形成了需求拉上说、成本推进说、供求混合推进说和部门结构变动说等不同假说,通货膨胀据此可以划分为需求拉上型通货膨胀、成本推进型通货膨胀、供求混合型通货膨胀和结构型通货膨胀等不同类型,这将在通货膨胀的成因及治理部分做进一步阐述。

(三)通货膨胀的影响

1.通货膨胀对经济增长的影响

关于通货膨胀对经济增长的影响,经济学界存在促进论、促退论和中性论三种不同观点。

(1)促进论

该理论主张温和的通货膨胀可以作为刺激经济增长的一种手段。在市场经济中,当有效需求不足、经济增长低于潜在水平时,政府可以通过财政赤字、扩大货币供给和增加公共投资等措施来刺激总需求,从而创造更多的就业机会,促进经济增长。对于发展中国家而言,由于资本稀缺和储蓄不足,通货膨胀可以作为一种"税收",通过货币贬值的方式转移资源,为政府项目和基础设施建设融资,从而推动经济增长。

(2)促退论

这一理论认为通货膨胀对经济增长具有负面作用。持续的通货膨胀会破坏经济的稳定性和可预测性,增加经济活动的风险,导致资本积累和投资减少,进而抑制经济增长。通货膨胀还会扭曲价格信号,影响资源的有效配置,降低经济效率。此外,它还可能加剧收入分配不均,损害储蓄意愿,导致消费模式的扭曲。在极端情况下,政府为控制通货膨胀而采取的价格和工资管制等措施,可能会抑制市场的灵活性和创新,从而进一步阻碍经济增长。

(3)中性论

中性论者认为,在温和的通货膨胀环境下,人们能够形成合理的通胀预期,并据此调整自己的经济行为,如提前消费、增加储蓄或投资等,以抵消通货膨胀带来的负面影响。根据这一理论,只要通货膨胀率保持在一个稳定的、可预期的水平,它就不会对长期经济增长产生实质性的正面或负面影响。

2.通货膨胀对社会经济的影响

一般认为通货膨胀会对社会经济产生如下几个主要效应：

(1)强制储蓄效应

当通货膨胀发生时，货币的购买力下降，意味着同样数量的货币能够购买的商品和服务变少了。消费者手里的现金价值减少，实际消费能力降低。为了应对购买力下降的窘境，消费者可能会减少当前的消费，以保留现金价值或寻求投资机会以期保值增值。这种行为在宏观层面上表现为消费的减少，相当于一部分原本用于即时消费的资源被"强制"转化为储蓄或投资。被"强制储蓄"的资源可能流向生产领域，用于扩大再生产或投资，表面上似乎增加了投资，促进了经济增长。实际上，这只是资源在消费和投资之间的重新分配，并未增加资源的总量。如果这种再分配过程不当，可能会导致经济过热，即总需求过度增长，超过了经济的潜在供给能力。通货膨胀税指的是政府通过增发货币来弥补财政赤字时，货币贬值导致的家庭和企业实际收入减少。这部分减少的收入实际上转移给了政府，因为政府能够用贬值后的货币购买更多的商品和服务，或是偿还债务的成本降低。这种转移是通过货币贬值的间接方式完成的。

(2)收入分配效应

通货膨胀对收入分配的影响是复杂且多面的，它往往会加剧收入不平等，并在不同社会群体之间造成显著的财富转移。大多数工薪阶层和依赖固定养老金的固定收入者往往是通货膨胀的主要受害者。他们的收入通常不会随着物价的上涨而自动调整，导致他们的实际购买力下降。即使有些固定收入者能享受到生活成本调整，但这种调整往往滞后于实际的物价上涨速度，因此他们仍会遭受实际收入的减少。非固定收入者，如企业家、自由职业者和投资者，可能在通货膨胀初期获益。由于他们的收入来源更加灵活，能够更快地调整价格以反映成本上涨，这在短期内可能增加他们的名义收入和利润。然而，如果通货膨胀持续，成本(如原材料、工资和其他投入成本)的上涨将逐渐侵蚀这些额外的收入，长期来看，非固定收入者也不一定能完全避免通货膨胀的负面影响。政府往往被视为通货膨胀的受益者，尤其是在实行累进税制的国家。随着通货膨胀，人们的名义收入增加，这使更多的人进入更高的税收等级，即使税率不变，政府的税收收入也会增加。此外，政府作为债务人，也会因通货膨胀而受益，因为通货膨胀会降低政府债务的实际价值，减轻其还债的负担。

(3)财富分配效应

通货膨胀的财富分配效应主要体现在债权人与债务人之间的财富转移上，以及不同资产持有者之间的财富再分配。在通货膨胀环境下，持有固定利率贷款或债券的债权人会遭受损失。这是因为，随着时间的推移，他们收到的本金和利息的实际购买力会下降。债务人用贬值后的货币偿还债务，实际上偿还的债务价值低于债务原本的价值,因此债务人的财富相对增加,从通货膨胀中获益。实物资产(如房地产、黄金)的持有者由于实物资产的价格往往随通货膨胀而上涨,从而抵消了货币贬值的影响,在通货膨胀期间可能保值甚至增值。这是因为实物资产的价格往往随通货膨胀而上涨,从而抵消了货币贬值的影响。而金融资产持有者受通货膨胀的影响更为复杂,如果公司的盈利能够跟上通货膨胀的步伐,那么股价可能上涨。然而,固定收益证券,如债券,通常会因通货膨胀而遭受损失,新发行的债券会提供更高的利率,导致现有债券价格下跌。持有大量现金或储蓄账户的人将遭受损失,因为这些资产不提供任何对冲通货膨胀的保护,其购买力会随着通货膨胀而下降。

(4)恶性通货膨胀下的危机效应

恶性通货膨胀通常会对经济和社会秩序产生极大的破坏。在恶性通货膨胀下,信用体系崩溃,债务的实际价值迅速下降,债权人遭受巨大损失。随着货币购买力的急剧下降,公众对货币失去信心,转向实物交换或者使用更稳定的外币,进一步增大了货币流通的困难。企业难以制定长期计划,合作伙伴间的信任关系破裂,合同履行变得困难,投资和储蓄意愿降低。囤积和抢购行为普遍,正常的生活必需品供应链受到破坏。恶性通货膨胀常常伴随政府信誉的丧失,民众对政府的不满情绪高涨,可能导致社会抗议、罢工乃至暴力事件,最终甚至引发政权更迭和政治动荡。

拓展阅读
通货膨胀如何彻底改变经济理念

(四)通货膨胀的成因及治理

通货膨胀产生的原因比较复杂,因此其治理问题是一项复杂的任务。它要求政策制定者从多个角度综合施策,以解决通货膨胀的直接原因和深层原因。对于不同成因的通货膨胀,则应有针对性地采取相应的政策措施进行治理。

1.需求拉上型通货膨胀的成因及治理

需求拉上型通货膨胀指的是在经济中,当总需求(包括消费者、企业和政府的支出以及净出口)超过当前生产水平所能提供的总供给时,过多的资金追逐有限的商品和服务,从而引起价格水平的普遍上涨。这种现象可以用"太多的货币追逐太少的商品"这一经典描述来概括。

需求拉上说认为,当总需求超出总供给时,会导致物价普遍上涨,即产生通货膨胀。为了治理需求拉动型通货膨胀,政策制定者通常会采取一系列紧缩性需求管理政策,旨在抑制过高的总需求,使其与总供给相匹配。中央银行可以采取以下几种紧缩性货币政策来减少货币供应量和抑制总需求:①提高法定存款准备金率;②提高再贴现率;③公开市场操作(如出售政府债券);④直接控制利率设定较高的利率或直接限制银行的信贷规模。政府也可以通过紧缩性财政政策手段来减少总需求:①削减政府支出;②增加税收。另外,增加有效供给也是

治理方法之一,即通过减税、放松管制、鼓励创新和教育来刺激投资和产出的增长。

2.成本推进型通货膨胀的成因及治理

成本推进型通货膨胀(cost-push inflation),是一种从供给角度解释通货膨胀现象的经济学理论。这种类型的通货膨胀发生时,并非因为经济中的总需求超过了总供给(这是需求拉动型通货膨胀的特征),而是由生产成本的上升导致的。当生产者面临更高的成本时,他们通常会通过提高产品价格来维持既定的利润水平,这就会导致物价的普遍上涨,即通货膨胀。

成本推进说深入分析了生产成本上升的多个原因,包括工会、垄断企业、汇率变动、资源稀缺以及环境政策等因素对成本和价格的影响。在其中,成本推进说主要关注两个方面:①工会对工资的提高要求。这是工资成本推进型通货膨胀(wage-cost push inflation)的核心机制。当存在强大的工会组织拥有工资谈判能力并要求企业提高工人的工资,在不完全竞争的劳动市场上使得工资增长超过劳动生产率增长时,企业成本上升,进而转嫁给消费者,表现为产品价格的上涨。而在物价上涨后工人又会要求提高工资,再度引起物价上涨,形成"工资—价格螺旋",从而导致工资成本推进型通货膨胀。②垄断行业制定的垄断价格。垄断行业制定的垄断价格确实是成本推进型通货膨胀的一个重要来源,特别是在利润推进型通货膨胀(profit-push inflation)的情境下。垄断企业或寡头垄断企业,由于在特定市场中占据主导地位,拥有较大的市场力量,能够控制价格而不必担心失去市场份额给竞争对手。这使得它们有可能人为地提高产品价格,以获得超过正常竞争水平的利润,从而引发利润推进型通货膨胀。此外,汇率变动引起进出口产品和原材料成本上升,以及石油危机、资源枯竭、环境保护政策不当等造成的原材料、能源生产成本的提高,也会引起成本推进型通货膨胀。

3.供求混合型通货膨胀的成因及治理

供求混合型通货膨胀(hybrid inflation)指的是由需求拉动和成本推动两种因素共同作用而产生的通货膨胀类型。在现实经济中,这两种因素往往难以截然分开,它们相互交织,共同影响物价水平。在供求混合型通货膨胀中,需求拉动和成本推动的因素同时存在,互相加强。例如,工资上涨(成本推动)可能刺激消费(需求拉动),因为消费者的可支配收入增加,从而进一步推高物价。反过来,物价上涨可能又会促使工人要求更高的工资,形成工资—价格螺旋,加剧通货膨胀。经济学家萨缪尔逊和索洛提出混合型通货膨胀的概念,旨在强调在分析和处理通货膨胀问题时,应全面考虑经济系统的各个方面,而不仅仅是单一看法。在实际政策制定过程中,需要根据具体经济状况和数据,灵活调整政策组合,以达到控制通货膨胀的目标。

4.结构型通货膨胀的成因及治理

结构型通货膨胀(structural inflation)是一种深层次的经济现象,揭示了经济内部结构变化如何影响物价水平。即使在总供给和总需求看似平衡的状态下,经济部门之间的结构调整也能导致通货膨胀。结构型通货膨胀主要分为以下几种类型。

(1)需求转移型通货膨胀

当社会对某些产品或服务的需求发生变化,从一个部门转移到另一个部门时,如果劳动力和生产要素不能及时适应这种变化,就会出现供需失衡。需求增加的部门可能会经历价格上涨和工资上涨,而需求减少的部门可能不会立即降低价格和工资,因为价格和工资具有向上刚性,最终导致整体物价水平上升。

(2)部门差异型通货膨胀

不同部门之间在劳动生产率、价格弹性和收入弹性上的差异,加上工资增长率的一致性和价格及工资的向上刚性,从而导致总体物价上涨。工人往往更关注相对于其他部门的工资水平,而不是绝对工资水平,这促使工资在所有部门中趋向一致,即使在生产效率较低的部门,也会推高生产成本,从而推动物价上涨。"瓶颈"行业的问题也是部门差异型通货膨胀的一个来源,当某些关键行业产能不足,而其他行业产能过剩时,前者的价格上涨会影响到整个经济的价格水平。

(3)外部输入型通货膨胀

对于与世界市场紧密相连的小国经济,外部通货膨胀(如大宗商品价格上涨或国外通货膨胀率升高)会通过开放性部门传导至国内,引起价格和工资的上涨。这种上涨随后可能扩散到非开放性部门,导致整个经济体的通货膨胀。

尽管结构型因素可以改变相对价格,但在货币供应量固定的情况下,它们通常不会引起整体价格水平的持续上涨。货币供应量的增加是结构型通货膨胀能够转化为普遍物价上涨的关键因素。货币扩张为价格上涨提供了流动性基础,使结构型因素转化为持续的通货膨胀压力。治理结构型通货膨胀需要结构性改革,包括改善劳动力市场的灵活性,优化资源配置,提高生产效率,以及通过教育和培训提升劳动力素质,使经济能够更好地适应需求和供给的变化。同时,稳健的货币政策对于控制货币供应量,防止货币扩张过度也是至关重要的。

三、通货紧缩

延伸案例
美国经济滞胀

(一)通货紧缩的定义

通货紧缩(deflation)在经济学中通常被定义为价格总水平的持续下降,这与通货膨胀的价格持续上涨相对。通货紧缩是与通货膨胀相对的货币经济现象。

理解通货紧缩这一概念,确实需要关注以下几个核心要点。①货币现象:通货紧缩本质上是货币供给与需求之间失衡的结果。当货币供给的增长率低于经济实际增长和货币需求的增长率时,会导致货币的相对稀缺,进而引起物价水平的普遍持续下跌。这种现象反映了货币供给量不能满足经济活动的需求。②物价水平的持续、普遍下降:通货紧缩的特点是价格总水平的持续、普遍下降,而不是特定商品或服务的临时价格波动。个别商品价格下降可能源于供需不平衡、技术革新、生产效率提升等因素,这些并不是通货紧缩的标志。③实体经济现象:通货紧缩不仅是货币现象,还深刻影响实体经济,表现为投资减少、信贷紧缩、消费和投资需求下降、企业开工不足、非自愿失业增加、收入增长放缓以及市场低迷等经济衰退特征。

根据通货紧缩的程度,可以将其划分为:轻度通货紧缩,表现为通货膨胀率从正转变为负,即物价水平开始轻微下降;中度通货紧缩,即通货膨胀率为负且持续时间超过一年,物价持续下降但尚未达到严重程度;严重通货紧缩,指物价大幅下降,持续时间长达两年或更久,或物价降幅达到两位数,这往往伴随着严重的经济衰退,如 1929—1933 年的经济大萧条就是严重通货紧缩的例子。

正如考察通货膨胀时依赖一系列经济指标一样,在评估通货紧缩时也需运用多元化的指标体系,如消费者价格指数、生产者价格指数及 GDP 平减指数等价格变动指标。此外,为了准确判断是否处于通货紧缩状态,必须采用综合性视角,将价格水平的变化、经济增长的态势以及劳动力市场的表现结合起来分析。通过构建全面的框架,不仅考量价格指标,还要深入分析宏观经济的多个层面,这样才能有效识别通货紧缩的迹象,为制定恰当的经济政策提供依据。

(二)通货紧缩的成因

通货紧缩的成因复杂多样,通常涉及国家宏观经济政策、经济与社会因素以及货币金融系统等多个方面。

1.国家宏观经济政策的影响

中央银行的过度紧缩货币政策和政府的紧缩性财政政策,都可能通过减少流通中的货币量和社会总需求,加剧商品和服务市场的供求不平衡,最终引发政策紧缩型的通货紧缩现象。当中央银行实施过分严厉的紧缩货币政策时,会导致市场上的货币供应量减少,形成"货币稀缺"的局面,就好比有大量商品和服务却缺乏足够的货币去购买它们。这种情况下,商品和服务的供给过剩与货币需求不足之间的矛盾会加剧,从而可能引发市场上的价格水平整体下降,即通货紧缩。

2.经济与社会因素的影响

经济周期的转折、技术进步、供给结构的不合理以及社会心理预期,都是通货紧缩潜在的驱动因素。它们的各自或共同作用,可能引发物价的普遍和持续下降。

在经济周期的不同阶段,特别是当经济从繁荣顶点转向时,之前累积的过剩生产能力会导致市场上商品和服务的供给远超需求,这种供过于求的状态往往会引发价格的下滑。此外,新技术能提高生产效率、降低单位产品的成本,从而使产品价格降低。当这种现象广泛存在于多个行业时,就会形成所谓的成本压低型通货紧缩。供给结构的不合理也可能导致通货紧缩。通常是在经济过热时期,盲目扩张和投资使得市场上无效供给过多,当经济冷却时,这些过剩的供给将降价销售从而推动物价下跌。最后,社会心理预期也扮演着重要角色。如果大众普遍预期未来利率将进一步下降,或者对经济前景感到悲观,那么消费者和企业可能会推迟消费和投资决策,等待更佳时机。这种有效需求的减少会减少对商品和服务的需求,进而导致物价下降。

3.货币金融系统的影响

金融领域的过度创新与扩张,尤其是近几十年来信用货币的虚拟化和金融资本的高风险操作,如过度的投机行为和高杠杆交易,放大了金融市场固有的波动性。当这些虚拟经济活动中的泡沫破灭,如货币价值骤降、股市崩盘、房地产市场崩溃或银行坏账激增,其连锁反应会重创实体经济,有时甚至触发通货紧缩。金融体系效率低下或信贷市场过热后遗留的大量不良资产,会促使银行采取保守的放贷策略,即"惜贷"现象。这减少了信贷的可获得性,进而降低了社会的总需求,加剧了通货紧缩的风险。此外,一国货币汇率的高估,尤其是在固定汇率制下,会削弱该国出口产品的竞争力,同时鼓励进口,导致贸易逆差扩大。国内企业面临的出口困境和进口压力,会抑制投资和消费,最终可能引发物价的持续走低,即外部冲击型通货紧缩。

(三)通货紧缩的影响

与通货膨胀一样,通货紧缩一旦发生,虽然在短期内会给消费者带来一定好处,有助于提高社会购买力,但从长远来看,更是会给国民经济带来一系列负面影响。

1.经济衰退

通货紧缩与经济衰退常相伴而行,被视为衰退的助推器。尽管表面上看,物价下跌似乎提升了消费者购买力,但长期而言,它对经济健康构成重大威胁。通货紧缩推高实际利率,加重了借贷成本和债务负担,抑制企业投资;股价下跌和市值缩水使企业融资难上加难,迫使其削减成本,包括裁员。失业率攀升和工资下降的压力,导致消费支出减少,企业生产活动受限,经济陷入更深的衰退。同时,企业利润和资产价格的双重下跌,个人财富缩水,加剧了经济的下行压力。

2.财富缩水

通货紧缩时,整体物价的下滑导致企业产品价格下降,进而压缩利润空间。企业资产价值随之缩水,为了维系运营,企业可能增加负债,负债率攀升。进一步拉低资产价格,企业净值和股东财富减少。在通货紧缩环境下,商品和服务供过于求,企业为控制成本可能裁员,导致失业率上升。劳动力市场供过于求,工资水平承压,即使不降薪,失业人口的增加也使得社会总收入减少,个人财富和家庭收入面临缩水,整体经济活力减弱。因此,通货紧缩通过多重渠道影响企业与个人的财务状况,对经济稳定构成威胁。

3.破坏信用关系

类似于通货膨胀较严重的情形,较严重的通货紧缩也将破坏社会信用关系,影响正常的经济运行秩序。虽然名义利率很低,但实际利率比通货膨胀时期高出许多。较高的实际利率有利于债权人,不利于债务人。债权人与债务人之间的权利义务会失去平衡,信用量将萎缩,正常的信用关系也会遭到破坏。对于银行来说,一方面,由于贷款经营困难,偿债负担增加,难以及时足额地回收债权,不良资产率可能加大,"惜贷"现象严重;另一方面,新的信用需求减少,给正常经营带来困难。信贷和货币供应量的增长表现出比较明显的顺周期性。

(四)通货紧缩的治理

通货紧缩的治理是一项复杂而细致的任务,其原因多样且通常与经济衰退紧密相连。鉴于此,任何治理策略都必须高度个性化,考虑到不同国家的经济特点和所处的发展阶段。通货紧缩治理的主要措施有:

1.调整宏观经济政策

通货紧缩的核心问题通常源于总需求的萎缩,因此,应对策略着重于需求的提振,财政政策与货币政策扮演着至关重要的角色。财政扩张,包括增加政府开支,尤其是投资于基础设施项目,提高财政赤字上限以及实施减税措施,因其作用直接且见效较快,常被视为对抗通货紧缩的首选手段。这些措施旨在直接刺激经济活动,创造就业,提高民众收入,从而激发消费与投资需求。与此同时,扩张性货币政策同样不可或缺,它通过调整法定存款准备金率、降低再贴现率以及开展公开市场操作等手段,旨在增加商业银行的贷款能力,促进信贷市场活跃,进而扩大货币供应量。

2.调整供需结构

面对通货紧缩,首要任务是扩大有效需求,这是破解困局的关键。总需求涵盖投资、消费与出口,要精准识别需求不足的根源,针对性地采取措施。一方面,增加政府投资,如发行国债以支持公共项目,这既能直接拉动需求,又能优化投资环境,吸引民间资本参与。同时,通过改善企业利润预期、降低税费负担,刺激企业投资。另一方面,提振消费至关重要,需提高公众对未来收入的乐观预期,这包括缩小收入差距、提高就业率、增加失业救济,尤其关注低收入群体,通过社会保障体系的完善,消除公众消费顾虑,利用财富效应鼓励消费。与此同时,供给侧结构性改革不可忽视,需与扩大需求并行推进。通过技术创新、优化产业结构,提高供给质量与效率,确保供给能有效匹配需求的增长。

3.强化货币金融体系

强化金融风险管理和深化金融体系改革是应对通货紧缩、维护经济稳定的关键步骤。首先,需加强金融风险防控,这包括推进金融资产的审慎证券化,提升资本市场的透明度,强化法律框架,以及构建现代化的金融监管体系。其次,深化金融体制变革,优化商业银行运行机制,完善金融市场结构,加速利率市场化进程,以提升金融系统的效率和稳定性,为经济的持续健康发展奠定坚实基础。

延伸案例
日本通缩案例

本章小结

本章主要介绍了货币需求、货币供给和货币均衡的相关概念。货币需求是指经济主体愿意持有的货币数量,受到收入水平、利率、价格水平等多种因素的影响。在众多货币需求理论中最具代表性的分别为凯恩斯的货币需求函数和弗里德曼的货币需求理论。凯恩斯认为货币需求由交易需求、预防需求和投机需求组成,其中交易需求和预防需求均随收入增加而增加,而投机需求则随利率下降而增加。相比之下,弗里德曼强调货币需求的稳定性,认为货币需求主要取决于永久性收入、各种资产的预期收益率等因素。货币供给则是经济中实际存在的货币总量,由中央银行通过货币政策工具进行调控。货币供给的一个重要方面是多倍存款的创造过程。货币均衡发生在货币需求等于货币供给的状态下,此时经济运行平稳,不会出现通货膨胀或通货紧缩的问题。

基本概念

货币需求　名义货币需求　实际货币需求　交易动机　预防动机　投机动机
货币供给　基础货币　法定准备金　货币均衡　通货膨胀　通货紧缩

课后练习

一、单项选择题

1.近年来,中国货币政策对 M2 和社会融资规模等金融总量增速的态度发生了怎样的变化?(   )

A.淡出量化目标   B.增加量化目标

C.维持原有目标   D.不确定

2.弗里德曼在其货币需求理论中引入了哪个概念?(   )

A.持久收入   B.短期收入   C.预期收入   D.实际收入

3.在弗里德曼的货币需求理论中,下列哪项不是影响货币需求的因素?(   )

A.价格水平   B.收入水平   C.利率   D.人口增长率

4.凯恩斯的货币需求理论认为投机性货币需求主要受哪个因素影响?(   )

A.物价水平   B.利率   C.收入   D.就业

5.当经济中存在"流动性陷阱"时,意味着什么?(   )

A.货币政策非常有效   B.财政政策无效

C.利率已经降到极低水平   D.通货膨胀严重

6.托宾的资产选择理论强调了投资者在选择资产时考虑什么?(   )

A.唯一的利率   B.资产的种类

C.资产的预期收益率和风险   D.政府政策

7.从货币需求角度看,当利率上升时,对货币的需求会怎样变化?(   )

A.增加   B.减少   C.不变   D.先增加后减少

二、多项选择题

1.下列哪些因素会影响货币需求?(   )

A.收入水平   B.利率   C.物价水平   D.人口增长率

E.股票市场表现

2.中国货币政策框架演进的方向包括哪些?(   )

A.优化货币政策调控的中间变量   B.淡化对数量目标的关注

C.更加注重发挥利率调控的作用   D.加强外汇管理

E.严格控制货币供给

3.凯恩斯的货币需求理论认为货币需求包括哪些类型?(　　　)

A.交易需求　　　　B.预防需求　　　　C.投机需求　　　　D.投资需求

E.消费需求

4.弗里德曼的货币需求理论认为货币需求主要取决于哪些因素?(　　　)

A.持久性收入　　　　　　　　B.各种资产的预期收益率

C.物价水平　　　　　　　　　D.政府政策

E.人口增长率

5.以下哪些是影响货币供给的因素?(　　　)

A.中央银行的政策　　　　　　B.商业银行的信贷政策

C.法定准备金率　　　　　　　D.公众的储蓄倾向

E.国际收支状况

6.货币均衡状态下,经济运行的特点有哪些?(　　　)

A.通货膨胀　　　B.通货紧缩　　　C.经济平稳　　　D.物价稳定

E.投资增加

7.根据弗里德曼的观点,货币政策在短期内可以起到什么作用?(　　　)

A.刺激经济增长　　B.控制通货膨胀　　C.促进就业　　　D.增加出口

E.减少进口

8.货币需求理论中,哪些是影响交易动机的因素?(　　　)

A.收入水平　　　B.利率　　　C.物价水平　　　D.货币供给

E.人口增长率

9.在货币供给中,基础货币包括哪些组成部分?(　　　)

A.流通中的现金　　　　　　　B.商业银行的存款准备金

C.政府债券　　　　　　　　　D.股票

E.外汇储备

三、判断题

1.弗里德曼的货币需求理论认为货币需求主要取决于持久性收入和各种资产的预期收益率。(　　　)

2.凯恩斯的货币需求理论认为投机性货币需求主要受物价水平的影响。(　　　)

3.当经济中存在"流动性陷阱"时,意味着利率已经降到极低水平,货币政策变得不再有效。(　　　)

4.货币均衡状态是指货币需求等于货币供给,经济运行平稳。(　　　)

5.根据弗里德曼的观点,货币政策在长期内对经济的刺激作用是有效的。(　　　)

6.在货币需求中,投机需求是指个人或企业愿意持有货币以供投机之用。(　　)

四、思考题

1.什么是货币供给？中央银行是如何通过货币政策来控制货币供给的？

2.货币需求受哪些因素影响？请说明利率、收入水平等因素是如何影响人们对货币的需求的。

3.如何理解"过多的货币追逐过少的商品"这句话？这种情况通常会导致什么样的经济后果？

4.通货膨胀率与货币增长速度之间存在怎样的关系？请结合费雪方程式进行分析。

第九章 货币政策

学习目标

知识目标

1.掌握货币政策的含义;

2.掌握货币政策的目标体系;

3.理解货币政策各目标间的关系;

4.掌握货币政策工具的优缺点;

5.掌握货币政策传导机制理论。

能力目标

1.能够运用所学知识来讨论当前经济形势下的货币政策选择;

2.对于给定的情景或案例研究,提出合理的货币政策建议。

素养目标

通过货币政策的学习,了解我国货币政策的内涵和目标,增强社会责任感和国家意识。

本章重点

1.货币政策的含义;

2.货币政策的目标体系。

本章难点

1.货币政策各目标间的关系；
2.货币政策工具的优缺点；
3.货币政策传导机制理论。

思维导图

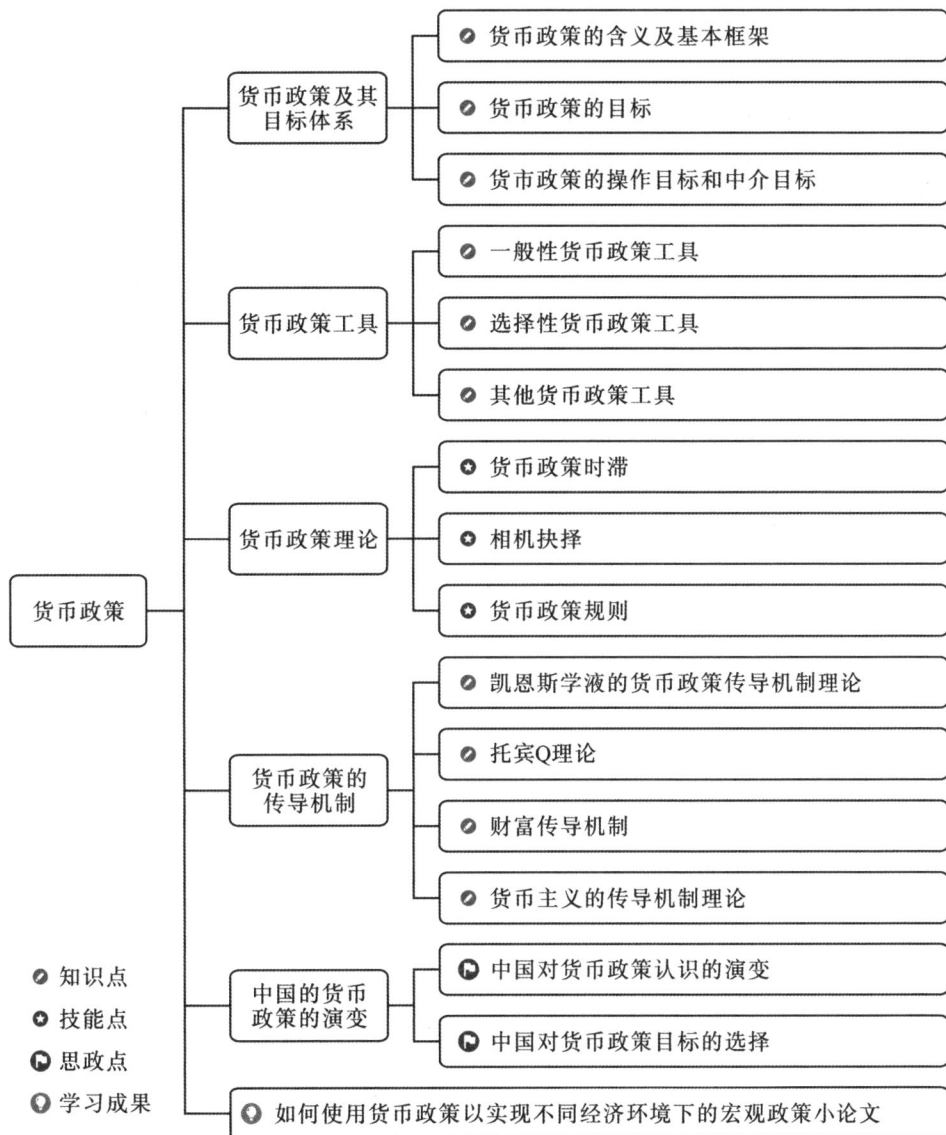

课前导读

中国人民银行召开 2024 年下半年工作会议，学习贯彻党的
二十届三中全会精神（中国人民银行，2024-08-01）

2024 年 8 月 1 日，中国人民银行召开 2024 年下半年工作会议。会议以习近平新时代中国特色社会主义思想为指导，深入学习贯彻党的二十届三中全会精神，落实党中央、国务院关于经济金融工作决策部署，总结 2024 年以来工作，分析当前形势，部署下一阶段工作。

会议要求，中国人民银行系统要认真学习领会习近平总书记在中央政治局会议上关于当前经济形势和做好下半年经济工作的重要讲话精神，把思想和认识统一到党中央关于经济形势的科学判断上来，加大宏观调控力度，加强逆周期调节，扎实做好下半年各项重点工作，增强经济持续回升向好态势。

一是继续实施好稳健的货币政策。加大金融对实体经济的支持力度，把着力点更多转向惠民生、促消费。综合运用多种货币政策工具，保持流动性合理充裕，保持社会融资规模、货币供应量同经济增长和价格水平预期目标相匹配。推动社会综合融资成本稳中有降。强化预期引导，保持人民币汇率在合理均衡水平上的基本稳定，坚决防范汇率超调风险。

二是加强做好金融"五篇大文章"统筹规划和政策落地。加快出台金融"五篇大文章"配套政策文件。持续落实好支持科技、绿色和民营经济等已出台政策。继续用好用足结构性货币政策工具，激励引导金融机构优化信贷结构。更大力度推进金融支持大规模设备更新和大宗耐用消费品以旧换新落地见效。建立健全重点领域统计监测和考核评估体系。深入开展科技、绿色、中小微企业、乡村振兴等金融服务能力提升工程。

三是持续防范化解重点领域金融风险。扎实做好金融支持融资平台债务风险化解。防范化解房地产金融风险，落实好 3 000 亿元保障性住房再贷款政策，促进加快建立租购并举的住房制度。推动建立权责对等、激励相容的风险处置机制，积极稳妥推动存量风险处置。

四是深化金融改革开放和国际金融合作。持续加强金融市场建设和制度型开放。完善债券市场法制。推动票据市场健康发展。完善银行间市场登记、托管、清算等业务。加强交易报告库建设。持续优化债券市场直接入市、"债券通"、"互换通"运行机制。支持上海国际金融中心建设。巩固提升香港国际金融中心地位。稳慎扎实推进人民币国际化。持续推进本外币一体化资金池试点，完善存量人民币资金池和自由贸易账户管理。支持优质主体发行熊猫债，鼓励金融机构开展人民币跨境融资类业务。稳步推进央行间本币互换和本币结算合

作。加强和完善外汇管理,扩大优质企业贸易便利化政策覆盖面,升级扩围跨国公司本外币一体化资金池政策。务实开展国际金融合作,推进全球宏观政策协调。

五是持续提升金融服务和管理水平。深化法治央行建设。持续做好金融业综合统计、货币发行、支付清算、经理国库、征信、反洗钱等管理和服务。强化集中采购、后勤服务、离退休干部服务等内部管理。

(资料来源:中国人民银行召开2024年下半年工作会议,学习贯彻党的二十届三中全会精神[EB/OL]. (2024-11-12) [2024-08-02]. http://www. stcn. com/article/detail/1277416.html.)

通过阅读以上新闻资料,我们能感受到货币政策的合理运用对持续推进经济稳定运行、加强宏观调控具有重要作用。本章我们将学习有关货币政策的理论知识。通过学习,我们将对货币政策的目标体系、政策工具及其传导机制有更清晰的认识,并逐步了解新闻资料中所提到的货币政策工具如"结构性货币政策工具"的运用是如何调节宏观经济的。

第一节　货币政策及其目标体系

一、货币政策的含义及基本框架

货币政策可以分为广义和狭义两种概念。广义的货币政策涵盖了政府、中央银行以及其他宏观经济管理部门在货币领域的所有规定和措施,这些措施旨在影响货币的数量、信贷的可用性和金融系统的总体健康。广义货币政策不仅包括中央银行的行动,还涉及政府的财政政策、金融市场的监管规则,甚至包括影响货币流动性的宏观经济政策。

相比之下,狭义的货币政策专指中央银行的职责,即通过运用不同的工具来调节货币供给和需求,以达到特定的经济目标,如保持物价稳定、促进经济增长、维持充分就业和国际收支平衡。狭义货币政策主要包括以下四个方面的内容:

(一)货币政策目标

货币政策目标(goalof monetary policy)是中央银行通过实施政策力求达成的核心经济成果。这些目标随不同国家和不同时期而异,包括维持物价稳定,确保充分就业,促进经济持续增长以及保持国际收支的均衡等内容。这些目标反映了中央银行对宏观经济稳定性的承诺。

(二)货币政策中介指标

货币政策中介指标(intermediate targeting)是指中央银行用来衡量货币政策效果的短期指标,如货币供应量、银行间市场利率等。这些指标与最终政策目标密切相关,但更易于监控和控制。

(三)货币政策操作指标

货币政策操作指标(manipulate targeting)是指中央银行在实施货币政策时,能够通过其政策工具直接且迅速影响的金融变量。这些指标,如准备金比率、基础货币量等,具有直接性和灵敏性的特点,能够即时响应中央银行的操作,准确反映货币政策的意图。

(四)货币政策工具

货币政策工具(monetary policy instrumets)是中央银行用来实现其政策目标的手段,包括公开市场操作、存款准备金率调整、再贴现政策等。这些工具直接作用于操作指标,进而影响中介指标,最终达成政策目标。

在狭义的货币政策框架下,中央银行会设定一个或多个政策目标,例如通胀目标制,然后选择适当的中介指标(如货币供应量或短期利率)来监测政策效果,通过政策工具直接调控操作指标(如银行间拆借利率)来影响中介指标,最终达到预定的政策目标。此外,货币政策的传导机制、政策时滞和效果评估也是狭义货币政策讨论的重点。

二、货币政策的目标

(一)政策目标的内容

1.币值稳定

币值稳定是货币政策的核心目标之一,意味着中央银行通过调控确保货币价值稳定,防止通货膨胀或通货紧缩导致的一般物价水平和汇率出现剧烈波动。这一目标聚焦于整体物价水平的稳定,而非单一商品价格的波动。自 20 世纪以来,由货币失衡引发的物价大幅波动成为全球经济面临的重大挑战,因此,维持物价稳定成为各国货币政策的首要任务,旨在为其他经济目标的实现提供稳定的环境。此外,在全球经济一体化背景下,汇率的波动对国家经济的影响日益显

拓展阅读
货币政策和中央
银行业务

著,尤其是对发展中国家而言,稳定汇率已成为货币政策格外重视的目标。

2.充分就业

充分就业是一个经济概念,指的是当失业率降至社会可接受的较低水平时的状态。在这种状态下,所有适龄、有能力且愿意工作的人都能在合理的条件下找到合适的工作岗位。值得注意的是,充分就业并非意味着完全消除失业,因为即便在劳动力供需平衡的理想情况下,仍可能存在摩擦性失业(由于劳动者在寻找工作或转换工作时产生的短暂失业)和结构性失业(经济结构调整导致的技能不匹配失业)。在市场经济体系中,一定程度的失业被视为正常现象,甚至是必要的,因为它提供了劳动力市场上的流动性,有助于劳动力资源的有效配置。

3.经济增长

促进经济增长是各国政府宏观经济管理的核心目标之一。通过适度增加货币供应量和维持较低的利率水平,货币政策能够为经济活动提供充裕的资金支持,刺激投资,特别是私人部门的投资,进而推动生产能力和就业的增加。良好的货币环境不仅能够激发企业的创新和扩张意愿,还能增强消费者信心,促进消费,共同为经济增长注入动力。货币政策的这一目标旨在通过金融渠道有效地将资金引导至生产力提升和社会福祉增进的领域,确保经济的持续健康发展。

4.国际收支平衡

维持国际收支平衡是货币政策的关键目标,对开放型经济尤为重要。中央银行通过稳定币值、调节利率和管理汇率等手段,旨在优化贸易收支和资本流动,防范国际收支失衡。合理的汇率政策能增强出口竞争力,利率调控吸引或抑制资本流动,共同促进国际收支的平衡。在高度全球化的今天,保持国际收支稳定,确保对外经济活动有序进行,对国家经济健康和国际信誉至关重要。

(二)政策目标之间的矛盾与统一

货币政策的最终目标在宏观层面上追求的是经济的综合平衡与稳定,然而,在具体实施过程中,这些目标之间往往存在统一性和矛盾性。从长期视角看,适度的经济增长确实有助于促进就业、维持国际收支平衡并保持物价稳定,但短期内,这些目标之间的关系则更为复杂,常表现为相互制约或矛盾。

1.物价稳定与充分就业之间的矛盾

菲利普斯曲线生动描绘了失业率与通货膨胀率之间的反向关系。当中央银行倾向于追求高就业率时,通过实施扩张性货币政策以刺激总需求的增加,一旦社会需求超过一定阈值,便不可避免地引发物价上涨。反之,若中央银行力图保持低通货膨胀率,则可能不得不容忍较高水平的失业率,以避免过度的货币供给导致的通货膨胀压力。

拓展阅读
判断经济形势最常用的统计指标有哪些

2.物价稳定与经济增长之间的矛盾

物价稳定与经济增长之间的矛盾,本质上反映了就业与经济增长之间的联系。在一般情况下,就业与经济增长呈现正相关。但特定条件下,如20世纪70年代西方国家遭遇的滞胀现象,即经济停滞与通货膨胀并存,打破了这一常规。滞胀的出现可能源于持续的通货膨胀改变了人们的通货膨胀预期模式,或是外部因素如石油危机等供给冲击所致,使得传统的经济增长与物价稳定之间的关系变得复杂。

3.物价稳定与国际收支平衡之间的矛盾

在其他国家发生通货膨胀的情况下,如果一国坚持维持本国价格水平的稳定,这可能导致该国的商品相对于其他国家的商品价格更低,从而吸引更多的外国购买,促使净出口增加,造成经常项目的顺差。然而,如果本国遭受通货膨胀,中央银行为遏制通胀而采取的紧缩性货币政策如提高利率,可能会导致本币在外汇市场上升值,这将削弱本国出口商品的竞争力,进而导致贸易逆差,对国际收支平衡产生负面影响。

4.经济增长与国际收支平衡之间的矛盾

强劲的国内经济增长往往会刺激对进口商品的需求增长。如果本国的出口增长无法匹配这一需求的增加,那么贸易收支将出现逆差。尽管外资流入可以在短期内弥补贸易逆差造成的国际收支不平衡,但从长期来看,如果国家没有合理利用这些外汇储备,可能会在未来面临更加严重的收支不平衡问题。类似的,充分就业与国际收支平衡之间也可能存在相似的矛盾,高就业率通常伴随着较高的消费和进口需求,这对国际收支平衡构成了潜在的压力。

货币政策的最终目标在追求宏观经济的长期稳定与繁荣时,必须面对和解决这些目标之间的短期矛盾与冲突。中央银行在制定和执行货币政策时,需要在这些目标之间进行精细的平衡,既要考虑到当前经济形势的紧迫需求,也要着眼于长远的经济健康和可持续发展。通过灵活运用货币政策工具,适时调整政策导向,中央银行能够在维护物价稳定、促进高质量充分就业、推动经济增长和保持国际收支平衡之间找到最佳的平衡点,以实现国家宏观经济的稳健运行。

5.政策目标之间的统一

宏观经济政策的目标之间存在着一定的内在一致性。经济增长与充分就业之间具有正向联系,因为经济增长通常能够创造更多的就业机会,从而有助于实现充分就业的目标。当经济扩张时,企业需要更多劳动力来满足市场需求,这有助于降低失业率,提高民众的生活水平。经济增长与国际收支平衡之间也呈现出一致性。长期稳定的经济增长可以增强一个国家的国际竞争力,促进出口并吸引外国直接投资,从而有助于改善国际收支状况。经济增长带来的技术进步和生产效率提升,可以使一国的产品和服务更具竞争力,有利于减少贸易逆差。

物价稳定与国际收支平衡同样相辅相成。通过保持较低的通货膨胀率,可以增强本国货币的吸引力,有利于吸引外资流入,从而改善国际收支。低通胀环境有助于稳定汇率,减少资本外流的风险,这对于维持良好的国际收支平衡至关重要。

(三)单目标与多目标的选择

货币政策最终目标之间的内在矛盾使得中央银行在实际操作中难以同时完美实现所有目标。这一矛盾催生了关于货币政策目标选择的三种主要理论观点。

单目标论主张中央银行应专注于单一目标,如物价稳定或经济增长,因为目标间的冲突可能使同时追求多项目标变得复杂且低效。

双目标论提倡在物价稳定和经济增长之间寻求平衡,认为两者相互依存,物价稳定是经济增长的基石,而经济增长又能为物价稳定创造有利条件。

多目标论认为货币政策应当全面考虑包括物价稳定、经济增长、充分就业和国际收支平衡在内的多个目标,尽管在不同阶段可能会侧重其中的某些目标,但整体上应努力维持各目标之间的和谐与平衡。

在现实操作中,大多数国家的货币政策实践倾向于多目标论,根据自身经济状况和发展阶段,动态调整政策重点。例如,《中国人民银行法》确立的中国货币政策目标为"保持货币币值稳定,并以此促进经济增长",这一表述反映出在确保物价稳定的前提下,推动经济持续健康发展的政策导向。随着宏观经济环境的变化,中央银行会适时调整政策侧重点,以应对不同的经济挑战。

三、货币政策的操作目标和中介目标

(一)操作目标和中介目标的选择标准

在货币政策的实施过程中,操作指标和中介指标的选择至关重要,通常认为它们需满足四个基本要求。

一是可测性。可测性意味着中央银行必须能够及时、准确地获取有关选定指标的数据。这要求指标应该具有高度的透明度和统计可靠性。例如,货币供应量(M1、M2 等)和短期利率是常见的可测性较强的指标,因为它们可以通过金融机构的报告系统快速收集和更新。

二是可控性。控制性是指中央银行能够通过调整其政策工具来直接影响这些指标的能力。例如,公开市场操作可以用来调整银行准备金水平,进而影响短期市场利率。如果一个指标对于中央银行的政策行动反应迟缓或者反应不明

拓展阅读
把握好多目标货币政策:转型的中国经济的视角

显,那么它就不适合作为操作或中介指标。

三是相关性。相关性强调指标与最终政策目标之间的紧密联系。一个理想的中介指标应该是经济活动的关键驱动因素,能够有效地预示最终目标的实现情况。例如,利率作为中介指标,其变化可以影响投资成本,从而影响投资决策和总体经济活动,与经济增长和就业等最终目标密切相关。

四是抗扰性。抗扰性是指指标不易受到非货币政策因素的干扰,比如自然灾害、政治事件或国际市场波动等。一个高度抗扰的指标可以更准确地反映货币政策的效果,而不被其他外部因素所混淆。例如,相比股票市场价格,短期利率可能具有更高的抗扰性,因为它主要受中央银行政策利率的影响。

在实践中,中央银行会根据经济环境的变化和自身的政策框架选择最合适的操作和中介指标。例如,一些央行可能选择短期利率作为操作指标,而以通胀率作为中介指标,因为它们认为通胀率与最终的稳定物价目标直接相关,同时也具有较强的抗干扰性和可控性。随着经济理论的发展和金融市场的演变,中央银行对这些指标的选择也会不断调整优化。

(二)主要的操作目标

在货币政策操作中,准备金、基础货币和短期利率是经常被选作操作指标的变量,它们直接或间接地影响着中央银行对经济的调控能力。

1.准备金

准备金分为法定存款准备金和超额准备金。法定存款准备金是银行必须按照中央银行规定的法定存款准备金率持有的最低存款准备金;超额准备金则是超出法定要求的那部分准备金。准备金的规模,尤其是超额准备金,直接影响金融机构的流动性水平和信贷扩张能力。中央银行通过调整法定存款准备金率,可以改变银行体系内的超额准备金水平,进而影响银行的放贷规模、货币供应量和市场利率。此外,中央银行还可以通过公开市场操作和再贴现政策来调整总准备金(包括法定和超额)的规模,从而对中介指标产生影响。

2.基础货币

基础货币,也称高能货币或强力货币,由流通中的现金和准备金组成。由于货币供应量等于基础货币量乘以货币乘数,因此在货币乘数相对稳定的情况下,控制基础货币就等于掌握了对货币供应量的控制权。中央银行可通过公开市场操作和再贴现政策等手段对基础货币进行调控。然而,这种控制并非毫无局限。例如,再贴现政策的效果在很大程度上取决于商业银行对资金的需求,因此中央银行对基础货币的控制力不是绝对的。

3.短期利率

在一些国家,短期利率,尤其是银行同业拆借利率,也被作为货币政策的操作指标。同业拆借市场是货币市场的重要组成部分,其利率通常被视为整个货币市场的基准利率。中央银行可以通过公开市场操作和调整再贴现率等方法来调控短期利率,进而影响货币供应量和其他市场利率。然而,短期利率容易受到通货膨胀、市场供求状况以及投资者心理预期的影响,这为中央银行的利率调控带来了不确定性。

中央银行通过操作这些变量,旨在实现对货币供给、利率水平和信贷市场的调控,从而达到稳定物价、促进经济增长等最终目标。但需要注意的是,这些操作指标的效果可能受到多种因素的制约,因此中央银行在实施货币政策时必须综合考虑各种内外部因素,以确保政策的有效性和稳定性。

(三)主要的中介目标

货币政策的中介目标是中央银行为了实现最终目标(如物价稳定、经济增长等)而设定的中间环节指标,它们位于操作指标与最终目标之间,通常包括规模型变量和价格型变量两大类。

1.规模型变量

规模型变量主要是指货币供应量和贷款量。

(1)货币供应量

货币供应量,如 M1、M2 等,通过统计中央银行、商业银行和其他金融机构的资产负债表得出,具有良好的可测性。中央银行通过控制基础货币的投放并影响货币乘数,进而调控货币供给量。然而,中央银行对货币供应量的控制受到公众行为和商业银行信贷政策的影响,其可控性会随经济金融环境变化,如金融创新可能削弱其稳定数量关系。在我国,20 世纪 90 年代初、中期曾以 M1 为控制重点,后期转为 M2。

(2)贷款量

贷款量通常指的是银行或其他金融机构在一定时期内向借款人发放的贷款总额。贷款量本身易于测量,其可控性与银行制度相关。在直接贷款限额管理下,中央银行对贷款量的控制较强;在非直接管理下,可通过调整政策间接影响贷款量。贷款量与总需求、产出和物价有直接关系,尤其在金融市场不发达、直接融资规模较小的环境中,其影响更为显著。

2.价格型变量

价格型变量主要是利率,有时汇率也可作为中介指标。

中央银行能够迅速获取市场利率信息,通过公开市场操作、再贷款、贴现利率调整等手段影响短期利率,引导长期利率变化。在利率管制国家,可控性更强。然而,中央银行控制的是名义利率,预期实际利率(名义利率减去预期通货膨胀率)对经济的影响更大,但预期通胀的不确定性增加了控制难度。利率与最终目标的相关性取决于投资对利率的敏感度。

汇率易于监测,其可控性和相关性在不同经济环境下有所差异。在小型开放经济中,汇率可能作为主要中介指标。然而,大型经济体为了保持货币政策独立性,通常不采用汇率作为目标。

选择何种中介目标取决于国家的经济结构、金融市场的成熟度以及政策制定者的偏好。中央银行需要综合考量各项指标的特性,以实现最优的宏观经济调控。

第二节　货币政策工具

拓展阅读
央行优化公开市场操作机制促进降低融资成本

货币政策工具是中央银行实现其目标的策略手段,直接控制基础货币、货币供给、利率及信贷活动。其主要分为三大类:一般性工具,如公开市场操作、存款准备金率和再贴现政策,影响整个经济;选择性工具,针对特定行业或信贷类型,精调经济局部;其他工具,包括利率走廊、借贷便利和外汇干预等,适应复杂市场环境。这些工具共同确保货币政策的有效执行,促进经济稳定。

一、一般性货币政策工具

一般性货币政策工具是对货币供给总量或信用总量进行调节和控制的政策工具,俗称"三大法宝",包括法定存款准备金政策、再贴现政策和公开市场业务。

(一)法定存款准备金政策

法定存款准备金政策是中央银行为实现其货币政策目标而采用的一种重要工具,其历史可以追溯到 20 世纪 30 年代的大萧条之后。在那个时期,各国普遍认识到需要建立一套机制来增强银行体系的稳定性,法定存款准备金制度应运而生。这一政策的核心是,中央银行规定商业银行必须将其吸收的部分存款作为准备金存放至中央银行,以此作为缓冲资金,确保银行在面对突发的大量提款请求时仍能保持流动性。

1.法定准备金政策的特点

法定存款准备金政策的运作机制相对直接。中央银行根据存款的性质或规模设定不同的准备金比率,这些比率可以根据货币政策的需要进行调整。例如,考虑到活期存款更容易被提取,因此其法定准备金率通常高于定期存款。一些国家仅对活期存款设定准备金要求,而对超出一定数额的存款则要求更高的准备金比例。值得注意的是,大多数国家对法定准备金存款不支付利息,这在一定程度上减少了银行的盈利。

法定存款准备金政策被视为货币政策中最有力的工具之一,因为它通过调整货币乘数直接影响货币供给。即使法定存款准备金率的微小变动,也可能引发货币供应量的大幅变化。这是因为银行的超额准备金会随着法定准备金的增减而变化,进而影响银行的信贷创造能力。因此,该政策的优点在于其效果显著、主动性强且见效快。

2.法定准备金政策的局限性

法定存款准备金政策也存在显著的局限性。首先,由于其效果强烈,调整法定准备金率会对整个经济产生重大影响,并可能引发社会心理预期的显著变化,因此不宜作为常规的货币政策操作工具。其次,统一的法定准备金率可能对不同类型或规模的银行产生不同的冲击,使得中央银行难以精确控制货币政策的操作力度与效果。再次,频繁调整法定准备金率会干扰商业银行的正常经营,增加流动性风险和管理难度,特别是在法定准备金存款无息的情况下,银行的盈利能力和市场竞争力可能会受损。

(二)再贴现政策

再贴现政策是中央银行实施货币政策的关键手段之一,其核心是通过设定或调整再贴现率来影响商业银行的资金成本和准备金水平,进而调节货币供给量和市场利率。一般而言,再贴现政策有两方面的内容:一是再贴现率的调整;二是规定何种票据具有向中央银行申请再贴现的资格。

1.再贴现政策的多重作用

再贴现政策对经济体系有多重作用。首先,再贴现率的调整直接影响商业银行的借贷成本,进而影响其贷款意愿和市场上的货币供应量。其次,通过规定不同类型的票据再贴现资格或实行差别化的再贴现率,中央银行能够引导信贷资源的配置,影响资金流向特定经济领域,如优先支持中小企业、绿色能源项目等。此外,再贴现率的变动还起到信号作用,能够影响公众和市场参与者对货币政策走向和经济前景的预期,从而间接调控经济活动。

2.再贴现政策的局限性

尽管再贴现政策具有重要作用,但它也存在一些局限性。首先,在再贴现业务中,中央银行的地位相对被动,商业银行是否选择再贴现、再贴现的数量和时机取决于银行自身的资金需求和成本考量。其次,在成熟的金融市场环境中,商业银行可以通过多种渠道获得资金,如债券市场、同业拆借等,这减少了对中央银行再贴现的依赖,削弱了政策的效力。再次,再贴现率的调整空间有限,尤其是在经济极端状况下,利率可能接近零下限或上限,进一步的调整对银行行为的影响边际效益递减。最后,频繁调整再贴现率可能引起市场利率的波动,给银行和企业带来不确定性,而政策的僵化则可能使中央银行难以灵活应对市场变化。

（三）公开市场操作

公开市场操作是中央银行通过在金融市场买卖政府债券等有价证券,来直接影响商业银行的准备金水平,进而调控货币供应量和利率的重要货币政策工具。这一操作机制让中央银行能够主动出击,而非被动等待商业银行的需求,使其在经济调控中扮演更为积极的角色。

1.公开市场操作的条件

公开市场操作的有效实施需要满足以下条件:中央银行必须拥有足够的资金实力,能够干预和控制整个金融市场;具备自主决定买卖证券种类、数量和时间的能力;金融市场应具有全国性覆盖和独立性,不受外部市场制约;市场上的证券种类和数量应充足,以保证操作的灵活性和有效性。

2.公开市场操作的作用

公开市场操作的灵活性和精确性使其成为现代中央银行日常操作中最常用和最有效的货币政策工具之一。通过在金融市场买卖政府债券等有价证券,直接调控商业银行的超额准备金水平,进而影响货币供应量和信贷规模。当中央银行购入证券时,向市场注入流动性,银行的准备金增加,贷款能力增强,货币供给随之扩大;反之,出售证券则回收流动性,缩减银行的超额准备金,减少货币供给。此外,公开市场操作还能影响利率水平和结构。中央银行通过买卖不同期限的证券,可以引导市场利率走向,影响资金成本,从而调节经济活动的节奏。

3.公开市场操作的优势

公开市场操作作为中央银行的核心货币政策工具,展现了其独特的优势。首先,与再贴现业务的被动性质不同,公开市场操作赋予了中央银行主动调控的能力,直接且即时地影响存款货币机构的准备金,确保政策目标的精准实现。其次,公开市场业务提供了连续性和灵活性,中央银行可以根据市场状况,灵活调整买卖证券的规模和频率,对货币供应量进行微调,避免了法定存款准备金政策可能带来的市场震荡。更重要的是,面对金融市场的动态变化,中央银行能够迅速调整公开市场操作策略,灵活调节货币供给,体现了政策的高效性和适应性。

4.公开市场操作的局限性

公开市场操作的局限性也很明显。其政策信号可能因操作的微妙性而显得不够清晰,影响市场预期的形成。此外,公开市场操作的效能高度依赖于一个成熟且流动性充足的证券市场,缺乏这样的市场基础,其调控效果将大打折扣。再者,商业银行可能通过其他渠道弥补准备金,减弱公开市场操作对银行准备金和信贷活动的直接影响,限制了政策的全面效力。

二、选择性货币政策工具

选择性货币政策工具是中央银行用于调控特定经济领域信贷的专用手段，与着眼于总量控制的一般性工具相辅相成。它们精准引导资金流向，优化经济结构，如扶持小微企业、促进绿色经济等，实现总量调节与结构调整并重的政策目标。选择性货币政策工具主要有以下几种：

（一）消费者信用控制

消费者信用控制是中央银行对除不动产以外的耐用消费品销售融资实施的管理措施，旨在防止消费者过度负债。具体措施包括设定首付比例、限制借款期限和指定适用商品类型，以确保信贷的健康流动和个人财务的可持续性。

（二）证券市场信用控制

证券市场信用控制着重于规范与证券相关的信贷活动，目的是抑制股市投机行为。中央银行通过设定保证金比例并依据市场情况动态调整，限制投资者通过借贷扩大交易规模，维护证券市场的稳定。

（三）不动产信用控制

不动产信用控制聚焦于商业银行等金融机构的房地产贷款，通过设定贷款上限、最长还款期限、首付比例和分期付款门槛，防止房地产市场泡沫，确保房地产信贷市场的稳健发展。

（四）优惠利率

优惠利率是中央银行为鼓励特定部门或行业发展而设立的低利率政策，常见于国家优先扶持的产业，如科技、农业或环保领域。这一政策通过降低融资成本，促进资本向关键领域流动，优化经济结构。

（五）预缴进口保证金

预缴进口保证金主要用于抑制过快的进口增长，特别是在国际收支逆差严重的国家中。这项措施要求进口商在进口商品之前，预先缴纳相当于进口商品总值一定比例的保证金。该保证金通常会被存入中央银行，直到货物清关并完成所有进口手续后，该保证金才会被退还给进口商。

三、其他货币政策工具

(一)直接信用控制

直接信用控制是中央银行在特定经济条件下,通过一系列行政指令或法律法规对商业银行及其他金融机构的信贷活动进行直接干预的政策工具。这些控制手段旨在确保金融市场的稳定,合理分配信贷资源,以及防止信贷过度扩张导致的经济过热或金融风险。直接信用控制手段包括:

1.利率最高限额

利率最高限额是中央银行为防止银行间过度竞争抬高存款利率而设定的政策工具。通过限制商业银行提供的最高存款利率,避免资金成本非理性上升,维护金融市场稳定,确保银行体系健康运行,同时防止因利率过高而导致的经济过热或金融风险。这一措施有助于引导理性竞争,促进资金的有效配置。

2.信用分配

信用分配是基于国家经济发展的优先级和信贷资金需求的紧迫性,中央银行会制定信用规模的分配方案,确保信贷资源能够精准投放到国家政策鼓励和支持的领域,如基础设施建设、高新技术产业等,促进经济结构的优化。

3.直接干预

直接干预是中央银行依据法规对商业银行实施的具体指导与限制,如规定业务方针、贷款及投资范围,确保银行活动符合国家货币信用政策。此措施针对银行违规或偏离政策导向的行为,通过调整贷款条件、限制贷款类型等方式,维护金融市场稳定与国家经济目标的一致性。随着市场发展,直接干预让位于更市场化的调控手段,但在特殊经济环境下仍具有效性。

4.贷款限额

贷款限额是中央银行过去采用的一种直接信用控制工具,通过设定商业银行贷款总额的上限,来直接管理信贷市场的扩张速度。这一政策旨在控制信贷增长,防止过热的信贷活动可能带来的经济过热或金融不稳定。

5.流动性比率

通过规定商业银行必须持有的流动性资产比例,中央银行限制了银行的信贷扩张能力,确保银行体系在面对流动性需求时能够有足够的缓冲,维护金融系统的安全性。

6.特种存款

在银行体系流动性过剩的情况下,中央银行要求商业银行将一部分超额储备以特种存款的形式存放在中央银行,锁定这部分资金,以抑制信贷过度增长,控制货币供给量,防范通货膨胀风险。

(二)间接信用指导

间接信用指导是指中央银行通过道义劝告和窗口指导的方式对信用变动方向和重点实施间接指导。

1.道义劝告

道义劝告是中央银行凭借其在金融体系中的权威地位,通过非正式的沟通渠道向商业银行及其他金融机构传达政策意图和市场导向,鼓励它们自愿采取行动,以符合中央银行的政策目标。这种劝导不具有法律约束力,但基于金融机构对中央银行的信任和尊重,通常能取得较好的效果。道义劝告可以涉及利率调整建议、信贷政策方向、风险管理策略等多个方面,旨在引导金融机构的经营行为与宏观经济政策相协调。

2.窗口指导

窗口指导则是中央银行通过与商业银行的日常接触,根据经济形势和政策需要,指导银行的信贷政策和贷款方向。这包括建议银行在哪些领域增加或减少贷款,以支持国家优先发展的行业或控制过热的经济部门。随着时间的推移,窗口指导从最初的非强制性建议逐渐演变为带有更强约束力的政策工具,尤其是在特定经济环境下,如经济结构调整期或金融危机期间。

微课视频 9-1
新型货币政策工具

第三节 货币政策理论

一、货币政策时滞

货币政策时滞,作为宏观经济调控领域内一个固有的挑战,标志着从经济环境变化到中央银行相应调整政策,再到政策效果显现于经济运行全过程的时间跨度。

时滞可以被划分为内部时滞和外部时滞。内部时滞本质上是中央银行从察觉到经济金融格局转变,到正式出台或调整货币政策举措的时间间隔。它包含两个阶段:首先是认识时滞,即中央银行对经济状况变化的感知与评估,确认政策干预的必要性;随后是行动时滞,即从政策决策成型到实际部署的过渡阶段。这一系列进程的效率,深受中央银行信息收集与分析能力、决策机制的敏捷性,以及其在经济体系中的独立地位所影响。外部时滞则是中央银行实施政策后,直至其影响渗透至经济各个层面的时间间隔。这一阶段的长短,不由中央银行单方面决定,而是受到市场参与者反应速度、金融体系的传导效率,以及经济主体(包括企业和消费者)行为调整的复杂性所制约。外部时滞的不确定性,增加了政策效果预测的难度,要求中央银行在制定政策时具备前瞻性视野。西方已有的实证研究对时滞的计量结论基本都认为市场经济国家货币政策的外部时滞一般在半年到一年半。

货币政策时滞的存在,对政策实施的即时性和长远效果产生深远影响。在短期内,产出效应的发挥可能受限于时滞,延缓了政策对经济增长的正面推动;而长期来看,价格效应的显现则可能受益于时滞,给予市场充分时间消化政策影响,避免价格剧烈波动。这一矛盾现象,要求政策制定者在制定货币政策时,不仅要考量当前经济状态,更要预测未来走势,以适时调整政策方向,确保经济平稳运行。

二、相机抉择

相机抉择(discretionary policy)是一种宏观经济政策制定的原则,也称为权衡性货币政策,指的是政府或中央银行根据当前经济形势的变化,灵活调整财政政策或货币政策,以应对经济周期中的波动,促进经济稳定和增长。这一原则强调政策制定者应根据经济的实际情况,适时采取相应的政策措施,而不是遵循固定的规则或预先设定的计划。

相机抉择的货币政策具有三个特点:①逆周期的性质。货币政策的实施方向往往与经济周期的方向相反。当经济陷入低迷,有效需求不足时,扩张性货币政策通过降低利率、增加货币供给等手段,旨在提振总需求,刺激经济增长。反之,当经济过热,需求旺盛引发通货膨胀风险时,紧缩性货币政策则通过提高利率、减少货币供给等方式,以抑制过度需求,防止经济过热。这种逆向操作的原理,源于凯恩斯的有效需求理论,通过调控总需求实现经济的稳定运行。②高度的灵活性。与遵循固定规则的政策相比,相机抉择赋予了中央银行更大的自主权,使其能够根据实时的经济数据和市场动态,灵活调整货币政策的方向、强度和执行方式。这种灵活性,让政策制定者得以摆脱过去政策路径的束缚,也不必拘泥于对未来经济环境的预设,而是专注于对当前经济形势的判断,以实现即时的政策目标。在相机抉择的框架下,中央银行在制定政策时,拥有较大的自由度,能够迅速响应经济变化,做出相应的政策调整。③静态视角。也是相机抉择潜在的局限性。在相机抉择的逻辑中,中央银行的政策行动基于对当前经济状况的评估,较少考虑这种即时的政策干预如何塑造市场参与者的预期,以及这些预期又如何反过来影响政策的效果。这种基于静态分析的局限性,意味着相机抉择可能未能充分考虑到预期在宏观经济中的动态作用。

凯恩斯主义的批判者强调,相机抉择的主观性极高,可能偏离预定目标。货币政策的不确定时滞,相机抉择的货币政策往往导致政策反应过度或反应不足,反而加剧经济波动,而非平抑波动。有分析认为,20世纪70年代西方国家遭遇的"滞胀"困境,即高通胀与低增长并存的局面,正是相机抉择货币政策不稳定性的产物。

相机抉择政策还面临着"时间不一致"的难题。这意味着,中央银行先前承诺的最佳货币政策,在实施时可能因经济环境变化而失效。政策制定者可能发现,采取更为激进的措施在当前环境下更有利,但这会违背最初的承诺,破坏公众预期的稳定性。公众对政策可信度的怀疑,以及对时间不一致性的预期,可能抵消政策效果,使货币政策难以实现预期目标。

三、货币政策规则

鉴于相机抉择政策的缺陷,货币主义学派和理性预期学派提出了基于规则的货币政策。这类政策主张将货币政策操作与明确的经济指标挂钩,如通货膨胀率或产出缺口,旨在通过预设的规则减少政策的随意性和不确定性,增强政策的可预测性和市场信任。基于规则的货币政策试图规避相机抉择的主观性和时滞问题,通过建立稳定的政策框架,实现更有效的经济调控。根据涉及的指标内容,货币政策规则可以分为货币数量规则、利率规则、通货膨胀目标制。

(一)货币数量规则

货币数量规则是基于货币主义学派的核心理论,主张通过控制货币供应量来实现经济稳定。这一理论的早期代表是由弗里德曼提出的"单一规则"(即固定货币增长率规则),主张不论经济形势如何,中央银行都应按照固定速率 k% 增长货币供应量。弗里德曼的这一主张基于一个关键假设:货币周转率(即货币流通速度)相对稳定且可预测。通过维持稳定的货币供给增长率,旨在实现物价稳定和经济的长期均衡。

然而,进入20世纪80年代,金融创新和金融市场的快速发展对货币供应量与经济目标之间的稳定关系构成了挑战,传统的货币数量规则开始显露出局限性。金融创新导致了货币替代品的增多,使得货币供应量的控制变得更加复杂,货币流通速度的预测也变得更加困难。这一背景下,出现了对货币数量规则的新思考和新规则,以适应不断变化的金融环境。

麦卡勒姆提出的规则,即麦卡勒姆规则,是对传统单一规则的重要发展。该规则将名义 GDP 增长率作为最终目标,基础货币作为操作目标,引入了一个更加灵活的政策框架。麦卡勒姆规则的公式为：

$$\Delta b = \Delta x^* - \Delta v^* + \lambda(\Delta x^* - \Delta x)$$

其中：Δb 表示基础货币的增长率；Δx^* 表示名义 GDP 的目标增长率；Δv^* 表示前 16 个季度基础货币流通速度的平均变化率；Δx 是名义 GDP 的实际增长率；$\lambda > 0$ 是政策调整参数，反映了对名义产出变动的反应强度，麦卡勒姆给出的参数值为 0.5。

与单一规则相比，麦卡勒姆规则不再将货币增长率固定化，而是允许政策根据经济实际表现进行调整，增加了规则的灵活性和相机抉择的成分。通过将政策目标与名义 GDP 增长率挂钩，该规则试图在保持货币稳定的同时，更好地应对经济周期波动，实现经济的平稳运行。

(二)利率规则

利率规则是一种指导中央银行调整短期利率以达成经济目标的政策框架，其中最著名的当属泰勒规则。泰勒规则由约翰·泰勒于 1993 年提出，旨在根据产出差距和通货膨胀的变动来调整利率，以维持经济稳定和价格水平。该规则的基本模型为：

$$i = i^* + \pi^* + h(\pi - \pi^*) + g(y - y^*) \div y^*$$

其中：i 表示联邦基金利率(或类似的短期政策利率)；i^* 是均衡实际利率，即长期中性利率，此时货币政策既不刺激也不抑制经济；π^* 和 π 分别是目标通货膨胀率和实际通货膨胀率，前者通常由中央银行设定；y 和 y^* 分别是实际 GDP 和潜在 GDP，反映经济的产出水平和生产能力；h 和 g 是权重系数，决定了政策对通货膨胀和产出差距的反应程度。

泰勒规则的核心理念是，中央银行应当根据经济基本面的变动，调整利率以稳定通货膨胀和产出。具体而言，当通货膨胀高于目标水平或产出超出潜在水平时，中央银行应提高利率以抑制经济过热；反之，当通货膨胀低于目标水平或产出低于潜力水平时，应降低利率以刺激经济。

随着时间的推移，学术界和政策制定者对利率规则的理解和应用日益深化，提出了更复杂的规则版本。例如，一些规则考虑了利率的平滑调整，以避免政策的突然变化对市场造成冲击。另一些规则则引入了前瞻性指引，基于对未来的预测来调整利率，以更好地应对经济周期的不确定性。

(三)通货膨胀目标制

自 20 世纪 90 年代起，通货膨胀目标制作为一种新型的货币政策框架在全球范围内获得了广泛的认可和应用。这一制度的核心特征在于中央银行公开设定一个具体的通货膨胀率目标,并将控制通货膨胀作为货币政策的首要任务。一旦预期的通货膨胀率偏离目标区间,中央银行将采取相应措施,确保通货膨胀回归目标水平。

通货膨胀目标制可以分为严格型和非严格型两种模式。在严格型通货膨胀目标制下,中央银行几乎完全聚焦于通货膨胀目标,对经济增长的波动采取较为被动的态度,除非这些波动直接威胁到通货膨胀目标的实现。这一模式强调了物价稳定作为货币政策的绝对优先级。非严格型通货膨胀目标制则更为灵活,虽然主要目标仍然是控制通货膨胀,但同时也考虑经济周期内的经济增长波动。在这一框架下,中央银行在追求物价稳定的同时,也会适度考虑经济增长和就业状况,力求在稳定物价和促进经济增长之间找到平衡点。

新西兰、加拿大、英国等多个国家相继采纳了通货膨胀目标制,这一制度的实施被认为是货币政策制定的一次革命性转变。通过明确的通货膨胀目标,中央银行增强了政策的透明度和可预测性,有助于稳定公众和市场的通胀预期,从而有利于经济的长期稳定和可持续增长。值得注意的是,通货膨胀目标制并非万能药,它同样面临着挑战和限制。例如,极端的经济冲击、结构性变化或全球性的经济动荡都可能考验通货膨胀目标制的韧性和有效性。此外,通货膨胀目标制的成功实施,往往依赖于中央银行的独立性、政策制定者的专业能力以及公众对中央银行的信任。

第四节　货币政策的传导机制

拓展阅读
2024 年 第 一 季度中国货币政策执行报告

一、凯恩斯学派的货币政策传导机制理论

凯恩斯学派的货币政策传导机制理论主要关注货币政策如何通过影响利率和投资,最终作用于总需求和总产出。这一传导机制可以用如下链条表示:

$$M(\uparrow) \rightarrow r(\downarrow) \rightarrow I(\uparrow) \rightarrow Y(\uparrow)$$

凯恩斯学派强调利率在这一传导机制中的关键作用,认为货币政策主要通过利率的变动来影响经济活动。货币政策工具:中央银行通过调整货币供应量来实施货币政策,常见的工具包括公开市场操作、调整贴现率和存款准备金率等。当中央银行增加货币供应量时,市场上流通的货币增多,这通常会降低短期资金成本。对于企业来说,这意味着投资项目的成本效益提高,从而刺激投资需

求。投资需求的增加会带动总需求的增长,不仅包括投资支出本身,也包括由此产生的连锁反应,如就业机会的增加和消费者支出的增加。最终导致国民收入的上升,这是因为更高的总需求会推动产出和就业的增加,从而提高整体经济的收入水平。

在货币政策传导中,凯恩斯学派强调两条关键路径:货币与利率的关系,即流动性偏好原理;以及利率与投资的关联,体现为投资利率弹性。利率被视为传导机制的中枢,货币供给的增减需首先触动利率波动,继而激发投资活动,最终影响总支出。但该机制的顺畅运行面临两大挑战:一是流动性陷阱,即利率降至极低,货币供给增加不再降低借贷成本,货币政策失效;二是投资利率弹性不足,即便利率下调,投资需求也无明显提升,传导链路中断。因此,货币政策的有效性依赖于利率的灵活变动及投资对利率的敏感度,这两者缺一不可,共同保障货币政策通过利率渠道成功传导至实体经济。

二、托宾 Q 理论

托宾 Q 传导理论是由经济学家詹姆斯·托宾(James Tobin)提出的,它提供了另一种解释货币政策如何影响企业投资和经济活动的视角。这一理论强调了企业股票市场价值与其资产重置成本之间的关系,即所谓的"托宾 Q"。

$$Q = \frac{\text{企业的市场价值}}{\text{企业的重置成本}}$$

具体而言,当 $Q=1$ 时,意味着企业的市场价值等于其资产重置成本。在这种情况下,企业没有额外的动力去投资新资本或扩张,因为新增资本的市场价值不会超过其重置成本。经济中的资本存量将以自然增长率稳定增长。当 $Q>1$ 时,表明企业市场价值超过其资产重置成本。这通常发生在市场乐观、企业前景看好或利率较低的时期。由于企业可以通过发行股票以较低成本获得资金,投资新项目或扩张成为有利可图的选择。这将刺激企业增加投资支出,推动经济增长。当 $Q<1$ 时,企业市场价值低于其资产重置成本。这可能是因为市场对企业的未来前景持悲观态度,或者利率过高,增加了借贷成本。在这种情况下,企业投资新项目不如通过市场收购现有企业来获取资产划算。因此,企业可能减少新投资,转而考虑并购或其他资本配置策略。

基于这一原理,货币政策可以通过影响 Q 来管理总需求。传导机制如下:

$$M(\uparrow) \rightarrow P_s(\uparrow) \rightarrow Q(\uparrow) \rightarrow I(\uparrow) \rightarrow Y(\uparrow)$$

增加货币供给促使公众支出多余货币,其中投资股票成为选项之一,导致股票需求上升,股票价格随之上涨。这提高了 Q 值,当 Q 值大于1时,企业发现通过发行股票融资的成本降低,投资新项目变得更具吸引力,从而增加投资。这一过程进而刺激经济增长。

三、财富传导机制

财富效应传导机制基于弗朗科·莫迪利亚尼(Franco Modigliani)的生命周期假说,该理论指出消费者的消费水平不仅仅取决于当前收入,而是基于他们的终身财富,其中包括金融资产如股票。这一机制描述了货币政策如何通过影响股票价格,进而影响消费者的财富感知和消费意愿。该机制如下:

$$M(\uparrow) \rightarrow P_s(\uparrow) \rightarrow F(\uparrow) \rightarrow C(\uparrow) \rightarrow Y(\uparrow)$$

当货币供应量(M)增加,理论上这会增加市场上的流动性,降低借贷成本,从而推高股票价格(P_s)。股票价格的上涨增加了家庭的金融财富(F),使消费者感受到财富的增加,即使这种增加仅是账面增值。这种感知到的财富增长提升了消费者信心,导致消费支出(C)增加,最终拉动总需求和经济增长(Y)。

尽管财富效应传导机制在理论上清晰,但在实践中其效果的大小和稳定性仍然存在争议。这是因为货币政策对股票价格的影响可能受到多种因素的干扰,包括市场预期、全球金融状况、经济基本面的变化等,这些都会影响股票价格的波动性和货币政策传导的确定性。

四、货币主义的传导机制理论

货币学派的理论强调,货币政策的传导路径并不依赖于利率的变动,而是通过更直接和即时的机制影响经济。货币学派认为,货币需求相对稳定,而货币供给则是由中央银行独立调控的外部变量,货币需求不受货币供给变化的直接影响。

这意味着当货币供给增加时,公众发现自己手头的现金超出了他们理想的持有量。面对超出期望的货币持有量,公众会主动调整其资产组合,将额外的货币用于购买金融资产(如债券和股票)或实物资产(如汽车和消费品),甚至投资于人力资本。这一调整过程直接作用于资产市场,引起资产价格的上涨,以及可能推动物价上涨从而导致消费 C 上涨,也会影响商品供给的数额。而价格的变动又会影响货币库存余额的实际价值,从而通过货币需求函数再次发生反应。货币学派的货币政策传导机制表示为:

$$M(\uparrow) \rightarrow A(\uparrow) \rightarrow C(\uparrow) \rightarrow I(\uparrow) \rightarrow P(\uparrow) \rightarrow Y(\uparrow)$$

货币学派的这一观点与凯恩斯学派形成了鲜明对比。凯恩斯学派认为货币政策的传导机制更加间接,需要通过利率的变动来刺激投资,从而影响总需求和经济增长。而货币学派则主张货币政策的效果是通过直接影响货币总量和资产价格来实现的,这一过程更为直接和迅速,不经过利率这一中介步骤。货币学派还认为,在短期内,货币供给的增加会同时影响实际产量和价格水平,但在长期内,货币供给的变动仅影响价格水平,而对实际产量的影响趋于消失。这种长期视角下的中性货币理论,也是货币学派与凯恩斯学派在货币政策效果持续性上的又一分歧点。

拓展阅读
疏通货币政策传导机制

第五节 中国货币政策的演变

一、中国对货币政策认识的演变

中国货币政策的演进历程,是一段从计划经济体制下的初步尝试到市场经济条件下逐步深化的壮阔历史。这一过程见证了中国经济体制转型与金融深化的同步发展,以及中国人民银行在货币政策框架构建与实践中的不断探索与创新。

计划经济体制下的初步探索:改革开放之前,中国处于典型的计划经济体制下,货币政策的雏形虽已显现,但在很大程度上仍是行政命令与计划手段的附属。那时的"货币政策"更接近于财政政策的延伸,通过信贷计划分配和利率管制等方式,对经济活动进行直接干预。这一时期,央行的角色定位尚未清晰,其职能更多的是执行政府的经济计划,而非独立制定和执行货币政策。

市场经济改革中的觉醒与成长:改革开放的春风带来了市场经济的种子,中国开始探索建立符合市场经济规律的货币政策体系。1978 年后,随着经济体制改革的推进,央行开始尝试运用更多的市场化工具,货币政策的功能与独立性逐渐增强。这一时期,中国货币政策的主要任务是治理通货膨胀,确保经济稳定,开始逐步脱离纯计划手段,引入了更多基于市场机制的调控方式。

现代货币政策框架的构建:1994 年被视为中国货币政策现代化的起点。这一年,中国开始实施分税制改革,标志着财政与货币政策的分离,为央行独立行使货币政策职能奠定了基础。此后,央行逐步构建起了现代货币政策框架,一系列里程碑式的举措相继出台:公开市场操作、存款准备金制度、贷款利率市场化,这些是中国货币政策市场化的重要标志。

向现代化迈进:进入 21 世纪,中国货币政策体系的现代化步伐进一步加快。面对全球化带来的挑战与机遇,央行不断丰富货币政策工具箱,提升政策调控的精准度和灵活性,相继使用中期借贷便利、定向降准、利率市场化等货币政策工具。

从计划经济体制下的初步探索,到市场经济条件下的逐步深化,中国对货币政策的认识与实践经历了从萌芽到现代化的跨越。这一演变历程,不仅反映了中国经济体制转型的历史轨迹,也彰显了中国在金融领域持续深化改革的决心与成就。未来,面对国内外经济环境的不确定性,中国货币政策将继续在创新与实践中前行,为经济的高质量发展保驾护航。

二、中国对货币政策目标的选择

中国货币政策的目标经历了从单一到多元,再到更加精细化的过程。

单一目标:改革开放初期,中国货币政策的目标较为单一,主要聚焦于控制通货膨胀和维护货币稳定。这一时期,中国经济正处于从计划经济向市场经济转轨的阶段,通货膨胀压力较大,维护物价稳定成为货币政策的首要任务。央行通过调整货币供应量,控制信贷规模,以抑制过高的通货膨胀率,确保经济平稳过渡。

多元目标:随着经济的开放和全球化进程的加速,中国货币政策目标逐步向多元化转变。除了继续控制通货膨胀,促进经济增长、保障充分就业、维护国际收支平衡等目标也被纳入货币政策的考量范围。这一时期,中国开始积极参与全球经济,货币政策不仅要关注国内经济的健康运行,还要考虑国际经济环境的影响,以促进经济的内外平衡。

精细化目标:近年来,面对复杂多变的国内外经济环境,中国货币政策目标更加注重平衡增长、防范风险与推动结构优化。特别是2019年以来,全球贸易摩擦加剧、新冠疫情暴发等外部冲击,给中国经济稳定增长带来挑战。在这样的背景下,货币政策目标更加突出"稳中求进"的总基调,强调保持流动性合理充裕,支持实体经济,特别是中小企业和科技创新领域,以促进经济结构的优化升级。

此外,防范化解金融风险也成为货币政策的重要目标之一。在经济增速放缓、债务水平上升的背景下,确保金融系统的稳定,避免系统性风险的发生,成为货币政策不可忽视的任务。央行通过定向降准、中期借贷便利(MLF)等结构性货币政策工具,精准滴灌,既保持市场流动性合理充裕,又避免了资金空转和资产泡沫的积累。

本章小结

本章重点介绍了货币政策的基本概念、目标体系、工具及其优缺点,以及货币政策传导机制理论,为理解和应用货币政策提供了坚实的基础。货币政策是指中央银行通过调控货币供应量和利率等手段来实现宏观经济目标的一系列措

拓展阅读
2023年中国货币政策大事记

施。其主要目标体系包括稳定物价、促进经济增长、实现充分就业及保持国际收支平衡等，这些目标之间既相互关联又可能存在冲突，需要政策制定者权衡。货币政策工具有多种，主要包括传统工具，如公开市场操作、调整法定准备金比率和再贴现率，以及非常规工具如量化宽松等，各有优缺点。货币政策的传导机制理论解释了货币政策如何通过金融市场和实体经济间的互动来影响宏观经济变量。理解这一传导机制对于评估货币政策的效果以及制定适当的政策响应至关重要。

基本概念

狭义的货币政策　货币政策目标　货币政策操作指标　货币政策工具　单目标论
双目标论　多目标论　相机抉择

课后练习

一、单项选择题

1.《中国人民银行法》确立的中国货币政策目标是什么？（　　）

A.保持货币币值稳定

B.促进经济增长

C.保持货币币值稳定，并以此促进经济增长

D.保持国际收支平衡

2.菲利普斯曲线描述了哪两个经济变量之间的关系？（　　）

A.失业率与通货膨胀率　　　　　　B.经济增长与通货膨胀率

C.国际收支与通货膨胀率　　　　　D.就业与经济增长

3.中国人民银行的多目标货币政策框架中，哪一项目标在中国的背景下显得尤为特殊？（　　）

A.物价稳定　　　　　　　　　　　B.经济增长

C.推动改革开放和金融市场发展　　D.国际收支平衡

4.中国人民银行在多目标货币政策框架中，如何解决目标之间的矛盾？（　　）

A.仅关注单一目标　　　　　　　　B.动态调整各目标的权重

C.忽视部分目标　　　　　　　　　D.保持所有目标同等重要

5.央行在货币政策实施过程中,选择操作目标和中介目标时需要考虑的四个基本要求中,哪一个不是其中之一?(　　)

A.可测性　　　　B.可控性　　　　C.相关性　　　　D.可变性

6.中央银行最常用的货币政策工具是(　　)。

A.存款准备金率　B.再贴现率　　　C.公开市场操作　D.窗口指导

7.货币政策的最终目标中,最核心的是(　　)。

A.经济增长　　　B.充分就业　　　C.物价稳定　　　D.国际收支平衡

8.货币政策传导机制中,属于"利率渠道"的是(　　)。

A.货币供应量→利率→投资→总需求

B.货币供应量→汇率→净出口→总需求

C.货币供应量→资产价格→消费→总需求

D.货币供应量→信贷规模→企业融资→总需求

9.下列属于选择性货币政策工具的是(　　)。

A.公开市场操作　　　　　　　B.消费者信用控制

C.存款准备金率　　　　　　　D.再贴现政策

二、多项选择题

1.狭义的货币政策主要包括哪些内容?(　　)

A.货币政策目标　　　　　　　B.货币政策中介指标

C.货币政策操作指标　　　　　D.货币政策工具

2.货币政策目标包括哪些?(　　)

A.币值稳定　　　B.充分就业　　　C.经济增长　　　D.国际收支平衡

3.货币政策中介指标包括哪些?(　　)

A.货币供应量　　　　　　　　B.银行间市场利率

C.通货膨胀率　　　　　　　　D.失业率

4.货币政策操作指标包括哪些?(　　)

A.准备金比率　　B.基础货币量　　C.短期利率　　　D.长期利率

5.货币政策工具包括哪些?(　　)

A.公开市场操作　　　　　　　B.存款准备金率调整

C.再贴现政策　　　　　　　　D.汇率政策

6.货币政策的传导机制包括哪些环节?(　　)

A.操作指标　　　B.中介指标　　　C.最终目标　　　D.财政政策

7.扩张性货币政策可能采取的措施包括(　　)。

A.降低存款准备金率　　　　　B.在公开市场买入国债

C.提高再贴现率   D.减少货币供应量

8.中央银行实施紧缩性货币政策的背景可能是（　　）。

A.经济过热   B.通货膨胀率高企

C.失业率上升   D.国际收支逆差扩大

三、判断题

1.宏观审慎政策的目的是识别和控制金融系统风险，建立金融系统的缓冲，促进金融稳定。（　　）

2.IMF通过政策咨询、技术援助和数据收集来提高中央银行政策的有效性。（　　）

3.分析判断经济形势最常用的统计指标包括国内生产总值（GDP）、失业率、居民消费价格指数（CPI）和国际收支平衡表。（　　）

4.内部时滞的长短不受中央银行的控制，而是由市场参与者的反应速度、金融体系的传导效率等因素决定。（　　）

5.货币政策中介指标是指中央银行用来衡量货币政策效果的长期指标。（　　）

6.存款准备金率的上调通常会导致市场利率上升。（　　）

7.货币政策时滞包括内部时滞和外部时滞，其中外部时滞更难预测。（　　）

8.公开市场操作是中央银行最灵活的货币政策工具。（　　）

9.再贴现政策的效果取决于商业银行的主动申请意愿。（　　）

四、思考题

1.什么是货币政策？它的主要目标是什么？

2.解释货币政策中的三大工具（公开市场操作、法定存款准备金率和再贴现率），并说明它们是如何工作的。

3.中央银行如何使用公开市场操作来控制货币供给？请举例说明。

第十章　金融创新与金融发展

学习目标

知识目标

1. 了解金融抑制的概念和表现形式；

2. 了解金融抑制的消极作用；

3. 了解金融创新的含义、内涵；

4. 了解金融创新的种类；

5. 理解金融创新的重要性；

6. 了解金融发展与金融深化的含义；

7. 理解金融发展对经济发展的积极作用；

8. 了解衡量金融发展程度的指标；

9. 理解金融深化的负面效应。

能力目标

1. 理解金融抑制的形成原因；

2. 掌握金融抑制的对策思路；

3. 理解金融创新的发展趋势；

4. 理解并掌握新时代中国金融深化改革。

素养目标

1. 能归纳总结现实中的金融创新种类；

2. 理解金融创新改革的重要性，支持政府深化"放管服"改革；

3. 理解新时代中国金融深化改革的重要性，并对深化改革充满信心；

4. 能提出中国金融深化改革的政策建议。

本章重点

1.金融抑制的形成原因；

2.金融发展对经济发展的积极作用；

3.金融抑制的对策思路；

4.新时代中国金融深化改革。

本章难点

1.金融抑制的形成原因；

2.西方金融抑制理论和金融发展理论的假说及其不足；

3.解决金融抑制的对策思路；

4.中国金融深化改革的政策建议。

思维导图

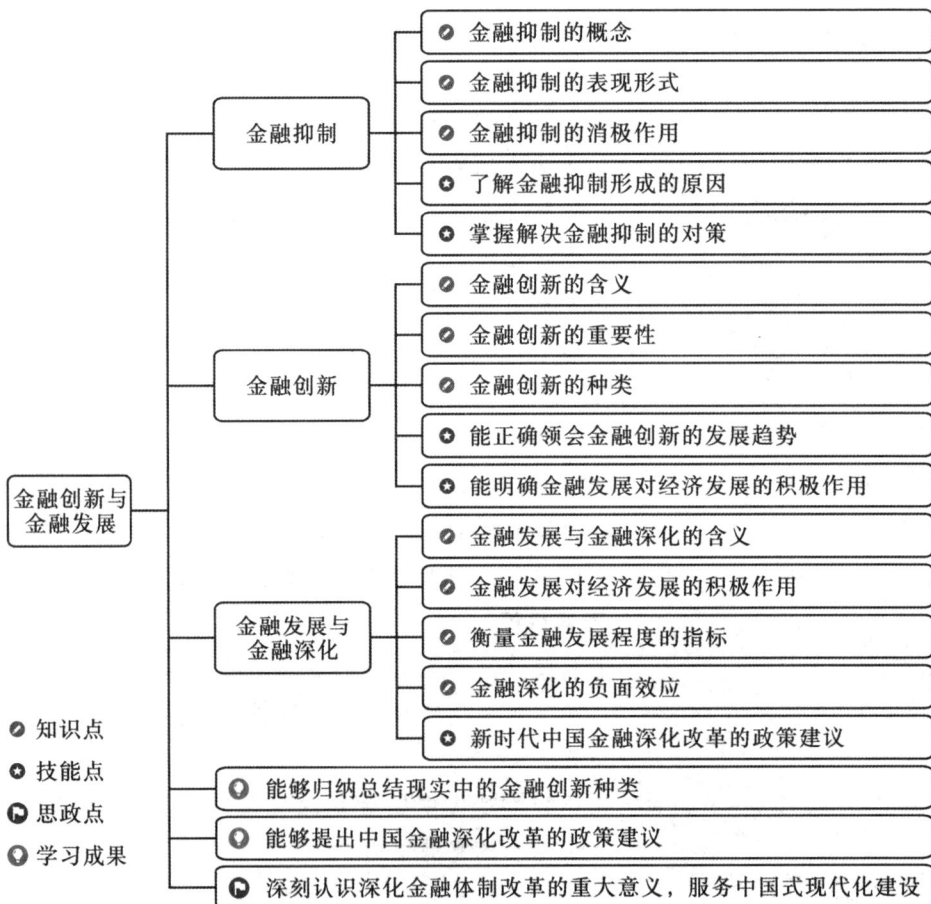

课前导读

2023 年 11 月，上海科创金融联盟成立，涵盖银行、基金、保险、投资机构等近 100 家金融机构，为上海科技企业提供全生命周期的多元化接力式金融服务。成立至今，联盟已服务百家科技企业，成为科技金融服务生态中的重要组成。

上海股权托管交易中心作为科技和金融中心建设的重要载体，依托上海专精特新专板、认股权综合服务平台、可转债发行交易平台、私募股权和创业投资份额转让平台等推动实现"科技—产业—金融"的良性循环。

上海股权托管交易中心党委书记、总经理徐军介绍，今年 3 月底开板的上海专精特新专板是培育上市公司的"苗圃"，是上海培育发展中小专精特新企业的"有力抓手"，也是资本市场支持科技创新的"重要支点"。

在国家金融监督管理总局上海监管局党委书记、局长王俊寿看来，未来上海要加强整体谋划，增强国际金融中心的竞争力和影响力，通过金融自身的良性循环，为经济、贸易、航运、科技创新中心建设赋能，强化"五个中心"建设的整体效能。

（资料来源：高质量发展调研行赋能新质生产力金融创新撬动科技创新［EB/OL］.（2024-05-26）
［2024-10-26］.https://www.gov.cn/lianbo/difang/202405/content_6954171.htm.）

通过阅读以上新闻资料，我们能感性地了解到我国对深化金融体制改革的重视程度，并了解深化金融体制改革的要求、现阶段工作任务和未来政策方向。本章我们将学习有关金融抑制、金融创新和金融发展的理论知识。通过学习，我们会对金融抑制、金融创新和金融发展的优缺点有清晰的认识，从而理解发展中国家存在一定程度金融抑制的合理性，并认识到金融发展和深化金融体制改革对建设社会主义市场体系的重要性，积极投身中国深化金融体制改革事业。

第一节　金融抑制

一、金融抑制的概念

1973 年，麦金农在其著作《经济发展中的货币与资本》中提出"金融抑制"；同年肖也在其著作《经济发展中的金融深化》中提出这一术语。他们认为金融发展与经济发展之间存在着相互制约、相互促进的辩证关系，并根据发展中国家的发展现状提出了金融抑制理论。此后，麦金农在其著作《经济自由化的顺序》中给出"金融抑制"比较精练的定义：金融抑制是一种货币体系被压制的情形。这种压制导致国内资本市场受到割裂，对于实际资本积聚的质量和数量造成严重的不利后果。

麦金农和肖通过具体考察发展中国家的经济发展和金融结构现状，发现大多数发展中国家的政府一般会根据当时的经济发展现状和所面临的约束条件，对金融活动和金融体系进行必要的干预，但这种干预往往是过量的，从而抑制了金融体系的发展。而金融发展的滞后问题一般又成为阻碍经济发展的主要瓶颈，从而形成"经济不发达，选择金融抑制；金融抑制又导致经济更加落后"的恶性循环。

二、金融抑制的表现形式

(一)金融管制

金融管制是政府管制的一种形式，是一国政府根据该国经济水平，为实现其宏观经济政策目标，消除金融市场失灵(如外部性、不对称信息和垄断等)的负面影响，而提供的纠正市场失灵的金融管理制度。金融管制可以较有效地解决金融经营中的信息不对称问题，避免金融运行的较大波动。按其效用进行划分，主要包括宏观金融总量、金融资源配置、金融市场结构、审慎性经营、金融组织性和保护金融需求者六个方面的管制。

(二)利率限制

为了避免过高的利率水平引发的高通货膨胀，发展中国家一般都对存贷款设定上限。这种做法往往导致该国储蓄的实际利率过低，甚至为负。一方面，低的或负的实际存款利率，降低了人们的储蓄意愿，从而导致资金供给减少；另一方面，较低的贷款利率，又刺激了借款人的强烈借款需求，导致资金需求上升。其结果是该国的资金需求远远大于资金供给，资金需求者只能通过非正规的金融市场来满足其融资需求，从而产生更多的金融问题，并促使该国政府采取更严格的金融管制措施。

(三)信贷配给

由于发展中国家一般都采取各种类型的利率限制，普遍存在较为严重的资金供给不足的问题。这些国家往往通过信贷配给来分配有限的社会资本，设定非利率的贷款条件，使部分资金需求者退出金融市场，以实现供需平衡。这些非利率贷款条件的存在具有双重效应：一方面，信贷配给实质上提高了资金需求者的实际贷款利率,并剔除了一部分高风险的投资项目,从而一定程度上降低了社会投资的整体风险,又促进社会资金供求趋向均衡;另一方面,信贷配给也为银行及相关主管部门的工作人员提供了寻租和腐败行为的机会,并降低整个社会的资源配置效率。

(四)高法定存款准备金率

法定存款准备金政策规定商业银行吸收存款必须向中央银行缴纳一定比率的准备金,是三个一般性货币政策工具之一。这一货币政策工具通过影响货币供应量和信贷条件,改变社会供求结构,并影响整体经济活动。中央银行可以通过调整存款准备金比率,调节商业银行的信用创造能力,控制其可发放贷款的规模,进而改变本国的货币供应量,影响经济增长速度和通货膨胀水平。当中央银行调高法定存款准备金比率时,商业银行就需按照新的比率增加上交给中央银行的存款准备金数量,其吸收存款中能自由支配的比例变小,其可创造的派生存款数量减少,从而导致该国的货币乘数变小,进而有效减少货币供应量,这是一种紧缩性的货币政策工具;反之,则会增加该国的货币供应量。

(五)高估本币汇率

为保持本国货币的币值稳定,发展中国家往往将本国货币钉住另一种坚挺的硬通货或一个货币篮子。然而,由于发展中国家的经济发展水平相对较弱,无法同其所钉住的发达国家相比。这种钉住汇率制度,在实际执行过程中,往往导致该国货币价值被高估。高估本币汇率导致该国汇率无法真实反映其本国货币的实际价值。一方面,国内商品的出口缺少国际竞争力,政府便采取出口补贴和出口退税等措施,鼓励国内企业扩大出口。但这些补贴一般只有政府规定的具有出口权的企业才能获得,导致其他企业无法在同一水平上竞争。另一方面,由于发展中国家的经济普遍比较落后,很多产业需要依赖进口,高估本币汇率只有少数特权机构才能以官方汇率获得有限的外汇配给,造成腐败和外汇黑市交易。

三、金融抑制的消极作用

(一)导致资本市场的效率降低

金融抑制的存在会导致金融市场的价格机制扭曲,金融资源无法通过市场机制得到有效配置,进而阻碍经济的发展。麦金农和肖是最早研究发展中国家普遍存在金融抑制问题的学者。他们发现发展中国家普遍存在人为压低利率、采取信贷配给、实行资本管制等金融抑制问题。爱德华·肖认为,这些国家一般认为高利率具有剥削性,为保护弱势群体不受垄断力量的剥削,政府就有义务限制利率水平。但人为压低名义利率,造成储蓄无法通过利率体现其稀缺程度,削弱了人们的储蓄激励,导致其储蓄规模很小,因此银行信贷只能通过配给完成,导致金融资源利用效率低下,无法满足正常的社会资金需求,抑制经济增长。

(二)不利于经济增长达到最佳水平

凯恩斯认为,投资等于储蓄是一个国家的经济增长达到其最佳水平的前提条件。但发展中国家由于存在金融抑制,其储蓄水平一般低于最佳水平,而且金融动员起来的储蓄也无法真正转化为有效投资,存在投资与储蓄失衡的问题,因此其经济也就无法达到最佳增长水平。罗纳德·麦金农认为,金融抑制至少从两个方面阻碍发展中国家实现最初的经济增长。一方面,一个处于金融抑制状态的发展中国家,其储蓄倾向相对较低,其资本质量也相对较差,导致其无法获得较大增长。另一方面,一个经济体的低增长率,往往使其居民的储蓄倾向相对较低,从而导致其投资模相对较小,无法实现较高水平的经济增长。

(三)加剧了经济上的分化

发展中国家普遍存在汇率抑制问题——高估本币价值,其结果是本国商品在国际市场缺乏竞争力,其出口能力相对较弱。为此这些国家的政府当局又经常通过另一种金融抑制手段来支持出口贸易,例如低价从农民手中收购农副产品,但在出口时又给出口商以补贴,从而导致农村地区居民的贫困加剧,而拥有出口特权的企业或个人迅速获得大量财富。另一方面,发展中国家还普遍存在利率抑制,大量无法获得信贷配额的企业只能依靠内源融资。这导致能获得信贷配额的特权企业获得巨大的竞争优势,而内源融资同时必然有利于城市中已拥有许多财富的富人获得更多收入分配。至此,原来贫困的那部分群体由于资源被剥夺而更加贫困,原来富裕的人却能分配到更多收入而更加富裕,从而加剧了经济上的分化。

(四)外源融资受到限制

发展中国家政府对金融体系干预普遍过多,其金融体系发展相对滞后,无法满足该国经济的发展需求。为解决这一问题,政府采取利率限制和高估汇率等金融抑制政策。这些金融抑制政策和工具进一步抑制了金融体系的正常运作,削弱了公众进行储蓄的意愿和能力,进一步降低了企业从外部获取融资的可能性。于是,外源融资就成了一种稀有的金融资源,谁能获得外源融资的机会谁就争取到了发展权。竞争的结果是,只有一些政府认为极为重要的大企业才获得外源融资的机会,而广大中小企业的外源融资则被严格限制。外源融资受限,导致大批中小企业无法获得正常发展。

四、金融抑制的形成原因

(一)过度的不恰当的金融管制

政府由于某种政策需求,可能会对金融市场实施严格的金融管制,这些金融管制措施有可能是过度或不恰当的,也可能会采取金融政策和金融工具,使金融价格信息发生扭曲,人为控制利率和汇率,来限制金融市场的发展。不恰当的金融管制主要表现在以下三个方面:一是利率管制。发展中国家为了降低资金成本,往往通过对资金的价格——利率进行管制。但这种管制使市场对利率的调节力度减弱,从而影响资金的供需平衡,导致其配置效率降低。二是汇率管制。为保持本国货币的币值稳定,发展中国家往往采用钉住汇率制度。这一制度要求对货币的价格——汇率进行管制,影响外汇市场的正常运作,且存在较为严重的权力寻租问题,形成明显的金融抑制。三是业务管制和从业人员准入管制。利率管制和外汇管制导致该国的资金和外汇成为稀缺资源,只能通过信贷配给和外汇特许经营制度加以解决,从而限制了大部分金融机构开展业务和招聘人员的自由度和灵活性。

(二)缺乏金融发展的良好环境

发展中国家缺乏金融发展的良好环境,主要表现在以下五个方面:一是缺乏金融业发展的成功经验。发展中国家金融业的发展历史普遍较短,这导致其在金融机构的设立、运行和金融监管等方面既缺乏成功经验,也没有判断标准。二是金融市场的发育程度普遍较低。大部分发展中国家的金融市场都是新建的市场,其发育程度低,缺乏足够的深度和广度。三是国民的金融意识和观念落后。发展中国家的大部分国民接触的金融产品和金融服务相对较少,其金融意识和金融观念相对落后,对金融的理解能力和接受程度普遍较低,影响了金融市场的普及和扩大。四是金融法律法规建设落后。大部分发展中国家仍未建成健全的法律法规体系,其外部监管机制也不完善,存在较大的金融风险。

(三)政府的过多干预

政府为了实现稳定经济、防范系统性风险和促进市场健康发展的目标,有可能对金融活动和金融体系采取相应的行政干预。一方面,政府会通过调整利率、汇率等金融政策和金融工具,使金融价格发生扭曲,进而通过金融干预经济体系。但这些金融政策和金融工具往往会抑制金融体系的发展,进而阻碍实体经济的发展。另一方面,政府还可能通过金融管制政策,限制金融市场的自由化程度,进而稳定经济和防范系统性风险,如限制股票的买卖,以防止恐慌性抛售和市场崩溃。总体而言,合理的金融管制虽然短期内可能导致市场主体无法通过市场分散风险,但有助于避免市场的大幅波动,有助于实现市场的长期稳定,并有利于提升投资者的信心。然而,过度的行政干预,导致金融体系的市场机制无法有效发挥,从而抑制了金融市场的正常发展,并最终影响国民经济的整体发展。

学而思

李克强:最大限度减少政府对市场活动的直接干预

国务院昨天(28日)召开全国深化"放管服"改革转变政府职能电视电话会议。中共中央政治局常委、国务院总理李克强发表重要讲话。

中共中央政治局常委、国务院副总理韩正主持会议。

李克强说,简政放权、放管结合、优化服务改革是一场刀刃向内的政府自身革命,是深刻转变政府职能、激发市场活力的战略举措。过去五年,在以习近平同志为核心的党中央坚强领导下,各级政府始终抓住"放管服"改革这个牛鼻子,对促进创业创新、稳增长保就业发挥了关键支撑作用,成为促进经济稳中向好关键一招。

李克强说,未来五年,要深化"放管服"改革,最大限度减少政府对市场活动的直接干预,创新完善事中事后监管,提高政府服务效能,打造国际一流、公平竞争的营商环境,更大激发市场活力、增强内生动力、释放内需潜力。

李克强说,各地区各部门要以"放管服"改革,放出活力和动力、管出公平和秩序、服出便利和品质。未来五年要对标国际先进水平,大幅压缩企业开办、工程项目审批、进出口通关、不动产登记、电力用户办电等时间,实行全国统一市场准入负面清单,进一步减税降费,健全"双随机、一公开"等新型监管机制。为大众创业、万众创新营造良好生态。依托"互联网+"提供公平可及公共服务。持续开展减证便民行动。实现政务服务"一网通办"。

(资料来源:李克强:最大限度减少政府对市场活动的直接干预[EB/OL].(2018-06-29)[2024-10-26].https://www.gov.cn/premier/2018-06-29/content_5302035.htm.)

思考题:

为什么中国政府要最大限度减少其对市场活动的直接干预?

(四)经济分割性

部分发展中国家的政府会人为地将整个经济体系分割为几个独立体系。金融市场分割的表现形式主要包括以下几个方面：一是不同金融市场主体的责权利存在明显差异。这种身份歧视往往导致无法充分调动各类主体的积极性，并引起金融市场的竞争力和创新能力下降。二是同一金融产品在不同市场的定价存在显著差异。这种价格差异主要是由于这些不同市场分别只允许部分投资者参与市场交易产生的，投资者一般只允许在某个市场完成交易，无法利用其他金融市场完成套利活动。三是政府规章制度和监管机制的差异。有些规章制度要求金融市场参与者只能交易某些特定的金融产品，有些国家则对不同金融市场采取不同的监管制度并由不同的监管机构管理。

五、解决金融抑制的对策

金融抑制会阻碍实体经济的发展，而较低的经济增长速度又会降低实体经济对资金的需求，无法为金融体制改革与发展提供充足的动力，从而限制金融业的发展。因此，我们应加快国内金融业的市场化建设步伐，减少金融抑制对国民经济发展的不利影响，助力中国经济早日实现中国式现代化。

(一)完善金融市场机制

一个完善的金融市场机制主要包括价格机制、清算和结算机制、资金融通机制、风险机制和外汇机制。这些机制共同作用和相互支撑，确保实现市场的有效运作和资源的合理配置。价格机制指的是市场会通过供求关系的变动来形成金融资产的价格。当供过于求时，资产价格下降；供不应求时，资产价格上涨。清算和结算机制则是市场交易后完成资金和证券清算与交割业务的运行机制。这一机制有利于保障交易双方的权益，并确保市场交易的安全和效率。资金融通机制则是指金融市场通过发放贷款、发行债券和发行股票等多种形式，实现资金在不同市场主体之间的合理流动，满足各类主体的融资需求，优化资金配置效率。风险机制是市场运行的约束机制。通过市场主体面临的亏损乃至破产，鞭策其努力改善经营管理，增强其市场竞争实力，并提高自身的调节能力和适应能力，降低各类风险水平。外汇机制则通过不同货币之间的兑换和交易，满足国际贸易和国际投资的资金需求，从而促进经济的全球化发展。

(二)引入外资金融机构

纵观世界经济发展史，我们发现所有的金融强国都是高度开放的国家。改革开放以后,中国金融业在开放中不断发展和完善,引入的外资金融机构日益增多,管理水平不断增强。一是全面实施准入前国民待遇加负面清单管理制度。特别是党的十八大以来,我国持续建立健全准入前国民待遇加负面清单管理模式,对内外资一视同仁,大幅扩大金融业开放。二是取消外资持股比例限制。应适当放宽外资持股比例限制,放宽对外资机构在资产规模、经营年限等股东资质方面的要求。三是增加外资金融机构数量。截至2023年底,外资银行在华设立的法人银行、分行和代表处总数达到888家,总资产达3.86万亿元;外资保险公司总资产达到2.4万亿元,在境内保险行业的市场份额达10%。

(三)确立"竞争中性"原则

既然我们都允许外国投资者参与各项金融活动,我们就应该允许国内投资者从事相关的业务。为更好地实现金融强国战略,我们应尽快确立竞争中性原则。全面深化改革开放,必须继续坚持"两个毫不动摇",进一步巩固和完善国有企业、民营企业共同发展的体制机制,激发各类经营主体活力,为推动高质量发展、实现中国式现代化持续注入强劲动力。竞争中性原则是指政府部门在市场竞争中保持中立,对不同所有制的企业一视同仁,平等对待。这一原则旨在消除外资企业、国有企业和民营企业之间的不公平竞争,确保所有企业在市场竞争中享有同等的地位和待遇。竞争中性原则的核心内容包括:在要素获取、准入许可、经营运行、政府采购和招投标等方面,对各类所有制企业平等对待。这要求政府的行为不能给任何实际或潜在的市场参与者带来不当的竞争优势。竞争中性原则的实施背景和意义在于,通过公平的市场竞争机制消除资源配置上的扭曲状态,实现市场配置资源,增强所有市场参与者的竞争力。这一原则有助于创造一个公平竞争的市场环境,充分发挥市场在资源配置中的决定性作用。

学而思

为各类所有制企业创造公平竞争、竞相发展的环境

要依法规范和引导各类资本健康发展,有效防范化解系统性金融风险,为各类所有制企业创造公平竞争、竞相发展的环境。

这段话出自2023年3月6日习近平总书记在看望参加全国政协十四届一次会议的民建、工商联界委员时发表的讲话。

公平竞争是市场经济的内在要求,是创新创造的源泉,也是国际经贸合作的基础。为各类所有制企业创造公平竞争、竞相发展的环境,是我国加快构建新发展格局、实现高质量发展和高水平开放的必然要求。

从深化"放管服"改革到分批设立国家级自由贸易试验区,近年来,我国在健全法律法规、政策先行先试、优化营商环境等方面持续发力,不断激发市场主体创新发展活力。2022年,我国利用外资创下1 891亿美元的历史新高,民营经济贡献了50%以上的税收、60%以上的GDP、70%以上的技术创新成果、80%以上的城镇劳动就业和90%以上的企业数量。同时,面对数以亿计的市场主体,我们一直致力于综合施策,努力为各类企业创造公平竞争、竞相发展的环境。譬如,自2017年以来,我国连续5年修订外资准入负面清单,2021年版全国和自贸试验区外资准入负面清单已分别压减至31条和27条。在今年10月第三届"一带一路"国际合作高峰论坛上,习近平主席宣布中国"全面取消制造业外资准入限制",在11月亚太经济合作组织(Asia-Pacific Economic Cooperation,APEC)第三十次领导人非正式会议上,重申"中国打造市场化、法治化、国际化营商环境的决心不会变,一视同仁为外商投资提供优质服务的政策不会变"。今年下半年以来,以国务院发布《关于促进民营经济发展壮大的意见》、国家发展改革委设立民营经济发展局为标志,一系列促进民营经济发展壮大的举措密集出台。近日,中国人民银行等八部门联合印发通知,提出"金融25条",明确了金融服务民营企业发展的目标和重点。

中国改革开放45年来,尤其是党的十八大以来全面深化改革实践证明,公有制经济和非公有制经济都是社会主义市场经济的重要组成部分,都是我国经济社会发展的重要基础。新征程上,我们要瞄准市场化、法治化、国际化一流营商环境的建设目标,持续依法规范和引导各类资本健康发展,有效防范化解系统性金融风险,为各类经营主体投资创业营造公平竞争、竞相发展的良好环境。

(资料来源:为各类所有制企业创造公平竞争、竞相发展的环境[EB/OL].(2023-11-29)[2024-10-26].https://news.cnr.cn/dj/sz/20231129/t20231129_526502153.shtml.)

思考题:

中国应如何为各类所有制企业创造公平竞争、竞相发展的环境?

(四)增加金融工具的种类和数量

首先,金融机构应加大创新力度,通过开发新的金融产品来满足不同投资者和融资者的需求。例如,可以设计新的债券品种,如绿色债券、社会影响债券等,这些产品不仅提供了新的投资选择,还能促进可持续发展和社会责任投资;也可以利用区块链技术开发出新的金融工具,如稳定币和去中心化金融产品,从而提高交易效率和降低交易成本。其次,利用金融衍生品也是增加金融工具种类和数量的有效途径。金融衍生品如远期合约、期货、期权和互换等,不仅能够提供对冲风险的机会,还可以提供多样化的投资选择,满足不同风险承受能力的投资者需求。再次,拓展金融市场也是增加金融工具种类和数量的重要方法。例如,发展区域性金融市场,或者在离岸金融市场推出新的金融产品,可以吸引国际资本的流入,促进本地金融市场的发展。最后,加强国际合作,推动跨境金融合作项目,也能够增加金融工具的种类和数量,提高全球金融市场的互联互通。

(五)利率市场化

利率市场化是指金融机构在货币市场经营融资的利率水平由市场供求来决定。它包括利率决定、利率传导、利率结构和利率管理的市场化。实际上,它就是将利率的决策权交给金融机构,由金融机构自己根据资金状况和对金融市场动向的判断来自主调节利率水平,最终形成以中央银行基准利率为基础,以货币市场利率为中介,由市场供求决定金融机构存贷款利率的市场利率体系和利率形成机制。经过近30年的持续推进,我国利率市场化改革取得显著成效。一方面,存贷款利率已实现市场化定价。自2013年7月20日起,中国人民银行决定全面放开金融机构贷款利率管制。自2015年10月24日起,中国人民银行决定对商业银行和农村合作金融机构等不再设置存款利率浮动上限。另一方面,通过调整优化公开市场操作等方式,中央银行利率调控能力进一步增强。利率的价格杠杆功能进一步完善,货币政策传导效率显著增强,推动金融资源向真正有资金需求和发展前景的行业、企业配置,实体经济融资成本明显下行,为发挥好利率对宏观经济运行的重要调节功能创造了有利条件。总的来看,深化利率市场化改革的过程是渐进式的。立足服务构建高水平社会主义市场经济体制,仍需持续深化利率市场化改革。

(六)提高金融监管部门的监管水平

首先,强化政治引领,统一思想认识。金融监管部门需要提高政治站位,牢牢把握政治机关属性,不断提高政治判断力、政治领悟力、政治执行力,从讲政治的高度深化对金融监管工作的认识,确保党中央重大决策部署在属地贯彻落实。其次,聚焦监管重点,做到有的放矢。金融监管部门需要有效防范化解金融风险,构建完善的日常数据报备和风险监测机制,特别是聚焦当前重点领域风险,加强分析研判,及时发现并处置苗头性、倾向性问题。再次,优化监管路径,提升监管质效。金融监管部门应积极推进"数字化"监管,通过科技手段快速有效识别、精准锁定金融风险,确保监管的智能化和精准化。最后,注重协同协作,形成监管合力。金融监管是一项系统工程,需要金融监管部门与行业主管部门的深度协作,需要加强与财政部内业务主管司局的沟通协调,需要做好与属地中央金融管理机构的工作协同,需要密切与属地财政部门的沟通协作,创新监管方式,形成监管合力,以适应金融市场的快速变化。

第二节　金融创新

一、金融创新的含义

创新这一概念是由熊彼特提出的,当时指新产品的生产、新技术或新的生产方法的应用、新的市场开辟、原材料新供应来源的发现和掌握、新的生产组织方式的实行等。金融创新也是循着这一思路提出的,虽然其含义目前国内外尚无统一的解释,但大多数学者认为,金融创新是变更现有的金融体制并引入新的金融工具,以获取现有的金融体制和金融工具所无法取得的利润,它是一个为盈利动机推动、缓慢进行、持续不断的发展过程。

广义的金融创新是指发生在金融领域的一切形式的创新活动,包括金融制度创新、机制创新、机构创新、管理创新、技术创新和业务创新。狭义的金融创新主要指金融工具和金融服务等业务创新。通常所说的金融创新主要是指狭义的金融创新。社会主义市场经济体制下,各种金融创新不断呈现,如国有商业银行的股份制改造、各种新型理财品种的推出、深圳中小企业板块的建立等,这些金融创新都在一定程度上促进了中国金融体系的发展和完善。

二、金融创新的重要性

(一)提高金融市场效率

金融创新通过引入新技术、新方法、开辟新市场等手段,能够提高金融市场的运作效率,满足投资者多样化的需求,促进金融体系的发展。具体来说,金融创新可以带来新的投资机会,降低交易成本,分散和管理风险,增强金融市场的竞争力。此外,金融创新还能促进金融机构运作效率的提高,包括金融商品与服务的效用增加、支付清算能力的提高和速度的加快、金融机构资产和盈利率的增加。

(二)促进经济增长

首先,金融创新能够提高全球金融市场的流动性,为各国经济发展提供充足的资金支持。例如,通过跨国金融创新产品,如全球债券、国际投资基金等,将全球各地的资金有效地连接起来,为发展中国家提供发展所需的资金。其次,金融创新还能提升风险管理能力,减少金融风险对经济的负面影响,为创业和创新提供更多支持,推动经济结构的优化和产业升级。再次,金融机构通过数字支付、虚拟银行、微贷款等创新性金融工具,向包括农村地区和中小微企业提供金融服务,从而增强经济稳定性。最后,金融创新有助于推动全球贸易发展,促进各国间的经济合作。例如,跨境电子支付等金融创新技术为全球贸易提供了便捷、高效的支付手段,降低了贸易成本,进一步促进了全球贸易繁荣。

(三)优化资源配置

金融创新通过变更现有的金融体制和增加新的金融工具,为经济发展配置生产性资源,优化资源配置,提高资金利用效率。一方面,金融创新有助于金融机构推动金融深化和服务拓展,更好地满足不同层次和需求的客户,提供更加全面和多样化的金融支持,扩大融资渠道,增强经济发展的韧性。另一方面,金融创新通过改善资源配置效率,将闲置资金引导到经济中最需要的领域,如通过金融工具和融资方式创新,支持中小企业发展,促进就业和经济增长;通过金融机构创新,发展微型金融机构,为贫困人群提供小额信贷、保险等服务,帮助他们摆脱贫困;通过绿色金融创新推动可持续发展,提高全球生态环境质量。

(四)提升国际竞争力

金融创新可以促进跨境合作,增强国际竞争力,通过创新金融工具和机制参与国际金融市场,提供全球金融服务,吸引外资、促进贸易和投资自由化。金融创新还能促进新兴市场和发展中国家的经济增长,为科技创新和产业升级提供了新的融资途径,帮助小企业扩张,创造就业机会,并推动整体经济活动。面对经济全球化的趋势,金融创新有助于我国金融业适应国际化的发展需求,提高我国金融市场的规模和国际化程度,使传统的资金运作方式与经济全球化的现实发展相适应。同时,金融创新还影响了货币政策的外在时滞,改变了货币供给过程,进而影响了货币当局控制各种货币总量的能力。

三、金融创新的种类

金融创新的分类可以从多个维度进行,包括但不限于以下几个方面:金融产品创新、金融市场创新、金融制度创新、金融机构创新、金融技术创新、金融管理创新。

(一)金融产品创新

金融产品创新是指金融资源的分配形式与金融交易载体发生的变革与创新,是金融资源供给与需求各方金融要求多样化、金融交易制度与金融技术创新的必然结果。金融产品的本质特性是其收益性、流动性和安全性的组合。金融产品创新的结果,从其实质来看,或是新产品能以更低的成本达到其他资产能够达到的目标,或是新产品能够实现已有的产品无法实现的目标,从这个意义上讲,这些金融产品创新都能真正创造价值。前者使市场更有效率,后者使市场更加完全。总之,金融产品创新包括时间衍生、功能衍生、种类衍生和复合衍生等,以满足投资者对风险管理和资产增值的需求。例如,可变利率抵押贷款、大额可转让定期存单、货币市场存单和货币市场存款账户等都是金融产品创新的典型例子。

(二)金融市场创新

金融市场创新是指通过对金融交易方法进行技术改进、更新或创设,从而形成新的市场架构的金融创新。金融市场创新的产生原因主要有三个方面:一是扩大市场范围,二是提高市场效率,三是适应经济发展的需要。这种创新一般将导致金融市场向更高级金融市场的过渡和进化,并由封闭型金融市场向开放金融市场的拓展和转化。既包括微观经济主体根据一定时期的经营环境所造成的机会开辟出新的金融市场,也包括宏观经济主体建立新型的金融市场。既包括市场种类的创新,也包括市场组织形式的创新,还包括市场制度的创新。例如,新的金融市场如场外交易市场和电子交易平台的发展,以及市场组织形式的创新如多层次资本市场结构等。

(三)金融制度创新

一个国家的金融制度总是随着金融环境的变化而逐渐演变。这些变化的金融环境不仅包括政治和经济等现实环境,还包括信用制度和金融政策等制度政策。金融制度创新不仅是结构性的变化,从某种意义上说,也是一种本质上的变化,包括金融组织体系、调控体系、市场体系的变革及发展。它影响和决定着金融产权、信用制度、各金融主体的行为及金融市场机制等方面的状况和运作质量。涉及货币制度、汇率制度、利率制度和金融监管制度的创新,以适应经济环境和政策的变化。例如,可转让支付命令账户和自动转账服务账户等逃避金融管制型的金融创新。

学而思

广东出台 15 条措施加大科技金融领域改革创新力度

2024 年 2 月 21 日,广东省人民政府发布了《关于加快推进科技金融深度融合助力科技型企业创新发展的实施意见》(以下简称实施意见),提出 15 条政策措施。这 15 条政策措施在日前举行的全省高质量发展大会上首次公开提及,又被称为"科金 15 条",涵盖创业投资、银行信贷、融资担保、科技保险、跨境金融等方面。根据实施意见,广东将加大科技金融领域改革创新力度,积极争取国家关于金融支持科技创新的相关试点。

实施意见力图打造为科技型企业提供多元化、全方位、接力式金融支撑的综合服务体系。明确提出,要推动创业投资机构投早、投小、投硬科技,引导社会资本更多投向广东关键技术领域和初创期科技型企业。要拓宽创业投资的资金来源和退出渠道,在依法合规、风险可控、商业可持续前提下,支持商业银行具有投资功能的子公司和理财子公司、证券公司、保险机构、信托公司等通过出资或开发相应的长期投资产品等方式,为创业投资提供长期资金支持。为提高科技领域跨境投融资便利化水平,广东将依托横琴、前海、南沙、河套等粤港澳大湾区重大合作平台,促进粤港澳三地科技金融互补、互联、互通。

(资料来源:广东出台 15 条措施加大科技金融领域改革创新力度[EB/OL].(2024-02-22)[2024-09-16].https://www.gov.cn/lianbo/difang/202402/content_6933229.htm.)

思考题:
中国加大科技金融领域改革创新力度的原因有哪些?

(四)金融机构创新

金融机构创新是指金融机构的形式和结构的变革。世界各国的金融机构创新的原因不外乎两个方面:一是金融自由化的进展使金融机构从"专业化"朝"综合化"方向发展,为各种新的金融机构的诞生创造了条件。二是西方各国在"二战"后的初期,根据经济发展需要对金融体制进行了改组和整编,使得金融机构由"专业化"朝"综合化"转化。20 世纪 30 年代资本主义经济危机以后,各国加强了金融管制,防止经济危机对金融业的影响。特别是"二战"以后,世界各国金融体系专业化程度得到了加强,对金融业的管理法规也更加严密。80 年代新技术革命的进展和资本国际化的形成等因素,促成金融交易的自由化发展,这些都导致了金融法规相应变革,朝着放松管制和促进金融自由化的方向发展,这又反过来进一步促进了金融机构的创新。

(五)金融技术创新

金融技术创新是指金融机构通过引入新的科技手段和技术应用,提高金融产品和服务的创新能力。金融科技的兴起,改变了传统金融的运营方式和业务模式。例如,人工智能、大数据、区块链等技术的应用,为金融机构提供了更精准、更智能的风险评估和交易处理能力。这种创新一方面使金融市场在时间和空间上的距离缩小,有助于推动金融机构的数字化转型,提高金融市场的安全性和效率;另一方面又使金融服务多元化、国际化,有助于推动金融机构的多元化转型,拓展金融产业的广度和深度。

(六)金融管理创新

金融业管理创新机制包括两个方面:一是宏观层面的金融管理创新,国家通过立法间接对金融业进行管理,目标是稳定通货和发展经济;二是微观层面的金融管理创新,也就是金融机构内部通过管理创新,建立完善的内控机制,提高其市场竞争力。宏观层面的金融管理创新是指政府对金融系统、中央银行对商行及其他金融机构、商业银行内部管理原则、目标、重点的创新;金融体系从产生到不断地完善本身就是一个创新的过程,其中中央银行体系的创新起着关键作用;国际货币体系的创新轨迹包括战后布雷顿森林体系、牙买加体系以及战后欧洲货币体系的崛起。我国加入世贸组织后,对外经贸关系将进一步加强,给国内金融机构在境外的发展提供了更多的机会。国内金融机构要积极实施"走出去"开放战略,尽快扩展海外机构,形成信息灵敏、规模适当、结构合理的海外金融机构网络。微观层面的金融管理创新,也就是金融机构内部的管理创新,其着眼点是通过资金来源制约资金运用,实现银行资产和负债双方总量与结构的动态平衡,不断创造新的管理方法。

微课视频 10-1
福建在数字货币方面的应用与创新

四、金融创新的发展趋势

金融创新的发展趋势主要包括金融大模型的应用、多模态技术的应用、数据要素红利的释放,以及金融科技的全球化趋势。

(一)金融大模型的应用

金融大模型作为将专业知识与大模型能力相结合的行业大模型应用体系,是通用大模型在垂直行业的有效实践。金融行业对于大模型的广泛应用将改变金融科技范式,重塑金融机构工作方式与金融服务生态。随着业务的融合与技术能力的提升,将在更多细分的金融场景中带来新技术的变革,其应用场景主要包括以下十个方面:一是市场预测与趋势分析。二是风险管理与信用评估。三是智能投顾。四是智能客服。五是金融产品创新。六是信贷评估与风险管理。七是量化交易。八是反欺诈检测与预防。九是智能运营。十是文档自动化处理与合规监控。例如,蚂蚁集团的智能风控系统"芝麻信用"基于预训练的大语言模型(large language model,LLM)开发,每天可以为超过 10 亿名用户提供智能风控服务。阿里巴巴的智能客服系统"阿里小蜜"基于 Transformer 大模型开发,每天可以处理超过 1 亿次的咨询。摩根士丹利的智能投顾平台"Next-

BestAction"基于类 GPT（generative pre-trained transformer）大模型开发，每天可以为数百万的客户提供智能投顾服务。

（二）多模态技术的应用

第一，多模态技术的应用助力"数字人"步入"数智人"时代，可以实现简单语言交互功能的 AI 数字人已被广泛应用于金融行业客服领域，通过智能系统自动读取、解析、识别外界输入的信息，能够处理文本、图像、音频等多种模态的数据，以拟人化、规范化、专业化的语句完成与用户间的初步交互。例如，通过图像识别技术，智能客服可以识别用户提供的身份证、银行卡等图片信息，从而进行更准确的身份验证和客户服务。第二，多模态技术在风控和反欺诈领域有着广泛应用。通过整合多种模态的数据，如人脸识别、语音识别、行为分析等，可以有效识别和防范欺诈行为。例如，金融壹账通通过多模态反欺诈策略，融合了 AI 科技支持人脸、活体、语音及动作识别，构建了综合性视频业务风控平台，有效应对 AI 换脸、"假人"骗贷等新型欺诈行为。第三，多模态学习在投资决策中也有重要的应用。通过整合股票价格、交易量、财务报表、新闻文章等多种模态的数据，多模态学习可以帮助更好地评估金融风险，支持投资决策。例如，多模态学习可以帮助评估信用风险、市场风险、利率风险等，从而优化投资组合和调整策略。第四，多模态技术在金融数据分析中也有广泛应用。通过整合不同类型的数据，如文本、图像、音频等，可以更全面地理解市场动态和趋势。例如，多模态数据集可以包含股票价格、交易量、财务报表、新闻文章等多种类型的数据，从而提高预测的准确性。第五，在量化交易中，多模态技术可以帮助处理多模态数据，提高模型的泛化能力和决策过程的可解释性。尽管在实际应用中仍面临诸多挑战，如多模态数据处理能力不足、目标信息检索能力不足等，但多模态技术为解决这些问题提供了新的思路和方法。

（三）金融科技的全球化趋势

金融科技的全球化趋势明显，主要表现在以下六个方面：一是跨国合作与交流。金融科技公司通过跨国合作与交流，共同开发新技术和解决方案。例如，第五届成方金融科技论坛暨第三届全球金融科技大会在北京举办，吸引了来自世界各地的政策制定者、金融机构高管和技术精英，共同探讨金融服务的未来与发展。二是技术创新与标准化。金融科技行业在技术创新方面取得了显著进展，并逐渐形成了一些标准化趋势。例如，人工智能、区块链、大数据等技术在金融领域的应用日益广泛，推动了金融服务的创新和效率提升。三是监管协调与合作。面对金融科技的全球化趋势，各国监管机构加强了协调与合作。例如，新加坡金融管理局（MAS）和新加坡银行公会通过监管协调、技术创新和全球合作，

致力塑造金融生态系统的未来。四是用户增长与市场扩展。通过本地化策略和适应当地市场需求，金融科技开发者在这些市场中拥有更大的增长空间。五是消费者需求驱动。超过一半的受调查金融科技公司指出消费者需求是支持其增长的主要因素。六是挑战与机遇并存。尽管金融科技在全球范围内取得了显著进展，但仍面临一些挑战，如消费者教育、竞争激烈的市场和合法合规的高要求等。

微课视频 10-2
历史上的金融创新与金融发展

第三节 金融发展与金融深化

一、金融发展与金融深化的含义

（一）金融发展的含义

金融发展可以从金融结构和金融资产、金融机构以及金融市场的发展角度来理解，主要表现为：金融结构的改善和优化，金融资产的规模增长和效率提升，金融机构的综合化和协调发展，以及金融市场的多元化和国际化。这一过程体现在金融压制的消除、金融结构的改善，即金融工具的创新和金融机构适应经济发展需求的多样化。

（二）金融深化的含义

金融深化的含义是指一个国家的金融资产存量规模大、品种多、期限种类多的情况，同时政府减少对金融市场和金融体系的过度干预，使利率和汇率能够充分反映资金和外汇的实际供求情况，增加储蓄和投资，促进经济增长，形成金融—经济发展相互促进的良性循环。

二、金融发展对经济发展的积极作用

（一）资本积聚与集中

金融发展通过银行贷款、债券发行、股票融资等多种渠道，将社会闲置资金聚集起来，引导资金流向有发展潜力和需求的实体经济领域，促进资源的优化配置和使用效率的提升，促进了资本的积聚与集中，从而助力实现现代化的大规模

297

生产经营,实现规模经济的效益。具体来说,金融发展通过以下方式促进资本的积聚与集中:一是通过金融市场的运作,资本可以迅速集中到具有发展潜力的项目和企业,从而推动大规模生产经营的实现。二是金融发展使得资源能够更高效地分配到需要的地方,有助于提高资源的使用效率,通过优化资源配置,从而提高整体经济效率。三是金融发展使得更多的资金通过金融机构提供的各种金融工具和产品,使得储蓄转化为投资,从而提高了社会的投资水平。四是金融发展还推动了技术创新和产业升级。金融机构通过提供资金支持,帮助企业进行技术研发和设备更新,推动产业升级和经济增长。综上所述,金融发展通过多种机制促进了资本的积聚与集中,从而对经济发展产生了积极的影响。

(二)提高投融资水平和效率

金融发展通过多种机制促进了投融资水平和效率的提升。首先,金融发展能够增加要素总量,起到要素的集聚效应,从而提高投融资水平。其次,金融发展还能够优化资本配置,可以将资金配置到生产效率最高的项目中去,从而提高资本的边际生产率和投融资效率,进而促进经济增长。再次,金融发展可以通过创新金融工具和优化金融结构,降低了融资成本,使得企业更容易获得资金支持,提高了融资效率。最后,金融发展可以引导金融资源向科技创新和绿色产业倾斜,推动产业结构优化升级,促进技术创新和绿色发展,实现可持续发展。综上所述,金融发展通过多种机制和途径,显著提高了投融资水平和效率,促进了经济的整体发展。

(三)促进技术进步

金融发展有利于金融机构将资金配置到生产效率最高的项目中去,提高资本的边际生产率,促进技术进步。一个有效的金融体系能够更好地分配资金,促进技术进步,促进经济增长。金融体系通过多种方式支持技术进步,包括金融中介的发展、金融结构的优化和金融自由化等。一方面,金融中介通过提供资金支持,帮助企业进行研发和创新,从而推动技术进步。例如,银行贷款、风险投资、天使投资等多种融资方式共同作用,能够更好地满足不同阶段的技术创新需求。另一方面,金融自由化通过减少政府干预,增加市场活力,促进技术创新。

(四)吸引优秀人才

金融发展也为吸引和留住优秀人才提供了良好的环境和条件,对吸引优秀人才具有显著的影响。金融业的发展不仅为经济提供了流动性支持,还通过金融创新和金融产品的多样化,吸引了大量高素质人才。首先,金融创新带来了新的职业机会,如互联网金融、网络保险、网络证券等领域的发展,需要大量的业务、技术和管理人才。其次,金融支持政策有利于提高地区的招才引智吸引力。例如,江苏省推出的"人才贷""人才投"等金融产品,为高端人才和紧缺人才提供了金融支持,帮助他们创新创业。最后,企业可运用金融工具向优秀人才提供有竞争力的薪酬和福利,主要包括股权激励和员工持股计划。

(五)优化资源配置

金融在资源配置中发挥着至关重要的作用,通过金融市场的运作,资源得以更加合理、高效地配置,从而促进经济的持续、健康发展。第一,金融发展通过媒介功能引导居民储蓄,增加资本投入水平。金融机构通过信息筛选和市场机制将吸纳的资本分配到边际收益最高的地区或领域,从而提高资本配置效率。第二,金融发展有助于分散和降低投资风险,通过多样化的投资组合,投资者可以更好地管理风险,从而促进资本的有效配置。第三,金融市场的发展提高了市场效率,减少了信息不对称和交易成本,使得资源能够更快速、准确地流向高效领域。第四,金融高质量发展能够更好地服务实体经济,为企业提供高质量、高效益、更加安全的金融服务,推动实体经济转型升级。第五,金融发展有助于支持科技创新和绿色发展,通过深化科技金融和绿色金融发展,引导金融资源向这些领域倾斜,推动产业结构优化升级。第六,普惠金融的发展使得更多人群能够享受到便捷、高效的金融服务,提高了金融服务的覆盖面和满意度。综上所述,金融发展通过多种机制和途径优化资源配置,促进了经济的可持续发展和社会福利的提升。

三、衡量金融发展程度的指标

(一)金融内部结构指标

1.主要金融资产占比

短期债券、长期债券和股票等主要金融资产占全部金融资产的比重。当前,中国金融机构多元化、金融创新不断推进、股权融资占比上升和债务融资比重下降。这一演变结果表明,通过深化金融市场改革、增强金融稳定性、改善融资环境和提升金融科技水平,中国可进一步完善金融资产结构,为实现经济的高质量发展提供强有力的金融支持。

2.金融机构与非金融机构发行的金融工具比率

金融机构发行的金融工具与非金融机构发行的金融工具之比率,用以衡量金融机构化程度。影响金融机构与非金融机构发行的金融工具比率的主要因素有三:一是金融市场的发展程度,金融市场越发达,金融机构发行的金融工具占比就越高。二是经济政策,政府的货币政策和金融监管政策也会影响金融机构的金融工具发行量。三是市场需求,投资者对金融产品的需求变化会影响金融机构和非金融机构的金融工具发行量。

3.主要金融机构的相对规模

中央银行、商业银行、储蓄机构及保险组织等主要金融机构的相对规模。在中国金融资产中,银行业资产占据绝对优势,证券业和保险业的资产规模相对较小。截至 2024 年 6 月末,中国银行业金融机构的总资产为 433.1 万亿元,占金融业总资产的 90% 以上。证券业和保险业资产规模占比分别为 3% 和 6.5%。

4.内源融资和外源融资对比

主要非金融部门的内源融资和外源融资的对比。内源融资主要来源于企业内部积累,如留存收益和折旧。企业通过自身的利润积累和资产折旧来获取资金,其成本较低,因为不需要支付利息或股息等费用,减少了企业的财务费用;不会改变企业的股权结构,因此不会导致企业控制权的分散;风险较低,因为资金来源于企业内部,受市场环境变化的影响较小。而外源融资则相反,其成本较高,因为需要交付利息、股息等费用,增加财务费用;可能导致企业控制权分散,如发行新股;风险较高,因为资金来源于外部,受市场环境变化的影响较大。

5.国内外融资规模对比

国内部门和外国贷款人在各类债券和股票中的相对规模,可以从多个维度进行详细分析,包括市场规模、投资品种、监管体系、市场参与者、业务模式、市场表现和技术发展等方面。总体而言,国内外融资规模在市场规模、投资品种、监管体系、市场参与者、业务模式、市场表现和技术发展等方面存在显著差异:国外市场相对成熟且多元化,而中国市场则处于快速发展阶段,但仍需进一步完善。

6.金融机构持有的非金融机构金融工具份额

在非金融机构发行的主要金融工具中,由金融机构持有的份额,进一步衡量金融机构化程度。

7.分层比率

各类金融机构的资产占全部金融机构总资产的比率,称为"分层比率",用以衡量金融机构间的相关程度。

(二)金融发展与经济增长相互关系的指标

金融发展与经济增长之间存在密切的相互关系,这种关系在不同国家和地区表现出不同的特征。衡量金融发展与经济增长相互关系的指标主要包括以下六种。这些指标从不同角度反映了金融发展与经济增长的关系,帮助我们更好地理解两者之间的相互作用。

1.金融相关率

金融相关率是一国全部金融资产价值与全部实物资产价值(国民财富)的比率,衡量金融发展的深度和广度。随着经济的发展,金融相关率通常呈现上升趋势,有时会出现迅速上升的"爆发运动"。达到一定程度后,这一比例会逐步稳定。经济发达的国家,金融相关率较高;而经济欠发达的国家,金融相关率较低。以中国为例,改革开放初期,金融相关率不足 100%,至 20 世纪 90 年代后期,金融相关率已达 221%,接近发达国家的水平。

2.货币化率

货币化率是一国通过货币进行交换的商品与服务的值占国内生产总值的比重,反映货币在经济活动中的使用程度,用于衡量经济货币化的程度。高货币化率表明经济活动更多地依赖于货币交易,这可能促进经济增长。中国平均金融化比率由 2012 年 1.92% 上升至 2020 年 4.96%,年均增长率为 12.60%,说明我国实体企业金融化水平发展迅速。随着金融深化和货币化过程进展,发达国家的货币化率呈现倒 U 型,在达到一个峰值后再趋于平稳。我国还处于上升阶段,高货币化率并不能说明我国的金融市场发达。中国货币化率如此高的原因是各种生产要素资本化的过程扩大了基础货币的投放,并通过货币乘数的作用进一步放大了 M2。

3.通货膨胀率

通货膨胀率是指一般物价总水平在一定时期(通常为 1 年)内的上涨率,反映通货膨胀的程度。它通常用价格指数的增长率来间接表示,价格指数可以包括消费者价格指数、生产者价格指数等。通货膨胀率是衡量物价水平变动的指标,虽然它不直接反映金融发展与经济增长的关系,但在分析经济环境时,通货膨胀率的变化可能会影响金融市场的稳定和经济增长的速度。

4.利率

利率是资金的价格,是金融市场的重要指标,影响资本的流动和投资决策。利率的变化可以反映金融市场的健康状况,进而影响经济增长。从某种角度来看,存款利率下调是宏观经济政策调整的必然选择。国家金融监督管理总局的数据显示,2024 年二季度商业银行净息差为 1.54%,处于历史低位且低于警戒水平。2024 年 11 月 8 日,中国人民银行行长潘功胜在国务院新闻办新闻发布会上的表态,明确了政策利率调整将带动贷款市场报价利率和存款利率下行的趋势。这一举措旨在通过调整利率水平,引导资金流向实体经济,促进经济的稳定增长。

5.实际利率

实际利率是指剔除通货膨胀率后储户或投资者得到利息回报的真实利率。哪一个国家的实际利率更高,则该国货币的信用度更好,热钱向那里走的机会就

拓展阅读
美国高通胀:历史的轮回与未来的挑战!

更高;反之,哪一个国家的实际利率更低,则该国货币的信用度更弱,热钱可能从那里流出。比如,2024 年 9 月 18 日,美联储宣布将联邦基金目标利率下调 50 个基点,降至 4.75%～5% 区间,这是美联储自 2020 年 3 月以来的首次降息;2024 年 11 月 7 日,下调 25 个基点,降至 4.5%～4.75% 区间。假设同期美元通货膨胀率并未同步降低,则美元的实际利率已开始降低。如果美联储降息的预期继续存在,那么国际热钱就可能从美国投资流出。实际利率的变化对投资和消费决策有重要影响,并将间接影响经济增长。

6.融资成本率

融资成本率与金融发展率之间存在负相关关系,即金融发展率的提高通常会导致融资成本率的下降。首先,金融市场发展程度高,则金融机构之间的竞争加剧,借贷市场更有活力,融资渠道更加多样化,企业和个人更容易获取融资,融资成本相对较低。其次,金融发展还会提高金融机构的效率和服务水平,降低其运营成本,并进一步降低融资成本。再次,金融发展水平提升,市场信息更加透明,借款人的信用状况更清晰,风险水平降低,融资成本降低。复次,金融工具的多样化使得借款人可以更好地管理和分散风险,减少了其违约风险,进一步降低其融资成本。最后,金融机构之间的激烈竞争,会促使它们更积极地开展各种促销活动来吸引借款人,从而降低融资成本。

四、金融深化的负面效应

(一)冲击银行体系的稳定性

金融深化使得银行体系面临更高的市场风险。首先,金融深化往往导致金融机构的财务杠杆率较高,这种高财务杠杆率虽然能增加盈利能力,但也增加了经营风险。其次,金融机构为了追求高收益,可能会投资与自身风险管理能力不匹配的项目,这会增加金融系统的脆弱性。再次,金融深化背景下,企业能通过直接融资渠道获得资金,导致银行间的竞争加剧,从而造成实际利率高于均衡利率,这时低风险项目难以获利,企业可能转向高风险项目,增加银行的信贷风险。2023 年 3 月 10 日,美国加利福尼亚州金融保护和创新部宣布关闭硅谷银行,使其成为美国历史上第二大破产银行。其破产的主要原因有两点:一是在新冠疫情期间,硅谷银行大量购买了长期美国国债,但随着美联储加息,这些国债的市值大幅下降。二是企业撤资和大规模挤兑。随着借贷利率走高,企业纷纷从硅谷银行撤资,导致大规模挤兑事件,最终引发了银行的破产。

(二)债务危机

首先,发展中国家在金融深化过程中缺乏有效的债务管理措施,导致债务规模失控。当其外债规模过大,超过其自身的清偿能力时,就可能导致债务危机。如果债务增长率持续高于出口增长率,说明国际资本运动在使用及偿还环节上存在严重问题。其次,外债结构不合理也是导致债务危机的重要原因,主要表现为商业贷款比重过大、外债币种过于集中和期限结构不合理三种类型。再次,外债使用不当也是导致债务危机的重要原因,许多债务国将借入资金用于低收益率的项目或扩大消费,降低了资金的使用效益。最后,当国际经济环境发生不利变化或金融环境出现不利变化时,债务国的负担加重,并可能产生债务危机。1997 年,亚洲金融风暴席卷泰国、印尼等国家,这些国家的金融体系遭受重创,货币迅速贬值,经济陷入困境。亚洲金融风暴暴露出亚洲国家金融体系的脆弱性,以及金融市场开放过程中的风险。风暴的导火索是亚洲地区高利率环境叠加金融自由化,导致大量国际资本流入,催生泡沫。随着美联储加息、资本流出,固定汇率制崩盘、货币贬值,金融风暴爆发。

(三)经济滞胀

滞胀是指经济增长停滞和通货膨胀同时存在的经济现象。金融深化导致经济滞胀的主要原因包括以下五个方面:一是货币供应量增加超过实际需求。当货币供应量增长过快,超过经济中的实际需求时,会导致物价上涨,但并未能促进经济增长。二是供需结构失衡。在经济发展过程中,某些领域投资过热,而其他领域需求不足,导致资源分配不均。这会引起某些商品和服务供不应求,价格上涨,而其他领域由于供给过剩,需求不足,经济增长缓慢或停滞。三是成本推动型通胀。在某些情况下,生产要素成本上升,如工资增长、原材料价格上涨等,这些成本的增加会导致企业提高产品价格以维持盈利。物价的普遍上涨会降低消费者的购买力,进而影响到经济增长速度。四是全球因素。全球经济相互影响增强,一些全球性事件如石油危机、战争等也可能影响一国的经济稳定,导致物价上涨和经济增长放缓的现象。五是货币政策失误。中央银行在执行货币政策时,若过度放松银根,导致货币供应量激增,超出经济增长所能承受的范围,过多的货币追逐有限的商品,引发物价上涨。

学而思

美通胀与货币政策死结原因何在

持续通胀已成为当前美国头号金融风险。本轮通胀始于 2021 年 4 月,已历时三年,但仍顽固存在并呈现长期化趋势,美联储陷入政策选择困境。

美国本轮通胀在 2022 年中达到 9.1% 的峰值,创下 40 年来新高,此后通胀逐步下行。从 2023 年 5 月开始,美通胀呈现阶段性改善态势,回落至 3%～4%区间,但依然在美联储设定的 2%目标值"最后一公里"处顽固震荡反复。进入 2024 年以来,美通胀一改 2023 年下半年的逐步改善势头,持续超预期反弹。

据美劳工部数据,2024 年 1—3 月,美国 CPI 环比分别上涨 0.3%、0.4%和 0.4%,同比分别上涨 3.1%、3.2%和 3.5%,均超过市场预期。4 月、5 月涨势稍有缓解,环比分别上涨 0.3%、0,同比分别上涨 3.4%、3.3%,尤其核心 CPI(剔除食品与能源价格)同比增速分别回落至 3.6%、3.4%,但仍远高于 2%的目标值。

4 月、5 月通胀降温主要受食品、天然气、电力、二手汽车、新车等价格下降推动,但由于交通、医疗、住房等服务业以及服装、汽油、燃料油等价格持续强劲上涨,通胀顽疾短期仍难消除。

总体而言,美通胀处于逐步放缓通道,但由于加速通胀的因素与减缓通胀的因素同时存在,前景并不明朗。

(资料来源:美通胀与货币政策死结原因何在[EB/OL].(2024-6-17)[2024-10-26].https://baijiahao.baidu.com/s?id=1802065658983983009&wfr=spider&for=pc.)

思考题:
试说明美国持续高通胀的原因及其可行的政策建议。

(四)信贷周期波动

金融深化过程中,利率的变动是影响信贷周期波动的重要因素。利率的调整会影响借贷成本,进而影响企业和消费者的支出行为。例如,降低利率可能会刺激经济增长,但也可能导致通货膨胀上升,从而影响市场稳定。当政治事件、货币政策、经济数据发布以及自然灾害或疫情发生时,企业盈利下降,投资者信心下降,从而直接或间接地影响信贷市场的资金供给和需求,从而导致信贷周期的波动。2008 年的国际金融危机是由美国次级贷款引发的,最初被称为次贷危机。这次危机证明了金融深化过度的副作用。在格林斯潘任美联储主席期间,美国经济曾同时做到了低利率、低通胀和稳健的宏观经济增长,这段时间被称为"大稳健时期"。然而,低通胀并不能保证金融和经济稳定。随着金融深化的发展,西方国家信贷快速增长,债务增长大大快于国内生产总值的增长,催生了信贷周期与经济增长的周期波动,最终导致了金融危机的爆发。

五、新时代中国金融深化改革的政策建议

综上,我们发现西方学者提出的发展中国家金融深化的建议政策存在较大的风险,照搬这些理论容易形成债务危机,甚至引发金融危机。作为一个发展中的社会主义经济大国,我们应从七个方面深化金融体制改革。

(一)深化金融体制改革

加快完善中央银行制度,畅通货币政策传导机制,积极发展科技金融、绿色金融、普惠金融、养老金融和数字金融。健全货币政策和宏观审慎政策体系,着力营造良好的货币金融环境。综合运用多种货币政策工具,保持流动性合理充裕,促进社会融资规模、货币供应量与名义经济增速基本匹配,更加注重做好跨周期和逆周期调节。发挥好货币政策工具总量和结构双重功能,畅通货币政策传导机制,充实货币政策工具箱,持续深化利率市场化改革,在央行公开市场操作中逐步增加国债买卖。保持人民币汇率在合理均衡水平上的基本稳定。

(二)健全多层次金融市场体系

以显著提高直接融资比重为目标,推进股票发行注册制改革,多渠道推动股权融资,提高直接融资比重,培育和引导耐心资本;发展并规范债券市场,加快制定公司债券管理条例,完善债券承销、估值、做市等制度,稳步扩大债券市场规模,推进金融产品创新和多元化,加大发展资产证券化的力度;健全保险经济补偿机制,建立巨灾保险制度,完善保险市场;鼓励金融创新,丰富金融市场层次与产品。努力建设一个品种丰富、运行高效、功能完备,具有相当规模,与社会主义市场经济体制相适应的金融市场体系。

拓展阅读
深化金融体制改革

(三)深化国有商业银行改革

长期以来,大型银行积极承担社会责任,对实体经济重点领域保持较大的信贷支持力度。为巩固提升大型商业银行稳健经营发展的能力,更好地发挥服务实体经济的主力军作用,2023年10月底召开的首次中央金融工作会议提出,支持国有大型金融机构做优做强,当好服务实体经济的主力军和维护金融稳定的压舱石。为更好地发展社会主义市场经济,中国继续深化国有商业银行的改革,增加核心一级资本,加强党的领导,完善公司治理机制,提高决策科学性和执行效率。强化内部控制和风险管理,建立市场化的人力资源管理体制,探索商业银行薪酬体系和激励机制改革。推进基层分支机构的改革,加快形成一批资本充足、内控严密、运营安全、服务优质、效益良好、创新能力和竞争力强的现代化银行。加强国有金融企业的内外监督体系建设,完善国资监管体制机制。

学而思

千亿资金涌入！ 国有大行增资获批，金融与实体经济"双引擎"轰鸣启动

2025 年 5 月 23 日晚间，金融领域传来一则重磅消息，中国银行、交通银行、邮储银行相继发布公告，其向特定对象发行 A 股股票申请已获得中国证监会同意注册批复。这一消息如同一块巨石投入平静的湖面，在金融市场激起层层涟漪，标志着国有大行增资迎来重要进展，为金融行业和实体经济的发展注入了新的活力与信心。

今年政府工作报告明确提出，拟发行特别国债 5 000 亿元，以支持国有大型商业银行补充资本。这一决策犹如一场及时雨，为国有大行的发展提供了坚实的政策保障。早在 3 月 30 日，中国银行、建设银行、交通银行、邮储银行便已相继发布公告，称董事会已通过了向特定对象发行 A 股股票的议案，四家银行合计募集金额不超过 5 200 亿元，这一庞大的资金规模彰显了国家对国有大行发展的高度重视与大力支持。

（资料来源：千亿资金涌入！ 国有大行增资获批，金融与实体经济"双引擎"轰鸣启动［EB/OL］.（2025-5-23）［2024-5-25］. https://baijiahao. baidu. com/s?id=1832983385976250208&wfr=spider&for=pc.）

思考题：

试说明国有大行增资的原因。

（四）推进农村金融改革

目前，我国各类农村金融机构都有不同程度的发展，在促进农业和农村经济发展中发挥了重要作用。但是，由于各类金融机构相互间的关系没有理顺，没有建立起合理的管理体制和良好的运行机制，农村金融体制还不适应农村经济发展的需要，仍存在较严重的资金净流出问题。农村金融体制改革是现有体制的自我完善，要坚持稳健过渡，分步实施，保持农村金融整体上的稳定性。首先，应健全农村金融监管体制。为建立多样化、有序分层的农村金融体系，有必要创新监管模式，实施中央和地方的分级监管。其次，要适当放松金融市场准入，允许民间资本进入金融领域；通过立法使民间借贷走向法治化，并将其置于政府的监管之下。再次，应进一步厘清农村金融格局，构建一种中国农业银行发挥主导作用、农商银行和民营银行充分发展、政策性银行为补充的农村金融格局。最后，应积极创新农村金融服务，完善金融服务"三农"的区域合作模式，积极开展金融产品创新，结合农业、农村的现实，提供各项专项贷款。

（五）推进中小微企业金融服务改革

中小微企业是国民经济的生力军，是扩大就业、改善民生、促进创新创业的重要力量。党中央、国务院高度重视中小微企业融资工作。虽然中国在普惠金融的推进相对较好，但中小微企业仍普遍存在金融服务不足问题。中国应进一步增加中小微企业金融服务供给，鼓励银行业金融机构设立中小微企业信贷专营服务机构或服务中心，增加网点数量，扩大中小微企业金融服务覆盖面。通过动产、应收账款、仓单、股权和知识产权质押等方式缓解中小微企业贷款抵质押不足的矛盾，设立多层次中小微企业贷款担保基金和担保机构。

学而思

国家发改委：按照"四个加强"思路为中小微企业提供高质量金融服务

2024 年 4 月 10 日（星期三）下午，国务院新闻办公室举行国务院政策例行吹风会，介绍《统筹融资信用服务平台建设提升中小微企业融资便利水平实施方案》有关情况，并答记者问。

国家发展改革委副主任李春临介绍，中小微企业是国民经济的生力军，是扩大就业、改善民生、促进创新创业的重要力量。党中央、国务院高度重视中小微企业融资工作。为深入贯彻党中央、国务院有关决策部署，近年来，国家发展改革委会同中国人民银行、金融监督管理总局等有关部门全面加强社会信用体系建设，持续深化信用信息共享应用，加快构建全国一体化融资信用服务平台网络，深入推进"信易贷"工作，为缓解银企信息不对称难题，促进中小微企业融资提供了"信用方案"。主要做了四个方面的工作：

一是抓归集。依托全国信用信息共享平台归集各类信用信息超过 780 亿条，其中包括企业登记注册、纳税、水电气费、社会保险费和住房公积金缴纳等金融机构发放贷款需要的信用信息。

二是建平台。依托归集共享的信用信息建设全国融资信用服务平台，指导各地建设地方融资信用服务平台，目前全国平台已与地方平台互联互通，形成全国一体化融资信用服务平台网络，向金融机构依法依规提供经营主体的信用信息。

三是深联通。推动 21 家全国性银行机构与全国融资信用服务平台实现互联互通，实现信用信息安全有序向银行机构开放，支持银行机构对客户精准画像。

四是拓应用。推动融资信用服务平台与金融机构合作，共同提升信用信息加工应用水平，深入挖掘信用信息价值，联合开发基于信用信息的金融产品。截至 2024 年 2 月末，银行机构通过全国一体化融资信用服务平台网络累计发放贷款 25.1 万亿元,其中信用贷款 5.9 万亿元。

同时也要看到,信用信息归集共享仍然不够充分,现有共享信息不足以支撑金融机构对经营主体作出精准信用评价。一些地方建有多个融资信用服务平台,导致信息重复归集,银行机构多头对接,经营主体多头注册,增加了金融机构和经营主体负担,也降低了金融服务质效。

为此,按照党中央、国务院部署要求,国家发展改革委会同中国人民银行、金融监督管理总局等部门起草了《统筹融资信用服务平台建设提升中小微企业融资便利水平实施方案》(以下简称《实施方案》),近日该方案已由国务院办公厅印发,并向社会公开发布。《实施方案》坚持构建以信用信息为基础的普惠金融服务体系,按照"四个加强"的基本思路,推动为中小微企业提供高质量金融服务。

一是加强平台优化整合。强化全国信用信息共享平台的信用信息归集共享"总枢纽"功能,将全国一体化融资信用服务平台网络作为向金融机构集中提供公共信用信息服务的"唯一出口"。整合功能重复或运行低效的地方融资信用服务平台,原则上一个省份只保留一个省级平台,市级、县级设立的平台不超过一个,所有地方平台纳入全国一体化平台网络,实行清单式管理,减少重复建设和资源闲置浪费。

二是加强信息归集共享。进一步扩大信用信息归集和共享范围,将企业主要人员信息、各类资质信息、进出口信息等 17 类、37 项信用信息纳入共享范围。着力加大国家层面"总对总"共享力度,加强数据质量协同治理。

三是加强数据开发利用。各级融资信用服务平台按照公益性原则向金融机构提供基础信息服务。建立信用信息归集加工联合实验室,通过隐私计算等方式加强敏感数据开发应用,结合地方产业特点,有针对性地推出特色金融产品和服务。推动金融便民惠企政策通过融资信用服务平台直达经营主体。

四是加强网络安全保障。完善融资信用服务平台管理规范和标准体系,提升安全风险监测和预警处置能力,切实保障数据安全。

下一步,国家发展改革委将会同有关部门抓好《实施方案》的贯彻落实,统筹融资信用服务平台建设,深化信用信息共享应用,全面提升"信易贷"工作水平,进一步提升金融对中小微企业发展的支持和促进作用,为增强发展内生动力、激发社会活力、提振市场信心,推进高质量发展提供有力支撑。

(资料来源:国家发改委:按照"四个加强"思路为中小微企业提供高质量金融服务[EB/OL].
(2024-04-10)[2024-10-26].https://jingji.cctv.com/2024/04/10/ARTIJPz903 zL-wdHvj8wlN1gw240410.shtml.)

思考题:

(1)为什么要提升金融对中小微企业发展的支持水平?

(2)你认为应如何提升金融对中小微企业发展的支持水平?

（六）加强金融监管

坚守金融监管主责主业，强化金融风险源头管控。一是强化审慎监管。把好金融机构准入关，严格股东资质审查，筑牢产业资本与金融资本防火墙，坚决纠正违规关联交易。加强系统重要性金融机构监管，健全集团治理和对境外子公司的风险管控。分类推进中小金融机构监管。优化金融机构风险控制指标计算标准。进一步完善监管执法体制机制，深化跨部门监管执法协作，严厉打击金融犯罪。推动监管数据共享，加快发展监管科技，提高数字化监管能力。二是依法将各类金融活动全部纳入监管。金融活动必须持牌经营，严禁"无照驾驶"和超范围经营，按照实质重于形式原则监管处置非法金融活动，确保金融监管全覆盖、无例外。强化地方金融监管，加强金融监管协调合作。加强金融消费者适当性管理，强化投诉源头治理，切实保护消费者合法权益。三是加强金融法治建设。加快推进金融稳定法立法工作，推动中国人民银行法、商业银行法、银行业监督管理法、保险法、信托法、票据法、反洗钱法、外汇管理条例等重点法律法规修订，推进非银行支付机构条例、保险资金运用监督管理条例、金融资产管理公司条例、上市公司监督管理条例、证券公司监督管理条例、公司债券管理条例等重要立法修法项目。研究完善金融领域定期修法协调机制。四是强化金融反腐败和人才队伍建设。强化政治监督、日常监督，加强对关键人员、关键岗位、关键环节的持续管理和监督，一体推进不敢腐、不能腐、不想腐，打造政治觉悟高、业务素质强、作风过硬、清正廉洁的金融队伍。

（七）提升金融风险防控能力

健全市场化、法治化、常态化处置机制，平稳有序推动重点金融风险处置，坚决守住不发生系统性金融风险的底线。对金融机构风险，完善金融机构风险监测评估和预警，着力强化早期纠正硬约束。有序化解高风险中小金融机构风险，推动兼并重组，该出清的稳妥出清。完善对大型企业集团债务风险的监测机制，继续稳妥推动存量风险处置。对地方融资平台债务风险，坚持分类施策、突出重点，统筹协调做好金融支持融资平台债务风险化解工作，压实地方政府主体责任，推动建立化债工作机制，落实防范化解融资平台债务风险的政策措施；按照市场化、法治化原则，引导金融机构依法合规支持化解地方债务风险；建立统计监测体系，加大政策落实力度。对房地产市场风险，按照因城施策原则，指导各地精准实施差别化住房信贷政策，加大保交楼金融支持力度，一视同仁支持房地产企业合理融资需求，保持房地产融资平稳。对非法金融活动，进一步加大打击力度，强化监测预警，加强金融知识普及教育，对洗钱犯罪行为和地下钱庄保持高压严打态势。

拓展阅读
福建金融监管局：扎实开展"六个有我"系列行动 全面推进"四新"工程见行见效

本章小结

　　所谓金融抑制就是指发展中国家的政府一般会根据当时的经济发展现状和所面临的约束条件,对金融活动和金融体系进行必要的干预,但这种干预往往是过量的,从而抑制了金融体系的发展。金融抑制的消极作用:导致资本市场的效率降低,不利于经济增长达到最佳水平,加剧了经济上的分化,外源融资受到限制。金融抑制的形成原因:过度的不恰当的金融管制,缺乏金融发展的良好环境,政府的过多干预,经济分割性。金融抑制的对策思路:完善金融市场机制,引入外资金融机构,确立"竞争中性"原则,增加金融工具的种类和数量,利率市场化,提高金融监管部门的监管水平。

　　广义的金融创新是指发生在金融领域的一切形式的创新活动,包括金融制度创新、机制创新、机构创新、管理创新、技术创新和业务创新。狭义的金融创新主要指金融工具和金融服务等业务创新。通常所说的金融创新主要是指狭义的金融创新。金融创新的重要性包括:提高金融市场效率,促进经济增长,优化资源配置,提升国际竞争力。金融创新的种类有:金融产品创新、金融市场创新、金融制度创新、金融机构创新、金融技术创新、金融管理创新。

　　金融发展对经济发展的积极作用包括:资本积聚与集中,提高投融资水平和效率,促进技术进步,吸引优秀人才,优化资源配置。金融深化的负面效应有:冲击银行体系的稳定性,债务危机,经济滞胀,信贷周期波动。新时代中国金融深化改革的政策建议:深化金融体制改革,健全多层次金融市场体系,深化国有商业银行改革,推进农村金融改革,推进中小微企业金融服务改革,加强金融监管,提升金融风险防控能力。

基本概念

金融抑制　金融管制　利率限制　信贷配给　经济增长　金融发展　经济分割性
竞争中性　金融创新　金融市场效率

课后练习

一、单项选择题

1.（　　）指的是市场会通过供求关系的变动来形成金融资产的价格。

A.风险机制　　　　B.资金融通机制　　C.价格机制　　　　D.外汇机制

2.（　　）起,中国人民银行决定对商业银行和农村合作金融机构等不再设置存款利率浮动上限。

A.2013 年 7 月 20 日　　　　　　　B.2015 年 5 月 11 日

C.2015 年 8 月 26 日　　　　　　　D.2015 年 10 月 24 日

3.以下属于狭义金融创新的是（　　　）。

A.制度创新　　　　B.机制创新　　　　C.机构创新　　　　D.业务创新

4.（　　）是指金融机构通过引入新的科技手段和技术应用,提高金融产品和服务的创新能力。

A.金融科技创新　　　　　　　　B.金融机构创新

C.金融制度创新　　　　　　　　D.金融市场创新

5.金融大模型可以通过分析（　　　）和市场动态,预测金融市场的趋势和价格变动。

A.信用水平　　　　B.风险大小　　　　C.历史数据　　　　D.股票走势

6.（　　）是一国全部金融资产价值与全部实物资产价值（国民财富）的比率,衡量金融发展的深度和广度。

A.货币化率　　　　B.金融相关率　　　　C.通货膨胀率　　　　D.实际利率

二、多项选择题

1.1973 年,（　　　）两位学者最早提出"金融抑制"这一术语。

A.麦金农　　　　　　　　B.肖

C.凯恩斯　　　　　　　　D.贮藏手段

2.以下属于金融抑制的表现形式的是（　　　）。

A.金融管制　　　　　　　　B.利率限制

C.信贷配给　　　　　　　　D.高法定存款准备金率

E.高估本币汇率

3.金融抑制的形成原因包括（　　　）。

A.过度的不恰当的金融管制　　　　B.缺乏金融发展的良好环境

C.政府的过多干预　　　　　　　　D.经济体系性

4.以下属于微观层面的金融创新有（　　　）。

A.制度创新　　　　B.机制创新　　　　C.货币互换　　　　D.利率互换

5.金融市场创新的产生原因主要有（　　　）三个方面。

A.扩大市场范围　　　　　　　　B.提高市场效率

C.变更市场主体　　　　　　　　D.适应经济发展的需要

6.金融创新的发展趋势主要包括（　　　）。

A.金融大模型的应用　　　　　　B.多模态技术的应用

C.数据要素红利的释放　　　　　D.金融科技的全球化

7.智能投顾通过分析（　　　）投资目标等,大模型可以生成最适合的投资建议,并实时更新。

A.客户资产状况　　　　　　　　B.预测金融机构的风险敞口

C.风险承受能力　　　　　　　　D.投资目标

8.硅谷银行是美国历史上第二大破产银行,其破产的主要原因有（　　　）两点。

A.美联储加息,所持国债贬值　　　B.美联储加息,所持国债升值

C.大规模挤兑事件　　　　　　　D.投资于高风险的金融衍生产品

9.金融深化导致经济滞胀的主要原因包括（　　　）。

A.货币供应增加超过实际需求　　　B.供需结构失衡

C.全球经济相互影响增强　　　　　D.银行是作为债务人的身份出现的

E.货币政策失误

10.推进农村金融改革的措施有（　　　）。

A.设立中小微企业信贷专营服务机构或服务中心

B.增加网点数量

C.扩大中小微企业金融服务

D.在一定条件下,商业信用可以转化为银行信用

三、判断题

1.当中央银行调高法定存款准备金率时,则会增加该国的货币供应量。（　　　）

2.金融抑制有利于经济增长达到最佳水平。（　　　）

3.政府采取利率限制和高估汇率等新的金融政策和金融工具,有利于提高企业从外部获取融资的能力。（　　　）

4.利率管制有利于政府对利率的自由调节,从而影响实现资金的供需平衡,导致资源配置效率提升。(　　)

5.大模型可以帮助金融机构创新金融产品,提供更符合客户需求的个性化产品。(　　)

6.金融发展的一般规律是金融相关比率趋于提高。(　　)

7.金融发展促进了投融资水平和效率的提升。(　　)

8.金融市场越发达,金融机构发行的金融工具占比就越低。(　　)

9.高货币化率表明经济活动更多地依赖于货币交易,这可能促进经济增长。(　　)

10.融资成本率与金融发展率之间存在正相关关系。(　　)

四、课后思考题

1.什么是金融抑制?

2.简述金融抑制的消极作用。

3.试说明金融抑制的形成原因。

4.根据所学知识,提出中国解决金融抑制问题的对策思路。

5.简述金融创新的重要性。

6.请问金融创新的种类有哪些?

7.简述金融发展对经济发展的积极作用。

8.简述金融深化的负面效应。

9.根据所学知识,提出新时代中国金融深化改革的政策建议。

第十一章　金融风险与金融监管

学习目标

知识目标

1.理解金融风险的含义和来源；

2.区分金融风险的种类并理解每一种风险的含义；

3.了解金融监管的含义、主体及对象；

4.了解我国金融监管体制的形成；

5.掌握当前我国监管机构及其主要职能；

6.掌握我国金融监管的主要指标与方法；

7.了解国际金融监管的机构、模式及发展趋势；

8.了解巴塞尔协议的发展历程及其监管内容。

能力目标

1.能运用金融监管的主要指标分析银行等金融机构存在的金融风险；

2.能结合金融市场实际情况分析金融风险的种类及成因。

素养目标

1.了解我国金融监管的发展历程及当前的施政重点；

2.理解我国金融监管体系的形成及其存在的意义；

3.了解我国当前的金融监管与《巴塞尔协议Ⅲ》的接轨。

本章重点

1.金融风险的分类及各种金融风险的含义；
2.我国当前的监管机构及其职责。

本章难点

1.我国金融监管的主要指标与方法；
2.《巴塞尔协议Ⅲ》的监管内容。

思维导图

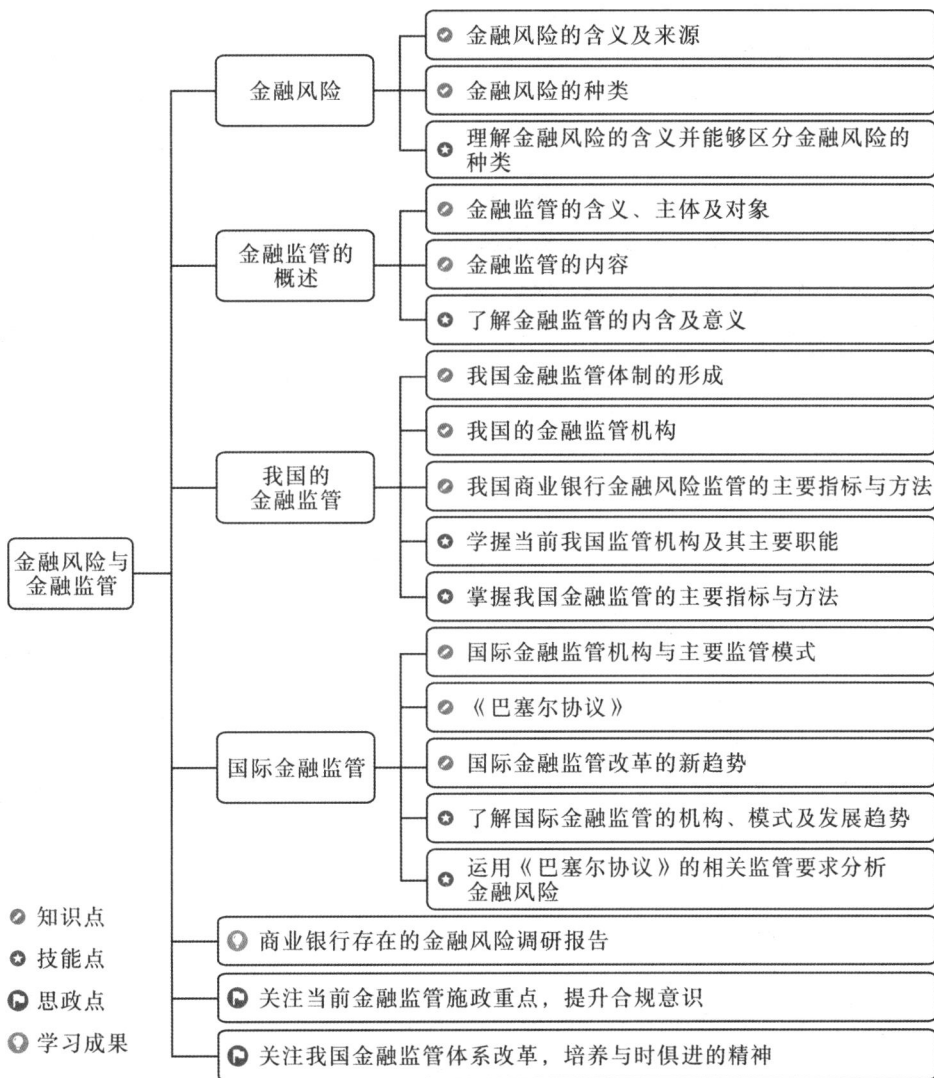

知识点
技能点
思政点
学习成果

金融风险与金融监管

金融风险
- 金融风险的含义及来源
- 金融风险的种类
- 理解金融风险的含义并能够区分金融风险的种类

金融监管的概述
- 金融监管的含义、主体及对象
- 金融监管的内容
- 了解金融监管的内含及意义

我国的金融监管
- 我国金融监管体制的形成
- 我国的金融监管机构
- 我国商业银行金融风险监管的主要指标与方法
- 学握当前我国监管机构及其主要职能
- 掌握我国金融监管的主要指标与方法

国际金融监管
- 国际金融监管机构与主要监管模式
- 《巴塞尔协议》
- 国际金融监管改革的新趋势
- 了解国际金融监管的机构、模式及发展趋势
- 运用《巴塞尔协议》的相关监管要求分析金融风险

- 商业银行存在的金融风险调研报告
- 关注当前金融监管施政重点，提升合规意识
- 关注我国金融监管体系改革，培养与时俱进的精神

📚 **课前导读**

2008 年国际金融危机的起因及影响

为应对 2000 年互联网泡沫破灭和 2001 年"9·11"恐怖袭击对经济的影响，美联储实施了量化宽松政策，大幅降低利率以刺激经济增长和房地产市场繁荣。

低利率环境使得贷款成本降低，吸引了大量购房者进入房地产市场，特别是次级贷款市场。次级贷款主要面向信用评分较低、还款能力较弱的借款人。贷款机构为了追求高收益，放松了贷款条件，推出了多种灵活的贷款方案。这些贷款产品往往初期利率较低，但随后利率会大幅上升，导致借款人还款压力增大。与此同时，投资银行等金融机构将次级抵押贷款打包成证券化产品（如抵押支持证券 MBS、担保债务凭证 CDO 等），并通过复杂的金融衍生品（如信用违约掉期 CDS）进行风险转移和杠杆操作。这些创新使得风险在金融体系内快速传播和放大。

从 2004 年开始，美国经济出现通货膨胀，美联储开始加息以控制通胀。房贷利率随之上升，增加了借款人的还款压力。同时，房地产市场开始降温，房价下跌导致部分借款人的房屋价值低于所欠房贷总额，违约率上升。次级抵押贷款违约率的上升导致相关金融机构面临巨大风险。这些机构持有的证券化产品价值大幅下降，投资者纷纷抛售。一些大型金融机构（如雷曼兄弟、美林证券、贝尔斯登等）因持有大量次贷相关产品而遭受巨额损失，甚至面临破产。市场恐慌情绪不断升温，投资者纷纷抛售金融资产，导致全球金融市场出现动荡。金融机构之间的信任危机加剧，出现了大规模的挤兑现象。

次贷危机迅速蔓延至全球金融市场，导致全球范围内的经济衰退和金融动荡。

全球股市市值大幅缩水，实体经济增长放缓，失业率飙升。我国也在金融危机中受到冲击，许多出口企业面临生存压力，经济增速明显下滑。次贷危机暴露了金融监管的不足和金融体系的脆弱性。金融创新过度和监管滞后是导致危机爆发的重要原因之一。金融机构在追求高收益的同时忽视了风险管理的重要性。过度的杠杆操作和复杂的金融衍生品加剧了风险的传播。金融危机爆发后，全球各国纷纷采取措施应对金融市场动荡。国际合作在稳定金融市场和防范风险方面发挥了重要作用。

此次金融风险产生的原因是什么呢？造成了哪些影响？可以通过哪些监管手段来预防金融风险呢？

通过以上阅读，我们看到国际金融危机给全球金融市场造成了极大的冲击，也了解到金融风险对市场经济的巨大危害性。因此，我们需要了解金融风险及

其成因,并通过严密的监管体系及一系列的监管措施预防金融风险。本章我们将介绍风险定义及种类划分,学习各种风险产生的原因。同时了解我国与国际的金融监管机构及其职责,掌握我国及国际主要的金融监管指标要求,从而对风险及金融监管有更深入的理解。

第一节　金融风险

一、金融风险的含义及来源

(一)金融风险的含义

金融风险是指在金融活动中,由于各种不确定因素的变化而使得金融参与者的资产、收益或信誉等出现损失的可能性。这些不确定因素可能源自金融市场波动、金融机构经营问题、经济政策调整、国际政治经济环境变化等多个方面。

金融风险具有不确定性、高杠杆性、强传染性等特征。具体来说,金融风险可能由各种不确定性因素的影响而产生,包括市场风险、信用风险、流动性风险、操作风险和合规风险等多种类型。这些风险不仅可能影响金融机构的生存,还可能对整个金融体系的稳健运行构成威胁,甚至导致全社会经济秩序的混乱。因此,防范金融风险对于维护金融稳定和经济安全具有重要意义。

(二)金融风险的来源

金融风险的来源是复杂而多样的,以下从宏观经济因素、金融市场因素、金融机构内部因素以及其他因素等方面展开分析。

1.宏观经济因素

从宏观经济因素来看宏观经济波动如经济发展进入衰退和萧条期、泡沫经济的破灭等,都会造成金融资产的缩水和损失,比如经济进入衰退期,企业盈利能力下降,违约风险增加,金融机构的不良贷款率可能上升。另外,货币政策、财政政策等宏观经济政策的调整会直接影响市场利率、资金供求关系等,进而对金融机构的资产负债状况产生影响。例如,货币政策收紧可能导致市场利率上升,增加金融机构的融资成本,进而使投资总收益受到影响。同时,国际金融市场的波动、汇率变动、国际贸易环境等因素都可能对国内金融市场产生影响。如果国际利率上升可能导致资本外流,加剧国内金融市场的波动。加之金融风险具有较强的传染性,当国际金融市场发生风险时,国内金融市场也难免受到影响。

2.金融市场因素

从金融市场角度来看,引起金融风险的因素主要有市场价格波动、市场流动性以及市场信息不对称。金融市场价格的波动(如股票价格、债券价格、商品价格、利率、汇率等波动)会影响金融机构的资产价值和投资收益。当市场价格剧烈波动时会导致金融机构遭受重大损失。在流动性方面,金融机构在面临资金需求时,如果无法以合理价格迅速获取资金或平仓资产,就可能面临流动性风险。这种风险源于市场流动性不足、机构自身流动性管理不善等原因。此外,金融市场中的信息不对称现象可能导致金融机构在风险评估和定价方面出现偏差,进而引发金融风险。再者,金融市场上的投机活动也可能加剧市场波动,增加金融风险发生的可能性。投机者利用市场波动进行高风险交易,会给金融市场带来潜在的不稳定因素。

3.金融机构内部因素

金融机构内部管理不善、经营决策失误以及信息技术风险等原因容易引起金融风险。当金融机构的内部控制机制不完善、风险管理能力不足时,可能导致公司因预防不完善或操作不当产生风险。例如,内部人员违规操作、欺诈行为等都可能给金融机构带来损失。其次,金融机构在经营决策过程中,如果不能全面准确收集信息进行处理分析,就可能无法准确判断市场趋势和风险变化,从而做出错误的经营决策,导致业务亏损或风险暴露。此外,随着信息技术的广泛应用,金融机构面临的网络安全风险日益突出。如果不能有效抵御网络风险,黑客攻击、数据泄露等信息技术风险可能对金融机构的资产安全和业务连续性造成威胁。

4.其他因素

自然灾害和意外事件可能对金融机构的设施、资产造成损害,进而影响其正常运营。如地震、洪水等自然灾害或是火灾交通事故的意外发生,可能会中断企业生产,损坏企业资产,导致其偿债能力、盈利能力的下降,从而引发相关金融风险。

学 而 思

雷曼兄弟破产

雷曼兄弟控股公司成立于 1850 年,是一家总部位于纽约的投资银行和证券交易公司。该公司曾经在全球范围内从事各种金融服务,包括证券交易、资产管理、投资银行、私募股权和房地产等业务

2008 年,美国房地产市场崩溃,导致许多房贷违约,房价下跌。雷曼兄弟是其中一家重要的投资银行,曾经在房地产市场中大量投资,拥有大量的抵押贷款证券(MBS)和衍生品等资产,但这些资产在房市崩盘后迅速贬值。其资产负债表中的负债规模巨大,使得公司在流动性危机中无法支付债务,最终导致公司破产。雷曼兄弟破产对全球金融市场造成了极大的冲击,引发了全球金融危机。破产事件导致了其他金融机构的信心瓦解,借款成本上升,市场流动性紧张,许多公司和银行也面临破产的风险。

首先,该事件提醒人们金融市场具有高度的不确定性,市场中的各种风险都需要被充分考虑。其次,监管机构需要加大对金融市场的监管力度,防止金融机构过度冒险和操作风险,避免类似的事件再次发生。最后,该事件也启示我们重视企业治理和公司的财务健康状况,以免企业在面临困难时陷入破产的风险。

思考题:

根据案例分析雷曼兄弟破产的风险来源?

二、金融风险的种类

(一)按风险的性质分类

1.系统性风险

系统性风险,又称为整体性风险或不可分散风险,是指由多种外部或内部的不利因素经过长时间积累,在某段时间内共振导致无法控制,进而引发金融系统参与者恐慌性抛售,造成全市场投资风险加大的现象。这种风险对市场上所有参与者都有影响,且无法通过分散投资来加以消除。比如,自然灾害、战争、经济周期中的衰退和萧条阶段,企业盈利下降,股市普遍下跌;通货膨胀导致货币购买力下降,进而影响资产的实际价值;政府货币政策、财政政策、产业政策变化导致的金融市场波动。

2.非系统性风险

非系统性风险,也称为可分散风险或特定风险,是指影响单一公司或特定行业的风险,与整个市场或经济状况无关。这类风险可以通过投资组合的多样化来降低或消除。引起非系统性风险的原因有企业的管理不当、经营决策失误、劳资纠纷、新产品研发失败等,该风险仅影响某个或某些公司、行业或资产。它纯粹是由个别公司,或某个局部领域引起的,导致个股价格变化以及企业收益率的不确定性。

（二）按风险来源分类

按风险来源进行分类，金融风险一般可分为八大类，即市场风险、信用风险、流动性风险、操作风险、国家风险、声誉风险、法律风险、战略风险。

1.市场风险

市场风险是指由于市场中的各类因素如价格、供需、政策等发生不利变动，导致投资者或企业面临资产价值下降或损失的风险。市场风险广泛存在于各类金融市场和实体经济中，是投资者和企业必须面对的重要风险之一。常见的市场风险有利率风险、汇率风险、商品价格风险和股票价格风险。

利率风险指因市场利率变动而导致投资者或企业资产实际收益与预期收益发生背离，比如利率的变动会直接影响债券、贷款等固定收益产品的价值，同时也会间接影响股票、房地产等资产的价格；汇率风险指因汇率变动而导致投资者或企业持有的外汇资产或负债价值发生变动的风险，例如汇率的变动会影响跨国企业的成本、收入和利润，同时也可能影响国际贸易和投资活动；股票价格风险指因股票价格下跌而导致投资者或企业持有的股票资产价值下降的风险；商品价格风险指因商品价格变动而导致投资者或企业持有的商品资产价值下降的风险。

2.信用风险

信用风险，又称为违约风险，是指债务人或交易对手未能履行合同所规定的义务或信用质量发生变化，从而给债权人或金融机构带来损失的可能性。这种风险在金融市场中普遍存在，特别是在贷款、债券、衍生品等金融交易中。信用风险主要源于债权人和债务人之间的信息不对称，其核心在于债务人的履约能力和意愿。当债务人由于经济困难、经营不善、故意违约、法律约束不完善等各种原因，无法按时偿还债务或履行合同时，债权人将面临损失。这种损失可能包括本金损失、利息损失以及因追讨债务而产生的额外费用。

3.流动性风险

流动性风险指的是金融机构无法以合理成本及时获得充足资金，以偿付到期债务、履行其他支付义务和满足正常业务开展的其他资金需求的风险。比如，一家金融机构在需要筹集资金以支持其业务扩张或偿还到期债务时，发现市场上的融资成本上升或融资渠道受限。由于市场利率上升或投资者风险偏好下降，金融机构可能难以以合理的成本发行债券或获得银行贷款。这种情况下，会导致金融机构错失投资机会或增加融资成本。这种风险可能源于多种因素，包括资产负债的期限结构不匹配、资产质量结构不合理、资金管理不善、利率变动、货币政策变动等。

4.操作风险

操作风险是指由不完善或有问题的内部程序、员工、信息系统以及外部事件造成损失的风险。该风险主要源于金融机构在业务运营过程中,其内部程序、员工、信息系统或外部事件等因素,如内部程序不完善、业务流程设计不合理、操作规程不明确或执行不严格;员工出现操作失误、违规欺诈;或者网络系统故障、数据泄露。

学而思

2013年8月16日,上证指数以2 075点低开,到上午11点为止,上证指数一直在低位徘徊。上午11点05分,多只权重股瞬间出现巨额买单。大批权重股瞬间被一两个大单拉升之后,又跟着涌现出大批巨额买单,带动了整个股指和其他股票的上涨,以致多达59只权重股瞬间封涨停。指数的第一波拉升主要发生在11点05分到11点08分之间,然后出现阶段性的回落。11点15分起,上证指数开始第二波拉升,这一次最高摸到2 198点,在11点30分收盘时收于2 149点。证监会立即对当天上午股票市场的暴涨进行调查。

2013年8月18日下午,中国证监会新闻发言人通报了8月16日光大证券交易异常的应急处置和初步核查情况。发言人称,经初步核查,光大证券自营的策略交易系统包含订单生成系统和订单执行系统两个部分,存在程序调用错误、额度控制失效等设计缺陷,并被连锁触发,导致生成巨量市价委托订单,直接发送至上交所,累计申报买入234亿元,实际成交72.7亿元。同日,光大证券将18.5亿元股票转化为ETF卖出,并卖空7 130手股指期货合约。发言人表示,上海证监局已决定先行采取行政监管措施,暂停相关业务,责成公司整改,进行内部责任追究。同时,中国证监会决定对光大证券正式立案调查,根据调查结果依法作出严肃处理。

该事件触发原因是系统缺陷。光大证券策略投资部使用的套利策略系统出现了问题,该系统包含订单生成系统和订单执行系统两个部分。核查中发现,订单执行系统针对高频交易在市价委托时,对可用资金额度未能进行有效校验控制,而订单生成系统存在的缺陷,会导致特定情况下生成预期外的订单。具体操作错误表现在,上午11点02分时,第三次180 ETF套利下单,交易员发现有24个个股申报不成功,就想使用"重下"的新功能,于是程序员在旁边指导着操作了一番,没想到这个功能没实盘验证过,程序把买入24个成分股,写成了买入24组180 ETF成分股,结果生成巨量订单。究其深层次原因,光大证券策略投资部门系统完全独立于公司其他系统,甚至未置于公司风控系统监控下,因此多级风控体系都未发生作用。

思考题:

引发光大"乌龙指"事件的是什么风险,其根源是什么?

5.国家风险

国家风险指在国际经济活动中,由于国家的主权行为所引起的造成损失的可能性。这种风险通常与国家的主权行为、政策变动以及社会变动密切相关。从主要国际银行业务——国际贷款的角度看,国家风险可能以下述几种违约情况出现,给贷款银行造成损失:主权政府或政府机构拒绝履行偿付债务的责任;国家未能按期偿付债务或利息;债务人因偿债困难要求调整原定的贷款利率或期限;债务人因无力偿还要求取消本息的偿付等。随着全球化和国际经济一体化的深入发展,国家风险日益成为国际经济活动中的重要考量因素。特别是在当前复杂多变的国际形势下,地缘政治博弈、局部地区冲突、全球经济增长放缓等因素都可能加剧国家风险。因此,对于跨国企业和金融机构而言,加强国家风险评估和管理显得尤为重要。

6.声誉风险

声誉风险是指银行、保险机构、企业或其他组织的行为,以及从业人员行为或外部事件等,导致利益相关方、社会公众、媒体等对其形成负面评价,从而损害其品牌价值,不利于其正常经营,甚至影响到市场稳定和社会稳定的风险。比如内部控制设计、执行及系统控制的重大缺陷或重大经营损失事件;司法性事件及监管调查、处罚;新闻媒体的不实报道或网络不实言论;企业工作人员言论不当等都可能损害其声誉。声誉风险不仅关乎企业或组织的品牌形象和信誉,还直接影响到其经济利益和市场地位。因此,良好的声誉管理对于企业或组织的持续发展至关重要。

7.法律风险

法律风险是指企业在日常经营过程中,因外部法律环境发生变化或企业内部行为不当,导致企业面临不利法律后果的可能性。这种风险主要源于以下几个方面。一是法律环境的变化。随着国家法律法规的不断修订和完善,企业可能面临新的法律要求,如果未能及时调整经营策略以符合新的法律要求,就可能引发法律风险。二是合同管理的疏忽。企业在签订和履行合同过程中,如果合同条款不明确、不合法或未得到有效执行,就可能导致合同纠纷和诉讼,从而引发法律风险。三是知识产权侵权。企业在研发、生产和销售过程中,如果侵犯了他人的知识产权(如专利、商标、著作权等),就可能面临知识产权诉讼和赔偿要求。

另外,还有其他违法行为:如虚假宣传、不正当竞争、内幕交易等违反市场规则的行为,也可能导致企业面临法律处罚和声誉损失。

8.战略风险

战略风险是指企业在追求其商业目标和长期发展愿景的过程中,由于不适当的发展规划、战略决策或外部环境变化等因素,可能给企业带来损失或不利影

响的风险。这种风险涉及多个层面和维度，包括企业内部的战略制定、实施和资源配置，以及企业外部的市场环境、政策变化等。比如企业的战略目标缺乏整体兼容性，可能与企业现有的资源、能力和市场环境不匹配，导致战略难以实施或实施效果不佳；企业为实现战略目标而制定的经营战略可能存在漏洞或不足，无法有效应对市场变化或竞争压力。或者是企业在实施战略过程中可能面临资源不足的问题，如资金、人才、技术等资源的短缺，影响战略目标的实现。

▌第二节　金融监管概述▐

一、金融监管的含义、主体及对象

（一）金融监管的含义

金融监管，或称金融监督管理，是指一国的金融管理部门为达到稳定货币、维护金融业正常秩序等目的，依照国家法律、行政法规的规定，对金融机构及其经营活动实施的一系列管理行为。这些行为包括但不限于外部监督、稽核、检查以及对违法违规行为的处罚。

（二）金融监管的主体

金融监管的主体，主要包括各国的中央银行、证券交易委员会等金融管理部门。这些机构作为社会公共利益的代表，运用国家法律赋予的权力去监管整个金融体系。另外，一些行业自律协会也起到辅助监管作用。我国的监管主体有：中央金融委员会、中国人民银行、国家金融监督管理总局和中国证券监督管理委员会。我国金融监督自律协会有：包括中国银行业协会、中国证券业协会、中国银行间市场交易商协会、中国期货业协会等。

（三）金融监管的对象

金融监管的对象广泛覆盖金融机构及其经营活动，包括但不限于银行业金融机构、非银行业金融机构、短期货币市场、资本市场和证券业、外汇市场、保险业以及衍生金融工具市场等。在我国，金融监管的对象有我国的各家商业银行、证券公司、保险公司、信托公司、资产管理公司等。

二、金融监管的内容

金融监管的内容涵盖市场准入、市场运作过程、市场退出以及特定行业和金融活动的多个方面。这些监管措施共同构成金融监管体系的重要组成部分,为金融市场的稳定、公平和透明提供了有力保障。

(一)市场准入监管

市场准入监管是金融监管的首要环节,确保了只有符合条件的机构和个人才能进入金融市场。这一环节的监管内容主要包括:确定金融机构设立的程序和条件,如注册资本、股东背景、管理人员资质等;审查批准金融机构的设立申请,包括可行性报告、章程、经营方针和营业场所等;对金融机构的法定代表人及主要负责人的任职资格进行审查;在某些国家,金融机构的设立还需采用特许制度,经监管当局审查批准后,颁发给新设立金融机构法人许可证或营业许可证。

(二)市场运作过程监管

市场运作过程监管是金融监管的核心内容,涵盖了金融机构在日常经营过程中的各个方面。这一环节的监管内容主要包括:业务经营的合规性,确保金融机构的业务活动符合法律法规和监管要求,防止违法违规行为的发生;资本充足性要求,要求金融机构保持足够的资本水平,以抵御潜在的风险和损失;资产质量监管,对金融机构的资产进行质量和风险分类,确保资产的安全性和稳健性;流动性监测,监测金融机构的流动性状况,确保其在面临资金压力时能够维持正常的运营;经营能力评估,评估金融机构的盈利能力、偿债能力、运营能力等,防止金融机构过度追求利润而忽视风险管理的行为;管理水平和内部控制能力评估,对金融机构的管理水平和内部控制体系进行评估和监督,确保其具备有效的风险管理和内部控制机制。

(三)市场退出监管

市场退出监管是金融监管的最后一道防线,确保了金融机构在退出市场时的平稳有序。这一环节的监管内容主要包括:对金融机构的倒闭和破产清算进行管制,确保其按照法定程序进行;在金融机构主动退出市场时(如分立、合并或解散),监管当局需对其进行审核和批准;在金融机构被动退出市场时(如由于严重违规、资不抵债等原因被关闭),监管当局需依法进行接管、重组或清算等工作。

（四）特定行业和金融活动的监管

除了上述一般性的监管内容外，金融监管还针对特定行业和金融活动制订了详细的监管规定。这些特定行业和金融活动主要包括以下行业。

①证券业：对证券市场的发行、交易、结算等环节进行监管，确保市场的公平、公正和透明。

②保险业：对保险公司的设立、运营、偿付能力等方面进行监管，确保保险公司能够稳健经营并履行赔付责任。

③信托业：对信托公司的设立、信托计划的设立和运营等方面进行监管，确保信托业务符合法律法规和审慎经营的要求。

④会计结算：对金融机构的会计和结算活动进行监管，确保其财务信息的真实性和准确性。

⑤外汇外债：对外汇市场的交易和外债的借入、使用、偿还等环节进行监管，确保外汇市场的稳定和外汇资源的合理利用。

⑥黄金等贵金属：对黄金生产、进口、加工、销售等活动进行监管，确保黄金市场的稳定和有序发展。

⑦投资黄金、典当、融资租赁等活动：对这些金融活动进行监管，确保其合法合规并符合审慎经营的要求。

第三节　我国的金融监管

拓展阅读
金融监管的作用

一、我国金融监管体制的形成

我国金融监管体制的形成是一个逐步演变和完善的过程，主要经历了从统一监管到分业监管，再到当前的综合监管阶段。

（一）统一监管阶段（1984—1992 年）

自 1979 年起，我国开始改革银行管理体制，中国人民银行逐步剥离商业性业务，重新设立了中国银行、农业银行、建设银行和工商银行四家国有商业银行。

1984 年，中国人民银行成为专职的中央银行，专司中央银行职能，这是我国金融监管的开端。

1986 年，国务院发布《中华人民共和国银行管理暂行条例》，指出中国人民银行依法对金融机构进行登记、核发经营金融业务许可证和办理年检,这是我国第一部有关金融监管的行政法规。

这一阶段,中国人民银行作为全能的金融监管机构,对金融业采取统一监管的模式。

(二)分业监管体制形成阶段(1992—2003 年)

随着金融市场的逐步发展和金融机构的多样化,统一监管模式难以适应复杂多变的金融环境。因此,分业监管体制逐渐形成。

1992 年 10 月,国务院证券委员会(简称证券委)和中国证券监督管理委员会(证监会)同时成立,证券委是中国证券业监管的最高领导机构,证监会是证券委的监督管理执行机构,这标志着我国证券业监管从中国人民银行分离出来,开始实行分业监管。

1995 年,《中华人民共和国中国人民银行法》和《中华人民共和国商业银行法》颁布,确定了中国金融业分业经营的法律框架。

1998 年,中国保险监督管理委员会(简称保监会)成立,原由中国人民银行行使的保险监管权交由该会行使,至此我国基本形成了由中国人民银行、证监会和保监会组成的分业监管体制。

2003 年,中国银行业监督管理委员会(简称银监会)成立,履行原由中国人民银行履行的审批和监督管理银行、金融资产管理公司、信托投资公司及其他存款类金融机构等的职责和相关职责,进一步巩固了分业监管体制,"一行三会"格局正式形成。

(三)金融监管体制改革与深化阶段(2003 年至今)

随着金融市场的进一步发展和金融创新的不断涌现,分业监管体制面临新的挑战,需要进一步完善和深化。

2017 年,根据第五次全国金融会议提出"推进构建现代金融监管框架"的要求,国务院成立了金融稳定发展委员会(简称金融委),负责统筹协调金融稳定和改革发展中的重大问题,实现金融监管全覆盖。

2018 年 3 月 21 日,中共中央印发《深化党和国家机构改革方案》,决定组建中国银行保险监督管理委员会(简称银保监会),将原银监会和保监会的职责整合,旨在加强银行业和保险业监管的协同性和有效性。

2023 年,《党和国家机构改革方案》进一步提出金融监管体制改革,在中国银行保险监督管理委员会基础上组建国家金融监督管理总局,强化机构监管、行为监管、功能监管、穿透式监管和持续监管,同时深化地方金融监管体制改革,建立以中央金融管理部门地方派出机构为主的地方金融监管体制。此外,还提出了加强金融管理部门工作人员统一规范管理等措施,以进一步提升金融监管的效能和水平。而且还组建了中央金融委员会。不再保留国务院金融稳定发展委员会及其办事机构。将国务院金融稳定发展委员会办公室职责划入中央金融委员会办公室。

综上,我国金融监管体制的形成是一个逐步演变和完善的过程,从最初的统一监管到分业监管,再到当前的综合监管趋势,都是为了更好地适应金融市场的发展变化和维护金融稳定。未来,随着金融市场的进一步发展和金融创新的不断涌现,我国金融监管体制还将继续完善和优化。

二、我国的金融监管机构

我国目前的金融监管机构主要有中央金融委员会、中国人民银行(简称央行)、国家金融监督管理总局和中国证券监督管理委员会。这一格局的形成,旨在更好地适应我国金融市场的快速发展和复杂变化,提高金融监管的有效性和针对性。

(一)中央金融委员会

中央金融委员会在加强党中央对金融工作的集中统一领导、研究审议金融领域重大政策、重大问题以及作为党中央决策议事协调机构等方面发挥着重要作用。其具体职责如下:

1.加强党中央对金融工作的集中统一领导

中央金融委员会负责金融稳定和发展的顶层设计,确保金融工作在国家发展大局中的战略地位和方向,统筹协调金融领域工作,打破部门壁垒和信息阻塞,促进金融资源的优化配置和高效利用。同时,推动金融领域的各项改革和发展任务的整体推进,确保各项政策措施的有效实施;加强对金融领域重大决策部署的督促落实,确保党中央的决策部署在金融系统中得到全面贯彻执行。

2.研究审议金融领域重大政策及问题

中央金融委员会负责深入研究金融领域的重大政策及问题,包括货币政策、金融监管政策、金融市场发展政策等,为党中央决策提供科学依据和参考意见。

同时,针对金融领域出现的重大问题,如金融风险防控、金融市场稳定、金融科技创新等,组织相关部门和专家审议,提出解决方案和措施,推动问题的有效解决。

3.党中央金融领域决策议事协调

中央金融委员会为党中央在金融领域的决策提供重要支持和保障,确保决策的科学性、合理性和可行性。另外,中央金融委员会还负责在金融领域协调各方力量和资源,包括政府部门、金融机构、行业协会等,形成工作合力,共同推动金融工作顺利开展。

除此之外,中央金融委员会负责审议推动与金融高质量发展相关的重点任务分工方案,确保金融工作能够持续、健康、稳定地发展。中央金融委员会有效履行上述职责,对维护国家金融安全、稳定和发展具有重要意义。

(二)中国人民银行

中国人民银行在金融监管体系中处于核心地位,宏观层面指导整个金融业的发展。主要监管职责如下:

1.负责制定和执行货币政策

中国人民银行负责制定准备金管理和利率管理等规则,检查监督金融机构执行相关规定的行为,对信贷发行的额度和投放的力度进行管理,对本币市场实施宏观调控,促进本币市场内部及本外币市场内部协调发展;对外汇市场实施管理和宏观调控,防范国际资本流动的冲击风险。

2.维护金融稳定

中国人民银行对金融机构进行风险评估,了解金融机构的风险状况及导致风险的原因,要求金融机构报送相关资料,必要时对金融机构进行检查监督。制定对有问题金融机构实施救助的管理办法并监督其执行,以防范金融风险,维护金融稳定,防范和化解系统性金融风险。

3.监督管理金融市场

中国人民银行负责监管银行间市场(包括银行间同业拆借市场、银行间债券市场、银行间外汇市场)和黄金市场,监测金融市场运行情况,对金融市场实施宏观调控,促进其协调发展。

4.监督管理金融服务职能

中国人民银行负责制定人民币管理规定并检查监督其执行情况。另外,中国人民银行会同国家金融监督管理总局制定支付结算规则并监督执行,维护支付、清算系统的正常运行。同时,中国人民银行进行国库管理,制定关于金融机构代理人民银行经理国库的管理规定并检查监督其执行情况。中国人民银行还管理信贷征信业,推动建立社会信用体系,制定有关信用信息采集、汇总和查询等相关的管理办法并检查监督金融机构、其他单位和个人的执行情况。

5.反洗钱与合规性监管

中国人民银行负责反洗钱监管,监督管理有关反洗钱规定的执行情况,确保金融机构遵守反洗钱法律法规,防范洗钱风险。同时,对金融机构执行存款准备金管理规定、外汇管理规定、黄金管理规定、清算管理规定等行为进行检查监督。

6.内部监管与系统协调

中国人民银行对其系统内部进行监督管理,确保内部运作的合规性和有效性。

与国务院银行业监督管理机构、国务院其他金融监督管理机构建立监督管理信息共享机制,避免重复监管和监管真空,提高监管效率。

(三)国家金融监督管理总局

国家金融监督管理总局,是在中国银行保险监督管理委员会基础上组建的国务院直属机构。2023 年 3 月,中共中央、国务院印发了《党和国家机构改革方案》,决定在中国银行保险监督管理委员会基础上组建国家金融监督管理总局,不再保留中国银行保险监督管理委员会。2023 年 5 月 18 日,国家金融监督管理总局揭牌。其在维护金融稳定、保护金融消费者权益、促进金融业健康发展等方面发挥着重要作用。其主要监管职责如下:

1.金融监管与稳定

国家金融监督管理总局依法对除证券业之外的金融业实行统一监督管理,包括银行业、保险业、金融控股公司等,强化机构监管、行为监管、功能监管、穿透式监管、持续监管,以维护金融业合法、稳健运行。通过现场检查与非现场监管,对金融机构进行风险与合规评估,查处违法违规行为,确保金融市场的稳定。

2.起草金融业法规与制定监管制度

国家金融监督管理总局参与拟订金融业改革发展战略规划,拟订银行业、保险业、金融控股公司等有关法律法规草案,提出制定和修改建议。制定银行业机构、保险业机构、金融控股公司等有关监管制度,为金融监管提供制度保障。

3.金融消费者权益保护

国家金融监督管理总局制定金融消费者权益保护发展规划,建立健全金融消费者权益保护制度。开展金融消费者教育工作,构建金融消费者投诉处理机制和金融消费纠纷多元化解机制,保护金融消费者的合法权益。

4.市场准入与退出管理

国家金融监督管理总局依法对银行业机构、保险业机构、金融控股公司等实行准入管理,确保其符合相关标准和要求。建立银行业机构、保险业机构、金融控股公司等的恢复和处置制度,会同相关部门研究提出有关金融机构恢复和处置的意见建议并组织实施。

5.科技监管与创新

国家金融监督管理总局负责银行业机构、保险业机构、金融控股公司等的科技监管,建立科技监管体系,制定科技监管政策,构建监管大数据平台,利用科技手段加强监管、防范风险。加强对金融创新的监管,确保创新活动在合规、风险可控的前提下进行。

6.非法金融活动打击与防范

国家金融监督管理总局牵头打击非法金融活动,组织建立非法金融活动监测预警体系,组织协调、指导督促有关部门和地方政府依法开展非法金融活动防范和处置工作。

7.国际合作与交流

国家金融监督管理总局还负责参加金融业相关国际组织与国际监管规则的制定,开展对外交流与国际合作,提升我国金融监管的国际影响力。

(四)中国证券监督管理委员会

中国证券监督管理委员会是中国国务院直属正部级事业单位,依照法律法规和国务院授权,统一监督管理全国证券期货市场,维护证券期货市场秩序,保障其合法运行。证监会的主要职责如下:

1.法规制定与监管

证监会负责研究和拟定证券期货市场的方针政策、发展规划,起草和制定相关的法律法规和规章;依法对证券期货市场进行集中统一监管;依法对证券业协会等自律组织的自律管理活动进行指导和监督,维护市场的公开、公平、公正。

2.市场监督与管理

证监会对证券的发行、上市、交易、登记、托管、存管、结算等行为进行监督管理;管理证券期货交易所、证券期货经营机构、证券投资基金管理公司、证券登记清算公司、期货清算机构、证券期货投资咨询机构等,并监管其高级管理人员和从业人员;监管境内企业直接或间接到境外发行股票、上市,以及境内机构到境外设立证券机构或从事证券业务;同时,负责证券期货市场的统计与信息资源管理,为市场监管和决策提供数据支持。

3.信息披露与投资者保护

证监会负责监督上市公司及其有信息披露义务股东的证券市场行为,确保信息披露的真实、准确、完整和及时;开展投资者教育,增强投资者的风险意识和自我保护能力;依法对证券期货违法违规行为进行调查、处罚,保护投资者的合法权益。

4.市场稳定与风险防范

证监会对证券期货市场金融风险进行监测和评估,以便及时发现和防范潜在风险;制定和完善市场风险应急处置预案,确保在突发事件发生时能够迅速、有效地应对。

5.国际合作与交流

证监会负责与其他国家或地区证券监督管理机构的合作与交流,共同打击跨境证券期货违法违规行为;归口管理证券期货行业的对外交往事务,推动中国证券期货市场的国际化进程。

微课视频 11-2
加强金融监管

三、我国商业银行金融风险监管的主要指标与方法

我国商业银行金融监管包括多个方面,监管旨在全面评估商业银行的风险状况、经营绩效和合规性。2024 年 1 月 1 日起,我国商业银行应按照《商业银行资本管理办法》规定的机构档次划分标准,采取差异化监管方法,以下是一些主要的监管指标与方法:

(一)监管的主要指标

1.资本充足率

资本充足率简称 CAR(capital adequacy ratio),是银行或金融机构的一个重要监管指标,是衡量银行资本与其风险加权资产之间的比例,具体来说,它是银行净资本额(或所有者权益)与风险加权资产总额之间的比例,通常以百分数形式表示。该指标用于评估银行抵御风险的能力和经营的稳健性。一般来说,较高的资本充足率可以增强银行的风险抵御能力,保护存款人和债权人的利益,但过高的资本充足率也可能带来一些问题。根据《商业银行资本管理办法》规定,对我国商业银行及金融机构一般性规定为:核心一级资本充足率不得低于 5%,一级资本充足率不得低于 6%,资本充足率不得低于 8%。

2.杠杆率

杠杆率是指商业银行持有的、符合《商业银行资本管理办法》规定的一级资本净额与调整后表内外资产余额之间的比率。商业银行的杠杆率不得低于 4%。系统重要性银行在满足上述最低杠杆率要求的基础上,还应满足附加杠杆率要求。

(二)风险计量方法

1.信用风险加权资产计量

商业银行可以采用权重法或内部评级法计量信用风险加权资产。商业银行采用权重法,应按照《商业银行资本管理办法》规定的机构划分标准,实施差异化的银行账簿信用风险暴露分类和信用风险加权资产计量规则。采用内部评级法计量信用风险加权资产的,提交申请时内部评级法资产覆盖率应不低于 50%。内部评级法未覆盖的风险暴露应采用权重法计量信用风险加权资产。未经国家金融监督管理总局或其派出机构认可,商业银行不得变更信用风险加权资产计量方法。

2.市场风险加权资产计量

市场风险是指因市场价格(利率、汇率、股票价格和商品价格)的不利变动而使商业银行表内和表外业务发生损失的风险。市场风险资本计量应覆盖商业银行交易账簿中的违约风险、一般利率风险、信用利差风险、股票风险,以及全账簿

汇率风险和商品风险。商业银行可以采用标准法、内部模型法或简化标准法计量市场风险资本要求。商业银行采用标准法,应按照《商业银行资本管理办法》规定分别计量基于敏感度方法的资本要求、违约风险资本要求和剩余风险附加资本要求。商业银行采用内部模型法,内部模型法覆盖率应不低于10%。商业银行应按季评估内部模型法覆盖率,若不满足标准,应采用标准法计量资本要求。重新满足标准后,当季末应恢复采用内部模型法计量资本要求。商业银行采用简化标准法应符合《商业银行资本管理办法》规定,分别计量利率风险、汇率风险、商品风险和股票风险的资本要求,并单独计量以各类风险为基础的期权风险的资本要求。

3.操作风险加权资产计量

操作风险是指由于内部程序、员工、信息科技系统存在问题以及外部事件造成损失的风险,包括法律风险,但不包括战略风险和声誉风险。商业银行可以采用标准法或基本指标法计量操作风险资本要求。

4.压力测试

商业银行应按照国家金融监督管理总局关于压力测试的相关监管要求,通过严格和前瞻性的压力测试,测算不同压力条件下的资本需求和资本可获得性,并制定资本应急预案以满足计划外的资本需求,确保银行具备充足资本应对不利的市场条件变化。商业银行应将压力测试作为风险识别、监测和评估的重要工具,并根据压力测试结果评估银行所面临的潜在不利影响及对应所需持有的资本。对于轻度压力测试结果,商业银行应将轻度压力测试下资本缺口转换为资本加点,并将其视为第二支柱资本要求的组成部分。对于重度压力测试结果,商业银行应在应急预案中明确相应的资本补充政策安排和应对措施,并充分考虑融资市场流动性变化,合理设计资本补充渠道。商业银行的资本应急预案应包括紧急筹资成本分析和可行性分析、限制资本占用程度高的业务发展、采用风险缓释措施等。

拓展阅读
《商业银行资本
管理办法》

第四节　国际金融监管

一、国际金融监管机构与主要监管模式

(一)各国的金融监管机构

国际金融监管机构通常是由各国政府设立的,负责监管本国金融市场和金

融机构的机构。这些机构在维护金融稳定、保护投资者权益、促进金融市场健康发展等方面发挥着重要作用。比如：

英国金融行为监管局负责监管英国的金融市场和金融服务公司，确保其遵守相关法律法规，保护消费者和投资者的利益。

美国联邦储备系统作为美国的中央银行，负责货币政策制定，并通过其广泛的监管权力对金融机构进行监管，确保金融稳定。

澳大利亚证券和投资委员会负责监管澳大利亚的金融市场、金融服务公司和金融产品，维护市场秩序和保护消费者权益。

新加坡金融管理局负责监管新加坡的金融市场和金融机构，维护金融稳定和促进金融业发展。

此外，还有许多其他国家和地区的金融监管机构，如欧洲央行（European Central Bank，ECB）、日本金融厅（Financial Services Agency，FSA）、加拿大金融机构监理总署（Office of the Superintendent of Financial Institutions，OSFI）等，它们各自在本国或地区内发挥着重要的金融监管作用。

(二)国际金融监管模式的种类

国际金融监管模式是指一国或地区关于金融监管机构和金融监管法规的体制安排，旨在维护金融市场的稳定、保护投资者利益、促进金融业的健康发展。根据金融监管主体的多少和监管体制的不同，国际金融监管模式大致可以分为以下几种类型：

1.一元多头式金融监管体制

一元多头式金融监管体制指全国的金融监管权集中于中央，地方没有独立的权力，在中央一级由两家或两家以上监管机构共同负责。主要代表国家有德国、法国。这种体制以德国最为典型，其运行效率的关键在于各金融管理机构之间的合作。

2.二元多头式金融监管体制

二元多头式金融监管体制指中央和地方都对金融机构或金融业务拥有监管权，且不同的金融机构或金融业务由不同的监管机关实施监管。主要代表国家有美国、加拿大等联邦制国家。这种体制的优点是能较好地提高金融监管的效率，防止金融权力过分集中，但也可能存在管理机构交叉重叠、重复检查和监督等问题。

3.集中单一式金融监管体制

集中单一式金融监管体制指由中央的一家监管机构集中行使金融监管权。代表国家有 1997 年以后的英国、1998 年后的日本。此外，新西兰、意大利、瑞典、瑞士等发达市场经济国家也采用这种监管体制。这种体制的优点是金融管理集中,监管政策与标准具有一致性,有利于防止多头监管体制下不同机构之间相互推卸责任或重复监管。

4.双峰式金融监管体制

双峰式金融监管体制是依据金融监管目标设置两头监管机构。一类机构专门对金融机构和金融市场进行审慎监管,以控制金融业的系统风险;另一类机构专门对金融机构进行合规性管理和保护消费者利益的管理。代表国家有澳大利亚、荷兰等。这种体制的优点是能够平衡审慎监管和行为监管的需求,提高监管的全面性和有效性。

5.牵头式金融监管体制

牵头式金融监管体制在分业监管机构之上设置一个牵头监管机构,负责不同监管机构之间的协调工作。代表国家有巴西。这种体制的优点是有助于减少监管空白和重复监管,提高监管效率。

二、巴塞尔协议

拓展阅读
中国的金融监管
模式及特征

《巴塞尔协议》是巴塞尔银行监管委员会(简称巴塞尔委员会)制定的在全球范围内主要的银行资本和风险监管标准,该协议始终代表着最先进的风险管理技术和监管理念。

(一)协议的发展史

《巴塞尔协议》的发展史可以追溯到 20 世纪 70 年代,其产生和发展源于对全球金融风险的防范和应对。

1.巴塞尔协议的起源与初步形成

1974 年,德国赫斯塔特银行和美国富兰克林国民银行倒闭,这两次事件引发了人们对银行资本充足性的关注。随后,银行和金融监管机构着手制定统一的国际银行监管标准。1975 年,巴塞尔委员会成立,其成员包括十国集团中央银行和银行监管部门的代表。该委员会在国际清算银行的协调下,开始研究并制定国际银行监管的标准。1983 年,巴塞尔委员会发布了《巴塞尔协定》(也称《巴塞尔新神圣公约》),对国际银行的监管提出了一项指导性原则。然而,该协定仅起到宣示性的作用,并未制定可操作实施的标准和措施。

2.《巴塞尔协议Ⅰ》

1988 年 7 月,巴塞尔委员会发布了《关于统一国际银行资本衡量和资本标准的协议》(通常称为《巴塞尔协议Ⅰ》或《旧巴塞尔协议》)。该协议主要目的是建立防止信用风险的最低资本要求。协议规定银行的资本应分为核心资本和附属资本两类。核心资本包括股本、盈余公积和未分配利润;附属资本包括重估储

备、一般准备金、优先股和可转债等。同时,对不同类型的资产和表外业务进行风险权重赋值,以反映不同业务的潜在风险。根据风险权重计算出银行应持有的资本充足率,其中对风险加权资产的计算提出了最低资本充足率要求,核心资本充足率不得低于 4%,总体资本充足率不得低于 8%。

《巴塞尔协议Ⅰ》的推出标志着银行监管进入精细化和标准化时代,它通过统一的风险权重计算方法和资本充足率标准,提高了银行间的可比性,加强了银行的风险抵御能力。

3.《巴塞尔协议Ⅱ》

随着金融市场的快速发展和创新,特别是 1997 年爆发的东南亚金融风暴引发了巴塞尔委员会对金融风险的深入思考。因此,从 1998 年开始经过了 6 年的讨论、征求意见和定量影响分析。巴塞尔委员会于 2004 年发布了《巴塞尔协议Ⅱ》,也称《新巴塞尔协议》。

协议扩大资本覆盖范围,引入了市场风险和操作风险的资本要求,以更好地反映银行面临的风险。另外,采用内部评级法(internal ratings based,IRB),基于银行内部的风险评估结果来调整资本要求,提高风险敏感度。同时,允许银行根据自身情况选择不同的方法、参数和风险评估模型,使其能够更好地适应市场变化和自身业务特点。协议还强调各国监管机构之间的合作与信息共享,以实现跨国家、跨市场的风险监控和资本监管。

《巴塞尔协议Ⅱ》的实施提高了银行的风险管理和资本使用效率,推动了全球银行业的稳健发展。

4.《巴塞尔协议Ⅲ》

2008 年国际金融危机暴露出一些银行在资本充足率和风险管理方面存在的问题。为了应对这些问题,巴塞尔委员会对《巴塞尔协议Ⅱ》进行了进一步的修订和完善,即《巴塞尔协议Ⅲ》。新版协议提高了核心资本的质量和比重,同时明确了对市场风险的资本要求。引入了杠杆率作为补充指标,以限制银行的过度扩张。另外,对银行的流动性管理提出了更高要求,包括建立流动性覆盖比率和净稳定融资比率等指标。同时还引入了逆周期监管机制,以降低经济周期对银行资本充足率的影响。《巴塞尔协议Ⅲ》的实施进一步强化了银行资本约束,提高了银行体系的稳健性,并为全球金融市场的复苏提供了有力保障。

在《巴塞尔协议Ⅲ》之后,巴塞尔委员会一直在对银行监管规则进行持续的修订和完善,修订内容涵盖了提高标准风险权重资产计算模型的稳健性、限制银行内部资本模型的使用范围、对杠杆率和最低资本要求的额外修改等多个方面。这些修订旨在进一步强化对银行资本充足率的监管,提高银行业的稳定性和抵御金融风险的能力。可见巴塞尔协议的发展史是一个不断适应金融市场变化、加强银行风险管理和提高监管标准的过程。从最初的信用风险监管到全面覆盖市场风险、操作风险以及流动性风险等各个领域,巴塞尔协议为全球银行业的稳健发展提供了重要的制度保障。

(二)《巴塞尔资本协议Ⅲ》及其修订后的主要内容

《巴塞尔资本协议Ⅲ》是国际清算银行下的巴塞尔银行业条例和监督委员会的常设委员会——"巴塞尔委员会"于2010年提出,并在后续几年中逐步修订和完善的一套国际银行监管标准。该协议旨在通过提高银行资本充足率和加强风险管理,来增强全球银行体系的稳定性和抵御金融风险的能力。以下是《巴塞尔协议Ⅲ》及其修订后的主要内容:

1.提高资本充足率要求

为提升资本质量,《巴塞尔协议Ⅲ》将普通股比率最低要求从2%提升至4.5%,同时将一级资本比率最低要求从4%上调至6%。此外,引入了资本保持缓冲要求,增加2.5%,并引入了反周期资本缓冲,范围在0~2.5%之间。对于系统重要性银行,还增加了1%的资本要求。

另外,严格资本扣除限制,对少数股权、商誉、递延税资产、对金融机构普通股的非并表投资、债务工具和其他投资性资产的计入资本要求进行了调整,以及对实现收益、拨备额与预期亏损之差、固定收益养老金资产和负债等项目的规定进行了修订。

2.扩大风险资产覆盖范围

在风险覆盖范围上进行了显著扩展,不仅涵盖了传统的信用风险,还纳入了市场风险和操作风险,从而实现了对银行面临的主要风险的全面覆盖。信用风险方面,继续保持对信用风险的关注,并根据银行资产的风险水平赋予不同的风险权重。同时,针对全球系统重要性银行,根据其系统重要性等级,要求这些机构计提1%~3.5%的附加资本。市场风险方面,要求银行对市场风险进行更精确的计量和管理,包括采用内部模型法来计算市场风险资本。特别强调了对系统风险和特殊风险的考虑,以全面反映市场波动对银行资本的影响。操作风险方面,将操作风险纳入资本监管框架,要求银行对操作风险进行量化评估,并计提相应的资本。引入新的计量方法,如基于业务指标的标准法,以提高对操作风险的计量准确性。另外,增加对"资产证券化风险暴露"的资本要求,提高其风险权重;大幅度提高交易业务和场外衍生品交易及证券融资业务的交易对手信用风险(counterparty credit risk,CCR)资本要求,包括增加压力风险价值(stressed vaR,sVak)、新增风险资本要求等。巴塞尔委员会定量影响测算结果表明,加权风险资产的修订导致国际化大银行资本要求平均上升20%。

3.引入杠杆率监管

杠杆率监管是银行资本监管的重要补充,旨在控制商业银行资产规模的过度扩张,并为资本充足率提供额外保障。为弥补资本充足率要求下无法反映表内外总资产的扩张情况的不足,推出了杠杆率。杠杆率是指商业银行持有的、符合有关规定的一级资本与商业银行调整后的表内外资产余额的比率。这一指标反映了银行资本与总资产之间的比例关系,是衡量银行资本充足性的重要指标之一。协议要求一级资本与总暴露的比例不低于 3％,2011 年初按照 3％的要求开始监控杠杆率的变化,2013 年初进入过渡期,2018 年正式纳入第一支柱框架。这意味着从 2018 年起,全球范围内的商业银行都需要遵守杠杆率监管标准。

4.加强流动性管理

为提高全球银行业的流动性风险管理水平,确保银行在面临流动性压力时能够保持足够的流动性,以维护金融市场的稳定和健康发展。《巴塞尔协议Ⅲ》强调流动性风险管理的重要性,要求银行建立健全的流动性风险管理体系,以有效识别、衡量、监控和控制流动性风险。

2009 年 12 月巴塞尔委员会发布了《流动性风险计量标准和监测的国际框架(征求意见稿)》,引入利润两个流动性风险监管的量化指标。一是流动性覆盖率(liquidity coverage ratio,LCR),高质量流动性资产与未来 30 天的净现金流出量的比率需不低于 100％。该比率是衡量银行在设定的严重压力情景下,优质流动性资产能否充分满足短期(一般为 30 天)流动性需要的指标。该指标要求银行持有的高质量流动性资产必须大于或等于未来 30 天的净现金流出量,以确保银行在面临短期流动性压力时能够迅速变现资产以满足流动性需求。二是净稳定资金比率(net steady finance ratio,NSFR),可用的稳定资金与业务所需的稳定资金的比率需不低于 100％。净稳定资金比率用于度量银行在较长期限内(一般为一年)可使用的稳定资金来源对其表内外资金业务发展的支付能力。该指标旨在限制银行过分依赖短期批发融资,鼓励银行在资产负债表内、表外进行更好的流动性风险评估。同时,巴塞尔委员会还提出了其他辅助监测工具,如合同期限错配、融资集中度、可用的无变现障碍资产和与市场有关的监测工具等。

5.宏观审慎监管

协议还建立宏观审慎资本要求反映系统性风险,通过引入在良好时期所积累并可以在经济下滑时期提取出的资本缓冲,以减少顺周期性。同时,建立大型风险敞口制度,以降低金融机构之间相关性和集中风险敞口导致的系统性风险。另外,设立资本缓冲以应对系统重要性银行存在的外部性。

为防止过快引入新的银行监管国际标准对经济复苏潜在的不利影响,巴塞尔委员会从宏观和微观两个层面对国际监管标准实施可能带来的影响进行了评估。根据评估结果决定设立 8 年(2011—2018 年)的过渡安排期。各成员国应在 2013 年之前完成国内的立法工作,并从 2013 年初开始实施新的监管标准,随后逐步向新标准接轨,2018 年底全面达标。2015 年初成员国开始实施流动性覆盖率,2018 年初开始执行净稳定融资比率。

三、国际金融监管改革的新趋势

历次金融危机,暴露了金融监管体系的不足和漏洞。为了防范类似危机的再次发生,各国纷纷加强金融监管改革。而且,随着金融创新的不断涌现,传统金融监管模式面临挑战。监管机构需要不断创新监管方式,以应对新型金融产品和业务的风险。

(一)多元化的监管体系

各国政府设立专门的金融监管机构,负责对金融机构进行日常监管和风险评估。同时,金融机构内部建立完善的内部控制体系,确保业务操作的合规性和风险管理的有效性。另外,行业协会和自律组织在监管体系中发挥重要作用,通过制定行业标准和规范,促进金融机构的合规经营。随着金融市场的全球化,跨境金融活动日益频繁,各国监管机构加强国际合作,通过信息共享、联合执法和协调监管措施,共同维护全球金融市场的稳定。国际组织如金融稳定理事会、巴塞尔委员会等在推动全球金融监管标准化和协调方面发挥重要作用。

(二)功能型监管模式形成

功能型监管模式强调在一个统一的监管机构内,由专业分工的管理专家和相应的管理程序对金融机构的不同业务进行监管。这种监管模式能够有效地解决混业经营条件下金融创新产品的监管归属问题,避免监管真空和多重监管的现象。同时,功能型监管还强调跨产品、跨机构、跨市场的监管,主张设立一个统一的监管机构来对金融业实施整体监管,使监管体制和监管规则更具连续性和一致性,更好地适应金融业在今后发展中可能出现的各种新情况。

(三)监管技术的创新

随着金融科技的发展,监管机构开始采用监管科技手段来提高监管效率和准确性。通过大数据分析、人工智能和机器学习等技术,监管机构可以更有效地监控市场动态、识别潜在风险并进行实时监管。这种技术创新不仅有助于提升监管效率,还能更好地应对金融科技带来的新挑战和风险。另外,区块链技术因其去中心化、不可篡改等特性,在金融监管中得到应用。通过区块链技术,可以实现对金融交易的真实性、完整性和可追溯性的有效监管。

(四)监管范围扩大

国际金融监管的范围正在不断扩大。除了传统的表内业务,表外业务也逐渐被纳入监管范畴。这有助于更全面地评估金融机构的风险状况,防止风险在表外业务中积聚和扩散。同时,随着银行附属公司从事的准银行业务不断增加,金融监管机构也通过统一监管标准和方法来加强对其的监管。另外,也加强了对系统性风险的识别和管理,通过制定更高的资本要求、流动性标准和压力测试等措施,提高金融系统的抗风险能力。宏观审慎监管成为各国金融监管政策的重要组成部分,通过监控整个金融系统的稳定性来预防和应对系统性风险。而且,运营韧性成为金融监管的一个重要领域,监管机构要求金融机构具备在严峻复杂的运营环境中正常运转的能力。金融机构需确定风险偏好、引入更广泛的测试情景并相应调整流程以提高运营韧性。除此之外,监管机构还加强了对金融机构消费者保护行为的监督,确保金融产品和服务的透明度、公平性和可得性。各国央行陆续修改消费者保护条例,强调金融机构需做出更大的承诺,充分了解其产品和服务对消费者的最终影响。

(五)关注绿色金融和可持续发展

应对气候变化和实现可持续发展目标成为全球共识,绿色金融作为推动可持续发展的重要手段受到广泛关注。监管机构推动金融机构制定净零转型计划,管理气候相关风险敞口,并鼓励金融机构推出绿色债券、绿色贷款等绿色金融产品以支持绿色项目和可持续发展。

基本概念

金融风险　系统性风险　非系统性风险　市场风险　信用风险　流动性风险　操作风险　金融监管　资本充足率　杠杆率

本章小结

通过本章学习,了解了金融风险是指在金融活动中,由于各种不确定因素的变化而使得金融参与者的资产、收益或信誉等出现损失的可能性。按风险的性质划分,风险可以分为系统性风险及非系统性风险;按风险来源进行分类,金融风险一般可分为八大类,即市场风险、信用风险、流动性风险、操作风险、国家风险、声誉风险、法律风险、战略风险。

金融监管是指一国的金融管理部门为达到稳定货币、维护金融业正常秩序等目的,依照国家法律、行政法规的规定,对金融机构及其经营活动实施的一系列管理行为。我国目前的金融监管机构主要有中央金融委员会、中国人民银行、国家金融监督管理总局和中国证券监督管理委员会。这些机构为我国金融市场的稳定发展,应对复杂国际变化提供保障。另外,我国商业银行目前依据《商业银行资本管理办法》规定的机构档次划分标准,采取差异化监管方法。主要监管指标有资本充足率、杠杆率等;主要监管的风险类型有信用风险、操作风险、市场风险等。国际金融监管机构通常是由各国政府设立的,负责监管本国金融市场和金融机构。这些机构在维护金融稳定、保护投资者权益、促进金融市场健康发展等方面发挥着重要作用。国际金融监管的协议主要是《巴塞尔资本协议》,这份协议是巴塞尔银行监管委员会制定的在全球范围内主要的银行资本和风险监管标准,《巴塞尔资本协议Ⅲ》通过提高资本充足率要求、扩大风险覆盖范围、引入杠杆率监管、加强流动性管理及宏观审慎监管等规定来增强全球银行体系的稳定性和抵御金融风险的能力。目前国际金融监管正朝着多元化监管体系、功能型监管模式、扩大监管范围、数字化技术监管、绿色及可持续发展方向发展。

课后练习

一、单项选择题

1.在金融风险中,交易对象无力履约的风险是(　　)。

A.市场风险　　　　B.信用风险　　　　C.操作风险　　　　D.利率风险

2.投资基金提供的组合投资可以分散(　　)。

A.利率风险　　　　B.金融危机风险　　C.非系统性风险　　D.系统性风险

3.金融企业无力为负债的减少或资产的增加提供融资而造成损失或破产的风险是(　　)。

A.市场风险　　　　B.信用风险　　　　C.国家风险　　　　D.流动性风险

4.根据《商业银行资本管理办法》规定,我国商业银行及金融机构资本充足率不得低于(　　)。

A.5%　　　　　　　B.6%　　　　　　　C.7%　　　　　　　D.8%

5.杠杆率是指商业银行持有的、符合有关规定的一级资本与商业银行调整

后的表内外资产余额的比率。《巴塞尔协议Ⅲ》规定从 2018 年起,全球范围内的
商业银行一级资本与总暴露的比例(　　　)。

　　A.不低于 3% 　　　　B.不高于 3% 　　　　C.不低于 5% 　　　　D.不高于 5%

　　6.下列关于商业银行操作风险的说法错误的是(　　　)。

　　A.操作风险大多是内生风险

　　B.操作风险大多是外生风险

　　C.操作风险不包括策略风险和声誉风险

　　D.操作风险损失在大多数情况下与收益的产生没有必然联系

　　7.金融监管当局依据国家法律法规的授权对金融业(包括金融企业以及金融活动)实施监督、约束、管制,使它们依法稳健运行的行为总称是(　　　)。

　　A.狭义金融管制 　　　　　　　　B.金融宏观调控

　　C.广义金融监管 　　　　　　　　D.银行内部控制

　　8.(　　　)金融监管体制是指全国的金融监管权集中于中央政府,地方没有独立的权力,在中央一级设立两家或两家以上监管机构,分别负责监管国内不同金融机构的一种监管体制。

　　A.集权式 　　　　B.跨国式 　　　　C.一元多头式 　　　　D.二元多头式

　　9.监管人员通过实地查阅金融机构经营活动的账表、文件、档案等资料和座谈询问等方法,对金融机构风险性与合规性进行分析、检查、评价和处理的监管手段是(　　　)。

　　A.内部监管 　　　　B.集中监管 　　　　C.现场检查 　　　　D.外部检查

　　10.下列不属于我国商业银行市场风险加权计量的方法是(　　　)。

　　A.标准法 　　　　B.内部模型法 　　　　C.简化标准法 　　　　D.内部评级法

二、多项选择题

　　1.下列属于金融风险的特征有(　　　)。

　　A.确定性 　　　　B.高杠杆性 　　　　C.传染性 　　　　D.相关性

　　2.金融监管的内容一般包括(　　　)。

　　A.市场准入 　　　　　　　　　　B.市场运作过程

　　C.市场退出 　　　　　　　　　　D.金融机构财务信息的证实有效性

　　3.下列属于国家金融监督管理总局职责的有(　　　)。

　　A.对除证券业之外的金融业实行统一监督管理

　　B.拟订银行业、保险业、金融控股公司等有关法律法规草案

　　C.制定金融消费者权益保护发展规划,建立健全金融消费者权益保护制度

　　D.负责制定准备金管理和利率管理等规则

4.《巴塞尔协议Ⅲ》对银行的流动性管理的指标有（　　　）。

A.资本充足率　　　　　　　　B.杠杆率

C.流动性覆盖比率　　　　　　D.净稳定融资比率

5.银行业市场风险包括（　　　）。

A.利率风险　　　B.汇率风险　　　C.流动性风险　　　D.股票价格风险

三、判断题

1.证监会和银保监会是目前证券业、银行及保险业的主要监管机构。（　　　）

2.资本充足率是衡量银行资本与其风险加权资产之间的比例,资本充足率越高说明银行资本安全性越强。（　　　）

3.《商业银行资本管理办法》规定商业银行杠杆率不得高于4%。（　　　）

4.我国商业银行目前依据《商业银行资本管理办法》规定的机构档次划分标准,采取无差异化监管方法。（　　　）

5."一委一行一局一会"是我国目前的金融监管格局。（　　　）

6.我国商业银行可以采用权重法或内部评级法计量信用风险加权资产。（　　　）

7.我国商业银行市场风险资本计量应覆盖商业银行交易账簿中的违约风险、一般利率风险、信用利差风险、股票风险,以及全账簿汇率风险和商品风险。（　　　）

8.金融监管总局的成立实现了对金融领域的分业监管,有助于减少监管空白和重复监管,提高监管效率。（　　　）

9.通过区块链技术,可以实现对金融交易的真实性、完整性和可追溯性的有效监管。（　　　）

10.通货膨胀、经济衰退、利率汇率波动、劳资纠纷等引发的风险都属于系统性风险,无法通过分散投资来降低或消除。（　　　）

四、思考题

1.金融风险从何而来？如何有效防范金融风险？

2.什么叫资本充足率,该比率是如何衡量风险的？

3.比较《巴塞尔协议》《新版巴塞尔协议》《巴塞尔协议Ⅲ》的主要内容,说明其区别。

4.简述我国的金融监管体系构成。

5.简述国际金融监管有哪些新趋势？

参考文献

[1]曹龙骐.金融学[M].3版.北京:高等教育出版社,2010.

[2]曹龙骐.金融学[M].6版.北京:高等教育出版社,2019.

[3]曹远征.大国大金融:中国金融体制改革40年[M].广州:广东经济出版社,2018.

[4]陈平,何太胜.金融学[M].北京:高等教育出版社,2017.

[5]弗雷德里克·S·米什金.货币金融学[M].原书12版.北京:机械工业出版社,2021.

[6]高晓燕.金融学[M].2版.北京:中国金融出版社,2020.

[7]韩宗英.金融学概论[M].北京:人民邮电出版社,2021.

[8]何光辉.货币银行学[M].2版.上海:复旦大学出版社,2020.

[9]胡庆康.现代货币银行学教程[M].6版.上海:复旦大学出版社,2020.

[10]黄达,张杰.金融学[M].5版.北京:中国人民大学出版社,2020.

[11]黄达,张杰.金融学[M].精编版6版.北京:中国人民大学出版社,2024.

[12]蒋先玲.货币金融学[M].3版.北京:机械工业出版社,2021.

[13]李存,祝国平.中国农村金融抑制及其深化路径的文献综述[J].金融与经济,2019(8):10-14.

[14]李健.金融学[M].北京:高等教育出版社,2014.

[15]李健.金融学[M].3版.北京:高等教育出版社,2018.

[16]李健.金融学[M].4版.北京:高等教育出版社,2022.

[17]李丽华,梁中云,潘鑫婷.货币金融学[M].北京:电子工业出版社,2023.

[18]李绍昆.货币银行学[M].2版.北京:中国人民大学出版社,2017.

[19]李绍昆,曾红燕.货币银行学[M].3版.北京:中国人民大学出版社,2020.

[20]凌江怀.金融学概论[M].北京:高等教育出版社,2010.

[21]刘澄,曹辉,李峰.金融学教程[M].3版.北京:中国人民大学出版社,2018.

[22]刘亚娟,王斌,徐文彬.金融学[M].北京:经济科学出版社,2016.

[23]钱晔.货币银行学[M].上海:高等教育出版社,2016.

[24]王广谦.金融体制改革和货币问题研究[M].北京:经济科学出版社,2009.

[25]王曙光.金融发展理论[M].北京:中国发展出版社,2010.

[26]翁舟杰.货币金融[M].3版.成都:西南财经大学出版社,2024.

[27]吴军梅.金融学[M].3版.厦门:厦门大学出版社,2020.

[28]吴茂光,冯涛.金融抑制与系统性金融风险:竞争性内在机理研究[J].经济体制改革,2022(5):195-200.

[29]杨蕾.金融学[M].3版.合肥:安徽大学出版社,2020.

[30]张强,喻旭兰,乔海曙.金融学[M].4版.北京:高等教育出版社,2023.

[31]张薇,金银亮,彭晓寒.货币银行学[M].大连:大连理工出版社,2020.

[32]张亦春,郑振龙,林海.金融市场学[M].6版.北京:高等教育出版社,2020.

[33]赵明霄,孙光惠,史安玲.金融学[M].北京:中国人民大学出版社,2016.

[34]兹维·博迪.金融学[M].2版.北京:中国人民大学出版社,2018.

[35]兹维·博迪,罗伯特·C.莫顿.金融学[M].欧阳颖,等译.北京:中国人民大学出版社,2000.

[36]巴劲松.《巴塞尔资本协议》在我国实施的路径、问题与方向[J].中国银行业,2022(07).

[37]曹远征.中国经济的超大规模性与金融创新[J].新金融,2024(9):10-14,55.

[38]邓秀媛,刘亚澜.商业银行普惠金融创新路径[J].中国金融,2024(16):67-68.

[39]邓宇.发展新质生产力与深化科技金融创新:兼论国际经验与中国实践[J].西南金融,2024(4):20-35.

[40]刘峻峰,张卫峰.金融供给侧结构性改革、金融抑制与区域经济增长[J].工业技术经济,2020,39(10):125-134.

[41]刘峻峰,李巍.金融新常态与经济新常态的协同发展分析:兼论金融供给侧结构性改革中解除金融抑制的进程[J].经济体制改革,2020(1):21-28.

[42]吕秀梅.互联网金融创新与监管并行策略研究[J].运筹与管理,2023,32(4):198-204.

[43]毛海栋.互联网金融创新中灵活性规制的运用与反思[J].南京大学学报(哲学·人文科学·社会科学),2023,60(6):147-154,160.

[44]王仁祥,曾夏颖,黄家祥.金融抑制、资本扭曲与"科技-金融"耦合脆弱性[J].工业技术经济,2021,40(11):71-79.

[45]文洪武.绿色金融创新助推生态文明建设[J].中国金融,2023(5):60-62.

[46]吴豪声.金融创新引领重庆自贸试验区建设[J].中国金融,2023(19):29-31.

[47]鄢萍,吴化斌,徐臻阳.金融抑制、国企改革与财政货币政策协调[J].经济学

（季刊），2021,21(6):1903-1924.

[48]张若为.数字金融创新、双循环联动与新质生产力[J].技术经济与管理研究，2024(10):141-146.

[49]张跃平,贺吉刚.ESG理念下的绿色金融创新[J].中国金融,2023(11):62-63.

[50]郑丽芬.我国小微涉农企业的金融抑制困局与破解[J].农业经济,2018(7):102-104.

[51]马玲.金融对外开放 迈向更深层次更高水平[EB/OL].(2024-09-30)[2024-10-05].https://www.financialnews.com.cn/2024-09/30/content_409172.html.

[52]王松.坚持"两个毫不动摇"推动经济高质量发展[EB/OL].(2024-05-19)[2024-10-05].https://baijiahao.baidu.com/s?id=1799444544672443128&wfr=spider&for=pcl.

[53]吴晓求谈市场化制度改革：竞争中性、为创新提供容错机制[EB/OL].(2019-12-18)[2024-10-05]. http://m.bjnews.com.cn/detail/157664198615236.html.

[54]我国将全面放开金融机构贷款利率管制[EB/OL].(2013-07-20)[2024-10-05].https://www.gov.cn/jrzg/2013-07/20/content_2451719.htm.

[55]央行下调金融机构存贷款基准利率0.25个百分点[EB/OL].(2015-05-10)[2024-10-05].https://www.gov.cn/xinwen/2015-05/10/content_2859821.htm.

[56]央行"双降"加码稳增长 进一步推进利率市场化改革[EB/OL].(2015-08-26)[2024-10-05]. https://www.gov.cn/zhengce/2015-08/26/content_2919955.htm.

[57]央行放开利率管制 利率市场化改革基本完成[EB/OL].(2015-10-26)[2024-10-05].http://caifang.china.com.cn/2015-10/26/content_8322675.htm.

[58]深化利率市场化改革[EB/OL].(2024-08-21)[2024-10-05].https://baijiahao.baidu.com/s?id=1807947730441228333&wfr=spider&for=pc.

[59]财政部宁波监管局："五项举措"推动财政金融监管工作提质增效[EB/OL].(2024-02-26)[2024-10-05].https://nb.mof.gov.cn/caizhengjiancha/202402/t20240221_3928957.htm.

应用型本科经管系列教材

财务会计类

财务报表编制与分析
财务共享综合实务
财务管理学
财务建模与可视化
成本管理会计
成本会计
风险管理与内部控制
管理会计
会计模拟实验
会计学(非会计专业用)
会计学基础仿真实训
会计学科专业导论
会计学原理
Python 在企业财务中的应用
企业会计综合实验
审计学(非审计专业用)
审计学原理
业财一体信息化应用
中级财务会计

工商营销类

电商直播运营
短视频直播运营
服务管理
国际管理:赋能全球企业变革
绩效管理
健康管理学
客户关系管理
企业数字化战略变革案例集
商务礼仪
市场调查与预测
市场营销学
数智时代的市场营销理论与实务
数字营销
数字资产管理与综合实践
网络营销
文旅直播理论与实务
项目策划
消费心理学
新媒体营销
营销策划

经济贸易类

电子商务概论
国际结算
国际经济学
国际贸易实务
国际贸易学
国际市场营销
跨境电子商务
品牌管理
数字经济概论
数字经济理论与实务
数字经济学基础
数字贸易
数字贸易规则
统计学
自贸区发展学

金融投资类

保险金信托与财富传承概论
大数据金融
公司金融学
供应链金融
货币金融学
货币银行学
金融风险管理
金融市场学
金融学
金融衍生工具
商业银行经营管理理论及案例解读
投资学
投资银行理论与实务
投资组合理论与实务
证券投资学

物流类

仓储与配送管理
数智化沙盘模拟实验
物流成本管理
物流系统规划与管理
物流系统建模与仿真——案例与模型
现代物流学概论
运营管理
智慧供应链管理
智慧物流管理